식민지에서 제국으로
미국의 '땅 따먹기' 120년

미국의 '땅 따먹기' 120년

초판 1쇄 인쇄 | 2025년 12월 5일
초판 1쇄 발행 | 2025년 12월 9일

지은이 | 김용일
펴낸이 | 황보태수
제작 | E&R미디어
기획 | 김윤희
디자인 | 샐리 전
마케팅 | 유인철
인쇄·제본 | 한영문화사

펴낸곳 | 이다미디어
주소 | 경기도 고양시 일산동구 강석로 145, 2층 3호
전화 | 02-3142-9612
팩스 | 070-7547-5181
이메일 | idamedia77@hanmail.net
블로그 | https://blog.naver.com/idamediaaa
페이스북 | http://www.facebook.com/idamedia
인스타그램 | http://www.instagram.com/ida_media

ISBN 979-11-6394-084-5 03940

이 책은 저작권법에 따라 보호받는 저작물이므로 무단전재와 무단복제를 금지하며,
이 책 내용의 전부 또는 일부를 이용하려면 반드시 저작권자와 이다미디어의 서면동의를 받아야 합니다.

식민지에서 제국으로
미국의 '땅 따먹기' 120년

김용일 지음

이다미디어

프롤로그

필자가 중앙일보 사회부 기자로 입에 단내가 나던 시절, 1년간 뉴욕 지사 파견 근무를 명 받고 미국땅을 처음 밟게 된 것이 1988년 1월 초였다.

그날 뉴욕의 추위는 살을 에이는 듯했다. 일단 '도착 신고'를 하러 '퀸즈(Queens)'에 자리잡은 사무실로 가기 위해 지하철을 타러 가면서 더 더욱 움츠러들었다. 어둑한 통로 곳곳에서 서성이고 있는 정체 불명(?)의 거한(巨漢)들 (나중에 보니 추위를 피해 지하철역 구내로 들어온 홈리스들이었지만) 사이를 지나려 하니 발목에 쥐가 나는 것 같았다. 행여 험한 꼴이라도 당할까, 마련해 왔던 거금 8천 달러를 주머니 대신 양말 안쪽에 깊숙이 숨겨놓았기 때문이었다.

한마디로 삭막과 살벌, 내가 가졌던 미국의 첫 인상이었다.

날이 풀리고, 다소간 지리도 익숙해지면서 여기저기를 다녀보게 됐다. 어느 날인가 뉴저지 어느 곳을 지나면서 문득 "아!" 소리를 지르고 말았다. 하늘이 너무 너무 컸다. 사방의 지평선이 모두 하늘과 맞닿아 있었다. 차로 달려도 달려도, 시야를 가릴 만한 소 잔등 만한 구릉조차 안 보였다.

이후에도 비슷한 경탄, 주눅을 여러 차례 접했다. 시카고에서 워싱턴을 오갈 때 지나쳤던 대양(大洋) 같았던 옥수수 밭, 여명이 틀 때 질주해 봤던 네바다의 황량하고 무한광대(無限廣大)한 돌 사막 평원, 언덕과 야산을 넘어 수평선처럼 펼쳐지던 캘리포니아의 오렌지 나무 수림(樹林) 등등.

이후 어느덧 30여 년, 한국과 미국을 오가다 결국 이곳에 정착하게 된 이후에도 늘상 궁금함이 떠나지 않았다. 미국은 도대체 어떻게 이런 땅을 갖게 됐을까. 어떤 경로, 어떤 역사, 그리고 어떤 사연을 거쳐 오늘의 미국 영토가 만들어졌을까. 대한민국은 한반도를 넘어 대륙이나 대양으로 뻗어 볼 기회는 없었던걸까. 숙명일까, 아니면 비전 부족, 태만의 결과일까.

그래서 미국 영토의 형성 과정을 들여다보게 됐다. 이 분야의 학자도, 전문가도 아니지만, 기사를 쓸 때 그러했듯, 관련 팩트들을 모아 압축과 정리를 해봤다. 미국 땅의 태동 과정을 헤아려 보며, 무언가 '한반도(韓半島)'에 전할 수 있는 메시지를 찾아보고자 했다. 이 책을 시작하게 된 연유다.

미국의 영토 형성은 투쟁과 대결, 침공과 방어, 협상과 매입, 그리고 행운과 우연 등 여러 요소들이 어우러진 결과다.

관점에 따라 차이가 있겠지만, 미국의 영토 획득 과정을 규정지으라면 혹여 '운칠기삼(運七技三)'이 아닐까 라는 생각이 들기도 한다. 물론 그에 수반된 고충과 노력, 그리고 신산(辛酸)을 폄하하는 것은 아니지만, 그럼에도 시점, 환경, 국제 정치상의 역학관계 등 주변 요소들을 따져 보면 그야말로 미국은 적시(適時)에 적시타를 잇달아 친 것 같다는 느낌을 갖게 하는 것이 사실이다.

17~18세기를 지배했던 제국주의 열풍이라는, '시(時)'가 그랬다. 영국을 필두로 한 유럽 열강들의 식민지 쟁탈은 시초에는 미국에 멍에로 다가왔으나, 결과적으로 미국의 태동을 가능케 한 천우신조의 기회로 작용했다. 미대륙 패권을 둘러싼 영국, 프랑스, 스페인 등 '제국 3강'의 대립 구도도 미국이 광대한 땅덩어리들을 획득하는 데 있어 어부지리(漁父之利)로 기여했다. 나아가 알래스카처럼 상대방이 알아서 스스로 무너져 주는, '대박'도 있었다. 운(運)도 따랐다는 얘기다.

그렇다면 미국 영토는 과연 시운(時運)만으로 이룩된 것일까.

물론 답은 "아니다"이다. 시운이 효(效)를 발하기 위해서는 비(備)와 기(機), 그리고 단(斷)이 수반돼야 한다. 때가 맞아야 하되 사전에 충분한 준비와 그 속에서 기회를 잡아챌 수 있는 혜안(慧眼), 이어 결단과 함께 과감한 시행이 뒤따를 때 비로서 운(運)이 결실을 만들어 낼 수 있는 법이다. 안목도 저절로 갖춰지지 않는다. 먼저 비전을 품고, 끊임없는 탐구, 준비, 그리고 추구가 필요하다.

루이지애나를 아예 통째로 사라는 나폴레옹의 경천동지할 제안을 받은 미국의 제임스 몬로 특사 등 사절단은 고민에 쌓였었다. 셀폰도, 인터넷도 없던 시대였기에 본국의 훈령을 받기 위해서는 지급(至急)으로 배를 띄워도 대서양 왕복에 서너 달이 빠듯했다.

변덕스러운 나폴레옹 황제가 언제 마음을 바꿀지 가늠키 어려운 상황이었기에 이들은 결단을 내렸다. 본국 승인도 없이 황제의 제안을 덜컥 받아버린 것이다. 사전에 토마스 제퍼슨 대통령으로부터 루이지애나 경영이라는 '큰 그림'을 익히 파악하고 있었기에, 자신들의 직(職)은 물론, 목까지 거는 결단을 내릴 수 있었다. 제퍼슨을 필두로 국정을 이끄는 리더들의 비(備)와 기(機), 그리고 단(斷)이 미합중국에 중부(中部)라는 대 영토를 더하게 해줬다.

'동토의 땅' 알래스카 매입을 주도했던 윌리엄 수어드 미 국무장관도 그 가치를 깨닫지 못하는 조야(朝野), 필부(匹夫) 들로부터 혹독한 비난에 시달렸다. 이들은 알래스카를 '수어드의 냉장고'라 칭하며 비웃고 조롱했다. 그러나 그는 이에 굴하지 않고 대업을 성사시켜 조국에 최고의 선물을 안겼다. 미국의 영토 획득은 그 이면에 이들과 같은 무수한 선각자들의 준비된 안목과 용단이 뒤따랐기에 가능했다고 할 수 있는 것이다.

흔히 한국인을 두고 '백의(白衣) 민족'이라 일컫는다. 흰 옷이 갖는 상징성을 통해 전쟁이나 정복보다는 평화와 공존을 추구하는, 즉 힘보다는 선(善)과 이(理)를 우선시하는 국민성을 대변하는 것으로 볼 수 있다.

반면 미국의 영토 확보 과정에서 엿보이는 미국인들의 관념은 달라 보인다. 선(善)에 앞서 먼저 힘을 갖춰야 상대방도 나에게 도리로 대한다는, '힘 우선'의 자강론이 그것이다.

어느 관점이 더 나은지는 가치관과 결부된 것이기에 단언키 어렵다. 다만 분명한 것은 미국은, 미국민은, 결코 전쟁을 겁내지 않는다는 사실이다.

이런 기조 하에 미국은 건국 초 북동부 변방의 식민지에서 미대륙 전체를 아우르는, 말 그대로 '시작은 미미하나 끝은 창대한' 결과를 만들어 내기에 이르렀다. 물론 미국의 영토 확장속에 오점이 없는 게 아니다. 유럽 제국주의의 피해자였던 미국이 힘을 갖추자 어느덧 또 하나의 제국주의 국가로 변해 약자(弱者)의 강토를 거머 쥔 사례도 있다.

관건은 '현실'에 대한 인식과 미래에 대한 목표, 그리고 어떤 길을 가고자 하는지에 대한 국가, 국민적인 합의다. 약육강식이 철저히 지배하는 국가 생존 경쟁의 정글속에서 선의(善意)만을 앞세운, '선자(善者) 코스프레'만으로는 살아남을 수 없다.

역사가 '승자의 기록'이 될 수밖에 없음을, 역사는 되풀이해 보여주고 있다. 어떤 수단을 쓰든 더 커지고자, 더 뺏고자, 더 앞서고자 상대의 '뼈마저 발리려' 드는 냉엄한 국제 현실-아수라(阿修羅) 속에서 제주(祭主)가 될 것인지 제물(祭物)로 전락할 것인지, 선택은 결국 그 나라, 그 지도자, 그 국민의 몫이다.

미국 영토의 성립과 강대국화 과정은 강국을 꿈꾸는 모든 나라들의 '교범(教範)'이다. 그 이면에는 '롤 모델'이 될 것과 반면교사(反面教師)로 삼아야 할 것들이 즐비하다. 이미 세계에 강소국(强小國)의 전형으로 부상한 대한민국이, '다음'을 위해 샅샅이 살펴봐야 할 생생한 '강대국 입문서(入門書)'이기도 하다.

독자들에게 미국의 영토사(領土史)를 천착(穿鑿)해 보기를 권한다. '남의 나라 과거'는 '내 나라 미래'를 만드는 데 있어 가장 유용한 자양분이 될 수 있기 때문이다.

2025년 11월　저자　김용일

차 례

서 장 프롤로그 • 4
  유럽 제국 3강의 식민지 시대 • 11

제 1 부 독립 전쟁과 북동부 13개 주 • 22
  제 1 장 | 영-프 전쟁과 독립전쟁의 개막 • 25
  제 2 장 | 독립 전쟁의 주역과 비화 • 63
  제 3 장 | 미대륙 북동부 13개 주의 모든 것 • 81

제 2 부 미시시피강 동부 획득 • 152
  제 1 장 | 영국의 독립 승인과 파리 조약 • 155
  제 2 장 | 파리 조약의 주역과 비화 • 169
  제 3 장 | 미시시피강 동부 9개 주의 모든 것 • 177

제 3 부 루이지애나 획득 • 226
  제 1 장 | 루이지애나 매입과 미영 전쟁 • 229
  제 2 장 | 루이지애나 매입의 주역과 비화 • 255
  제 3 장 | 미시시피강 서부 11개 주의 모든 것 • 263

제 4 부 플로리다 강점과 텍사스 합병 • 314
  제 1 장 | 스페인·멕시코 압박해 플로리다-텍사스 획득 • 317
  제 2 장 | 남부 2개주 획득의 주요 인물과 비화 • 335
  제 3 장 | 미 대륙 남부 2개 주의 모든 것 • 349

제 5 부   오레곤 조약과 태평양 북부 4개 주 • 358
제 1 장 | 오레곤 조약과 북위 49도 국경선 확정 • 361
제 2 장 | 오레곤 조약의 주요 인물과 비화 • 369
제 3 장 | 태평양 서북부 4개 주의 모든 것 • 377

제 6 부   미-멕시코 전쟁과 태평양 남부 6개 주 • 398
제 1 장 | 멕시코 전쟁과 과달루페 이달고 조약 • 401
제 2 장 | 멕시코 전쟁의 주요 인물과 비화 • 411
제 3 장 | 태평양 서남부 6개 주의 모든 것 • 423

제 7 부   미국과 러시아의 담판 알래스카 매입 • 462
제 1 장 | 알래스카 획득과 미국의 영토 확장 • 465
제 2 장 | 알래스카 매입의 주요 인물과 비화 • 475
제 3 장 | 북극과 태평양 잇는 알래스카의 모든 것 • 481

제 8 부   미대륙 이외 해외 영토의 강점 • 486
제 1 장 | 무력으로 밀어붙인 하와이 합병 • 489
제 2 장 | 미-스페인 전쟁 통해 태평양-카리브해 패권 장악 • 497

부   록   남북전쟁과 인디언 • 521
제 1 장 | 노예제 두고 남북전쟁 발발 • 523
제 2 장 | 남북전쟁의 주요 인물과 비화 • 537
제 3 장 | 아메리카 원주민 인디언들의 저항 • 545

에필로그 • 560

서장

유럽 제국 3강의 식민지 시대

서문

영토는 국가 성립의 필요 조건이다. 영토 없는 국가는 존립 자체가 불가능하다. 영토의 크기는 국가 위상과 직결된다. 크다고 반드시 강대국은 아니지만 협소한 강대국은 찾기 어렵다.

영토는 그 나라의 '속성'을 대변한다. 영토의 획득 과정은 그 나라의 정체성, 캐릭터, 국민성 등과도 맥을 같이한다. 5천 년 역사가 이어져 온 한반도에는 고조선 이래 많은 나라들이 명멸해 왔다. 하지만 결국은 '조상 땅'이라는 같은 무대, '한 핏줄'들 간의 이름 바꿈과 다름이 없었다.

반면 미국은 애초부터 물려 받은 것이라는 게 없다. 영토도, 사람도 모두 '맨 땅'에서 시작했다. 광활한 대지에서 손바닥만 한 섬에 이르기까지, 하나같이 '획득'한 것들이다. 방식은 다양하다. 얻은 것, 사들인 것, 빼앗은 것, 줏은 것, 넘겨받은 것 등 각양각색이다.

미국 땅은 넓다. 약 983만 3천km²로 세계 3위다. 한국의 98배, 한반도 전체를 다 합친 것의 45배 정도다. 물론 땅 크기로는 러시아가 으뜸이다. 지구 전체 육지 면적의 11% 이상이 러시아 땅이다. 미국의 1.8배다. 캐나다도 미국보다 15만km²쯤 더 넓어 세계 2위다.

그러나 크다고, 넓다고 다는 아니다. 크기도 중요하지만 영토에도 질(質)이 있다. 러시아는 국토의 6할 이상이 냉대, 한대(寒帶)의 영구 동토(凍土) 지대다. 캐나다도 비슷하다. 중국도 땅덩이는 넓지만 곳곳이 가파른 산악지대다.

이에 비해 미국은 알래스카를 제외하고 모두 위도 49도 밑의 온대에 위치한다. 이른바 지구상의 '골디락스 존(Goldilocks Zone)'이다.

경지 가능 추정 면적만 약 177만km² 로 세계 1위다. 동남부, 중서부에 걸쳐서는 광활한 평원 지대다. 기후, 지형, 토질 등 모든 측면에서 알토란 같은 옥토를 차지하고 있는 것이다.

광대한 이 땅을 미국은 어떻게 마련했을까. 나라가 들어선 것이 고작 두 세기 반도 안 지났는데 어떻게 수천 년 역사 이래 지구상에서 가장 강대한 국가로 부상할 수 있었을까.

미국의 건국과 발전은 여러 관점에서 조망이 가능하다. 본서에서는 그 초점을 미국의 영토 성립 과정에 맞췄다. 영토 획득의 시점과 절차, 방법, 행태 등을 통해 미국의 진면목을 살펴보기 위함이다.

미국의 정식 명칭은 미합중국(United States of America, USA)이고 50개 주(State)로 이루어진 연방공화국이다. 주라고 하지만 하나하나가 웬만한 나라, 혹은 그 이상이다. 알래스카의 크기는 한국의 17배, 텍사스도 7배나 된다.

미국의 건국과 형성은 이 50개 나라, 각 '퍼즐'들을 하나씩 맞춰, '합체'해 가는 과정이기도 하다. 이 50개 퍼즐들은 저마다 다른 상황, 배경, 역사들을 갖고 있다. 그래서 이들을 합류시키는 과정과 행태, 가치, 의미도 각기 다르다.

1776년, 동부 13개 식민지에서 깃발을 올린 뒤 북미 대륙으로 확장, 마침내 오늘의 세계 최강국으로 자리매김한 미국의 영토 획득 역사를 한 가닥씩 풀어본다. 하나의 미합중국으로 완성된 50개 퍼즐들을 조각 조각 들여다보면서 그 속에 담긴 미국 건국의 '키 워드(Key Word)'를 톺아보고자 함이다.

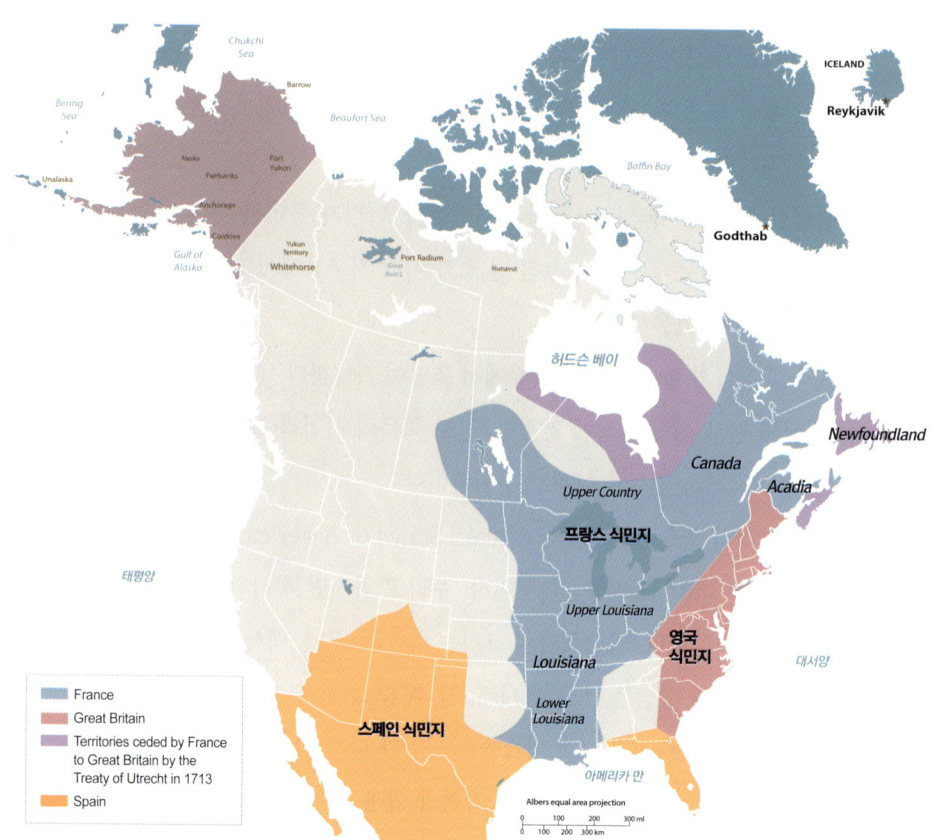

미국 독립전쟁 전 유럽국들의 아메리카 식민지 영역을 보여주는 세력 지도. 대서양 연안의 적색 지역이 영국 식민지, 오대호주변과 중부일대의 푸른색 지역이 프랑스 식민지다. 멕시코 북부와 플로리다를 포함하는 스페인 식민지는 황색으로 나타나 있다.

유럽의 '식민지 사냥꾼'들
17세기부터 미 대륙 침탈

북미 지역 '땅 따먹기' 승자는
영국-프랑스-스페인 3강

북아메리카 대륙에 미국이 들어설 무렵, 세상은 온통 식민 탈취 '전국시대(戰國時代)'였다. 유럽의 한다하는 열강들은 다투어 세계를 훑으면서 땅 사냥에 혈안이었다.

해가 지지 않는 나라로 불리던 대영제국 영국을 필두로 프랑스, 스페인, 포르투갈, 네덜란드, 러시아 등이 거포(巨砲)와 통상, 탐사와 포교를 앞세워 제 땅 늘리기에 나섰다. 이들은 유럽에 근접한 노른자위 땅은 물론 남북미 대륙, 아시아, 아프리카 등지의 열사(熱砂)와 오지(奧地)를 마다치 않았다.

미국 건국 무렵, 세계 '땅 따먹기'의 승자는 스페인, 영국, 프랑스, 러시아, 포르투갈이 5강 구도를 형성하고 있었다. 영국은 북미 지역 13개 식민지를 비롯, 아시아와 인도 일부, 캐나다 일부 등 약 400만km²에 달하는 영토를 차지했다.

스페인 역시 북미 일부와 중남미 대부분, 필리핀, 카리브해 등에 걸쳐 1,400~1,500만km²라는 방대한 땅을 식민지로 삼았다. 프랑스도 북미, 카리브해, 서아프리카 등에 약 850~900만km²를 확보하고 있었다. 네덜란드, 독일 등 나머지 유럽국들도 이들 뒤를 쫓으며 '자투리' 챙기기에 여념이 없었다.

이들 '땅 사냥꾼'들이 북아메리카 대륙에 눈뜬 것은 1492년 콜럼버스가 아메리카를 발견한 이후에도 한참 세월이 흐르고 난 뒤였다. 유럽 열강들에게 있어 아메리카 대륙은 몸피는 굵었지만 영(0)순위의 매력적인 투자처는 아니었다. 너무 커 감당이 쉽지 않았고, 또 특산물이 그저 그랬다.

향료나 금, 은, 다이아몬드 같은, 돈도 되고 부피도 작으며 유럽 시장에 어필할 수 있는 '매력 상품'이 없었다. 원주민 인디언과 피 튀기는 싸움을 치러가며 끌어모은 모피 정도로는 유럽의 거상(巨商) 투자자, 막강한 소비 시장을 흔들기에는 역부족이었다. 그러나 17세기에 접어들면서 마침내 '식민지 사냥꾼'들이 아메리카 대륙을 본격 넘보기 시작했다.

1776년 독립전쟁 발발 당시 미대륙은 유럽 3강이 분점

1776년 독립전쟁 발발 무렵의 미대륙도 유럽 3강이 분점하고 있었다. 영국은 동부 연안을 따라 뉴햄프셔에서 조지아까지 13개 식민지를 차지했다. 캐나다 지역에서는 노바스코샤, 뉴펀들랜드, 허드슨만 지역 일부가 포함됐다.

프랑스는 3국 중 가장 넓은 지역을 확보하고 있었다. 당시 프랑스령은 미국의 중부를 기준으로, 북으로는 오대호 바로 넘어선 지역에서부터 남으로 루이지애나와 걸프만에까지 뻗은 대 영토였다.

프랑스령의 서쪽 끝단은 지금의 노스다코타와 사우스다코타 일부, 미네소타, 그리고 아이오와, 미주리, 아칸소를 포함하고 남쪽으로는 텍사스 '동단(東端)' 일부와 루이지애나가 경계가 됐다. 여기에 오대호 연안의 위스컨신, 일리노이, 인디애나, 미시간, 오하이오에서 남쪽의 켄터키, 테네시, 앨라배마, 미시시피 일부 등이 전부 프랑스령이었다. 또 동북쪽으로는 메인, 펜실베이니아와 뉴욕 일부가 포함됐다. 한마디로 미대륙의 중부 지역을 남북으로 관통하고 캐나다 퀘벡 일대까지 장악한 '대지주'였다.

프랑스, 영국에 이어 스페인도 한 몫 차지하고 있었다. 이미 남미 대륙의 절대 강자였던 스페인은 중앙 아메리카와 멕시코 외에 지금의 텍사스, 뉴멕시코, 아리조나와 유타, 콜로라도 일부를 차지하고 있었다. 또 동남부의 플로리다와 루이지애나 일부 역시 스페인 땅이었다.

현재의 미국을 기준으로 한다면 동부, 중부, 남부 및 서부 일부에 걸쳐 대략 34개 주 가량이 이들 3국의 식민지였던 셈이다.

다만 나머지 남서부, 북서부 지역은 여전히 미개척 상태였다. 물론 토착 인디언들이 곳곳에 자리잡고 있었지만 유럽 제국주의 열강들은 아직 이곳 오지(奧地)까지는 손길을 뻗치지 못했다. 캘리포니아, 네바다, 워싱턴, 오레곤, 몬태나, 와이오밍, 아이다호 등 광대한 태평양 연안의 서부 지역은 일종의 무주공산(無主空山)으로 남아있는 상태였다.

영국, 프랑스, 스페인 등 제국주의 '3강'은 이처럼 미대륙의 광활한 지역을 분점(分點)하면서 저마다 자기 땅이라고 주장하고 있었지만 실질적인 지배력 측면에서 식민지라는 '문패'를 걸기에는 미흡한 곳이 대부분이었다. 특히 중부 내륙은 미시시피강 연안을 제외하고는 거의 개척이 안돼 사실상 인디언 영토나 다름없었고, 서부의 아리조나, 뉴멕시코, 유타 같은 곳은 지금도 마찬가지지만 광대한 돌 사막지대여서 정착이 어려운 버려진 땅들이었다. 결국 땅 크기로는 가장 작은 편이었지만 영국이 차지하고 있었던 동부 연안의 13개 식민지가 인구나 산업, 자원 측면에서 가장 실속 있는 요지(要地)였다.

이렇게 미대륙이 식민지 열강들에 의해 서너 덩어리로 분할돼 있는 상황에서 '미국호(號)'는 독립이라는 대장정의 돛을 올리게 된다. 유럽의 식민 종주국들로부터 벗어나기 위한 담대한 도전이 시작된 것이다.

미국 영토는 북동부 연안 13개 식민지 땅을 '마중물' 삼아 점차 내륙으로 확대돼 갔다. 마치 거대한 눈사태가 일듯, 카펫을 말아가듯, 서쪽으로, 남북쪽으로 뻗어 나가기 시작했다.

'맨땅'에서 시작한 미국이 현재와 같은 거대한 강역(疆域)을 이루기까지는 대략 120여 년이 소요됐다. 그 과정에서 크게 나눈다면, 10개의 크고 작은 땅덩이가 퍼즐 끼우듯 차례차례 맞춰지면서 지금의 미국 영토가 완성됐다.

북동부 13개 식민지를
영국은 어떻게 지배했는가?

로열 식민지, 헌장 식민지, 특허 식민지 등 3가지 유형

세계 도처에 식민지가 널려 있었던 영국의 식민지 운영은 지역마다 패턴이 달랐다. 개척기 미국 식민지들의 경우 영국의 직접 통치보다는 상대적으로 어느 정도의 자치(自治)와 자율이 용인된 형태였다. 식민지 운영권은 명망가 개인 또는 영국 왕실이 공인한 '컴패니(Company:동인도회사와 같은 국책회사)' 등이 주체가 됐다. 각 지역 식민지들은 개별적으로 영국 왕실과 상대했다. 식민지들 간 왕래는 있을 수 있지만 공동 결성체나 조직화된 연합 같은 것은 없었다. 북동부의 13개 식민지 역시 모두 다 영국의 지배하에 있긴 했지만 권역별, 지역별로 저마다 다른 속성, 위상을 지니고 있었다.

우선 정치체제 측면에서는 3개 유형으로 나뉘었다.

영국왕이 직할 통치하는 왕령(王領) 식민지인 '로열 콜로니'(Royal Colonies)가 그 첫 번째다. 이곳은 왕이 직접 총독을 임명, 현지를 다스렸다. 버지니아, 뉴욕, 사우스캐롤라이나, 뉴저지, 뉴햄프셔, 노스캐롤라이나, 조지아 등이 이에 해당됐다. 또 하나는 '헌장 식민지(Charter Colonies)'로 불렸던 자치 식민지로 식민지 주민들이 의회를 결성해 자치 정부를 운영하는 방식이었다. 매사추세츠, 코네티컷과 로드아일랜드 등이다.

나머지는 '특허 식민지(Proprietary Colonies)'라는 이름의 사유 식민지였다. 영국 왕실이 공인한 개인, 혹은 '동인도회사'와 같은 컴패니(Company)가 왕실로부터 땅을 불하받아 통치를 했다. 펜실베니아, 델라웨어, 메릴랜드가 바로 이런 방식의 식민지였다.

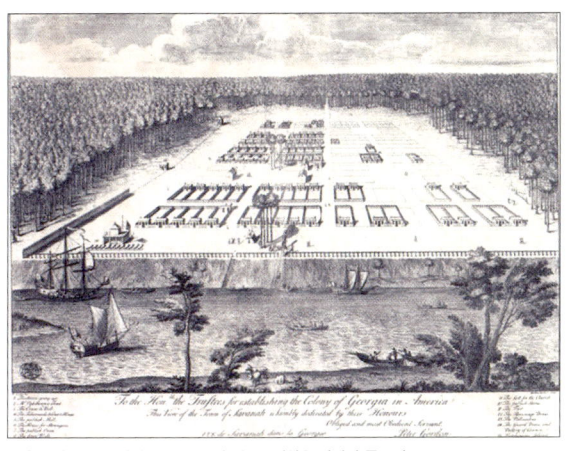
전형적인 영국 식민지 구조를 보여주는 조지아주 사바나 콜로니

경제적 측면에서는 대체로 북부, 중부, 남부로 구분

경제적으로는 대체로 북부, 중부, 남부로 구분됐다. 북부는 뉴잉글랜드로 불리는 곳으로 매사추세츠, 코네티컷, 뉴햄프셔, 로드아일랜드 등을 포괄했다. 전반적으로 소규모 자영농이 많고 영국과의 해상무역이 활발해 조선업과 무역업이 발달해 있었다. 종교적 이유로 건너온 청교도들이 많아 사회적으로는 엄격한 편이었다.

중부 식민지는 뉴욕, 뉴저지, 펜실베니아 및 델라웨어 등이 해당된다. 상업과 농업이 병행됐고 특히 밀농사가 주축을 이뤘다. 뉴욕과 필라델피아는 상업과 무역의 중심 거점으로 자리잡았다. 주민들은 북부가 아이리쉬 계통이 많은 데 반해 중부에는 영국인 외에 독일, 스웨덴 및 네덜란드인 등이 섞여 사는 다양한 사회를 이뤘다. 종교적으로도 비교적 관용성이 높은 성향을 보였다.

남부 식민지는 버지니아, 메릴랜드, 노스캐롤라이나와 사우스캐롤라이나 및 조지아 등으로 구성됐다. 담배와 면화 등이 주축을 이뤘고 아프리카 출신 노예 등을 기반으로 하는 대규모 플랜테이션 농장들이 많았다.

남부는 영국으로의 농산물 수출이 근간을 이루고 있었기에 영국과의 경제적인 이해관계도 깊었다.

지역적으로는 대체로 북부 쪽이 보다 민주적인 정치 체제를 가졌고, 남부는 총독 및 영국 왕실의 입김이 강한 편이었다. 또 13개 식민지를 북부와 남부로 광역화해 구별한다면 북부는 자영농과 무역 중심으로 정치적으로는 비교적 평등한 사회인 데 반해, 남부는 플랜테이션 경제와 노예제를 바탕으로 한 대지주, 귀족 계층이 주류를 이뤘으며 정치적으로도 영국에 보다 우호적인 성향을 보였다.

북동부 13개 식민지는 시작부터 '한 가족'은 아니었다

각 식민지들의 '실력'은 경제력의 지표라 할 수 있는 인구 측면에서도 드러난다. 1775년 기준 13개 식민지의 총인구는 대략 250만 명으로 추산됐다. 인구상으로 13개 식민지의 압도적 선두는 버지니아로 53만 8천여 명을 기록했다. 이어 펜실베니아(32만 7천 명), 매사추세츠(24만 8천 명), 메릴랜드(24만 5천 명)의 순을 보였다. 지금은 캘리포니아, 텍사스, 플로리다에 이어 미국 4위를 차지하고 있는 뉴욕이지만 당시 인구는 19만 명으로 코네티컷(20만 명)보다 밀렸다.

남부 지역의 최대 식민지는 노스캐롤라이나로 약 26만 5천 명 수준이었고 이어 사우스캐롤라이나(18만 명)였다. 남부의 강자 조지아는 고작 2만 3천여 명으로, 현재 50개 주 가운데 가장 작은 곳으로 꼽히는 로드아일랜드의 당시 인구(5만 8천 명)의 절반이 안됐다.

결국 '머릿수'와 경제력으로 따져 본다면 북중부가 남부보다 우위에 있었고 이 같은 차이는 뒷날 남북전쟁이 터졌을 때 그대로 전력 차이로 작용해 승패를 결정짓는 요인이 됐다.

13개 식민지는 시작부터 '한 가족'은 아니었다. 각 식민지마다 주민들의 출신, 구성, 이력, 종교적 배경, 상황에 대한 대응, 관점 등이 달랐다.

뉴햄프셔, 매사추세츠 등 뉴잉글랜드 지역에 자리잡은 청교도 중심의 정착민들은 영국 왕정에 대한 거부감이 높았다. 또 상업은 물론 산업 자본이 형성될 만큼 역량도 구축되는 단계였다. 이에 따라 자유 무역, 통상 등에 대한 요구가 컸기에 정치와 자치에 일찍이 눈 떠 주민 중심의 입법 기구도 가동됐다.

뉴욕, 펜실베니아 등 '허리'에 해당하는 지역민들은 특히 상업과 무역을 중시, 영국과의 거센 충돌은 피하고자 했다.

메릴랜드, 버지니아 이남의 남부 5개 식민지들은 영국에 대한 로열티와 일체감이 상대적으로 강했고 특히 지도층 사이에서는 '영국화'하는 데 대한 거부감이 적었다. 남부의 주력 산업은 대규모 플랜테이션 농장으로 경작과 운영에 많은 인력을 필요로 했다. 노예제가 일찍이부터 관행화됐고 기득권 유지, 보수 성향이 강했다.

이런 '색깔' 차가 있기에 영국에 대한 대응 기조도 온도차가 났다. 북중부가 '강경-주전파(主戰派)'였다면 남부는 무리한 조세정책을 적정선에서 완화시키는 선에서 타협점을 찾자는 '온건-주화파(主和派)'로 구분됐다.

제 1부

독립전쟁과 북동부 13개 주

서문

　미국의 태동은 1776년 7월 4일의 독립선언이다. 미국 땅도, 미국이라는 국가도 이날을 기점으로 공식 출범했다. 1776년 7월 4일 북동부 13개 식민지들은 연합해 '미합중국'이라는 기치를 내걸었다.
　이들 식민지가 자리잡고 있던 땅들은 전후에 미국의 '마중물' 영토가 됐다. 향후 이어지는 다양한 형태의 영토 확보에 비추어 볼 때 이 13개 주 땅은 강탈이 아닌 '쟁취'로 규정될 만했다. 뺏은 것이기는 하나 약자가 대의를 앞세워 절대 강자로부터 획득해낸 것이기 때문이다.
　미국을 태동시킨 독립전쟁은 어느 날, 갑자기, 느닷없이 일어난 것이 아니다. 흔히 세상사에 기승전결(起承轉結)이 있듯이 원인과 배경, 계기와 전기(轉機)들이 얽히고 엮이면서 비로서 전쟁이라는 화염으로 번지게 된 것이다.
　독립전쟁의 전조(前兆) 이자 '불씨'는 20여 년 전부터 지펴지기 시작했다.

제 1 장

영-프 전쟁과 독립전쟁의 개막

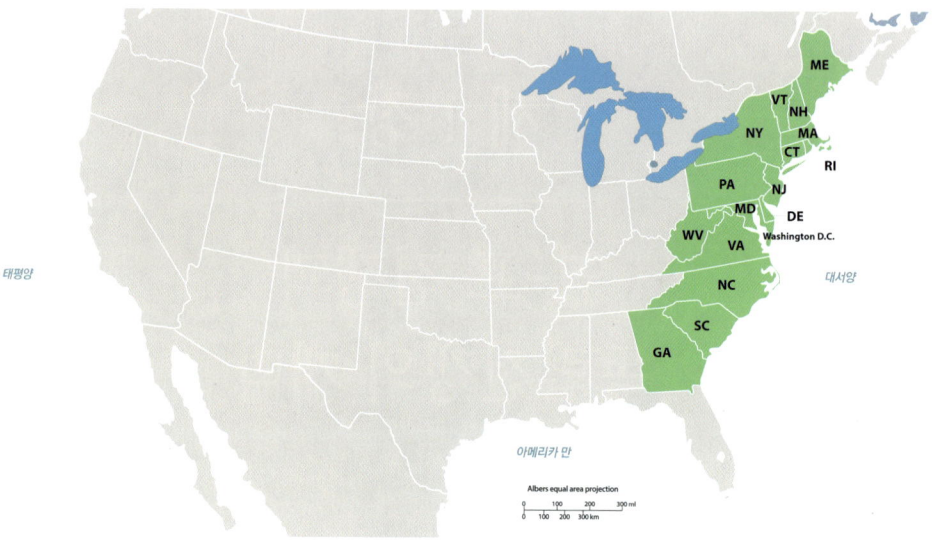

미국의 '마중물' 영토가 된 13개 식민지의 위치와 크기를 나타내는 지도. 이 13개 주는 현재 기준으로 그 넓이가 미국 전체 영토의 10% 정도가 된다

미 중부의 영-프 전쟁은
독립전쟁의 불씨가 됐다

오하이오 일대 점유권 두고 영국과 프랑스 패권 다툼

동부 13개 식민지가 독립을 선포하기 22년 전인 1754년, 영국과 프랑스 간에 무력 충돌이 일어났다. 이른바 '프렌치-인디언 전쟁'으로 불리는, 9년 간에 걸친 미 대륙에서의 영-프 간 패권 다툼이다.

오하이오강 일대의 점유를 둘러싸고 촉발된 이 전쟁은 영국과 프랑스가 북미 대륙의 영토 확장을 둘러싸고 본격적으로 맞붙은, 유럽 양강(兩强) 간의 피할 수 없는 숙명의 대결이기도 했다.

전장(戰場)은 지금의 미 중부 일대였다. 위스컨신, 미시간에서 오클라호마, 켄터키를 거쳐 남으로 루이지애나, 걸프만까지 이르는 광대한 영토의 지배권을 둘러싼 싸움이었다.

이 대결이 '인디언 전쟁'으로 불리는 이유는, 영국과 프랑스 모두 이 일대에 자리하고 있던 다양한 원주민 부족들과 복잡한 동맹 관계를 맺고 있었고, 그 결과 양측 병력 외에 동맹 관계의 인디언 부족들도 역시 패가 갈려 싸웠기 때문이었다.

전쟁은 초기에는 프랑스가 우위를 보였다. 오하이오강 일대 전투에서 여러 차례 영국군을 패퇴시켰다. 그러나 1757년 영국은 신임 윌리엄 피트 총리의 주도하에 북미 지역에 파병돼 있던 원정군에다 유럽 본토에서 대규모 병력을 투입, 전세를 역전시켰다. 영국은 캐나다 지역의 퀘벡 시티와 몬트리올까지 점령하면서 프랑스군을 코너로 몰았다. 결국 프랑스는 무릎을 꿇었다.

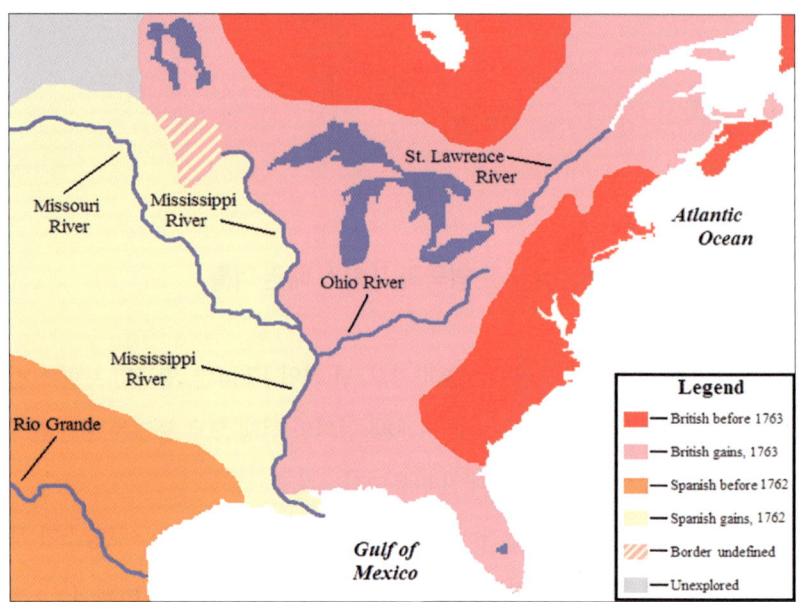

영-프 전쟁에서 승리한 영국이 프랑스령 식민지를 모두 차지한 1763년 당시의 세력권 지도. 붉은 색이 전쟁 전 영국령이고 분홍색 지역이 전쟁 승리를 통해 추가로 확대된 영국령을 나타내고 있다. CC BY-SA 3.0

전승국 영국이 미대륙 지배의 주도권 장악

영-프 전쟁 종결과 함께 1763년 맺어진 '파리 조약'은 북미 대륙에서의 세력 균형에 일대 변화를 가져다줬다.

전승국 영국은 조약의 최대 수혜자가 됐다. 프랑스는 그동안 차지하고 있던 캐나다 지역의 영토와 미시시피강 이동(以東)의 광대한 지역을 영국에 넘겼다. 프랑스령이었던 캐나다의 퀘벡, 허드슨만, 뉴펀들랜드 일대 및 오하이오강 유역과 오대호 지역 및 플로리다가 더해진 약 630만km²를 영국이 장악하게 된 것이다.

이 가운데 영국의 북동부 13개 식민지는 당시 인구가 250여만 명에 달할 정도인 데다 영국 본국과의 해상 무역, 플랜테이션 농업 및 상업 등이 발달해 있어 미대륙에서도 가장 '노른자위'로 불릴 만했다. 이로써 영국은 알짜배기 땅 북동부 지역의 대부분을 지배하는, 북미 식민제국의 최대 주주가 됐다.

스페인 역시 1762년 프랑스로부터 획득한 루이지애나를 비롯해 현재 미국의 서부인 캘리포니아, 텍사스, 뉴멕시코, 아리조나 등을 차지하긴 했으나 대신 플로리다를 영국에 할양해야 했다. 인구수와 산업 경쟁력 등 '식민지 국력지수' 측면에서 스페인은 미대륙에서만큼은 영국과는 경쟁이 어려운 '마이너' 지주로 밀렸다.

한때 영국, 스페인과 더불어 '3총사' 반열에 올라 있었던 프랑스는 파리 조약을 기점으로 사실상 북미에서의 모든 식민지를 상실했다. 이제 미대륙에서의 식민지 쟁탈전은 영국과 스페인 간 2강 대결로 압축됐다.

영국, 동부 13개 식민지 본격적으로 압박

프랑스를 패퇴시키고 중부 일대의 광활한 땅을 추가로 얻은 영국은 쾌재를 불렀다. 미대륙에서 영국령은 동부 13개 식민지 때보다 서너 배 이상 넓어졌다. 그러나 이 새롭게 획득한 땅은 결과적으로 영국에게 독배(毒杯)가 되고 말았다. 9년 전쟁에서 이기긴 했지만 막대한 전비(戰費)는 영국을 휘청이게 만들었다. 점령 이후도 문제였다. 정복한 영토에서 지배권을 행사하려면 광대한 지역에 걸쳐 영국군을 주둔시켜야 했는데 여기에 드는 비용이 만만치 않았다. 그렇다고 경비를 모두 본국서 충당할 수는 없었다. 막대한 전비 회수와 식민지 유지비 조달에 끙끙 앓던 영국이 취한 골육지책(骨肉之策)은 기존의 식민지들을 '기름 짜듯' 쥐어짜는 것이었다. 결국 불똥은 엉뚱한 데로 튀었다.

영국은 동부 13개 식민지인들을 본격적으로 압박하기 시작했다. 영국 당국은 식민지 자치나 행정 등에는 깊이 관여치 않았지만 '돈줄'이 될 만한 것은 꽉 쥐고 있었다. 식민지 내 각종 상품 거래, 본국 영국과의 교역 등에 세금을 부과, 막대한 실리를 챙기고 나섰다. 설탕법, 인지세법(Stamp Act) 등이 등장했다. 특히 인지세법은 식민지 내에서 발행, 유통되는 모든 형태의 인쇄물과 문서에 세금을 부과하는 것이었다.

영국 의회가 임의로 제정한 이 법에 의거, 법적 문서는 물론이고 심지어는 신문, 놀이용 카드에까지 세금을 붙이는 악명 높은 조치였다. 1767년에는 '타운젠드법'이 통과되면서 여러 생필품에 대해 수입세 명목의 세금이 부과됐다. 나아가 영국군에게 식민지의 거주지와 식량을 의무적으로 제공하게 하는 '병영법(Quatering Act)'까지 시행되면서 식민지인들은 들끓기 시작했다.

지주가 멋대로 소작료를 올리듯, '귀걸이 코걸이'식 세금을 확대하고 세율을 높이는 것에 대해 '소작인'들 사이에 불만과 원성이 높아지는 것은 당연했다. 식민지인들 사이에서 "대표 없는 과세는 없다"는 아우성과 함께 영국에 대한 적대감, 긴장감이 고조됐다. 프랑스에서 뺏은 땅을 유지하려는 과정에서 빚어진 영국의 '무리수'들은 점차 상황을 악화시켜 자충수(自充手)가 됐다.

영국의 식민지 쥐어 짜기, 대영 항쟁의 도화선으로 작용

영국의 식민지 '쥐어 짜기'는 결국 13개 식민지인들의 분노를 증폭시켰고, 대영 독립 항쟁을 촉발시키는 거대한 도화선으로 작용하고 말았다.

영국의 횡포가 점입가경(漸入佳境)식으로 심화되면서 식민지인들의 저항 또한 거세지기 시작했다. '굼벵이도 꿈틀' 하듯, 여러 형태의 대응책이 강구됐다.

먼저 악명이 자자했던 인지세법에 대해 9개 식민지 대표들 명의로 "위헌"이 선언됐다. 식민지 관련 법안은 "오직 식민지 의회만이 제정할 수 있다"며 영국 의회가 만든 법이 '무효'라고 규정한 것이다. '종주국'의 입법 사항에 대해 식민지들이 연합, 공동으로 반대 목소리를 낸 첫 케이스였다.

개별 식민지별로도 비슷한 반발이 이어졌다. 13개 식민지의 대표자라 할 수

토마스 제퍼슨, 벤자민 프랭클린 등 5인이 기초한 미국 독립선언서를 대륙 의회에 제출하고 있다

있는 버지니아와 매사추세츠 식민 의회가, 영국 의회에 의해 식민지들에 임의로 부과된 세금을 인정할 수 없다는 '거부' 결의안을 통과시킨 것이다.

식민지인들 사이에서도 항거의 움직임이 일기 시작했다. 영국산 제품들에 대한 불매 운동이 그것이다. 보스턴, 뉴욕, 필라델피아 같은 주요 교역항의 무역업자들 간에는 문제의 악법들이 철회되지 않는 한 영국산 물품을 수입하지 않겠다는 합의가 만들어지기도 했다. 이 같은 보이콧은 경제적 측면에서 강력한 지항의 수단으로 작용했다.

식민지 '민초(民草)'들도 꿈틀거렸다. '자유의 아들들(Sons of Liberty)'이라는 이름의 애국 행동 그룹이 결성돼 반영(反英) 운동을 조직, 선도했다. 이에 맞춰 여성들로 구성된 조직인 '자유의 딸들(Daughters of Liberty)'도 출범, 직물이나 '허벌 차(herbal tea)' 같은 식민지산 상품 생산 확대 운동에 나섬으로써 영국에 대한 경제 의존도를 줄이려 들었다.

식민지인들의 의사에 반해 조세 징수를 수행하는, 식민지인들로 봐서는 영국 '부역자'들에 대한 물리적인 압박도 가해졌다. 이들 세리(稅吏)들은 사는 집이 파괴되기도 하고 사임을 강요당하기도 했다.

지식인들을 중심으로 독립 추구와 저항의 정당성을 일깨우는 사회 계몽도 활발히 진행됐다. 당시 널리 퍼지던 계몽주의(Enlightenment)의 영향을 받아 루소의 인권주민론, 존 로크의 사회계약론 등이 확산되면서 식민지인들 사이에서 국민 주권을 토대로 한 독립의 정당성, 타당성 주장이 힘을 받게 됐다. 토마스 제퍼슨, 사뮤엘 아담스 및 제임스 오티스 등과 같은 지도층 인사들은 신문이나 전단 등을 통해 주권과 인권의 존엄성을 적극 주창함으로써 식민지인들의 정신적 지주 역할을 했다.

독립선언 2년 전 1차 대륙회의서 대영 항쟁 선언

그러나 무엇보다 주목할 것은 이 같은 일련의 반영(反英) 움직임들을 식민지 전체 차원에서 묶으려는 '네트웍'화가 추진됐다는 점이다. 1772년 매사추세츠에서 사뮤엘 아담스가 주도했던 이 '연대화(連帶化)'는 식민지 간 소통 채널 활성화 및 대영 항쟁에 있어 식민지 전체의 공조 체제 구축 등을 추구했다. 한마디로 영국과 각개전투(各個戰鬪)가 아니라 13개 식민지 전체가 하나가 돼 싸우자는 것으로, 이 같은 인식이 공유, 확산되면서 식민지의 대영 항쟁은 비로서 모양새를 잡아 나가기 시작했다.

이러한 공감대를 토대로 결성된 것이 1차 대륙회의(Continental Congress)다. 독립선언 2년 전인 1774년 필라델피아에서 개최된 이 회의에는 조지아를 제외한 12개 식민지 대표가 모여 대영 항쟁의 기틀을 마련했다. 대륙회의는 결의를 통해 매사추세츠에서 벌어진 영국에 대한 무력 투쟁을 추인하고 식민지 전체가 참여하는 대륙 연합(Continental Association)을 통해 영국에 대한 통일된 거부 운동을 전개키로 했다.

대륙회의는 또 각 식민지별로 지방 의회를 창설하고 지역 민병대를 결성시키도록 해 향후 영국과의 전면 대결을 위한 행정적·군사적 대응 체제를 마련했다. 이 같은 의회 및 군사 조직 창건은 자치 정부의 출범에 대비하는 것으로, 영국의 통치를 거부하면서 동시에 연합된 식민지들이 대영 항쟁을 전개해 나가는 데 있어 구심체 역할을 했다.

1770년의 보스턴 대학살, 1773년의 보스턴 차 사건 등을 거치면서 식민지인들 사이에서는 이미 영국과의 일전(一戰)을 피할 수 없다는 인식이 깊이 자리하고 있었다. 전쟁이라는 방아쇠가 아직 당겨지지는 않았지만 식민지와 영국 사이에서는 갈수록 긴장감이 높아져 갔다.

1773년 보스턴 차 사건으로 독립전쟁의 서막이 올랐다

1770년의 '보스턴 대학살'로 영국에 대한 분노 증폭

1773년 12월 16일 저녁 7시 무렵 매사추세츠 보스턴항 부둣가.

칠흑 같은 어두움, 차가운 바닷 바람이 휘몰아치고 있는 속에서 일단의 무리들이 부둣가로 접근해 오고 있었다. 인디언 모호크족 복장에 얼굴에는 검정 석탄 가루를 잔뜩 바른, 보스턴 민병대 '자유의 아들들'(The Sons of Liberty) 소속 대원들이었다. 100여 명에 가까운 특공대는 기항하고 있던 영국 동인도회사 소유 선박 '다트머스호'를 포함, 3척의 배에 나눠 올랐다. 이들은 도끼로 선장과 선원 등을 위협, 화물 저장 창고를 열었다. 그리고 당시 '금값'으로 여겨지던 홍차가 가득한 나무 상자 340여 개를 부수고 자봉지들을 모두 바다

영국의 과도한 조세 부담에 항의, 1773년 발생한 보스턴 차(茶) 사건을 묘사한 장면. 1846년 나다니엘 커리 작.

에 쏟아버렸다. 훗날 사가(史家)들이 미국 독립 항쟁의 '불씨'로 평가한, 이른바 '보스턴 차(茶) 사건'의 전말이다. 140여 년 뒤 세르비아 사라예보에서 울린 한 발의 총성이 세계 1차 대전을 촉발했듯, '보스턴 차 사건'은 결과적으로 미국 독립 항쟁에 불을 당긴, '역사의 물꼬'를 바꾸는 변곡점이 됐다. 동부 연안에 자리한 13개 영국 식민지 가운데 하나였던 매사추세츠에서 미국 독립이라는 대장정의 불이 지펴진 것이다.

프렌치-인디언 전쟁이 끝나기 전까지만 해도 13개 식민지들은 영국의 이른바 '건설적 방임(Salutary Neglect)' 정책에 의거, 상당한 자치권을 부여받고 있었다. 무엇보다 식민지인들은 자신들 스스로를 '영국 국민'으로 여기는 편이었다. 다만 영국 본국으로부터 직접 간섭을 받지 않는, 정치적으로는 독립적인 존재라는 인식을 가지고 있었다. 그러나 프렌치 전쟁 승리 후 영국이 식민지 의회 동의 없이 마구잡이 과세에 나서고, 나아가 1763년 '서부 확장 금지령'을 통해 식민지인들이 미시시피강 서쪽으로 진출하는 것을 막고 나서자 분위기가 달라졌다. 영국의 통제가 강화될수록 식민지들 사이에서는 "우리는 영국이 아닌 미국"이라는 정체성이 강해지기 시작했다.

이런 기류 속에서 식민지인들에 '불에 기름을 붓는' 것 같은 사건이 발생했다. 1770년 3월 발생한 '보스턴 대학살' 사건이 그것이다. 영국이 식민지 제압을 위해 보스턴에 파병한 4천여 명의 '점령군'과 보스턴 주민들 사이에 유혈사태가 발생, 영국군이 군중을 향해 발포한 끝에 5명이 숨지고 다수가 부상당하는 참사가 빚어진 것이다.

사뮤엘 아담스 등 독립운동가들은 이 건을 '보스턴 대학살'로 규정하고 민중들의 가슴에 불을 질렀다. 주민들 사이에서 영국에 대한 반감이 들불처럼 번졌다. 보스턴은 '저항의 땅'으로 바뀌었다. 1773년의 보스턴 차 사건은 바로 이런 앵거(Anger)의 분출이었다.

민병대와 영국군이 최초로 무력 충돌한 렉싱톤-콩코드 전투

영국과 식민지 간에 갈등이 깊어 가는 가운데 다시금 불씨가 흩뿌려졌다. 1775년 4월 19일에 발생, 독립전쟁의 단초가 된 '렉싱톤-콩코드 전투(Battles of Lexington and Concord)'가 그것이다.

식민지인들은 일찍이부터 지역별로 민병대를 조직하고 있었다. 일종의 자경단(自警團) 형태로, 흔히 밀리시아(militia)로 불리는 이들은 총기류로 무장해 사신들의 집과 거주 지역을 방위하는 역할을 맡았다. 민병대는 치안을 책임지는 경찰이나 군대가 존재치 않았던 시절에 주민들의 생존권을 지키기 위한 자위수단이기도 했다. 초기 식민지 정착인들은 주로 토착 인디언과 충돌이 잦았다. 그래서 민병대 무기고에는 적잖은 총기와 화약 등의 군수품이 보관돼 있는 것이 보통이었다.

식민지에 주둔해 있던 영국군은 1773년 12월 보스턴 차 사건 이후 식민지에서 일고 있는 불순한(?) 변화에 촉각을 곤두세우고 있었다. 영국군은 사전

제압 차원에서 보스턴 북서쪽 콩코드의 무기고에 저장해 둔 총기류와 화약 등 군수 물자들을 강제 압수하려 했다. 그러나 낌새를 채고 잠복해 있던 민병대와 영국군 간에 교전이 벌어지면서 양측 간에 최초로 무력 충돌이 빚어졌다.

결과는 영국군 사상자 273명(사망 73명, 부상 및 실종등 200명)에 민병대 사망 49명, 부상 36명으로 영국 쪽 피해가 더 큰 것으로 나타났다. '동네 경비대' 수준으로 폄하되던 식민지 민병대가 뜻밖에도 영국의 막강 정규군에 맞서 '판정승' 정도의 전과를 일궈 낸 것이다.

대전투는 아니었지만 반향은 컸다. 무장 항쟁을 통한 독립도 가능할 수 있다는 확신이 번져나갔다. 식민지 전역에서 '의병' 민병대들이 속속 생겨났다. 렉싱턴-콩코드 전투는 독립전쟁의 서전(緖戰)이자, 식민지가 종주국 영국에 맞설 수 있음을 과시하는 독립 선포전이 됐다.

렉싱턴-콩코드 전투 두 달여 뒤에 보스턴 근처에서 벌어진 벙커힐 전투는 영국군의 승리로 마무리됐다. 그러나 이는 사실상 '상처 뿐인 영광'으로 영국은 이기고도 진 싸움이 됐다. 식민지군이 브리드 힐에 구축한 요새에 대해 영국군은 치열한 공세를 폈다. 결국 고지는 점령했지만 출혈이 너무 컸다. 영국군은 사망 226명, 부상자 828명 등 사상자가 전체 투입 병력의 3분의 1가량인 1,050여 명에 달하는 막대한 전력 손실을 입은 것이다.

이에 반해 식민지군은 사망 115명을 비롯, 사상자는 약 450명으로 피해 규모가 절반이 안 되는 등, 비록 세에는 밀렸지만 영국군의 '올 인(All in)'에 심대한 타격을 줬다는 점에서 다시 한번 강한 저항 의지를 과시했고, 식민지인들을 고무시켰다.

강력한 정규군으로 편제된 영국군이 벙커힐 전투에서 전형적인 횡대열 공격을 펼치고 있다

종주국 영국 vs 식민지 미국은 골리앗과 다윗의 싸움이었다

13개 식민지 영토와 인구, 영국에 비해 크게 뒤져

13개 식민지는 북동부 귀퉁이, 지금의 '뉴잉글랜드'와 뉴욕, 펜실베니아 및 버지니아, 노스-사우스캐롤라이나 등을 포함하고 조지아에 이른다. 국력 평가에 있어 바로미터라 할 수 있는 영토 크기와 인구 등에 있어 13개 식민지는 종주국 영국에 비해 크게 뒤져 있었다.

13개 주 가운데 뉴욕, 펜실베니아, 버지니아, 조지아, 노스캐롤라이나 등은 한국 땅보다 약간 커, 그럭저럭 주라고 부를 만했다. 그러나 로드아일랜드, 델라웨어 등은 제주도의 두세 배 정도인, 자투리 변방 중의 하나에 불과했다.

반면 영국은 본토라 할 수 있는 잉글랜드와 웨일스 및 전세계에 산재한 식민지, 점령지를 모두 합할 경우 약 400만km²에 달하는, 그 시절 지구상의 최강국 중의 하나였다. 13개 식민지는 자신보다 너댓 배 가량 큰 나라에 덤빈, 시셋말로 '겁을 상실한' 도전이었다.

인구수에서도 1775년 무렵 13개 식민지 인구는 250여만 명으로 추산됐다. 같은 시기 '그레이트 브리튼'은 잉글랜드 550만 명, 스코틀랜드 125만 명, 웨일스 50만 명 등 영국 본토 인구만 700만 명이 넘었다.

13개 식민지들의 개별 면모를 살펴보면 식민지들의 허약함이 더 여실히 드러난다. 독립선언 직후인 1780년 당시 델라웨어 식민지의 인구는 3만 5천여 명으로 지금 서울의 논현동보다 작은 규모다. 남녘의 조지아 식민지도 지금은 큰 주로 평가되지만 당시 전체 인구는 2만 3천여 명에 불과했다. 남한 땅의 1.5배 가량 되는 곳의 주민수가 고작 2만여 명 수준인, 말 그대로 '벽촌, 깡촌'과 다름없었던 곳이 당시의 식민지들이었다.

13개 식민지 가운데서는 그나마 몸집을 갖춘 매사추세츠, 버지니아, 펜실베니아 등이 중추를 이뤘다. 하지만 매사추세츠 인구라고 해야 지금의 도봉구 수준이 안됐다.

이렇듯이 13개 식민지 전체의 주민수는 250여만 명, 2024년 기준 인천광역시보다 적고 경상북도와 엇비슷한, 즉 인구수로는 한국의 1개 도(道) 만한 지자체가 대영 제국과 맞붙자고 나선 것이다.

대영 제국 정규군의 무기와 전투력 세계 최강

독립전쟁의 발발과 함께 영국에 맞서게 된 13개 식민지는 1775년 2차 대륙회의를 통해 대륙군(Continental Army)을 창설했다. 그러나 상대인 영국군은 '해가 지지 않는다'는 대영제국의 정규군으로서 육군, 해군, 전함, 대포 등을 두루 갖춘 막강한 군사력에다 오랜 식민 전쟁을 통해 실전 경험도 풍부한, '제대로 된' 정규군을 갖추고 있었다.

영국의 병력 규모는 5만~7만 5천 명 수준을 유지했고 여기에 독일 용병 3만여 명이 더해졌다. 독일 용병들은 유럽의 식민지 전쟁판을 겪은 고도로 훈련된 정예병들이었다. 이들 외에 아프리카 출신 흑인 노예들과 모호크족과 같은 1만 3천여 명 규모의 일부 토착 인디언들도 가세됐다. 또 캐나다 지역을 포함, 북미 식민지 내 친영 세력인 이른바 왕당파 민병대도 5만 명 가량 동원 능력을 가진 것으로 평가됐다. 이를 토대로 영국군이 반란 세력(?) 진압을 위해 미대륙에 투입, 진주시킨 병력 수만도 최대 5만 명대까지 달했다.

영국군은 또 당시 세계 최강의 해군력을 자랑하고 있었다. 독립전쟁 개전 초기에 이미 270여 척의 군함을 보유하고 있었고 이후에도 전투함 건조가 계속됐다. 영국 해군은 이같은 해군력을 토대로 무기 및 군수 물자 등을 안정적으로 보급할 수 있었다. 또 대서양은 물론 미대륙 동부 연안에서 해상로 장악과 함께 주요 항구들을 봉쇄시킬 수 있는 제해권(制海權)을 거머 쥔 상태였다. 영국군의 무기와 군수, 장비 또한 압도적이었다.

영국군은 막강한 파괴력을 지닌 야포와 공성포(攻城砲)를 갖고 있었고 전투병들은 당시 가장 성능이 우수했던 브라운 베스(Brown Bess) 머스킷총과 총검으로 무장했다. 또 기마대와 공병(工兵) 등 전문병과 조직을 구비했고 전함들은 강력한 함포를 운용하고 있었다.

영국군의 가장 큰 강점은 무엇보다 전투 경험이 풍부하다는 점이었다. 이미 세계를 무대로 곳곳에서 식민지 전쟁을 겪어왔으며 보병 대형 전술과 2열 사격 등 충분한 전술 훈련에 전투력, 군수 지원, 전략 등에 있어서도 '프로'급으로 평가되는 세계 최강의 군대였다.

영국군은 또한 전비 조달 능력에 있어서도 13개 식민지와 비교가 안될 정도였다. 이미 산업혁명 초기 단계에 진입하고 있었던 영국은 막강한 산업생산 기반을 구축하는 단계였고, 북미는 물론 인도, 카리브해, 아프리카 등지까지 뻗쳐 있는 광대한 식민지와 해상 무역 네트워크를 보유하고 있었다.

영국의 재정 상태는 안정적이었고 파운드화는 지금의 달러와 비슷한 국제 결제 통화 대접을 받았다. 영국의 전비(戰費) 지출은 당시 기준으로 8천만 파운드 이상에 달했지만 '대영제국'이라는 신용을 바탕으로 탄탄한 전쟁 수행 능력을 지니고 있었다. 전비 조달에 허덕였던 허약한 식민지와는 비교가 안됐다. 종주국 영국은 이같은 국력을 토대로 막대한 병력과 무기, 탄약과 군수 물자들을 미대륙에 투입할 수 있었다.

이름만 '대륙군'일 뿐 13개 식민지의 '동네 자경단'에 불과

이에 반해 대륙군은 모든 점에서 열세였다. 13개 식민지들이 비록 한 배를 타기는 했지만, 국가 차원의 무력 자체를 보유하지 못했다.

영국군에 맞서는 대륙군은 무기나 병참 등 모든 면에서 열악한 상태로 전투를 치러야 했다

병력은 13개 식민지가 인구, 경제 규모 등을 감안해 배정된 이른바 '연방군' 개념의 정규군과 각 식민지가 별도로 유지하고 있는 지역 민병대로 구성됐다. 그러나 이 민병대라는 것이 대부분 영화 '패트리어트'에 등장하는 것 같은 '자경단(自警團)' 수준이었다. 국가 차원의 정규군이 없기에 필요에 따라 농민이나 정착민들이 각자 무기로 무장해 마을을 지키는 정도였다. 지금도 각 지역에 산재한, 밀리시아(Militia)로 불리는 결사체가 바로 그들이다

전쟁 초기 단계에 급조된 대륙군은 당초 병력 6만 명 정도 확보를 계획했었으나 각 지역 '동네 군대'들을 다 모아도 개전 무렵의 병력 규모는 정규군과 민병대를 합쳐서 고작 4만 명 정도였다. 여기에 나중에 가세한 프랑스군 1만여 명, 스페인군 7천여 명 등이 전력의 전부였다.

독립선언 이전에 나름대로 준비했음에도 조지 워싱턴 사령관이 초기에 예하에 두었던 정규 병력은 5천 명 안팎에 불과했다. 독립전쟁 기간 중 복무한 병력 수는 8년간 누적 입대자가 약 23만 명에 달했으나 상시 병력은 15,000~20,000명 수준, 특정 시점에 동원된 최대 병력도 4만 명 남짓이었다.

주력군인 워싱턴 장군 휘하 야전군은 1만 5천 명 안팎이었고 사라토가 전투나 요크타운 전투 같은 대회전에도 대륙군 투입 병력은 정규군과 민병대를 합쳐 최대 2만 5천 명 선에 불과했다.

특히 전쟁 초기의 경우 대륙군이 대오도 갖추기 전에 밀리는 양상이 전개되자 정규 병력 충원에 비상이 걸려 1776년 말에는 1만 1천 명 수준으로 급감하기도 했다.

그나마 식민지 인구의 20% 가량, 즉 50만 명 남짓은 노예 인구였기에 병력으로 동원할 수 있는 가용 자원은 훨씬 더 부족했다.

영국군은 정규군, 대륙군은 1년 기한의 단기병

병력의 양(量) 외에 질(質) 또한 문제였다. 실전 경험을 갖고 있거나 충분히 훈련된 기간병들의 절대 부족이 바로 그것이다. 대륙군은 사실 동네 민병대의 변신에 불과했다. 영국 정규군의 경우 장기간에 걸쳐 복무하는 '하사관급' 기간병이 주축이었던 것과는 달리 대륙군 병사들은 1년 기한의 단기병이 기본이었다. 농구(農具)를 총으로 바꿔 든 뒤 1년간 전투에 임하다가 다시 소집 해제돼 생업으로 돌아가는 방식이었다.

병력 교체기가 되면 썰물 빠지듯 실전 경험을 갖춘 전투 병력이 줄어들어 지휘부의 가슴을 졸이게 했다. 게다가 실제 통합국가가 존재치 않은 상태였기에 '제대로 된' 연방 군대 조직이 미비된 상태였다. 병력의 경우 이리저리 머릿수는 채울 수도 있었으나 명령, 지휘 체계에서부터 무기, 장비, 보급 등과 같은 군수 지원 체계는 부실하기 짝이 없었다. 무엇보다 군 통수권이 제대로 통일돼 있지 않은 탓에 군령을 내려도 이행되지 않는 경우가 많았다. 각 지역 민병대들은 자기 고향 중심의 방어 정도에 주력하려는 성향이 강해 연방군 차원의 작전 참여나 이행에 소극적이었다. 초반 훈련 미비로 부대 간 합동 작전 또한 전개하기가 어려웠다.

무장 및 무기 측면에서도 영국군과는 달리 대륙군은 대포가 절대 열세였고 특히 화약과 무기 부족에 시달렸다. 1775년 전쟁 발발 시점까지만 해도 식민지인들은 대포는 물론 총포나 화약 등을 영국으로부터 수입하는 상황이었다. 식민지 내에서 자체적으로 총기를 생산할 수 있는 '방산업체' 기반이 지극히 취약해 노후화된 구식 머스킷총이나 사냥총 등으로 무장하는 경우가 허다했다. 무기, 탄약 등 군수 보급은 프랑스 등 외부 지원에 주로 의존하는 형편이었다. 대륙군은 절대 부족한 탄약과 무기류 등 확보를 위해 영국군 무기고를 습격하는 데 많은 전투력을 할애해야 했다.

대륙군의 치명적인 허점은 바로 해군의 부재

대륙군의 또 하나 큰 구멍은 해군의 부재였다. 물론 뉴잉글랜드 지역 식민지를 중심으로 해상 무역을 전개하고 있었기에 일정 규모의 상선 등은 보유하고 있었으나 나중에 프랑스 해군이 가세하기 전까지는 제대로 된 해군력을 갖지 못했다. 일종의 해적선 같은 사략선(私掠船)들을 활용하는 수준에 머물렀다.

제해권의 상실은 병력이나 군수품 수송을 어렵게 했고, 무엇보다 영국 해군의 주요 항구 봉쇄로 인해 외부로부터의 지원은 기대할 수 없는 처지였다. 해상 보급이 어려운 상황에서 기동장비라야 말과 수레가 주류인 탓에 '본부'로부터의 제대로 된 병참이나 군수 지원은 '그림의 떡'이었다. 각 지역별 민병대는 사실상 자급자족에 의존하는 수준이었다.

전쟁 수행에 있어 '뒷배'가 되는 경제력 역시 한참 열세였다. 당시 식민지 경제는 중소 규모 자영 농업이 중심이 되는 농경사회 수준이었다. 당연히 산업 생산력에 있어 영국과는 비교가 안됐다. '돈이 되는' 경제 기반, 산업 구조를 갖추지 못하고 있다 보니 재정난은 심각했다. 나아가 식민지의 '머리'라 할 수 있는 중앙 정부격의 대륙 의회에는 직접 과세 권한이 없었다. 그러다 보니 막대한 전비 자체 조달을 위해 '대륙 화폐'를 남발, 극심한 인플레이션에 처해있었고, 특히 전쟁이 장기화되면서 병사들에게 줄 급여조차 마련치 못해 쩔쩔맸다. 게다가 농업 및 상업 생산 감소와 해외 무역의 중단으로 사실상 '국고(國庫)'가 비어 버린 상황이었다. 무엇보다 해상로가 영국 함대에 의해 봉쇄되면서 식민지 전체 물류(物流)가 막혀 불안정하기 짝이 없었다.

대륙군은 이처럼 취약한 식민지 경제력 탓에 병력 외에도 무기나 장비, 보급에 있어 늘 허덕였다. 대륙 의회는 병력 충원 및 전비 조달을 위해 비용을 각 식민지에 할당하는 방식을 취했으나 매사추세츠, 버지니아 정도 외에는 규모가 신통치 않아 기본적으로 전쟁의 '뒷감당'을 맡아 줄 역량을 갖추지 못한 상태였다. 대륙군은 한마디로 군대 '꼴'을 갖추지 못한 채 전쟁을 맞았다. 대륙의회를 통해 대륙군이 편성되고 조지 워싱턴을 총사령관에 앉혀 놨지만 영국을 상대할 만한 전력 확충은 언감생심이었다.

독립전쟁의 전세를 바꾼
대륙군의 결정적 전투들

롱아일랜드 전투 – 영국군과 대륙군이 뉴욕 놓고 격돌

매사추세츠, 코네티컷 등에서 이주해 온 영국인들이 많았던 뉴욕은 독립전쟁의 주 전장 중 하나로서, 위치나 전략적 측면에서 영국이나 식민지 측 모두에 중요한 요충지였다.

영국은 대륙군의 제압을 위해서는 매사추세츠를 주축으로 한 북부와 버지니아 이남의 남부를 서로 떼어놓는 것이 필수라 판단했다. 그래서 뉴욕 일대에 본진을 배치, 식민지 양축(兩軸)을 차단하는 쐐기로 삼고, 동시에 뉴욕 일원의 풍부한 물산과 물자, 그리고 수송망을 확보함으로써 영국군의 보급창으로 삼으려 했다. 독립선언과 함께 독립전쟁이 본격화하자 영국군 주력 본대와 조지 워싱턴이 이끄는 대륙군은 뉴욕 장악을 두고 건곤일척의 일전을 벌였다.

독립선언 한 달여 뒤인 1776년 8월 27일 전개된 롱아일랜드 전투는 영국에게는 가뭄의 단비 같은 승리를, 대륙군에게는 치명타를 안긴 혈전이었다.

독립전쟁 발발 후 최대 규모의 이 전투에서 조지 워싱턴 사령관이 이끄는 대륙군은 롱아일랜드에서 패주, 맨하탄 쪽으로 밀려왔고 브루클린을 거점으로 방어선을 쳤다. 하지만 뉴욕 장악을 위해 대규모 병력을 투입한 영국군에 완전히 포위당하고 말았다.

열세에 몰리던 대륙군은 트렌튼 전투를 통해 반격의 전기를 마련하면서 전쟁을 이어갈 수 있었다

대륙군은 그러나 절체절명의 상황에서 탈출 작전을 감행, 폭풍우와 짙은 안개 속에서 심야에 맨해튼 이스트강을 도하, 영국군의 추적을 벗어났다. 대륙군은 천우신조로 주력의 괴멸은 면했으나 일대 위기를 맞았다.

트렌튼 전투 – 델라웨어강 도강 작전으로 대반격

1950년 9월의 '인천 상륙작전'은 절체절명의 위기로 치닫던 6.25의 전세를 한번에 역진시킨 '신의 한 수'였다는 평가를 받는다

1776년 12월 25일, 크리스마스 날 밤에 강행된 '델라웨어강' 도강(渡江) 작전도 미 독립전쟁의 '인천 상륙' 버전이라고 불릴 만큼 결정적인 전기를 가져온 회심의 일전이었다.

독립선언 이후 5개월여 뒤인 1776년 12월 중순, 조지 워싱턴 사령관이 이끄는 대륙군은 유감스럽게도 영국군에 판판이 깨지고 있었다. 워싱턴은 뉴

욕, 뉴저지에서 밀리고 쫓겨 마침내 경계인 델라웨어강을 건너 펜실베니아까지 후퇴했다. 낙동강을 최후 저지선으로 삼았던 6.25 당시 대한민국과 똑같은 상황이었다.

나아가 문제는 병력과 병참이었다. 영국군은 뉴욕에 2만여 명의 대병력을 예비하고 있는 것 외에 뉴저지 전장에만 정예 1만 2천여 명을 투입하고 있었다. 이에 반해 대륙군의 워싱턴 장군 예하에는 5천여 명이 고작이었다. 게다가 이들 대부분이 12월 31일이면 1년 만기의 징집이 해제되는, '제대 말년' 병력들이었다.

연전연패로 사기는 땅에 떨어진 데다 '고참' 대신 '갈참'들만 그득하고, 무기와 병참은 턱없이 열악한 3중고 상황인 탓에, 독립 항쟁은 끝장난 것 같다는 절망감이 팽배해졌다. 이제 워싱턴 장군에게 주어진 시간은 단 열흘 여. 해를 넘기면 대륙군 징집병들은 뿔뿔이 흩어질 것이고, 총사령관 예하 병력이 무너지면 독립전쟁은 사실상 종을 치게 될 상황이었다.

여기서 워싱턴 장군은 마지막 도박을 걸었다. 역으로 델라웨어강을 건너 전격적으로 기습 작전을 펴자는 것이었다. 주변의 반대도 있었지만, 워싱턴은 도강 작전을 전개키로 했다.

그해 12월 25일, 크리스마스 날 저녁 7시쯤부터 3대로 나뉜 대륙군 특공대들이 얼음덩이가 가득한 델라웨어강 도하를 시작했다. 상륙 목표 지점은 세 군데, 주력인 워싱턴 장군이 이끄는 2,400여 명은 방어선이 가장 취약한 것으로 판단되는 독일 용병 관할의 트렌튼 쪽을 공략하기로 했다.

워싱턴 장군은 많은 수의 병력을 도하시키는 것이 불가능하다는 판단하에 대포 위주로 방향을 잡았다. 눈발이 휘날리고 얼음이 둥둥 떠다니는 '칼 추위' 속에서 노 젓는 배를 이용해 포대와 병력들이 강을 건너갔다. 9시간여 만에 후미 부대 병력까지 뉴저지 쪽 연안에 도착하자 트렌튼을 향한 진군이 시작됐다. 이들이 15km가량 떨어진 트렌튼 외곽에 도착한 것은 26일 오전 7

델라웨어강 도강 작전에서 얼음이 덮인 델라웨어강을 건너고 있는 조지 워싱턴 장군. 그 뒤에 몬로 대령이 성조기를 받쳐들고 서 있다

시경이었다.

18문의 포대 설치를 완료하고 워싱턴 특공대가 포격을 개시한 것은 오전 8시 무렵, 그리고 40여 분간의 집중 포격 끝에 버티던 독일 용병 부대는 마침내 손을 들었다. 사상자와 함께 포로로 잡은 용병만 900여 명, 이에 비해 공격군 측 피해는 사망 2명에 부상 약간 명 정도였다. '트렌튼 전투'는 양측 사상자 규모로 볼 때 대규모 전투는 아니었다. 그러나 상대의 허를 찌른 워싱턴 장군의 크리스마스 대공세는 전장의 분위기를 일변시켰다.

휘청거리던 대륙군은 기사회생, 비로소 반격의 실마리를 잡았고, 반대로 영국군은 뉴저지 북쪽으로 밀리기 시작했다. 약관 43세로 총사령관을 맡아 고전했던 워싱턴 장군은 기습 작전의 성공으로 스러져 가던 독립 항쟁에 다시 숨을 불어넣었다. 당시 도하 상황을 묘사한, 유명한 에마누엘 로이체의 '델라웨어강을 건너는 워싱턴' 그림에는 워싱턴 바로 뒤에서 성조기를 거머쥐고 있

워싱턴 장군의 대륙군은 병력 및 무기, 병참 지원이 부족한 상황을 맞아 밸리 포지에서 혹한을 버티며 반전의 기회를 모색했다

는 제임스 몬로 대령도 나온다. 델라웨어강 도하의 주인공들은 나중에 각각 미국의 초대, 그리고 5대 대통령이 됐다.

트렌튼 전투는 아메리카판 '한산 대첩'으로 여겨지며 독립 전쟁사에 있어 최대 하이라이트의 하나로 각인되고 있다.

조지 워싱턴은 델라웨어강 도강 작전을 통해 트렌튼을 점령하고 이어 필라델피아를 수복했으나 버지니아 체사피크만 부근서 승리한 영국군이 1777년 8월 필라델피아를 재탈환하면서 또다시 궁지로 몰렸다. 워싱턴 사령관은 필라델피아에서 32km 정도 떨어진 밸리 포지(Valley Forge)를 겨울 숙영지로 삼아 이동했다. 당시 워싱턴이 지휘하는 이 대륙군의 주력은 식량, 보급 등의 부족으로 비참한 상황이었다. 신발이나 군복, 담요가 없는 병사가 태반이었고 티푸스 등의 전염병으로 많은 사람들이 숨졌다.

필라델피아에 진을 치고 있던 영국군은 '몸통'인 펜실베니아를 묶어 두는 것과 함께 뉴잉글랜드 지역과 중부 및 남부의 식민지 간 연계를 차단하려 했다. 아울러 뉴욕과 버지니아 지역에서의 양동작전을 통해 대륙군을 와해시키려는 작전을 폈다.

하지만 영국군의 분산, 고사(枯死) 전략은 뉴욕의 사라토가 전투에서 대륙군에 크게 패하면서 무위로 돌아갔다. 이후 영국군은 전선을 남부 쪽으로 돌려 사우스캐롤라이나와 조지아 점령에 나섰고 주 전장(戰場)은 펜실베니아를 떠나 버지니아 쪽으로 이동했다.

사라토가 전투 – 영국군 참패로 독립전쟁의 전세 뒤집혀

뉴욕은 영국군에게 있어 가장 중요한 보급 기지이자 원정군의 허브였다. 영국군은 위로는 보스턴, '허리'로 뉴욕, '후방'으로는 노스캐롤라이나를 주요 거점으로 삼았다. 본국에서 파병된 병력들 역시 이 세 곳에 집중 배치됐다. 영국군은 뉴욕을 배후 삼아 식민지 정부의 '머리'라 할 수 있는 필라델피아 함락을 위해 상당 병력을 진주시켰다.

뉴저지 쪽으로 밀려났다가 전열을 정비한 대륙군은 다시금 뉴욕 수복을 위한 일전을 준비했다. 영국군 주력의 일부를 필라델피아 쪽에 묶어 두면서 뉴욕 쪽 공략에 나섰다. 1777년 9월 19일에서부터 10월 7일까지 이어진, 독립전쟁의 전세를 바꾼 '사라토가 전투'(Battle of Saratoga)가 바로 그것이다.

미국서는 드물게 온천지대인 사라토가에서 양군은 두차례에 걸쳐 대결을 벌였다. 이번에는 롱아일랜드 전투 때와는 달리 병력의 우위는 대륙군 쪽이었다. 초기에는 9천여 명 대 7천여 명이었다가 종결 시점에는 대륙군이 북동부 지역에서는 물론 버지니아 민병대들까지 동원, 영국군의 두배에 달하는 1만 2천여 명 이상의 압도적 우세로 몰아붙였다.

특히 이때 버지니아에서 투입된 5백여 명의 저격병 부대는, 2백m 이내의 근접 거리에서 영국군 지휘관과 포병들을 살상시키는 큰 전공을 세웠다.

일렬횡대 전투 대형에 익숙해 있던 영국군의 고리타분한 전통이 대륙군의 게릴라식 공격에 일격을 당한 것이다. 1천여 명 이상의 사상자에다 6천 2백여 명이 포로로 잡히는 참패를 당하자 영국군 버고인 장군은 마침내 백기를 들었다.

사라토가 전투는 다시 한번 독립전쟁의 물꼬를 바꿨다. 가장 큰 소득은 그동안 영국군에 밀리던 대륙군이 사라토가 전투를 통해 자신감을 되찾았다는 점이다. 나아가 사라토가 전투는 유럽국들로 하여금 비힙중국을 다시 보게 하는 전환점이 됐다. 이 같은 분위기에 힘입어 영국과 대치, 경쟁 관계였던 프랑스는 1778년 2월 마침내 미합중국과 정식으로 동맹 관계를 맺었다. 프랑스의 참전은 대륙군에게, 특히 해군력 측면에서 '천군만마(千軍萬馬)'가 됐다.

막강한 대영제국 함대를 통해 해상 지배권을 휘두르면서 지상 전투 위주로 대륙군만 압박하면 됐던 영국군은 이제 바다와 육지에서 동시에 미-프랑스 연합군을 상대해야 하는 버거운 상황을 맞게 됐다.

그로튼 전투 – 대규모 학살로 빛 바랜 영국군의 마지막 승리

1781년 9월 6일.

코네티컷 식민지의 테임즈 강변에 연한 그로튼항은 이른 새벽부터 밀어닥친 영국 함대와 공격군에 의해 불길에 휩싸였다. 약 1,700여 명의 영국군은 압도적인 군세를 바탕으로 대륙군을 몰아붙였다. 말이 수비군이었지 실제는 160여 명의 민병대 병력이 전부였다. 그로튼항에 야적돼 있던 화약을 포함, 군수품들이 불탔다. 당시 기록에 따르면 항구 일대 100개 이상의 창고 등 건물이 전소될 정도로 그로튼은 '쑥대밭'이 됐다. '그로튼 하이츠' 전투는 미 독립전쟁에서 수세로 몰리던 영국군이 마지막으로 일궈낸 승리였다. 그러나 이 전투에서 영국군의 잔혹한 행태가 드러나면서 승리는 빛을 바랬다.

영국군은 저항하던 대륙군에 백기를 보내면서 항복을 압박했다. 그러나 대륙군의 지휘관 레디야드 대령은 이를 거부하고 깃발을 되돌려 보냈다. 다시금 총공격을 가한 영국군은 마침내 저항군을 무력화시켰다. 대륙군을 제압한 영국군은 레디야드 대령을 지휘검으로 사살하고 남은 저항군들에게도 무차별 사격을 가했다. 그로튼 하이츠의 이같은 비극이 전해지면서 대륙군은 들끓었다. '그로튼의 항거'는 얼마 뒤 요크타운에서 대륙군의 대승리를 일궈내는 데 있어 견인차 역할을 했다.

미국과 프랑스 연합군이 요크타운 전투에서 영국군을 공격. 독립전쟁의 승리를 이끌어 냈다. 그림은 봉쇄된 영국군의 모습

요크타운 전투 – 워싱턴 장군이 독립전쟁 최종 마무리

1781년 10월 16일 밤.

버지니아 남단 요크타운의 요크 강변은 폭우와 뇌성 속에서 온통 아수라판이 전개되고 있었다. 칠흑 같은 어두움, 거센 폭풍과 장대비 속에서 콘 윌리스 장군이 이끄는 영국군은 요크강을 건너 탈출하기 위한 필사적인 도하 작전을 감행했다.

그러나 미합중국과 프랑스 연합군의 거센 차단과 악천후에 굴복, 영국군 8천여 명은 결국 탈출을 포기했다. 이날 심야의 혈전에서 양측의 사상자는 1천여 명이 넘었다. 피해는 영국군 측이 압도적으로 많았다. 이튿날인 10월 17일, 영국군은 마침내 항복을 요청했고, 이틀 뒤인 19일 항복 문서에 정식 서명했다. 요크타운 전투는 단순 전투가 아니었다. 13개 식민지가 대영제국을 상대로 6년여간 벌여왔던 독립전쟁에 피리어드를 찍는, 역사적인 의미를 담은 사실상 '종결전'이었다.

요크타운 전투에서의 영국군 패배는 1453년 5월 29일 동로마제국의 멸망을 가져온 '콘스탄티노플'의 함락을 연상시킨다. 당시 오스만 튀르크 제국의 포위 공격에 한 달 반여를 버텨오던 기독교도들은 원군 도착 불과 3일을 앞두고 무너졌다. 마찬가지로 영국군이 오매불망(寤寐不忘) 기다리던 뉴욕에서의 지원 함대는 항복 닷새 뒤인 10월 24일에나 도착했다. 이미 '상황 끝'이었다.

미국 독립전쟁의 승패를 가른 요크타운 전투는 단순히 '그날 밤'의 일기불순 때문만은 아니었다. 워싱턴 장군이 이끄는 대륙군과 프랑스 연합군의 전술과 작전이 제대로 기능한, 전략의 승리였다.

독립전쟁이 길어지면서 단숨에 '반도(叛徒)'들을 제압키 어렵게 되자 영국군은 웅크리기 작전으로 전환했다. 뉴욕에서 노스캐롤라이나, 조지아에 이르기까지 주로 해안 지역에 요새와 거점을 확보한 뒤, 일정 규모의 영국군을 주둔시켜 세력을 유지하는 '버티기' 전략이 그것이다.

어차피 식민지 대륙군도 광활한 지역에 걸쳐 운용할 병력과 지휘체계를 갖추기는 어려운 형편이었다. 결국 뉴욕, 펜실베니아, 매사추세츠 등 주요 거점 지역에 많아야 수천 명 남짓 정도의 병력을 주둔시켜 일대를 장악하고, 필요시 연계 작전을 펴는 정도였다. 넓은 전장 곳곳에 점점이 펼쳐진 이 같은 양측의 대진(對陣)은 상당기간 기능했다. 그러나 대륙군에 대한 조기 진압이 여의치 않게 되자 영국군의 곤경은 심화됐다.

질질 끄는 소모전에 지친 영국군은 요크타운에 병력을 집중시켰다. 그러나 이는 대륙군이 바라던 바였다. 뉴욕과 요크타운의 영국군 쌍두(雙頭)를 한곳으로 모은 뒤 일거에 제거하자는 전략이었다. 정규군과 민병대를 합친 대륙군의 병력은 1만 1천여 명, 여기에 프랑스군 8천여 명과 전함 29척이 동원됐다.

1781년 8월 중하순에 걸쳐 프랑스 함대는 버지니아 체사피크만으로, 워싱턴 장군의 지상병력은 대거 남하를 시작했다. 같은 해 9월 대륙군과 프랑스 연합군은 2배에 가까운 병력의 우위에다 프랑스 함대의 활약을 발판으로 지원군을 기다리던 영국군을 패퇴시켰다. 이 역사적인 '체사피크만 해전'은 18~19세기, 200여 년 동안 세계의 바다를 호령하던 영국 함대의 유일한 패전으로 기록됐다.

요크타운 전투에서 항복과 함께 포로로 잡힌 영국군은 8천 명이 넘었다. 패전 소식에 영국은 들끓었다. 비화되는 전쟁 지속 반대에 영국은 결국 전쟁을 접기로 했다. 매사추세츠 보스턴에서 발화된 대영 독립전쟁은 6년여에 걸쳐 대소 250여 회의 기록된 전투, 소규모 충돌 및 습격까지 포함하면 1,600회 이상의 교전 끝에 버지니아 요크타운 전투로 대미(大尾)를 맞게 됐다.

어떻게 '오합지졸' 대륙군이 '세계 최강' 영국군을 물리쳤나?

영국군, 약체 대륙군에 속전속결 승리 기대

병력과 무기, 장비 및 병참 등 모든 부문에서 열세였던 대륙군은 최종적으로 강대국 영국군을 패퇴시켰다. 대륙군의 승리는 여러 관점에서 분석되지만 무엇보다 대륙군의 전략과 전술이 주효했던 것으로 평가되고 있다.

영국군은 당초 개전에 임하면서 속전속결로 끝내겠다는 목표를 세웠다. 그래서 주요 전장(戰場)에서 대규모 공세를 전개, 대륙군의 주력을 일거에 분쇄시킨다는 전략을 택했다. 몇 차례의 큰 싸움으로 밀어붙이면 '오합지졸'의 대륙군이 지리멸렬할 것이라는 계산에서였다. 런던에서 뉴욕까지 약 5,500km인 것을 감안해 볼 때 영국 본토로부터 병력과 무기 및 각종 군수물자를 해상 운송을 통해 조달하는 것은 난제였다. 전쟁이 길어지면 불리해질 것은 당

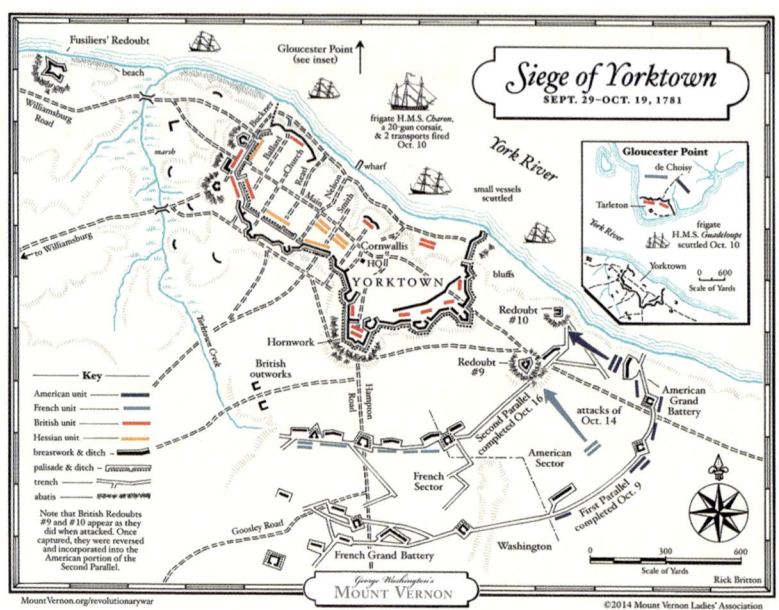

독립전쟁을 종결지은 요크타운 전투에서의 대륙군과 영국군 배치도

연했다. 또 절대 우세의 해군력을 앞세워 식민지 주요 항구들을 봉쇄, 대륙군의 증강과 외부로부터의 군수지원을 막았고 뉴욕 일원에 대규모 병력을 투입해 뉴잉글랜드로 불리는 동북부 식민지와 남부 쪽 식민지 간 연결을 차단시키려 했다. 영국군은 이에 따라 병력의 집결지 또는 대도시 등과 같은 요충지를 집중 공략했다.

그 당시 영국군의 전투 개념은 이른바 '명예' 전투를 근간으로 했다. 수많은 버튼이 달린, 전투복이라기보다는 예복과 다름없는 화려한 '의관'을 갖춘 복장으로 싸움에 임했다. 전투 방식, 전법도 단순, 무식(?)하고 고리타분한 전통적인 방식을 그대로 사용했다. 툭 터진 개활지에서 서로 노출된 채 전투 대형을 짰다. 병력들을 긴 횡대로 배치, 앞 열과 뒷 열이 적 진영을 향해 번갈아 일제사격을 취하는 것이 공세의 전형이었다. 후미에는 포병이 자리했고 지휘부는 멀찍이 떨어져 공수 진퇴 명령을 내렸다.

상대방도 비슷한 진영을 짜 응사하는 것이 보통이었다. 이 경우 결국, 얼마나 더 많은 병력과 화기가 집중돼 적군에 타격을 줄 수 있느냐가 승리의 관건이었다. 식민지군과 비교해 볼 때 야포를 포함, 훨씬 더 막강한 포병 전력과 정규군 병력을 보유하고 있던 영국군이 당연히 채용했음직한 전략이었다.

지형, 지리를 이용한 매복이나 기습 같은 것은, 대다수가 귀족 출신인 데다 고리타분한 전범 교리에 빠져 있는 영국군 지휘관들에게는 받아들이기 어려운 '변칙'이었다.

대륙군은 은신 · 매복 · 기습의 게릴라전으로 영국군에 타격

이에 맞서는 대륙군은 전혀 다른 전략을 동원했다. 워싱턴 장군을 필두로 한 대륙군 지휘부는 '민병대 연합' 수준의 전력으로는 영국군 정예 군단과 정면 승부를 벌일 수 없다고 판단했다. 그래서 택한 것이 전장을 넓고 길게 펼치는 버티기 작전이었다. 집중과 속공(速攻)으로 서둘러 판을 끝내려는 영국군에 분산과 지공(遲攻)으로 맞선 것이다.

영국군을 이기지는 못하더라도 영국군을 이기게 하지는 않겠다는 이 전략에 의거, 대륙군이 전개한 전투 전형은 소규모 부대에 의한 게릴라전이었다. 해당 지역 민병대가 주축이 된 전투원들은 은신과 매복, 기습을 주력으로 삼았다. 이른바 '히트 앤드 런(Hit and Run)' 작전이었다. 지형지물에 익숙한 대륙군은 숨어 있다가 영국군 행렬을 급습하고 지휘관을 저격하는가 하면 보급부대를 공격, 군수품을 탈취했다.

저격수를 배치, 적의 장교를 제거한다거나 상대 병력의 동선을 약화시키는 전법도 구사됐다. 실제로 이 '스나이퍼 작전'은 영국군에게 적잖은 타격을 가했다. 장교는 곧 귀족으로, 전투 라인보다는 후방에서 작전 지시에만 익숙했던 영국군 지휘관들이 저격으로 당하자, 지휘 체계가 순식간에 붕괴되며 궁지로 몰리는 상황을 맞게 되는 것이다.

대륙군은 이에 따라 영국군이 공격을 펴면 흐트러져 대규모 전과를 올리기 어렵게 했고, 산개된 민병대들은 전장 곳곳에서 숨어있다가 끊임없이 기습과 도주를 반복했다. 영국군의 자랑인 야포와 웅장한 도열 병력을 토대로 한 '야전(野戰)'은 제대로 먹히지 않았다. 적의 '몸통'과 '머리' 파악이 어려운 '깜깜이' 전투가 다반사였다. 마치 월남전 때 미군이 베트콩에게 시달린 것처럼, 영국군에게 있어 대륙군은 도무지 전투원과 주민 간에 구별이 안 됐다. 조금 전 밭을 갈던 농부가 재빨리 뒷산 숲길로 숨어들어 '저격병'으로 변신, 느닷없이 행군 대열을 공격해 오는 '빨치산' 전법에 속속 당했다.

영국군 지휘관들은 "머리가 13개인 메두사와 싸우는 것 같다"고 진저리를 쳤다. 대륙군의 수도 필라델피아를 함락시키거나 수괴(?)인 워싱턴 장군만 잡으면 전쟁이 끝날 것이라던 관측 또한 오산이었다.

영국군 입장에서 가장 큰 난관은 역시 보급이었다. 개인 화기는 그렇다 치더라도 크고 무거운 야포와 탄약은 당연히 조달이 쉽지 않았다. 병력과 무기, 탄약 및 기타 보급품 조달을 위해서는 많은 전투함, 수송선이 필요했다. 대영제국의 해군이 아무리 막강했다지만 이미 스페인, 프랑스 등과 곳곳서 충돌하고 있는 터였다. '반란군'인 대륙군을 압도할 전력을 쏟아 붓기가 쉽지 않았다.

영국 본토로부터 전투 병력에다 무기, 탄약, 기타 보급품까지 싣고 대서양을 건너기 위해서는 엄청난 규모의 선단과 시일이 소요됐다. 이는 영국군 파병 전력이 일정 한계에 그칠 수밖에 없는 한계로 작용됐다.

넓은 전장서 전투 이기고도 전쟁에 패한 영국군의 한계

조지 워싱턴 대륙군 사령관은 영국의 이 같은 엷은 보급선을 간파, 지구전으로 버티면서 영국을 지치게 만들었다. 이래서 등장한 것이 '파비우스 전략

1781년 10월 요크타운 전투에서 패배한 영국의 콘 월리스 장군 측이 미-프랑스 연합군에 항복하고 있다

(Fabian Strategy)'이다.

  지구전(持久戰), 혹은 소모 전법으로 불리는 이 군사 전술은 로마 시대에 카르타고의 명장 한니발에 맞섰던 로마군 파비우스 장군의 이름에서 유래한다. 그는 원정 군대의 보급선이 취약한 점을 활용, 한니발군이 싸움을 걸어오면 피하고, 후퇴하면 추격하는 식으로 한니발의 전력을 소모시킨 끝에 승리를 쟁취했었다.

  영국군에게 또 하나 어려움이 된 것은 전쟁터가 감당키 어려울 정도로 넓다는 점이었다. 설령 병력 수십만 명을 투입한다 하더라도 아메리카 북동부 끝에서 남쪽 조지아까지 전부 커버하기에는 역부족이었다. 결국 지역마다 거점을 확보, 병력을 1~2천 명 가량, 큰 곳은 3~4천 명 안팎을 주둔시키는 것에 그쳤다. 영국군의 거점은 대서양 연안을 따라 점(點)처럼 흩어져 있었고, 그 영향력도 주둔 지역 주변에 그치는 데 불과했다.

  지역 및 지형지물에 익숙한 '토박이'라는 장점을 십분 활용한 식민지군은 상대방의 이같은 취약점을 간파, 영국군을 드넓은 전장(戰場)으로 끌어들여 숨바꼭질 싸움을 전개했다. 영국군은 설령 지역 전투에서 승리했다 하더라도 그곳을 점령지로 삼지 못하고, 병력 충원과 보급을 위해 다시금 해안가의 거점지로 후퇴하는 방식을 되풀이할 수밖에 없었다. 전투에서는 이겨도 점령은 못하는 '뜨내기 승자'에 그치고 만 것이다.

영국군이 휘둘렸던 패턴은 훗날 2차 세계 대전 때 독일군이 소련 침공 과정에서 겪은 상황과 흡사하다. 당시 히틀러는 모스크바만 함락되면 소련은 손을 들 것으로 예상했었다. 하지만 독일군이 소비에트 '인민의 늪'에서 못 헤어났듯 영국군은 결국 '식민지의 늪'을 극복하지 못했다.

프랑스가 미국 지원 나서면서 전세에 변화

영국이 패퇴한 또 하나의 주요 요인으로 외교적인 고립을 들 수 있다. 18세기 당시 영국은 유럽은 물론 세계적으로도 자타가 공인하는 강대국이었지만 독립전쟁이 진행되면서 외교적으로는 점차 수세에 몰렸다. 개전 초기만 해도 대영제국의 위상은 '약체'인 신생 미국과는 비교도 안 될 정도로 높았지만 프랑스가 미국의 지원에 나서면서 판세에 금이 가기 시작했다. 1778년 사라토가 전투에서 대륙군이 예상과는 달리 영국군을 밀어붙이며 '화이팅'을 보이자 당초의 관망 자세에서 '미국 지원' 쪽으로 선회한 것이다.

이어 1779년 스페인, 이듬해에는 네덜란드까지 대륙군 쪽으로 가세하자 영국의 곤경은 심화됐다. 대륙군 상대하기도 간단치 않은 데 전선이 확대되면서 곳곳으로 전력을 분산시켜야 했기 때문이다.

프랑스 등이 대륙군에 군사적인 지원에 나서는 것은 차치하고라도 지브롤터 해협, 카리브해 등에서 스페인, 프랑스 등과 별도의 공방전을 벌여야 하는 등 영국 입장에서는 다국적군을 동시에 대적해야 하는, 사면초가와 같은 상황에서 대륙군과 고군분투를 벌여야 했다. 특히 프랑스 해군은 요크타운 전투에서 사상 처음으로 영국 함대를 제압하면서 독립전쟁의 종결을 가져오게 하는 데 결정적인 기여를 했다.

영국 내 여론의 동향 역시 영국군을 움츠러들게 했다. 전쟁이 장기화되면서 눈덩이 붓듯 불어나는 전비는 영국에 큰 멍에로 작용했다. 정치권은 물론 일반 국민들 사이에서도 종전론(終戰論)이 비등했다.

영국 정규군들의 땅에 떨어진 사기도 대세에 영향을 미쳤다. 영국 원정군은 징집병이 주류였다. 이는 자발적인 참전이 아닌 전쟁터에 '끌려 나온 것'임을 의미한다. 성취동기나 절박감, 의욕 등이 바닥일 수밖에 없었다. 반면 식민지군은 말 그대로 절체절명의 생존권이 걸린 문제였다. 무기나 보급은 열악하고 전투 경험은 일천했지만, 나라와 고향을 지키고자 일어난 의병(義兵)들이었다. 모택동의 게릴라 인민 해방군이 월등한 전력을 구비했던 중국의 장개석 정부군을 잡았던 것처럼 최종 승패를 결정지은 것은 투지와 정신력이었다.

영국군은 마지막 회심의 일전으로 버지니아 요크타운을 골랐다. 삼국지 적벽대전(赤壁大戰)에서 조조가 연환계(連環計)로 주력 함대를 묶었듯이 원정군 전력을 버지니아의 요크타운으로 집결시켰다. 영국군은 하지만 이곳서 벌어진 대륙군과의 건곤일척(乾坤一擲) 일전에서 패퇴, 결국 1781년 10월 19일 대륙군에 무릎을 꿇고 말았다. '다윗'이 '골리앗'을 이긴 것이다.

식민지 시대 끝나고 신생 미합중국 태어나

6년여에 걸친 독립전쟁이 끝나면서 영국 식민지 시대는 종언(終焉)을 고하고 미국이 태동됐다. 신생(新生) 미합중국은 말 그대로 피를 흘려 세운, 거칠기 짝이 없는 '쟁취 국가'로서의 속성을 안고 출범했다.

건국의 댓가는 컸다. 많은 인명이 살상되고 곳곳이 파괴됐으며 경제는 나라가 휘청거릴 정도로 피폐해졌다. 미국의 경우 대륙군과 민병대를 합쳐 최소 2만 5천 명 이상의 군인이 사망했다. 직접 전투 전사자가 7~8천 명, 열악한 보급과 위생, 천연두 같은 각종 질병으로 숨진 병력이 1만 7천 명에 달했다. 부상자는 6천여 명 이상, 포로 및 실종자도 2만 명을 넘었다. 민간인 사망자 역시 2만 5천 명 이상으로 추정됐다. 이들은 직접적인 전투와 연관된 사람도 있지만 전쟁 중에 극심해진 천연두 확산 및 식량 부족과 경제 붕괴가 원인이 됐다. 군인 사상자 및 포로에 민간인 사망자를 합치면 7만 5천 명 이상으로, 이는 당시 식민지 인구의 약 3%에 해당하는 엄청난 인명 손실이었다.

영국 측도 역시 막대한 피해를 입었다. 전쟁 기간 중 정규군 사상자는 모두 2만 4천여 명으로 추산됐다. 다만 직접 전사자는 5~6천 명으로 미국보다 적었지만 열악한 보급과 역시 질병으로 인해 훨씬 더 많은 군인이 죽었다. '무적함대'라던 영국 해군의 경우 전쟁 기간 전투 전사자는 1,240명이었지만 괴혈병 등과 같은 질병으로 1만 8천여 명이 숨졌고 연 4만 2천여 명이 탈영했을 정도였다. 영국을 무릎 꿇게 했던 요크타운 전투에서만 7천여 명 이상이 포로로 잡혔고 전체 부상자는 최소한 수천 명에서 1만 명 선으로 추산됐다.

함께 참전했던 독일인 용병도 7천 명 이상의 사망자를 냈고 지상군과 해군을 투입해 미국을 적극 도운 프랑스도 약 2천여 명이 전사한 것으로 기록됐다.

전쟁터였던 미대륙 동부, 국토 초토화되고 경제 황폐화

이 같은 인적 손실 이상으로 물적 피해도 컸다.

전장(戰場)이 식민지 땅에서 펼쳐진 것이었기에 도시, 군사 거점, 도로, 산업 시설 등이 파괴됐다. 메인주의 팔머스, 버지니아의 노포크 등이 격전 끝에 대파됐다. 영국군이 뉴욕을 점령했을 당시 발생한 대화재로 인해 당시 뉴욕시의 4분의 1 정도에 달하는 500여 채의 건물이 소실되기도 했다. 사우스캐

사우스캐롤라이나 찰스턴항에 자리잡고 있었던 영국군 진지

롤라이나의 찰스턴, 필라델피아 및 보스턴 등도 전화(戰禍)를 피하지 못했다.

전쟁 중 영국군의 약탈과 방화 등으로 많은 수의 농장, 곡물 창고, 제재소, 제분소 등과 같은 기초 산업 시설들이 황폐화됐다. 각종 행정 시설과 학교, 교회 등도 전시에 막사, 야전 병원 등의 용도로 징발되면서 전투에 휘말려 훼손이 심했다. 전투 및 물자 보급로였던 도로, 교량 등 인프라의 피해도 막심했고 대외 교역의 중단, 항구 봉쇄 등으로 인해 무역, 조선과 같은 산업 기반이 무너졌다. 특히 영국 해군에 의해 미국의 상선들 대부분이 파괴되거나 나포되면서 미국의 해상 교역은 사실상 멈추다시피 했다.

이 외에 신생 미국을 곤경에 몰아넣었던 가장 큰 문제는 식민지 화폐 가치가 급락하는 '하이퍼 인플레이션'이었다. 식민지 각 지역의 상업, 산업이 황폐화되고 농산물 생산의 급감, 영국을 포함한 유럽 대륙과의 상품 교역 중단 및 노동력 부족 등이 겹쳐 식민지 지역에는 심대한 물자 부족 현상이 야기됐다.

그 결과 대륙 화폐, 즉 식민지에서 유통되는 화폐의 가치가 급격히 떨어지면서 물가는 치솟았다. 독립선쟁 와중이있던 1780년 무렵 대륙 화폐의 구매력은 정상 때보다 40분의 1 수준까지 급락했다. "대륙 지폐는 휴지 조각"이라는 말이 나돌 정도였다. 전쟁 기간 중 13개 식민지의 1인당 GDP는 30% 가까이 떨어져 1930년대 대공황 이상의 경기 침체에 시달렸다.

독립전쟁 중에 쏟아 부었던 전비(戰費) 또한 막대했다. 미국 쪽은 당시 가치로 1억 4천만 달러 이상을 지출했다. 이 돈은 자체 조달이 아닌 프랑스 등 유럽국들로부터 긴급히 얻어 쓴 차관이었다. 독립은 달성했지만 신생 미국은 특히 재정적으로 휘청거리는 불안정 속에서 출발해야 했다.

'거인' 영국도 적지 않은 피해를 입었다. 전쟁에 직접 투입된 전비만 당시 가치로 8천만 파운드가 넘었고 종전 후 국가 부채가 2억 5천만 파운드에 달할 정도로 후유증이 컸다. 그러나 영국은 전장(戰場)이 자국 영토가 아니었기에 미국처럼 국토 곳곳이 황폐화되는 피해는 입지 않았다. 미국 식민지를 잃었지만 인명과 해군 전력의 손실 및 재정 부담 등의 피해에 그쳤다.

미국과 동맹이 되어 적극 참전했던 프랑스는 사실은 미국과 더불어 승전국이었다. 하지만 2천여 명의 사망자 및 13억 루블로 추정되는 전비 지출로 재정 파탄 지경에 이르고 말았다. 프랑스는 그 여파로 몇 년 뒤인 1789년 프랑스 혁명이라는 격변을 맞는 등 별로 얻은 것도 없이 내상(內傷)만 잔뜩 입은, '밑지는' 장사를 한 격이 되고 말았다.

제 2 장

독립전쟁의 주역과 비화

> 인물 **헨리 녹스**

뉴욕서 보스턴까지 혹한 속 '대포 수송 작전'

독립 전쟁 당시 뉴욕에서 노획한 중화기를 혹한속에서 보스턴까지 이동시켜 승리에 기여한 녹스 소령의 대포 운송 작전 모습. 대륙군은 이를 토대로 영국군을 보스턴에서 패퇴시켰다.

미국의 독립전쟁하면 으레 나중에 초대 대통령이 된 조지 워싱턴 장군을 떠올리지만 겉으로 드러나지 않으면서도 지대한 기여를 한 숨은 영웅들이 적지 않다. 그 가운데 대표적인 인물 중의 하나가 녹스(Knox) 소령이다.

초창기 대륙군은 무기, 탄약 및 보급 등에서 빈약하기 짝이 없었지만 특히 취약한 것이 중화기였다. 대륙군은 그나마 필요한 무기들을 프랑스를 통한 수입에 거의 의존했다.

영국군은 보스턴 지역에 4천여 명 이상의 병력을 배치, 대륙군을 위협했다. 갓 출진한 것이나 다름없었던 대륙군의 위기였다. 조지 워싱턴은 이를 격퇴키 위한 방안 마련에 고심했다. 대륙군은 자신들을 포위한 영국군을 내려다볼 수 있는 도체스터 고지를 선점했으나 마땅한 공격 수단이 없었다. 구닥다리 머스킷총으로는 역부족이었다. 영국군을 때릴 장거리 포가 절실했다. 영국군은 반격을 당할 가능성이 없다는 판단에 따라, 느긋하게 고사(枯死) 작전을 펴고 있었다. 시간은 영국군 편이었다. 대륙군은 진퇴양난에 처했다.

이때 '제갈공명'이 등장했다. 보스턴 지역 민병대에 지원병으로 입대했던

대포 수송 작전을 지휘한 헨리 녹스 소령

헨리 녹스 소령은 정찰군으로 배치돼 활약하는 과정에서 총사령관 조지 워싱턴 장군과 인연이 맺어졌다. 특히 병참에서 돋보였던 녹스 소령은 대규모 '대포 수송 작전'을 발의했다. 앞서 대륙군이 뉴욕 전투 때 영국군으로부터 노획해 두었던, 뉴욕 허드슨강변의 '타이콘데로가(Fort Ticonderoga)' 요새에 있는 대포들을 끌어오자는 것이었다.

녹스는 대대적인 대포 수송 작전에 나섰다. 뉴욕에서 보스턴 요새까지는 약 480km의 여정.

수송 작전은 한 겨울인 1775년 12월 5일에 시작됐다. 당시는 당연히 넓은 도로가 있거나 트럭 같은 대형 운반 수단이 구비된 상황이 아니었다. 운반해야 할 포는 약 80여 문으로 총 무게는 60톤이 넘었다. 수송대들은 하중이 큰 대포와 포탄 7천여 발 등을 꽁꽁 싸서 대형 달구지에 실었다. 들판이든 산자락이든 눈 덮인 산과 강을 넘어 길을 새로 만들어가면서 밀고 나갔다. 달구지들은 끌 때도 있지만, 밑바닥을 썰매처럼 만들어 빙판과 눈길을 미끄러지게 했다. 허드슨강 서안에서 멀리 뉴욕의 주도 올바니, 스프링필드를 거쳐 보스턴 요새까지 혹한과 눈발속에서 진행된 이 작업을 두고 훗날 사가(史家)들은 '녹스의 기적(Knox's Miracle)'이라고 불렀다.

수송 작전이 마무리된 것은 개시 56일 만인 1776년 1월 24일.

총 59문의 대포와 20여 문의 소형 포, 포탄 등이 험로를 뚫고 도체스터 고지에 배치돼 공격을 시작했다. 영국군은 혼비백산했다. 느닷없이 언덕 위 고지에서, 하늘에서 솟듯 포대가 나타나 일제사격을 가해왔기 때문이다.

이 '녹스 대장정(大長程)'은 대륙군이 영국군을 패퇴시키는 데 결정적인 기여를 했다. 하우 장군이 이끄는 영국군은 미국군의 화력 우위에 굴복, 결국 두

달 뒤인 3월에 보스턴에서 철수했다. 대륙군 입장에서는 보스턴을 탈환한 것이다. 이 승리는 대륙군이 막강 영국군을 대도시에서 최초로 몰아 낸 '대사건'으로 독립전쟁의 분위기를 바꾸는 중요한 전환점이 됐다.

녹스 소령은 나중에 대륙군 포병대의 총 책임자로 임명돼 포병 훈련을 체계화하고 대포와 탄약 등의 보급 지원을 정비했다. '녹스 포병대'는 이후 전개되는 주요 전투에서도 결정적인 공훈을 세웠다. 1777년 밀리던 대륙군에 대승을 가져다 준 뉴욕 사라토가 전투에서, 존 버고인 장군이 지휘하는 영국군은 대포 화력에 밀려 결국 항복하고 말았다. 개전 초기 영국에 상대가 안 됐던 대륙군의 포병 전력이 영국군에 대등한 수준으로 향상된 결과였다.

사라토가 전투의 승리는 특히 미국에게 전쟁의 흐름을 바꾸는 변곡점으로 작용했다. 그때까지 관망하고 있던 프랑스가 미국의 분전(奮戰)을 지켜본 뒤 공식적으로 동맹이 돼 미국 지원에 나섰기 때문이다.

독립전쟁의 종결전(終結戰)이 됐던 1781년의 버지니아 요크타운 전투에서도 녹스의 포병대는 '게임 체인저' 역할을 했다.

녹스는 전쟁 초기 '꿩 총' 수준의 무장에 그쳤던 대륙군 화력을 '제대로 된' 포병 전력으로 바꾸는 데 결정적인 기여를 한 공신으로 꼽히고 있다. 그는 장성으로 승진한 뒤 나중에 조지 워싱턴 대통령 내각에서 초대 육군 장관을 역임했다.

'늪 속의 여우'로 불리웠던 프랜시스 매리온 부대가 늪지대에서 영국군과 전투를 벌이고 있다

인물 프랜시스 매리언장군

게릴라전으로 영국군 타격한 '늪 속의 여우'

1777년 중반 어느 날.

사우스캐롤라이나 중부 지역의 한 늪지대에 머스킷총으로 무장한 한 떼의 민병대들이 숨을 죽인 채 잠복하고 있었다. 한참 뒤 숲 사이로 영국군 일대가 노습을 드러냈다. 허름한 작업복 차림의 민병대들과는 달리, 깔끔한 복색의 영국군들은 말 탄 지휘관의 인솔하에 대오를 정연히 갖춰 행군해 왔다. 순간 몇 발의 총성이 울리면서 영국군 병사 너댓이 쓰러진다. 이어지는 숲 속의 총격 공방전, 영국군들이 사상자를 추스리는 것을 뒤로 하고 기습을 감행했던 민병대원들은 그림자처럼 자취를 감춘다. 2000년 개봉돼 많은 관객을 모았던 영화 패트리어트(Patriot)의 한 장면이다.

멜 깁슨이 주연했던 이 영화는 독립전쟁 때 실존했던 전쟁 영웅 '프랜시스 매리언' 장군을 모델로 삼아 각색한 영화다. '늪 속의 여우'로 불렸던 그는 소수의 민병대를 이끌고 늪지대 등에 매복, 게릴라식의 기습공격을 감행해 영국군에 타격을 입혔다. '늪 속의 여우' 전략은 병력, 무기 및 보급체계의 절대 열세에도 불구하고 막강한 영국군 정규군을 흔들어 놓았다는 점에서 식민지 민병대, 즉 대륙군의 전과와 사기를 드높이는 데 큰 기여를 했다.

프랑스계 이민자 후손인 매리언은 독립전쟁 발발 당시 사우스캐롤라이나군 대위로 찰스턴항 요새의 방어 책임자였다. 1780년 5월 12일 찰스턴이 영국에 점령되면서 매리언은 발목 부상을 입은 채 탈출했다. 찰스턴항 함락 이후 사우스캐롤라이나의 대륙군은 사실상 지리멸렬해 있었다. 영국군은 사우스캐롤라이나 곳곳에 거점을 마련해 실질적인 지배자가 됐다.

이런 상황에서 등장한 것이 매리언 중령이었다. 그는 20~70명 정도의 소규모 단위 부대들을 이끌고 본격적인 게릴라전을 전개했다. 이무렵 사우스캐롤라이나에서 영국군에 대항하는 무장 세력은 매리언 부대가 유일했다.

매리언 게릴라 부대는 민병(民兵)이자 의용병이며 훗날의 '빨치산'과 같은 전투원들이었다. 이들은 급료도, 무기도, 탄약도, 또 식량이나 병참 지원도 받지 못했다. 모든 것들을 자급자족했다.

매리언은 게릴라 전법을 구사했다. 병력수는 적었지만 은신과 매복, 저격 및 기습 전략으로 영국의 정규 부대들을 습격했다. 특히 늪지대가 많은 사우스캐롤라이나의 지형지물을 적극 활용, 그림자처럼 다가와 친 뒤 소기의 전과를 거두면 신속하게 자취를 감추는 전법으로 영국군을 농락했다.

매리언 부대는 특히 영국군의 이동이나 보급선 공격에서 진가를 발휘했다. 매리언은 1780년 9월 28일 블랙밍고 크릭 전투를 비롯, 2년여 사이에 최소 12개의 주요 전투에 참여 영국군에 타격을 가했다. 신출귀몰하는 매리언 게릴라 부대에 판판히 당하자 영국군은 현상수배 전단까지 살포하며 매리언 체포에 혈안이 됐다.

1780년 11월, 영국군은 바나스터 탈레톤(Banastre Tarleton) 대령을 특파, 매리언 체포 및 살해에 나섰다. 탈레톤은 수하병력을 거느리고 매리언 행적을 쫓아 늪지대를 40여km 넘게 헤맸으나 끝내 실패하자, "악마조차도 이 늙은 여우를 못 잡을 것"이라 저주하며 추적을 포기했다. 이후 매리언은 '늪 속의 여우'로 불리며 대영 항쟁의 영웅이 됐다. 사우스캐롤라이나 주지사는 매리언을 주립군(州立軍) 소장에 임명했다.

매리언 장군은 살아서보다 죽은 이후 더 많은 자취를 남겼다. 그의 전략과 전법은 현대 게릴라전의 창시자로 대접받으며 미 육군 레인저 특수부대의 원형(原型)이 됐다. 할리우드 영화의 소재가 되는 것은 물론, 대학, 고등학교, 공원, 지명, 각종 기념관 등이 그의 이름을 따서 지어졌다. 또 앨라배마, 뉴욕 등 16개 주에 매리언이라는 이름의 카운티들이 있고 플로리다, 텍사스 등 9개 주 30여개 타운에 그의 이름이 붙여져 있을 정도다.

인물 존 글러버 특수 부대

총 대신 '노와 삿대'로 전쟁 승리에 기여

2차 대전 전사 가운데 가장 널리 회자되는 에피소드 중의 하나가 '덩커크 철수 작전(Dunkirk Evacuation)'이다. 독일군에 밀려 프랑스 해안에 고립돼 있던 영국, 프랑스, 벨기에군 등 연합군 40여만 명이 군함, 어선 등 민군(民軍) 구조선단에 의해 구출된, 역사상 최대 규모의 해상 철수 작전이다. '덩커크 철수'는 절체절명의 위기에 처했던 연합군의 병력과 전력을 보존, 향후 전쟁을 지속해 나갈 수 있는 중요한 전환점이 됐다.

독립전쟁 때 해상 수송 역할을 맡았던 존 글러버 특수부대가 운용했던 선박 모형이 해군 박물관에 전시돼 있다 CC BY-SA 3.0

독립전쟁에서도 '미국판 덩커크'로 불리는 전사(戰史)가 남아있다. 1776년 8월 29일에 있었던 뉴욕 브루클린 철수 작전이 바로 그것이다.

전쟁 초기임에도 영국군에 밀려 브루클린에서 포위된 채 '외통수' 상황을 맞았던 대륙군을 기사회생 시킨 주역은 존 글러버(John Glover)의 해병 민병대(Marblehead Regiment)였다. 당시 40대 중반으로 선장 출신이었던 그는 '전공'을 살려 선원, 어부 및 조선업 인부들로 구성된 특수 민병대를 지휘하고 있었다. 이 특수부대는 해상-상륙 작전이나 해상 보급 수송 등에 특화된 전문 부대였다.

글러버 부대는 이날 비바람이 몰아치던 칠흑 같은 밤에 선박을 동원, 약 9천여 명의 병력과 장비를 감쪽같이 맨하탄으로 탈출시켰다. 제대로 싸움 한번 못 해 본 채 스러져 버릴 뻔했던 대륙군의 주력을 궤멸 위기에서 구출, 향후 항전을 이어갈 수 있게 만든 영웅적인 도강(渡江) 작전이었다.

겨우 명맥을 유지하며 버티던 워싱턴 장군과 대륙군은 그해 말 다시 위기에 처했다. 영국군의 차단 공세에 뉴저지로 밀려온 데다 병력, 보급 등이 최악인 탓에 해를 넘길지 장담할 수 없는 상황을 맞고 있었다. 이에 워싱턴 장군이 고육지책으로 반격에 나섰던 1776년 크리스마스 날 밤의 '델라웨어강 도강 작전'에서 독일 용병 진지를 기습하는 데 결정적인 기여를 한 것도 역시 글러버 특수 부대였다. 글러버 상륙 전단은 얼음이 둥둥 떠다니는 혹한 속에서 대포 등 중화기에다 약 2,400명의 병력, 탄약 및 보급품을 성공적으로 도강 시켜 작전 승리에 결정적인 기여를 했다.

이후에도 글러버 부대는 보급선 확보와 해상 기동 작전에서 핵심적인 역할을 맡았다. 특히 1777년부터 2년 이상 뉴욕 허드슨강 전략 요충지들을 방어하면서 영국군의 막강한 제해권에 지속적으로 제동을 건 숨은 공신이기도 했다.

역사에 가정은 없지만, 사가(史家)들은 만약 브루클린 철수나 델라웨어강 도하가 실패했다면 대륙군은 사실상 궤멸됐을 가능성이 높았을 것으로 분석하고 있다. 겉으로는 크게 드러나지 않았지만 글러버의 분투(奮鬪)가 독립전쟁의 추이에 지대한 영향을 미쳤음을 평가하는 대목이다.

글러버는 도강-철수 및 해상 병참 지원 등 해상-수상 작전을 수행할 수 있는 유일무이의 전문가로 대륙군이 위기에 처할 때마다 전문성을 발휘, 총과 대포 대신 '노와 삿대'로 독립전쟁 승리에 기여한 영웅으로 평가되고 있다.

인물 토마스 페인

'상식론' 통해 독립 쟁취 의식 고취

대륙군은 13개 식민지를 토대로 한 것이기에 만약 패전하면 당연히 독립은 물 건너갈 수밖에 없었다. 그러나 6년여에 걸친 독립전쟁 끝에 식민지군들은 승리를 일궈냈다. 그렇게 해서 13개 식민지는 13개 주로 바뀌었고 13개 식민지 땅은 합쳐져 미합중국의 '마중물 영토'가 됐다.

나중에 미합중국의 초대 대통령이 됐던 조지 워싱턴 장군이 있었지만 전신(戰神) 반열로 추앙받을 정도는 아니었다. 그 외에 토마스 제퍼슨, 벤자민 프랭

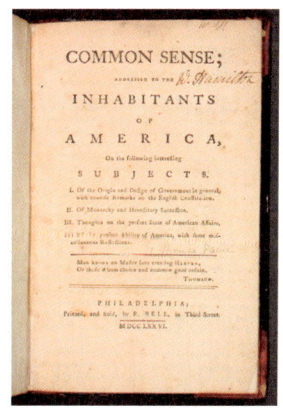

토마스 페인은 저서 '상식론'을 통해 독립 전쟁 당시 식민지인들의 독립 항쟁을 고취시키는 등 정신적 지주 역할을 했다.

클린 같은 '건국의 아버지'들도 있었지만 그들 역시 훗날 영국의 처칠처럼 국난 극복의 중추로서 자리매김하지는 못했다. 그렇다면 '따로 국밥' 같았던 이 식민지인들을 독립 쟁취라는 단일 대오로 결집시킨 향도(嚮導)는 누구였을까. 젊은 사상가 '토마스 페인(Thomas Paine)'이 바로 그 주역이었다. 그는 장군도, 국부(國父)도, 정치인도 아닌 한낱 평론가에 불과했다. 게다가 식민지 출신도 아니었다. 아이러니칼하게도 영국 태생의 한 '인플루언서'가 식민지인들의 영국 왕정 타파를 이끄는 정신적 지주가 된 것이다.

페인이 39세 때 펴낸 상식론(Common Senses)은 왕정, 군주제의 폐해를 조목조목 지적하고 천부 인권에 입각한 민주정치의 뼈대를 제시했다. 페인은 무오류와 추종을 강요하는 왕권과 왕정을 질타하면서 식민지의 즉각적인 독립선언을 촉구했다. 기존 정치 질서를 타파하고 3권 분립이라는, 역사상 최초의 민주정치 개념을 피지배자들 뇌리에 심어 넣은 것이다. 그는 특히 "한 대륙이 섬 하나에 의해 지배당할 수 없다"라는 구호로 대중의 마음을 흔들었다. 식민지인들의 여론을 "타협을 통한 화해"에서 "독립 쟁취"로 뒤바꾸어 놓은 것이다.

1776년 1월 출간된 이 책은 몇 달 만에 12만 부 이상이 판매될 정도로 폭발적인 반응을 얻었다. 당시 인구수를 감안해 볼 때 엄청난 베스트 셀러였다. 식민지인들, 대륙군이 궁지에 몰리고 방향감을 상실할 때, 페인의 이 50페이지 두께의 '상식론'은 이들을 다시 일어서게 하는 '횃불'과 바이블이 됐다.

독립전쟁이 장기화되면서 장기 연재 형식으로 발표한 '미국의 위기(The American Crisis)'라는 글도 식민지인들에게 힘이 됐다. 고난 속에서도 자유와 독립 쟁취를 위해 싸워야 한다는 내용을 담은 이 글을 워싱턴 장군은 부하 병사들에게 낭독해 주면서 사기를 북돋아 줬다는 후문이다. 페인은 총칼이 아닌 '펜'으로 독립 혁명의 불씨를 지피고 이어 간 인물로 평가받고 있다.

비화 첩보전의 주역 '컬퍼 링'

워싱턴 장군이 직접 조직하고 지휘

스파이 하면 으레 냉전 때 동서 양진영 간의 정보와 첩보전을 떠올리게 된다. 그러나 스파이는 동서 고금(古今)을 막론하고 국가 간, 그리고 전쟁이 있는 곳에는 항상 존재해 왔었다.

미국 독립전쟁 때도 예외는 아니다. 대륙군과 영국군 사이에 수많은 전투가 벌어지는 와중에도 눈에 보이지 않는 곳에

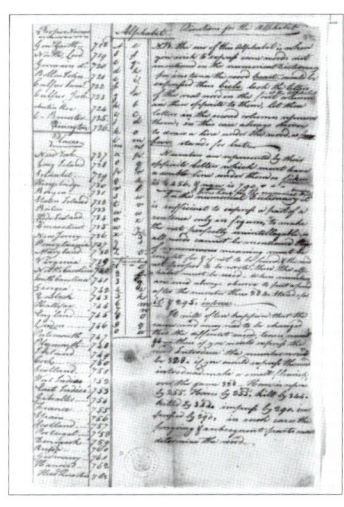

독립전쟁 때 대륙군 측에서 활약했던 스파이 조직 컬퍼 링이 사용했던 숫자, 암호 등이 기록된 문서

서는 또 다른 형태의 전쟁, 스파이전이 전개됐다. 당시 스파이전 가운데 가장 주목할 것은 조지 워싱턴 장군의 비밀 첩보조직이었던 '컬퍼 링(Culper Ring)'이다. '컬퍼 링'은 워싱턴 장군이 직접 조직, 가동했던 비밀 정보 네트웍이다.

병력과 화력 등 모든 면에서 영국군에 비해 열세였던 대륙군 총사령관 워싱턴은 당시 뉴욕을 점령하고 있었던 적군의 병력 규모나 보급, 전략 및 전투 계획 등에 대한 정보가 절실했다. 워싱턴은 벤자민 텔러메이지(Benjamin Tallmadge)를 조직 총책임자로 하는 비밀 조직을 결성했다. 여기에는 정보 수집과 전달, 뉴욕 내 영국군 정보 담당 및 암호 신호 담당, 물자 및 정보 수송 담당 등 다양한 부문에 걸쳐 요원들이 배치됐다.

이들은 워싱턴의 명을 받아 암호 코드북을 제작했다. 지명 등을 포함한 주요 정보 객체들은 숫자 암호를 사용했다. 예를 들어 영국은 '745', 뉴욕은 '727',

워싱턴은 '711' 같은 식이다. 정보 내용 기록에는 암호 잉크, 레몬 주스 등 다양한 방식이 사용됐다. 문자 외에 시각, 수신호도 활용했다.

여성 첩보원은 빨랫줄에 여성 속옷을 너는 순서, 혹은 검은 천 등을 이용하는 방식으로 정보 전달의 위치를 알렸다. 요원 간의 접촉 때는 등불과 기침, 발소리 등도 사용했다. 또 본부에 정보를 알리는 수단으로 작은 배를 이용, 문서나 지도 및 암호 노트 등을 수송했다.

조직원들은 부여된 코드명으로만 소통했을 뿐 서로의 실명이나 정체는 전혀 알 수 없도록 체계가 짜였다. 이들은 뉴욕을 감시하는 것 외에 영국군의 주둔 위치, 병력 이동 및 보급과 무기 상황 등을 수집해 보고했다. 어떤 경우에는 고의로 대륙군에 관한 잘못된 역정보를 흘려 영국군의 혼동을 유도하기도 했다.

가장 중요했던 기여는 요크타운 전투를 앞두고 영국 해군이 결전장인 버지니아의 체사피크만으로 이동한다는 정보를 사전에 확보, 알림으로써 요크타운 대승에 일조한 것이다.

흥미로운 것은 이 '컬퍼 링'의 실체가 독립전쟁 종식 후 150여 년이 지나서야 비로서 알려졌다는 점이다. 컬퍼 링에서 활약했던 인물들이 대부분 신분을 밝히지 않고 조용히 생을 마침으로써 조직의 존재를 드러나지 않게 한 결과다.

1930년대 들어 당시 '컬퍼 링'에서 정보수집과 전달을 맡았던 핵심 요원 에이브러햄 우드헐(Abraham Woodhull)의 개인 서류가 발견돼 조직의 실체가 공개됐다. 워싱턴은 '컬퍼 링'을 "전쟁의 눈과 귀"라고 칭했으며 당시 세계에서 가장 비밀스러운 민간 정보 조직의 하나로 평가받고 있다.

'컬퍼 링'은 미국 첩보 역사와 정보 전략의 기원으로 존중되고 있다.

비화 제임스 아미스테드 라파예트

요크타운 전투서 흑인 노예 출신으로 이중 스파이 역할

제임스 아미스테드가 프랑스 라파예트 장군과 함께한 모습

대륙군이 '종결전'인 요크타운 전투를 승리로 이끄는 데 있어서 결정적인 기여를 한 숨은 '스파이 영웅'도 있다. '제임스 아미스테드 라파예트'가 바로 그다. 흑인 노예 출신인 라파예트는 요즘 첩보전에나 나올 법한 이중 스파이(double agent)로 활동해 대륙군의 대승을 견인했다.

제임스의 성씨는 원래 아미스테드였다. 그는 버지니아 '윌리엄 아미스테드' 농장 소속의 노예였는데 당시 관행대로 주인의 이름을 따라 아미스테드라는 성을 갖게 됐다. 제임스는 여느 노예와 마찬가지로 교육을 받지 못했지만 요크타운 전투 전 대륙군의 스파이로 자원 입대, 프랑스군 라파예트 장군 휘하의 부대에 배속됐다.

제임스는 라파예트의 명령에 따라 영국군 진영으로 침투, 이중 스파이 역할을 수행했다. 영국군에는 자신을 "도망친 노예"라고 위장, 대륙군 쪽 정보를 제공하는 역을 자임했다.

제임스는 영국군의 콘월라스 사령관 휘하에서 활동하며 영국군의 중요 회의와 전략 논의에 접근했다. 그는 또 대륙군에 관한 역정보를 흘려 영국군으로 하여금 대륙군의 군세와 동향을 과소평가하도록 유도하면서 동시에 영국군의 병력 규모나 무기, 보급 및 이동 상황을 빼내 대륙군에 전달했다.

제임스가 전달한 정보를 토대로 워싱턴 장군의 대륙군과 프랑스 연합군은 요크타운을 포위하는 데 있어 최적의 병력 배치와 시점을 조절할 수 있었다. 특히 영국군 주력인 콘 월라스군의 철수 루트를 파악, 이를 선제적으로 차단할 수 있는 배치를 가능케 했다. 제임스는 전투 직전까지 영국군 진영에 머무르면서 정보를 제공, 대륙군의 승리를 이끄는 데 이바지했다.

제임스는 전쟁 이후에도 공식적으로는 노예 신분에서 벗어날 수 없었다. 당시 법규에 노예는 군복무자로 간주되지 않아 노예 해방 대상이 안됐기 때문이다. 제임스는 그러나 프랑스 라파예트 장군의 탄원과 추천에 따라 1787년 버지니아 의회가 특별법을 통과시킴으로써 노예 신분을 벗을 수 있었다. 이후 라파예트를 자신의 성으로 삼았다.

제임스는 독립전쟁에 있어 흑인이 자발적으로 참전하고 전쟁의 물꼬를 바꾼 역사적인 흑인 애국자 사례로 기록되고 있다. 버지니아를 비롯한 여러 주에 그의 이름을 딴 거리와 기념비 등이 만들어져 그의 업적을 기리고 있다.

비화 대륙군의 사략선

영국 해군과 상선 괴롭힌 관허 '해적선'

독립전쟁 당시 영국 해군은 '무적함대'로 불릴 만큼 막강한 해군력을 보유하고 있었지만 대륙군은 변변한 전함조차 갖추지 못한 '동네 해군'에 불과했다. 이런 상황에서 등장한 것이 사설 무장선인 사략선(私掠船: Privateers)이었다. 사략선은 해군은 아니지만 무장을 갖추고 전투와 약탈을 벌이는 일종의 관허(官許) 해적선이었다. 이 해적선은 식민지 당국으로부터 버젓이(?) '약탈허가장(Congressional Letter of Marque)'을 받았다. 허가 주체는 대륙 의회

독립전쟁에서는 열악한 미 해군을 도와 민간 사략선들이 해군의 역할을 맡아 활동했다. 노바스코티아 해안에서 사략선이 영국 함정과 전투를 벌이는 모습

또는 주 정부였다.

이들은 영국 상선이나 화물선을 나포 또는 약탈하는 것이 주 임무였다. 영국 선박들에 적재돼 있던 각종 무기, 물자나 상품, 화폐 등이 그 대상이었다. 이들은 관의 허가를 받았기에 무장을 갖췄고 군사 행동의 주체로 용인됐다.

대륙군을 위해 복무한 사략선의 숫자는 1,700척 이상으로 추정됐다. 이들은 영국 상선이나 화물선 600여 척 이상을 나포하는 혁혁한 전과(?)를 거뒀다. 이로 인해 영국이 입은 경제적 손실은 당시 화폐로 약 1,800만 파운드에 달했는 데 현재의 가치로 따지면 수십억 달러가 넘는 규모다.

독립전쟁이 한창이던 1776~1780년 무렵 사이에 유럽 대륙에서 미국을 왕래하는 북미 항로에서 거둔 대륙군 측 전과의 90% 이상이 이 사략선들에 의해 이루어졌다. 사략선들은 빈약했던 미 해군보다 적 선박 나포에 있어 더 많은 기여를 했다.

사략선들은 삭시만 빠르고 날랜 선박들을 이용, 기습과 나포를 감행했다. 무기나 화물 등을 뺏은 뒤 배를 버리거나 파괴시켰다. 특히 규모가 큰 수송선이나 무기 운반선에는 폭약 등을 설치해 폭침시켰다. 사략선들의 거점이자 모항(母港)은 뉴포트, 샐럼 등 보스턴 일원에 산재했다. 비밀 항구나 선박 은닉 장소에서 필요시 선박을 개조하거나 무장을 했다.

독립전쟁 중 가장 유명했던 사략선 지휘자는 '존 폴 존스(John Paul Johns)'로 그는 해전 지휘관이자 해적선 선장과 같은 역할을 했다. 사략선은 단독으로도 움직이지만 10여 척이 선단을 이뤄 활동하기도 했다.

약탈품은 식민지 정부와 군 및 사략선 관련자들 간에 적절히 배분됐다.

노획품은 판매, 또는 경매에 부쳐져 현금화된 뒤 전쟁 비용 보조 군자금으로 요긴하게 사용됐다. 메릴랜드 볼티모어의 경우 약탈품 거래나 경매의 중심지가 됐다. 사략선 운용에는 상인이나 지주들이 투자를 통해 관여했다. 민간 재원과 물자들이 투자 형식으로 전쟁에 참여한 것이다.

사략선의 활약과 기여는 단순히 무기나 물자 약탈에 그친 것이 아니었다. 이들의 활약은 식민지 경제를 돌아가게 하고 유동성 공급과 함께 민간 자본의 동원도 가능케 하는 등 식민지 당국이 어려운 상황을 헤쳐나가는 데 있어 효자 노릇을 했다. 대륙군은 이들의 활약에 힘입어 영국의 해상 봉쇄를 뚫고 보급과 운송을 유지해 나갈 수 있었다. 영국으로 봐서는 사기 저하에다 막대한 물적 피해 및 해상 물류에 있어 차질을 피할 수 없었다. 영국은 함대를 증강시켜 미국 해안 봉쇄를 강화하고 사략선에서 체포한 사람들을 해적으로 간주, 처형을 위협하는 등 대처에 나섰지만 역부족이었다. 사략선들은 영국 해군을 피해 멀리 카리브해까지 진출하는 등 곳곳에서 영국을 괴롭혔다.

미국은 사략선 출신자들을 적극 받아들여 해군 정규병이나 해외 무역 요원으로 활용했다. 사략선은 해상 전투에 있어 비정규 역량으로써 독립전쟁 수행에 기여한, 또 하나의 '수훈 갑' 조직으로 평가되고 있다.

독립전쟁을 치른 13개 식민지가 지역별로 나타나 있다. 메인은 원래 매사추세츠의 일부였다가 나중에 분리, 독립주가 됐다 CC BY-SA 3.0

제 2 장 | 독립전쟁의 주역과 비화

지금 식민지 13개 주는 …

독립전쟁이 끝난 후 13개 식민지는 영국으로부터 독립하면서 미국의 기초 영토가 됐다. 뉴잉글랜드로 불리는 동북부 매사추세츠를 비롯한 4개 주, 중부의 뉴욕 등 4개 주와 남부의 버지니아 등 5개 주를 포함한 13개 주가 바로 그것이다.

독립전쟁 이전의 13개 식민지, 즉 영국의 실효적 지배가 이루어졌던 곳의 면적은 현행 주 경계를 적용할 경우 약 97만km² 로 현재 미국땅의 10분의 1이 조금 안됐다. 이는 현재의 메인주에서 조지아 동부까지 해당되며 지금의 메인, 웨스트버지니아 지역도 포함돼 있다.

미국의 '영토 미터기'는 바로 이 13개 식민지 땅을 '마중물 영토' 삼아 작동을 시작했다. 즉 현재 미국 땅의 10%를 토대로 북미 대륙 평정을 위한 100여 년간의 대장정에 들어간다.

이 동북부 13개 주는 식민지 때도 그랬지만 경제력이나 인구 등을 기준으로 할 때 명실공히 북미 대륙의 '노른자위'와 다름없는 곳이었다. 13개 주는 독립 이후 현재에도 여전히 미국의 핵심이자 심장부와 같은 위상을 유지하고 있다.

지금의 주 경계를 기준으로 한 넓이로 치면 미 국토의 10분의 1이 채 안 되지만 그러나 이 동북부가 차지하는 비중은 절대적이다. 2024년 기준 GDP로 보면 13개 주 총합은 약 9조 달러로 미국 전체 GDP의 3분의 1 정도에 해당하는 규모다.

제 3 장

미대륙 북동부 13개 주의 모든 것

01 매사추세츠
독립전쟁 이끈 영국의 첫 식민지

독립전쟁 초기 전투들 대부분 매사추세츠서 발발

영국 청교도들을 태우고 매사추세츠 플리머스항에 입항한 메이플라워호

　매사추세츠는 영국이 아메리카 식민지 개척에 있어 '첫 삽'을 뜬 곳이었다. 1620년 9월, 1백여 명의 영국인들이 '메이 플라워'호를 타고 지금의 프로빈스 타운 항구에 닻을 내렸다. 이들은 차츰 정착촌을 늘려 나가면서 '플리머스' 식민지를 태동시켰다. 플리머스에 이어 매사추세츠만에도 정착지가 늘어났다.
　첫 발을 디딘 뒤 20년 만에 이 일대에는 1만여 명의 정착민들이 자리를 잡게 됐다. 그러나 아이러니칼 하게도 매사추세츠는 미국 독립에 있어 선구자이자 진원지(震源地)가 됐다.
　독립전쟁 초기 전투들은 대부분 매사추세츠 땅에서 일어났다. 매사추세츠는 명실공히 '저항의 땅'으로서 전쟁 국면을 주도했다. 대영 항쟁을 선도한 매사추세츠 식민지는 이후 전투가 식민지 전역으로 확산해 나간 뒤에도 지속적으로 병력 및 보급 지원에 나서는 등 주축주(主軸州) 역할을 했다.

매사추세츠는 일찍이 통상과 무역 등에 눈을 떴기에 선박 건조, 해상 운항에 강했다. 이 특성을 살려 매사추세츠 식민군은 대륙군의 해군 노릇을 톡톡히 해냈다. 뉴욕, 버지니아, 조지아에 이르는 전선에 병력과 군수물자를 조달하는 데 큰 역할을 했다. 면적은 약 27,337km²로 50개 주 가운데 44위의 '꼬마 주'지만 명실공히 '머리' 노릇을 한 것이다.

영국으로부터 다양한 사람들이 식민지 정착을 위해 이주해 왔지만, 이곳 정착민들의 주류는 청교도였다. 정치적으로는 왕정을 피해 개인의 자유와 정치적 자유, 민권 수립을 추구하는 '깨어 있는' 사람들이었다. 이를 반영하듯 'The Spirit of America'는 매사추세츠주의 별칭이다. '미국 정신'의 뼈대라는 자부심이 가득 배어있다.

매사추세츠는 훗날 남북전쟁이 일어났을 때도 북부군의 주축이 됐다. 정치적 자유, 인권 신장을 모토로 삼았고 당연히 노예 해방의 강력한 후원자가 됐다. 남북전쟁 당시 매사추세츠는 연방 육군에 연 12만여 명 이상을, 해군에는 연 2만 명 이상을 동원 배치했다. 독립전쟁 때처럼 북군 전함과 수송함 건조 및 병력과 보급물자 운송 등에 지대한 기여를 했다.

매사추세츠는 산업 역량, 인구 등 면에서도 뉴잉글랜드 지역 식민지들의 '맏형'이었다. 독립선언 이전인 1741년 뉴햄프셔가 매사추세츠에서 떨어져 나갔고, 메인주는 한참 뒤까지 매사추세츠의 일부로 남아있었다.

주도 보스턴은 명실상부한 미국의 '정신적 지주'

보스턴(Boston)은 매사추세츠의 주도(州都)이자 최대 도시다. 보스턴은 넓이 232.11km²로 서울의 약 38% 크기다. 지금 서울이 그대로 대한민국이듯 보스턴은 한마디로 식민지 시대 미국의 중심이자 그 자체였다.

보스턴의 가장 큰 자부심은 보스턴이 명실상부한 미국의 '정신적 지주'라는 데서 나온다. 미국 독립전쟁의 불씨가 된 '보스턴 차(茶) 사건', '보스턴 학살 사건', 독립전쟁의 서막이 됐던 '렉싱턴-콩고드 전투', '벙커 힐 전투' 등이 모두 보스턴 일원에서 비롯됐다.

단순히 사건만 발발시킨 것이 아니라 매사추세츠를 대표, 실제로 독립전쟁의 주역을 담당했다. 나아가 미국의 건국 이념 뼈대 구축에 가장 큰 영향을 미쳤다. 남북전쟁 때는 노예제 폐지 운동의 중심지가 됐다. 이런 배경을 가지고 있기에 보스턴의 곳곳에는 역사적 유물들이 미국 내 어느 곳보다 많다.

매사추세츠는 미국 내 정치 성향에 있어 민주당의 '본산'과 다름없는 곳이다. 일찍이 청교도들이 주축이 돼 민권과 자유를 주창했고, 연방 상하의원이 모조리 민주당 출신인 요지부동의 '블루 스테이트'다.

인구도 많은 편이기에 미국 대선에 배당된 선거인단 수도 11명을 가지고 있다. 통상 백인들이 많은 곳은 보수 성향이 강한 것이 일반적이나 매사추세츠는 백인 유권자가 전체의 4분의 3가량에 달함에도 확실한 민주당 색깔을 유지하고 있다.

미국 독립운동 지도자였던 존 애덤스 2대 대통령과 6대 대통령 존 퀸시 애덤스, 그리고 벤자민 프랭클린이 모두 매사추세츠 출신이다. 근대 들어서는 최고의 정치 가문으로 꼽히는 케네디가(家)의 본거지도 바로 매사추세츠주다.

매사추세츠 면적은 미국 내 다른 주에 비해 작지만, 인구수는 2024년 기준 7백만 명이 넘어 50개 주 가운데 15위 권을 차지하고 있다.

GDP도 7,300억 달러(2024년)에 달해 미국 내서는 14위 권이나, 다른 나라와 비교하면 2025년 기준으로 대만과 벨기에 사이의, 세계 22위에 해당한다. 주목할 것은 1인당 GDP로 약 11만 달러로 미국 최상위권을 차지하는 부자 주라는 점이다.

02 뉴햄프셔
독립 투쟁의 선봉에 선 '작은 거인'

"자유가 아니면 죽음을!" 은 독립전쟁 때 '뉴햄프셔의 스피릿'

"Live Free or Die"

영화 '다이 하드'의 프로파일이 아니다.

"자유 아니면 죽음을!"은, 250여년 전 목숨을 걸고 독립을 추구했던 뉴햄프셔 주민들의 절규였다.

뉴햄프셔는 동북방에 자리잡은 작은 주의 하나다. 면적은 남한 땅의 4분의 1정도 만한 24,214km²로 넓이 순으로는 50개 주 중

큰 바위 얼굴이 새겨진 뉴햄프셔주의 엠블럼

46위, 인구는 2024년 기준 140여만 명으로 가장 작은 축에 속한다. 그러나 뉴햄프셔는 미국 독립의 발원지라는 자긍심으로 똘똘 뭉친 '작은 거인'이다. 1776년 1월 영국 식민지 상태에서 가장 먼저 독립 헌법을 제정한 곳이 바로 뉴햄프셔다.

뉴햄프셔를 포함, 매사추세츠 등 주변 6개 주는 지금도 '뉴잉글랜드'로 불린다. 1679년 영국 국왕 찰스 2세에 의해 독립 식민지로 승인됐고, 본국 출신 명망가 몇몇에게 식민지 관리권을 부여했다. 뉴햄프셔라는 이름은 이 지역의 초대 관리자 존 메이슨이 자신의 고향인 잉글랜드의 햄프셔를 따서 만들었다.

식민시대 여느 개척촌 가운데 하나에 불과했던 뉴햄프셔에 거친 바람이 일기 시작했다. 1754년부터 시작된 프렌치-인디언 전쟁이 그것이다. 원주민 인디언들과 캐나다에 자리잡고 있던 프랑스군은 동맹을 맺고 이 지역 통치권 확

보를 위해 영국과 전쟁을 시작했다.

뉴햄프셔 현지 주민들도 유격대를 구성, 영국에 저항했다. 대규모 전투는 많지 않았지만, 영국군과의 대립은 격렬했다. 1774년에는 일부 민병대 주축으로 영국군 무기고에 대한 습격을 감행, 미국 독립 혁명에 있어 식민지 내 첫 무장 행동 중의 하나로 기록됐다.

뉴햄프셔는 연방이 건국되는 과정에서도 결정적인 역할을 했다. 당시 미합중국 헌법이 공식적으로 발효되기 위해서는 '원토(原土)'라 할 수 있는 13개 식민지 가운데 필수적으로 9개 주의 비준이 필요했다. 이때 뉴햄프셔는 1788년 6월 21일 미국 헌법을 9번째로 비준, 발효를 가능케 한 '캐스팅 보트' 역할을 한 것이다. 뉴햄프셔는 비록 '몸'은 작지만, 미국의 성립 과정에서 독립정신 고취와 연방 및 공화주의를 선도한, 미국 독립에 있어 향도(嚮導) 역할을 해낸 주였다.

뉴햄프셔는 당연히 노예제에도 반대했다. 그래서 남북전쟁이 발발하자 북군의 일원으로 참전했다. 놀라운 것은 전쟁 참여율이다. 남북전쟁 때 뉴햄프셔 출신으로 종군한 사람은 3만 3천 명 이상으로 추산됐다. 남북전쟁 당시의 추정 인구가 약 32만 6천 명인 것을 감안해 보면 전체 주민수 가운데 10% 이상이 전쟁에 참전했다는 얘기다. "자유 아니면 죽음을 달라"는 식민 종주국 영국으로부터의 독립에 이어 노예 해방을 추구하는 '뉴햄프셔 스피릿'의 기저가 됐다. 존 스타크(John Stark) 장군이 1809년 연설에서 남긴 말로 이후 주 모토가 됐으며 지금도 자동차 번호판에 이 구호를 새겨놓고 있다.

뉴햄프셔 프라이머리는 미국 대선의 '정치 1번지'

뉴햄프셔는 땅 크기, 인구, 경제규모나 자원, 산업 측면에서 50개 주 가운데 두드러지는 곳은 아니다. 그러나 국내 정치적으로는 주목을 받는 '대선 블

미국 대선은 프라이머리와 코커스라는 예비 선거를 통해 각 당이 대선 후보를 정하게 된다

'루칩' 주다.

매 4년마다 진행되는 미국 대선에서 공화, 민주 양당은 주별로 대선 후보 결정을 위한 예비선거를 치룬다. 예비 경선은 당원만 참여하는 코커스 및 일반인들도 참여하는 프라이머리로 나뉜다.

뉴햄프셔는 1952년부터 매 대선 때마다 미국 내 50개 주 가운데 가장 먼저 프라이머리를 치러왔다. 주정부마다 예비 선거 일정을 임의로 결정할 수 있지만 뉴햄프셔는 항상 '첫 번째'를 고집한다. 혹시 다른 주가 먼저 하는 것에 대비, 항상 두 번째 주보다 1주일을 앞서 하도록 아예 주법에 규정하고 있다.

가장 먼저 치러지는 대선 행사인 만큼 전국적인 관심이 집중된다. 뉴햄프셔 프라이머리가 미국 대선의 '성지 1번지'이자 향후 흐름을 가늠해 볼 수 있는 풍향계로 자리매김된 이유다. 뉴햄프셔의 딕스빌 노치(Dixville Notch)는 작은 동네지만 가장 먼저 프라이머리 결과가 나온다. 대선 때마다 미 언론들은 이 작은 마을을 집중적으로 취재, 보도한다. '대선 마케팅' 덕을 톡톡히 보고 있는 것이다.

뉴햄프셔는 추운 곳이다. 위도 43도 이북으로, 한반도에서 가장 춥다는 북한의 중강진보다 2도쯤 더 북방에 위치해 있다. 미 동부의 가장 북쪽에 자리하고, 침엽수림과 크고 작은 호수가 많은, 한적하고 고즈넉한 산동네 같은 곳이다. 미국 내 다른 주들과 달리 백인이 절대적으로 많은 전형적인 화이트 주로 주민들 대다수는 영국계가 많고 캐나다 퀘벡에 연고를 둔 프랑스계 주민들도 4분의 1정도를 차지하고 있다.

뉴햄프셔에 대규모 산업이나 기업들은 많지 않지만 2024년 기준 GDP는 약 2,400억 달러로 2025년 기준으로 헝가리와 카타르 사이의, 세계 57위에 해당한다. 그러나 개인 소득 수준은 높아 미국 내 상위권을 늘 벗어나지 않는다. 거부도 빈민도 없고 주 소득세도 없는, 평균 소득 이상의 중산층들이 두텁게 자리잡은 안정되고 안락한 주다.

그러나 뉴햄프셔는 한국인들 입장에서는 뼈 아픈 과거사의 현장이기도 하다. 1905년 8월, 뉴햄프셔의 북방 군항 도시 포츠머스에서 일본, 러시아, 미국 3자가 만났다. 러일 전쟁의 당사자와 중재자 미국이 그들이다.

20여 일간 줄다리기 끝에 9월 5일, 이른바 포츠머스 강화조약이 체결됐다. 전쟁에 진 러시아는 배상금만을 빼고 일본에 줄줄이 영토와 이권을 넘겼다. 그 가운데 대한제국 운명도 포함돼 있었다. 이 조약을 통해 일본은 한반도에서의 우월적 지위를 확보했다. 머나먼 미국 땅 끝자락에서 5천 년 역사와 2천만 강토의 운명이 결정됐다.

일본은 환희작약했고 미 대통령 시어도어 루스벨트는 중재자 노릇 덕에 이듬해 노벨 평화상을 챙겼다. 포츠머스 조약 두 달여 뒤인 1905년 11월 17일, 이른바 을사조약이 체결됐다. 대한제국은 일본에 의해 외교권을 박탈당했다. 주권 국가로서의 대한제국은 종언을 고했다.

03 로드아일랜드
미국 50개 주 중 면적 가장 작아

독립전쟁 때 대륙군의 해군 역할 주도적으로 수행

영국의 조세 정책에 항의, 식민지인들이 로드아일랜드 해안에서 영국 선박 개스피호를 공격하고 있다.

로드아일랜드는 미국 50개 주 가운데 가장 작은 주다. 면적이 4,001km², 전라북도의 절반 정도 크기로 미 북동부 끝자락에 자리잡고 있다. 이름이 아일랜드라고 해서 혹시 섬이라 생각할 지 모르지만 주 전체의 대부분은 반도와 섬이 많아 긴 해안선을 가지고 있다.

로드아일랜드는 독립전쟁 당시 영국에 항쟁한 초기 13개 식민지 중의 하나다. 작지만 어엿한 미 건국의 '창업 이사'라 할 수 있다.

로드아일랜드의 기원은 로저 윌리엄스(Roger Williams)다. 그는 영국 출신의 청교도 목사로 여느 사람과 마찬가지로 아메리칸 드림을 찾아 신대륙으로 건너왔다. 그가 처음 발 디딘 곳은 매사추세츠 식민지였다. 그러나 그는 교회와 국가의 분리를 주장하다가 추방되자 일부 동조 세력들을 이끌고 주변 미개척지를 찾아 나섰다. 그 결과 1644년 '프로비던스'에 둥지를 틀었다.

로드아일랜드는 그 규모나 역량이 크지 않았기에 독립전쟁에서 결정적인 전투나 기여는 없었다. 그러나 대륙군과 영국군 간에 매사추세츠를 비롯, 뉴욕, 델라웨어 등 곳곳에서 전단이 펼쳐질 때에 자체 민병대를 파견, 지원에 나섰다. 청교도들답게 영국 왕정에 거부감이 높았던 로드아일랜드 정착민들은 1769년 뉴포트 항구에서 영국의 선박을 불태운 데 이어 1772년에 영국의 개스피호를 소실시켰다. 역사가들은 이 사건을 '독립전쟁의 서막'으로 평가하기도 한다. 나아가 1776년 5월 4일, 13개 식민지 중 첫 번째로 영국으로부터 독립을 선언하는 당찬 모습도 보였다.

로드아일랜드는 지형상 일찍이부터 바다와 익숙한 곳이다. 교역과 조선, 항해 등에 능했다. 로드아일랜드는 독립전쟁 때도 대륙군의 해군 역할을 맡았으며 노포트항은 대륙군의 주요 해상 기지가 됐다. 병력 이송과 무기 및 각종 전쟁 물자 보급 등 대륙군의 해상 병참 지원에 많은 역할을 했다. 남북전쟁 때도 연인원 2만 4천여 명이 넘는 민병대가 대륙군에 복무했다. 미국 내 해군 신병들의 해군 훈련소, 해군 칼리지가 이곳에 있다.

영국서 이주한 청년이 미국 최초로 방적 공장 개설

로드아일랜드의 미합중국에의 기여는 색다른 부문에서 나왔다.

1789년, 약관 21세의 영국 청년 사뮤엘 슬레이터(Samuel Slator)가 신대륙으로 가는 이주선에 몸을 싣는다. 영국 더비셔의 벨퍼에서 출생, 성장한 슬레이터는 어려서부터 방적 공장에서 일하며 방적 기계와 면직물 제조 기술을 터득했다. 당시 영국은 산업혁명에 힘입어 수력 방적기와 방직기를 통한 면직 제조 기술에 대한 노하우를 구비하고 있었다. 이 같은 신기술 덕에 면직물 제조 가격을 낮출 수 있었고, 이는 폭발적으로 증가하는 면직에 대한 수요를 불러왔다. 영국으로서는 최고의 첨단 산업 기술을 독점하게 된 것이었다.

당연히 영국 당국은 이의 유출을 막으려 했다. 방적이나 방직 부문 기술자들은 이민은 물론 '해외 여행'조차 금지시켰다. 그러나 청년 슬레이터는 이 기술이 신대륙에서 먹힐 수 있다는 확신을 갖고 있었다. 그래서 '농부' 출신이라고 둘러대고 긴 항해 끝에 로드아일랜드에 도착했다.

미국 입장에서 그는 '아메리카판 문익점'이었고, 영국으로서는 요즘의 반도체와 다름없는 최고 산업 기밀을 유출한 '산업스파이'였다. 슬레이터는 투자와 조력을 받아 마침내 1790년 미국 최초의 방적 공장을 열었다. 이 과정에서 미합중국 연방 재무장관 해밀턴도 적극 관여할 정도로, 방적 산업은 건국 초기 미국의 국책 사업과 다름없었다.

공장이 위치한 포터킷(Pawtucket) 지역은 미국 공업화의 상징으로 부상됐다. 이후 슬레이터의 방적기는 매사추세츠, 코네티컷 등 주변 지역까지 확장돼 나갔다. 지형상 급류가 많아 수력의 동력을 얻기에 용이했고, 생산 효율이 뛰어난 조면기들도 개발돼 날개를 달게 했다.

북동부 지역에서의 방적 산업 붐은 원료라 할 수 있는 면화 산업 발전에도 큰 기여를 했다. 로드아일랜드 상인들은 일찍이부터 노예 무역에 깊이 관여하고 있었다. 아프리카 등지에서 노예를 모아 신대륙 남쪽 농장 지대에 넘겼다.

로드아일랜드로 귀항하는 무역선에는 면화가 가득 실려 있었다. 방적 산업과 면화 생산의 활성화, 나아가 년직품의 수출 확대 등은 미합중국의 산업기반 구축에 지대한 공헌을 했다. 이 시기를 '미국의 산업혁명 발상기'로 평가하는 이유다. 로드아일랜드는 여느 뉴잉글랜드 지역 주들처럼 무역과 통상, 교육, 방위 산업 등에 특장을 발휘하고 있다. 로드아일랜드의 2024년 GDP는 2,200억 달러로 50개 주 중 44위, 다른 나라와 비교하면 2025년 기준으로 카타르보다 높은 세계 57위 수준이다.

| In Depth Story | **노예 3각 무역** |

로드아일랜드, 북미 식민지 중 노예 무역 선도

아프리카로부터 노예를 들여 온 노예 무역선의 모습

로드아일랜드는 링컨 대통령보다 훨씬 앞선 17세기 중엽, 노예제 폐지를 추구했던 '선각자 주'로 알려져 있다. 그러나 로드아일랜드는 역설적으로 북미 식민지 중에서 노예 무역의 선도 역할을 하던 곳이었다.

미국의 독립선언 무렵, 13개 식민지에서는 노예 제도가 합법적으로 운용되고 있었다. 유럽의 노예상들에 의해 아프리카를 떠나 아메리카 대륙으로 넘겨진 흑인 노예수는 1500년대 초반서 1700년대 중반까지 대략 1,200만 명 정도로 추산됐다. 이들 중 절대다수가 카리브해 남단 남미 쪽으로 이송됐다.

북미 대륙의 영국 식민지 쪽에 유입된 노예수는 전체의 4%쯤인 40~50만 명 정도였다. 그런데 이들 중 10만 명가량이 로드아일랜드의 선박을 통해서였다. 로드아일랜드가 이른바 '노예 3각 무역'의 주축이었음을 엿보게 하는 대목이다.

노예 3각 무역은 3개의 주요 축을 토대로 이루어졌다. 1단계는 유럽에서 아프리카로 가는 항로다. 이 선단에 실린 화물들은 무기, 화약, 섬유, 럼주 등 술

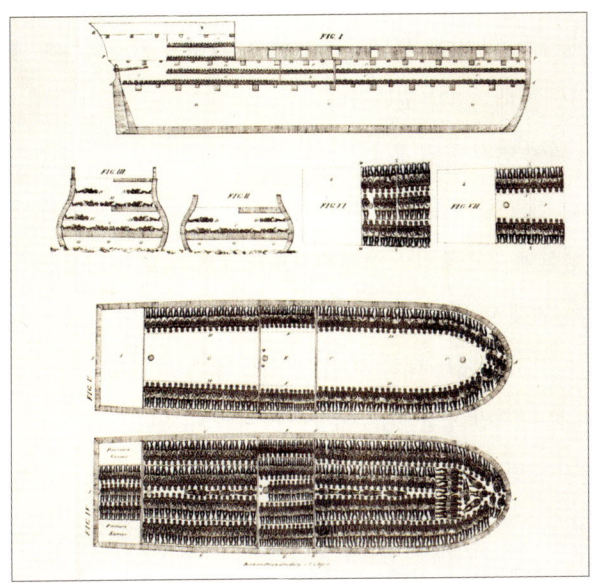
대형 노예 무역선의 내부를 묘사한 선박 구조도

및 금속 도구 등이 주종이다. 이 상품들은 아프리카 부족장 및 상인들에게 건네지고 이 교환을 통해 노예를 확보한다.

2단계는 아프리카에서 아메리카로 가는 것이다. 이른바 노예선들로 각 선박마다 200~600명 정도의 노예들을 싣게 된다. 항해 기간은 평균 6~12주로, 노예선은 최대한 많은 인원을 수송해 이익을 극대화하려는 구조로 설계됐다.

노예들은 쇠사슬에 채워진 채 옆으로 눕혀져 층층이 배치됐다. 화장실도 없고 땀과 오물, 피가 뒤섞인 비위생과 영양실조 등 극도로 비인간적인 환경 속에서 이송됐다. 이 과정에서 많은 사람이 숨져 항해 중 노예 사망율은 평균 15~20%에 달했다.

아프리카에서 강제로 끌려온 흑인 노예들은 카리브해 지역에서 사탕수수 및 당밀, 면화, 담배, 커피 등을 재배하는 노동력으로 부려진다. 이렇게 생산된 상품들은 유럽 시장으로 수출돼 고부가 가치의 수익을 남기게 되는 것이다.

특히 사탕수수 등은 로드아일랜드 등시로 옮겨져 럼주로 제조됐다. 럼주를 포함한 상품 수요가 늘수록 더 많은 생산이 필요했고, 그러기 위해서는 노예도 더 많아야 하는, 인신 매매의 3각 고리였다.

로드아일랜드는 이 외에 면직 공업에서도 선두 주자였다. 직조 제품의 수요가 크게 늘면서 원료인 면화에 대한 수요 역시 폭증했다. 이런 사이클에서 남부 식민지들은 면화 생산에 투입시킬 노동자원으로서 노예 확보가 절실했다. 더 많은 면제품 생산을 위해 더 많은 목화가 필요했고 당연히 노예 수요는 더 높아졌다. 당시 남부 식민지 일대는 대략 50만 명 이상의 흑인 노예가 있었고 식민지마다 다소 차이는 나지만 평균 30% 이상이 노예 인구였다.

로드아일랜드는 여기에 럼주와 면직물이라는 최고의 상품에다 운반 수단인 선박도 다량 보유하고 있었다. 로드아일랜드가 노예 3각 무역에 있어 '큰 손'으로 군림할 수밖에 없는 구조인 것이다.

13개 식민지들은 산업 기반의 차이로 인해 노예에 대한 입장이 달랐다. 사탕수수, 면화, 밀, 옥수수 등을 재배하는 대규모 농장, 플랜테이션이 주축이 된 남부 쪽은 필연적으로 노예에 대한 수요가 컸다. 그러나 북부 쪽은 자유, 진보적인 사상이 주류인 데다 공산품 생산과 교역 등이 주축이었기에 상대적으로 노예에 대한 인식, 필요성이 달랐다.

결국 노예 문제를 두고 남북이 갈렸지만 의외로 로드아일랜드는 북군에 가입, 반 노예의 노선을 걷게 된다.

04 코네티컷
미국서 잘 사는 주 선두권 유지

조선과 해상 운송 역량으로 해군 역할 수행

코네티컷의 대표 항구인 뉴런던의 19세기 당시 광경이 묘사돼 있다

뉴욕주에 바로 인접한 코네티컷은 미국 내에서도 제일 작은 주에 속한다. 전체 면적이 14,357km² 로 전라남도보다 약간 큰 정도다. 평균 고도는 152m 로, 거의 구릉지나 다름없는 곳이나. 코네디컷 식민지는 그러나 독립전쟁 무렵에는 매사추세츠와 더불어 대영 항쟁의 선도 역할을 했다. 대부분의 큰 전투는 매사추세츠, 뉴욕 및 버지니아 등 지역에서 전개됐지만, 코네티컷 역시 병력과 물자를 투입하면서 중요한 일익을 담당했다.

대서양에 접해 일찍이부터 바다에 익숙했던 코네티컷은 독립전쟁 중에 특히 해군의 역할을 수행했다. 1600년대 후반에 이미 서인도 제도에 농작물을 수출할 만큼 조선과 해상 운송에 상당한 역량을 구축하고 있었다.

코네티컷이 바로 마주하고 있는 곳이 뉴욕주의 롱 아일랜드 반도다. 영국군은 뉴욕을 거점으로 해서 내륙으로는 허드슨강 북쪽으로, 해상으로는 롱 아일랜드 북부 연안을 지속적으로 공략했다. 코네티컷은 연안 방어 외에 허드슨강 전선까지 전투력 지원에 나서면서 13개 식민지 '허리' 일원의 수전(水戰)을 감당했다.

코네티컷은 매사추세츠 등과 더불어 미합중국 건국에 있어 정치적인 '뼈대' 구축에 큰 기여를 했다. 독립전쟁에서 승리, 식민지에서 주로 '승격'된 13개 주들은 미합중국 헌법 제정 과정에서 첨예한 대립을 했다. 주의 크기나 인구, 독립전쟁에서의 기여도 및 정치 성향, 산업 기반 등이 모두 달랐기에 추구하는 바도 달랐다.

가장 민감한 정치적 대표성 다툼에 있어, 규모가 큰 주들은 '머릿수'로 주민 대표를 뽑아 의회를 구성할 것을 주장했다. 그러나 코네티컷, 뉴햄프셔, 로드 아일랜드 등 '꼬마' 주들은 인구나 크기에 관계없이 주마다 동일한 대표성을 갖는 체제를 원했다. 이 과정에서 결국 절충안으로 나온 것이 상하원 양원 체제다. 상원은 주의 크기와 관계없이 2명씩 대표를 선출하고 하원은 인구수에 비례, 대표 수를 정하는 것이다.

아울러 노예에 대한 입장을 두고도 균형을 맞춰 노예제를 옹호하는 '노예주'와 반대하는 '자유주' 간에 균형이 맞도록 했다. 코네티컷은 당연히 자유주의 일원이 됐다.

코네티컷의 이같은 스탠스는 나중에 남북전쟁에서도 확연히 드러나 북군의 주축이 됐다. 남북전쟁 동안 코네티컷 출신의 북군 참전자는 연 5만 명을 넘어섰다. 당시 코네티컷 식민지 인구가 18만 3천여 명으로 추산됐던 것을 감안하면 전 주민 네 명 중에 한 명 이상이 북군으로 싸운 것이 된다.

미국 최초의 원자력 잠수함 '노틸러스호' 진수

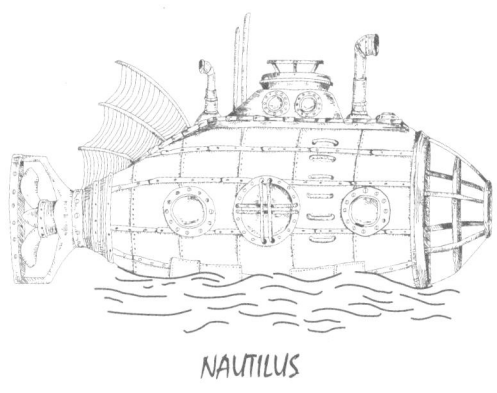

코네티컷은 다양한 산업 기반을 갖고 있지만 그중에서도 주목되는 것이 군함 건조 및 방위 산업이다. 그로튼 하이츠 전투를 낳은 그로튼은 바로 그 중심지다. 미국 정부는 1910년 코네티컷 뉴런던에 미 연안경비대 아카데미를 설립했다. 미 해양 연안경비의 본부가 바로 코네티컷이다.

제1차 세계 대전은 또 코네티컷의 군사적 중요성을 크게 부각시켰다. 무기 및 비행기 부품, 헬리콥터 등과 같은 각종 군수품 공장들이 코네티컷에서 가동됐다. 미국 해군은 1872년 그로튼에 잠수함 기지를 세운 이래 1916년부터는 공식적으로 미국 최대의 잠수함 기지로 자리잡았다. 1954년에는 미국 최초의 원자력 잠수함 '노틸러스'호가 이곳에서 진수됐다.

코네티컷은 미국 내에서 제일 잘 사는 주로 꼽힌다. 2024년 기준 GDP는 약 4,500억 달러로 미국 내 27위, 2025년 기준으로 덴마크 다음의 세계 38위에 해당한다. 주민 평균소득 수준이 10만 달러 이상으로 미국 50개 주 가운데 늘 1~3위안에 든다.

코네티컷의 정치적 성향은 매사추세츠와 더불어 민주당 성향의, '블루 스테이트'다. 백인 비율이 75% 정도로 미국 내 평균보다 훨씬 높지만 진보세가 매우 강한 편이다. 과거 닉슨에서 부시 대통령까지는 공화당이 차지했었지만 1992년 클린턴 당선 이후 지금까지 민주당 후보들을 압도적인 표차로 당선시켜왔다.

In Depth Story 마크 트웨인

독설과 풍자로 유명한 '미국 문학의 아버지'

미국의 작가 마크 트웨인

"20년 후에, 당신은 했던 일보다 하지 않았던 일로 인해 더 실망할 것이다… 탐험하라, 꿈꾸라, 발견하라."

코네티컷이 낳은 대표적인 인물로 꼽히는 소설가 '마크 트웨인'의 명언록 가운데 하나다. 마크 트웨인은 유명한 '톰 소여의 모험'의 작가다. 그러나 사실 마크 트웨인은 필명이며, 실명은 사뮤엘 랭혼 클레멘스(Samuel Langhorne Clemens)다. 마크 트웨인은 1835년 미주리주에서 출생했지만 어린 시절만 그곳에서 보냈을 뿐 그의 인생의 무대는 코네티컷이었다.

한국에서는 마크 트웨인이 아동 소설 작가로 알려져 있지만 사실 그는 노예제 폐지론자이자, 일찍이 여성 참정권을 주장했고 마이너리티에 동정적인 휴머니스트였다. 동시에 뛰어난 통찰력에 촌철살인(寸鐵殺人)의 직관을 가진, 풍자 문학의 대가였으며 '미국 문학의 아버지'로 추앙되는 인물이다.

마크 트웨인의 문학은 1800년대 중후반을 배경으로 했으며 당시의 미국 시대 상황을 대변하고 있다. 작가로서 유명세를 얻어 '셀럽' 반열에 올라있던 마크 트웨인은 풍자를 넘어 독설에 가까운 비평으로 유명했다.

정치적으로는 계몽주의자였던 그는 미국의 필리핀 침공을 두고 하느님으로부터 명을 받은 것이라고 정당화했던 당시 윌리엄 매킨리 대통령을 비난하기도 했다. 정치와 종교, 사회 이슈 등에 대해 경계를 가리지 않고 허구와 위선을 꼬집는 탓에 그는 정치인들, 교회 등으로부터도 엄청난 비난에 직면했다.

한번은 신문 칼럼에 미국 정치의 부패상을 비난하면서 "어떤 미국 정치가들은 개자식이다"라고 일갈했는데 이에 대해 항의가 잇따르고 고소를 당할 상황이 되자, 사과문으로 "어떤 미국 정치가들은 개자식이 아니다"라고 문구를 수정해 게재했다. '아니다'라는 말로 해명을 한 것 같지만 사실은 항의자들에 더 큰 모욕을 안긴 통렬한 풍자로 인용되고 있는 대목이다.

마크 트웨인은 영토와 국력 팽창으로 욱일승천(旭日昇天)의 기세를 보이며 커가는 19세기 미국을 다른 관점에서 진단하고 비평하고자 했고 그런 '양심'들을 문학과 비평을 통해 표출했다. 그의 저서 '도금 시대(Gilded Age)'가 이를 대변하는 대표적인 작품이다.

이는 당시 미국이 '석유왕' 록펠러, '철강왕' 카네기 등 전설적인 기업가들의 등장과 함께 비약적인 산업 발전을 구가하고 있지만, 그 이면에는 동시에 노동 착취, 빈부의 확대 등과 같은 '그늘'도 깊어지고, 또한 외면되고 있음을 지적한 것이다. 사회 내면의 온갖 병소(病巢)들이 번영이라는 외화(外華)로 뒤덮여진, 그래서 마치 도금(淘金)한 것 같은 사회라는 의미를 담은 것이었다.

그의 이 같은 '뼈저린' 통찰은 19세기 미국 사회가 양적팽창에 함몰되지 않고 질적으로도 업그레이드되는 데 있어 중요한 기여를 했다는 평가를 받고 있다. 마크 트웨인이 문학을 넘어 '미국의 양심'으로 칭송되고 있는 이유도 여기에 있다.

05 펜실베니아
대륙회의 열린 미국 독립의 본산

필라델피아 2차 대륙회의서 독립선언과 대륙군 창설

1774년 9월 5일 필라델피아의 카펜터스 홀(Carpenters' Hall).

펜실베니아 태동의 산실(産室)인, 유서 깊은 2층 벽돌 건물의 회의장은 긴장감으로 가득 찼다. 동부 13개 식민지 중 조지아를 제외한 12개 주 대표단 56명은 첫 대륙회의(Continental Congress)를 이곳서 개최했다.

참석 인사들은 각 식민지의 명망가들로 가득했다. 매사추세츠의 사뮤엘 아담스, 나중에 미국 대통령이 된 버지니아의 조지 워싱턴, 존 아담스 등 하나같이 쟁쟁한 식민지 리더들이었다.

같은 해 10월 26일까지 계속된 1차 대륙회의는 미국 독립의 토대가 마련된 자리였다. 각 주 대표들은 공동 단결하여 영국의 폭정에 대항한다는 대전제 하에, 이를 이행키 위한 갖가지 실무 현안들을 논의했다.

참석자들은 영국에 대한 대응 방안을 놓고 갑론을박했다. 초강경 무력 대항에서부터 절충과 타협안 등도 제시됐다. 그러나 최종 결정은 매사추세츠에서 자행된 영국의 강압 조치들을 거부하고, 식민지 전체가 참여하는 '의사 결정체'를 만들어 영국과 일전불사의 대결을 벌이자는 것으로 귀착됐다.

매사추세츠 '보스턴 차 사건'이 미국 독립 항쟁을 발화(發火) 시켰다면 펜실베니아 필라델피아 대륙회의는 독립 항쟁의 '기틀'과 '액션 플랜'을 구축한 전환점이 됐다.

펜실베니아는 17세기 중반, 스웨덴 개척민들이 가장 먼저 둥지를 튼 곳이었다. 그러나 10여 년 뒤 네덜란드군에 점령을 당했고 다시 10년 뒤인 1664년

독립전쟁 당시 2차 대륙회의가 개최됐던 펜실베니아 필라델피아 소재 인디펜던스 홀의 전경

영국인들이 여기를 차지하면서 정식으로 영국 식민지화했다.

이후 90년 뒤인 1754년 펜실베니아 서부에서 발발한 프랑스 및 인디언 동맹과의 '프렌치 인디언' 전쟁을 거치기도 했으나 1763년 영국군이 승리함에 따라 부동의 영국 식민지가 됐다.

펜실베니아는 대륙회의에 이어 전개된 독립전쟁에서 영국에 저항하는 미국 독립의 본산이 됐다. 영국과의 독립전쟁에 13개 식민지가 참여했지만 그 가운데서도 매사추세츠, 버지니아 등과 더불어 핵심적인 역할을 했다. 실제로 미국의 독립전쟁은 이들 3개 주 등을 주축으로 기획, 실행됐다고 볼 수 있다.

영국의 과도한 과세, 경제적 정치적 압박에 대항해 13개 식민지가 들고 일어났지만 이들에게는 실질적인 구심점이 없었다.

하지만 1차 대륙회의에서 저항을 결의하고, 이어 1775년 5월 역시 필라델피아에서 개최된 2차 대륙회의에서는 독립선언과 함께 대륙군의 창설과 조지 워싱턴의 사령관 임명, 각 식민지들의 항쟁 참여, 재정 및 조달 분담 등을 구체화했다. 13개 식민지가 비로서 '개별'을 넘어 합쳐진 '하나'로 태동된 것이다.

이렇게 되자 뉴욕과 뉴저지 등에 이미 주둔해 있던 영국군은 대규모 병력을 동원, '반군(?)'의 본거지인 필라델피아를 포위하며 위협했다. 그 과정에서 대륙회의는 볼티모어로 옮겨 지기도 했다.

남군의 패퇴로 남북전쟁의 대미 장식한 게티스버그 전투

남북전쟁의 최대 전투 중의 하나였던 펜실베니아 게티스버그 전투에서 남북군이 공방을 펼치고 있다

　독립전쟁의 주 무대이자 미국 독립의 산실이 됐던 펜실베니아는 영국과의 전쟁 종료 이후에도 명실공히 미합중국의 중심이 됐다. 1787년 5월부터 필라델피아에서 연방 헌법회의가 열렸고, 필라델피아는 1790년부터 1800년까지 신생 미합중국의 수도가 됐다

　이후 한 세기쯤 뒤 남북전쟁 때도 펜실베니아는 미국 헌법, '미국 정신'의 향도 역할을 했다. 반노예주의를 이끄는 선봉이 됐고 북군에 연 34만여 명의 병력을 보내는 등 남북전쟁의 주역 중의 하나였다. 남북전쟁의 최대 격전지이자 대미(大尾)라고 할 수 있는 게티스버그 전투가 벌어진 곳도 펜실베니아였다.

　1863년 6월, 로버트 리 장군이 이끄는 남군의 주력 7만 5천여 명은 펜실베니아의 남단 게티스버그에서 북군과 회심의 일전을 벌였다. 3일간 이어진 이 전투에서 남군은 패퇴, 결국 버지니아로 퇴각했다. 그해 11월 19일 에이브러햄 링컨 대통령은 전몰 장병들을 위한, 유명한 게티스버그 연설로 전쟁의 마무리를 짓는다.

펜실베니아 면적은 119,280 km²로 한국보다 조금 큰 편이다. 2024년 기준 GDP가 약 1조 340억 달러로 미국 내 6위, 세계적으로는 2025년 기준 폴란드 다음의 세계 21위에 랭크돼 있다. 인구는 1,280만 명으로 미국 내 50개 주 가운데 5위다.

펜실베니아는 미국에서 '러스트 벨트(Rust Belt)'로 불리는 곳으로 오대호 연안 일대의 공업 지대 지역을 대표하고 있으며 피츠버그를 중심으로 미국 내 철강 산업을 이끌고 있다. 1787년 미국에서 처음으로 수증기를 동력으로 하는 증기선이 이곳서 등장했고, 나중에 풀턴이 만든 증기선은 오하이오강과 미시시피강의 하상 운송에 주역을 담당했다.

또 운하를 뚫고 이를 철도와 연결, 철강 제품과 석탄의 수송로를 구축했다. 펜실베니아는 미국 내 코크스와 철강 생산의 절반을 담당하고 있으며 피츠버그에 있는 US 철강은 세계 최대의 철강 생산 공장이기도 하다. 또 1859년에는 미국 최초의, 상업적으로 성공한 유정을 뚫는 등 미국 중공업 발전의 허브가 되는 곳이다.

미국 대통령은 펜실베니아가 정한다는 블랙 유머

펜실베니아는 주의 인구가 많은 만큼 대통령 선거인단 수도 19명을 확보하고 있어 국내 정치상 '메이서 리그' 주로 분류된다. 인종별로 백인의 비율이 높음에도 펜실베니아의 정치적 성향은 특정 정파에 치우치지 않는, 이른바 '스윙 스테이트(Swing State)'로 꼽힌다.

미국 대통령 선거는 물론 미국민 전체가 투표를 하지만 각 주마다 인구 비례로 할당된 대통령 선거인단이 결정한다. 그래서 선거인단을 많이 가질수록 정치적 입김이 세진다.

그러나 대다수의 주가 전통적으로 민주당, 혹은 공화당에 강한 쏠림 현상을 보이는 데 반해 펜실베니아 같은 '스윙 스테이트'들은 선거 때마다 지지 정당이 바뀌는 특징을 갖고 있다.

이런 주가 위스컨신, 미시간, 네바다, 조지아, 아리조나 등 6~7개 정도가 된다. 미국 대통령은 결국 어느 후보가 스윙 스테이트를 더 많이 차지하는가에 달려있다.

펜실베니아는 2016년 및 2020년 대선에서 '널뛰기' 표심으로 미국 대권의 당락을 갈랐다. 2016년 힐러리 후보와의 대결에서 공화당의 트럼프는 48.84%의 지지율을 획득, 47.46%를 얻은 힐러리를 0.72% 포인트라는 간발의 차로 누르고 백악관 입성에 성공했다.

하지만 4년 뒤 트럼프는 바이든과의 접전에서는 1.17% 포인트의 차이로 굴복, 낙루를 삼켜야 했으나 2024 대선에서는 다시 민주당 해리스 후보를 제치고 승리했다. 트럼프를 백악관에 보내준 곳도, 낙마시킨 곳도 펜실베니아였다.

과거 한국 정치판이 시골은 여당, 도시는 야당의 지지 성향을 보여 여촌야도(與村野都)로 표현됐듯이 펜실베니아는 시골은 보수, 도시는 진보 이념의 성향을 보이는 우촌좌도(右村左都) 성향이 농후한 편이다. 펜실베니아의 이 같은 정치적 속성, 중량감 탓에 민주, 공화 대선 후보들은 일찍이부터 펜실베니아 유권자 공략에 부심하고 있다. 미국 대통령은 펜실베니아가 정한다는 블랙 유머가 나오는 이유다.

06 뉴욕
뉴욕시는 세계 모든 것의 중심

네덜란드의 뉴암스테르담서 영국령 뉴욕으로 개명

뉴욕주는 흔히 뉴욕시와 동일시된다. 뉴욕시가 뉴욕주의 거의 전부로 인식되고 있기 때문이다. 뉴욕 식민지도 바로 뉴욕시를 시원(始原)으로 한다.

동부 대부분의 영국 식민지가 그러했듯이 뉴욕 지역도 첫 발을 디딘 나라는 영국이 아니라 이탈리아, 스페인 등이었다. 영국의 탐험가 헨리 허드슨도 가세, 뉴욕 '허드슨강'에 자신의 이름을 붙이긴 했지만 뉴욕 지역에 제대로 된 개척촌을 처음 세운 것은 네덜란드였다.

1614년, 지금의 맨하탄 남쪽에 모피 교역을 위해 세워진 최초의 유럽 식민지 이름은 뉴욕이 아닌 뉴암스테르담(New Amsterdam)이었다. 이 식민지의 네덜란드인 총독은 10여 년 뒤 맨하탄섬 전체를 아메리칸 인디언 카나시족으로부터 사들였다. 이 '금싸라기 땅'의 구입가격은 단돈 60길더 정도였던 것으로 전해지고 있다. 네덜란드 화폐인 60길더가 당시 어느 정도의 가치를 지닌 것인지 정확한 계산은 어렵다. 간접적으로 가늠해 본다면 그 무렵 최대, 최고 교역품이었던 모피 가죽이 한 착당 8길더 정도로 평가되기에 60길더는 대략 1천 달러 정도 값어치로 추산되고 있다. 그러나 뉴암스테르담은 40년 뒤 영국인들이 강제로 손에 넣었고 영국 찰스 2세가 동생 요크 공에게 넘겨주면서 이름도 뉴 요크로 불렀다가 줄여서 뉴욕이 됐다.

독립전쟁에서 뉴욕은 주요 전략 거점으로 영국군의 주력군을 계속 묶어 놓게 만들었다. 이 같은 뉴욕의 견제는 결과적으로 영국군으로 하여금 버지니아 요크타운 전투에서 영국 원정군의 '올 인'을 못하게 만드는, 결정적인 기여로 작용했다. 독립전쟁에서 뉴욕은 주공(主攻)은 아니었어도 조공(助攻)으로서 역할을 해낸 것이다.

뉴욕주 면적의 100분의 1인 뉴욕시가 사실상 화룡정점

뉴욕주의 면적은 141,297 km² 다. 크기로는 남한의 1.5배쯤 된다.

그러나 뉴욕은 단순 일개 주가 아니다. 그 역량은 세계 최선진국가 중의 하나로 꼽힐 정도다. 2024년 기준 인구는 1,940만 명이지만 주의 GDP는 약 2조 2,970억 달러로 캘리포니아와 텍사스에 이어 미국 3위, 국가별로 줄을 세우면 2025년 기준으로 러시아와 캐나다 사이의 세계 10위 수준이다.

뉴욕시는 맨하탄을 포함, 5개 보로(Boro)라는 행정 구역으로 구성된다. 면적으로 보면 뉴욕주의 100분의 1이 안 되지만 사실상 뉴욕주의 '화룡점정(畵龍點睛)'과 같은 곳이다.

뉴욕이 세계의 수도이자 세계 경제의 허브임을 부인할 사람은 없다.

뉴욕시는 모든 면에서 세계 최고를 구가한다. 고층 건물 수도, 땅값도 임대료도, 생활비도 단연 최고 수준이다. 단적인 예로, 시민 치안을 책임지는 경찰 규모만도 상상을 초월한다. 2024년 기준 뉴욕시 경찰국(NYPD) 소속 인원은 경찰관 수만 3만 4천여 명에 직원 1만 9천 명 이상으로, 5만 명이 넘는다. 2024년 예산이 108억 달러로 뉴욕시 전체 예산의 10% 정도를 차지하고 있는데, 이는 같은 해 서울시 전체 예산의 4분의 1을 넘어서는 규모다. 뉴욕을 찾는 관광객은 연간 6천만 명이 넘는다. 로마 제국 당시 모든 길이 로마로 통했듯이 지금 팍스 아메리카나 시대에서 뉴욕은 단연 세계의 중심이다.

뉴욕의 위용은 다양한 분야, 부문에 걸쳐 확인된다. 맨하탄 브로드웨이는 LA의 할리우드와 더불어 미국 엔터테인먼트 산업의 양대 축 가운데 하나다. 맨하탄의 5번가는 쇼핑과 패션에 있어 세계를 선도한다.

세계의 온갖 인종과 언어, 문화가 공존하는 곳

뉴욕은 인종의 '멜팅 팟(Melting Pot)'으로서 세계의 온갖 인종과 언어가 공존하는 곳이다. 19세기 후반부터 본격화한 이민 대열의 최종 목적지가 뉴욕이었다. 유럽은 물론, 아시아, 아프리카 등 전 세계에서 다양한 계층의 사람들이 뉴욕으로 왔다. 뉴욕에서 쓰여지는 언어만 160종이 넘는다는 얘기도 있다.

각 이민자들은 뉴욕에 둥지를 틀고 고유의 커뮤니티, 거점을 형성했다. 영화 '대부(God Father)'의 무대가 된 '리틀 이태리', 중국 커뮤니티의 본산 '차이나 타운'이 모두 뉴욕 로워 맨하탄에 자리잡고 있다. 또 1백만 명이 넘는 것으로 추산되는 유태인들을 필두로 수많은 소수계들이 각 지역마다 거점을 삼고 뉴요커의 일원으로 살고 있다.

뉴욕은 캘리포니아와 더불어 민주당의 아성이다. 일찍이 남북전쟁 때도 반노예주로서 북군의 중추적인 역할을 했던 '리버럴'이 지배하는 곳이다. 뉴욕시는 뉴욕주는 물론 미국 전역에 걸쳐서도 진보의 '아이콘'임을 자임하고 있다. 뉴욕주의 태반이 뉴욕시인 것처럼 뉴욕주의 정치적인 성향 역시 뉴욕시가 절대적으로 주도하고 있다.

뉴욕의 민주당 세는 공화당을 압도하고 있다. 대선에서 민주 후보들은 득표율에 있어 최소한 더블 스코어 차로 상대방을 누르는 것이 일반적이다. 특히 뉴욕시의 경우 민주당 후보 지지율은 80%에서 90%대에 육박할 정도다.

인구를 기준으로 배정되는 대통령 선거인단 수도 캘리포니아, 텍사스, 플로리다에 이어 28명을 확보하고 있는 메이저 주다.

뉴욕은 위도상으로 한반도의 '냉동고(冷凍庫)' 중강진보다는 아래지만 평양보다도 북쪽에 위치해 있다. 그래서 겨울에는 서울에서 겪지 못했던 매서운 추위가 몰아칠 때가 많다.

In Depth Story 뉴욕 맨하탄

세계의 부와 문화가 집중된 인류 문명의 총아

인디언으로부터 사들인 뉴욕 맨하탄섬의 거래 모습을 담은 장면

뉴욕의 맨하탄은 인류가 만들어 놓은 가장 큰 대작이라 할 수 있다. 면적 86.9km² 라지만 관할 수역, 수로 등을 뺀 실제 육지 면적은 59km² 로, 서울의 10분의 1쯤 되는 곳에 세계의 부와 돈, 금융이 집중돼 있다.

1762년 네덜란드 총독이 한 달구지 가량의 모피, 술 등을 주고 인디언으로부터 구입했다가 영국을 거쳐 미국 땅이 됐다는 맨하탄은 언덕과 사구(砂丘) 투성이의 버려진 습지였다. 그러나 지금은 누구나 인정하듯 세계 최고의 '금싸라기' 땅이 돼 있다.

초고층 마천루들이 즐비하게 늘어 있는 맨하탄의 경제력은 도대체 어느 정도나 될까. 2024년 기준 맨하탄의 추정 GDP는 9,500억~1조 달러 정도다.

이는 같은 해 세계 각국과 비교해 볼 때 세계 20위였던 스위스보다 약간 많고, 19위 사우디아라비아에 조금 뒤지는 규모다. 뉴욕시의 5개 구(區) 중의 하

미국에 넘어 오기 전 네덜란드가 소유했을 당시의 맨하탄섬 모습

나에 불과한 맨하탄이 세계 20위 내에 드는 중진국 경제 수준에 달하는 것이다.

맨하탄의 값어치를 추산해 본 통계도 있다. 2014년 자료에 의하면 맨하탄의 땅값은 공원, 도로 등 면적을 빼고도 1조 5,400억 달러에서 2조 달러 사이로 평가되고 있다. 이를 토대로 한 평균 추정 가치는 1조 7,000억 달러다.

이는 당시 세계 10위였던 캐나다의 GDP와 맞먹는 가치다. 물론 맨하탄의 땅값은 그 이후에도 매년 오르고 있다. 여기에다 건물값 등까지 합치면 맨하탄의 가치는 대략 3조 5천억 달러가 될 것이라는 분석도 있다.

심심풀이 삼아 맨하탄 한가운데 있는 유명한 센트럴 파크를 살펴보자.

센트럴 파크의 크기는 동서로 5애브뉴에서 8애브뉴 사이 0.8km, 남북으로는 59가에서 110가 사이 약 4km에 달한다. 따라서 면적은 약 $3.43km^2$, 한국식으로는 약 98만 평쯤 된다.

전문가들은 센트럴 파크의 땅값을 대략 4,000억~7,000억 달러 정도로 추산하고 있다. 맨하탄 땅값이 평방 피트당 평균 1,000~1,600 달러인 것을 감안한 가격이다. 참고로 2005년 힉계 발표에 따르면 5,290억 달러로 나와있다. 혹시 센트럴 파크 부지를 구입해 아파트를 지을 수 있을까? 답은 "No" 이다. 센트럴 파크는 영구적으로 공공 부지로 삼도록 못박혀 있기 때문이다.

맨하탄에서 가장 큰 땅 부자는 의외로 콜럼비아대학이다. 일찍이부터 맨하탄 북부 지역에 자리 잡았던 콜럼비아대는 이 일대에 부속 건물 320여 동을 가지고 있다. 콜럼비아대는 200여년 전에 이 부지를 확보하면서 주법에 규정된 교육 시설 면세 혜택을 받고 있는 덕택에 덩치에 비해 아주 적은 부동산세를 내고 있다.

맨하탄은 전형적인 계획도시다. 고구마같이 생긴 섬을 동서, 그리고 남북으로 관통하는 길들이 서로 엇갈려 두부 모판처럼 구획돼 있다. 동서로는 12개 애브뉴로, 남북으로는 최대 220개 스트릿으로 구분된다.

주목할 것은 도로 간 간격이 거의 일정하다는 점이다. 맨하탄을 남북으로 가르는 애브뉴(Avenue)의 폭은 평균 30m이며 애브뉴와 애브뉴 간 거리는 최대가 303m에 평균 264m다. 7개 애브뉴 간 거리가 약 1.6km가 된다.

스트릿(Street)은 간격이 61m, 그리고 스트릿 폭은 18m가 된다. 그래서 맨하탄의 전형적인 한 블록 사이즈는 폭 약 260m에 길이 80m가 된다. 이렇게 블록 간 거리가 일정하기 때문에 맨하탄에서는 스트릿 수에 애브뉴만 살펴보면 거리가 얼마나 떨어져 있는지 정확한 산출이 가능하다.

흥미로운 것은 이처럼 일정하게 구획된 길에 교통 신호 체계를 연동시켰다는 점이다. 뉴욕서 출근 시간에 맨하탄 시내 중심으로 달릴 경우 신호만 잘 받으면 대통령 전용차처럼 수십 개 블록을 계속 파란불 통과로 주행할 수 있다. 퇴근 때도 도심을 벗어나는 방향으로 진행하면 역시 마찬가지다.

블록과 블럭사이 거리가 일정한 데다 차량 통과 시간과 신호등 점멸 시간을 맞추어 놓았기에 가능한 시스템이다.

07 뉴저지
필라델피아와 뉴욕 사이에 낀 격전지

모든 주가 동등한 대표권 갖는 연방 상원제 관철

독립전쟁 때 뉴저지 프린스턴에서 벌어진 전투 장면

뉴저지는 17세기 식민지 시대 초기에 네덜란드인들에 의해 가장 먼저 정착지로 자리잡았지만 1664년 이를 영국에 뺏기면서 영국 왕립 식민지가 됐다. 뉴저지라는 이름은 영국 해협의 '저지섬'(Jersey Island)을 따서 만들어졌다. 100여 년 지속되던 영국의 지배 체제는 1760년대 들어 소용돌이를 맞았다.

독립전쟁의 불씨가 된 '보스턴 차 사건'과 비슷한 상황이 뉴저지 식민지에서도 벌어졌다. 보스턴 사건 한 해 뒤인 1774년, 뉴저지 주민과 민병대들이 그리니치에 정박한 영국 배에 실려있던 차(茶)를 불태운 것이다.

뉴저지는 크기나 인구, 역량 면에서 독립전쟁의 주역은 아니었다. 그러나 뉴저지의 지정학적 위치가 묘했다. 대륙군의 본거지라 할 수 있는 펜실베이니아의 필라델피아와 핵심 주전장(主戰場)인 뉴욕의 새 중간에 끼어 있었다.

그래서 영국군과 대륙군 간의 크고 작은 공수 격돌이 뉴저지에서 전개됐다. 대략 100여 개에 가까운 전투들이 뉴저지 곳곳에서 펼쳐졌다. 6.25때 치열한 전투가 가장 많이 벌어졌던 38선 일대의 '철의 삼각지대' 같은 격이었다. 하지만 13개 식민지 가운데 마이너 리거에 불과했던 이 뉴저지가, 독립전쟁의 운명을 결정짓는 무대가 된다. 뉴저지 남단에서 벌어진 '트렌튼 전투'가 바로 그것이다.

뉴저지는 남북전쟁 때 북군으로 가담했다. 작은 주이면서도 8만여 명이 북군에 종군했고, 섬유와 철강, 해운 등 산업이 강한 것을 토대로 북군의 군수 기지 역할을 했다. 독립전쟁 후 연방에 3번째로 편입한 뉴저지는, 주 규모는 작지만 신흥 미합중국의 상하원 제도 구축에 기여했다. 델라웨어, 뉴햄프셔, 코네티컷 등과 목소리를 합쳐 주의 크기와 관계없이 동등한 대표권을 갖는 연방 상원제를 관철시킨 것이다.

숲과 녹지가 아름다운 뉴저지의 별칭은 '가든 스테이트'

뉴저지의 별칭은 '가든 스테이트(Garden State)'다. 허드슨 강변을 따라 북으로 이어지는 메인 고속도로 이름도 가든 스테이트 파크웨이다. 숲과 녹지가 많고 아기자기한 자연환경을 갖고 있는 곳이다.

면적은 22,591km² 로 미국 전체 주 가운데 네 번째로 작다. 한국으로 치면 경상북도보다 조금 큰 편이다. 그러나 인구는 2024년 기준 932만 명으로 미국 내 11위, 인구밀도는 미 전국 1위다. 미국서는 드물게 사람들이 '바글바글' 몰려 사는 주다

뉴저지 자체 산업 기반은 큰 주에 비해 미약하지만 항만, 운송 등에 있어 허브 역할을 하고 있다. 뉴저지의 GDP는 2024년 기준으로 약 7,900억 달러로 미국 내 11위 권이다. 이는 또 2025년 기준 세계 22위인 대만 다음에 해당한

다. 뉴와 공항에 연해 있는 항만 접안 시설은 뉴욕 메트로로 들어오는 엄청난 물동량을 담당하고 있다. 뉴저지는 대표적인 '블루 스테이트'다. 북동부 특유의 진보적 성향이 강한 데다 미국 어느 곳보다 마이너리티 인종의 비율이 높다. 게다가 히스패닉 20%, 흑인 14%, 아시안 11% 등 거의 절반에 가까운 인종이 소수계들이어서 민주당 지지 성향이 높다. 1992년 이래 미 대선에서 항상 민주당 후보를 지지해 왔다.

뉴욕과 더불어 뉴저지에도 한인들이 많이 거주한다. 버겐 카운티에 특히 한인 비율이 높은데 보통 '팰팍'으로 불리는 'Palisades Park' 타운에는 2023년 기준으로 한국계 인구가 약 20,300명으로 전체의 54%를 차지, 미국 자치행정구 중에 한인 비중이 가장 높은 곳으로 기록되고 있다.

In Depth Story · 아틀랜틱 시티

레저 시티로 변신한 '동부의 라스베가스'

1960년대 후반, 뉴저지는 여느 동부 지역과 마찬가지로 높은 실업률에 도시의 빈곤층 확대 및 범죄 증가 등으로 어려움을 겪고 있었다. 대서양 연안을 따라 넓은 백사장이 명물이었던 뉴저지 해안 지역들도 비슷한 상황을 맞았다. 이런 가운데 주와 로컬 당국이 착안한 것이 카지노 개발이었다. 주정부는 아틀랜틱 카운티 해안에 동부 지역에서 가장 먼저 대규모 도박장 사업을 추진했다.

1978년 마침내 '동부의 라스베가스'라는 '아틀랜틱 시티'가 등장했다. 단순 도박장이 아니라 대형 호텔이 들어서고 호텔 내에 카지노를 운영하는 레저 타운 식이었다. 카지노 외에도 음식점, 상점 및 부대 위락 시설들이 같이 들어섰다.

동부의 라스베가스로 개발된 뉴저지 아틀랜틱 시티의 보드웍 전경 CCO

　길게 이어지는 해변가에는 산책을 즐길 수 있는 나무판을 깐 '보드웍'(Boardwalk)도 만들어졌다. 한국의 신도시 개발이 주거지를 보급하기 위한 '베드 타운'형이라면, 아틀랜틱 시티는 신 개념의 거대 '엔터테인먼트 타운'이었다. 아틀랜틱 시티는 기대한 대로 뉴저지의 명소가 됐다. 휘황찬란한 네온사인과 객실 500실이 넘는, 화려한 실내 장식을 갖춘 초대형 호텔, 카지노들에 관광객들이 몰려든 것이다.

　아틀랜틱 시티는 뉴욕시에서 차로 2시간 남짓 거리에 있다. 주말은 물론이고 평일에도 대서양변의 아틀랜틱 시티를 찾는 차량들이 줄을 잇는다. 아틀랜틱 시티는 슬럼가와 범죄를 퇴치하고 소득과 일자리, 관광을 창출하는 1석 5조와 같은 효과를 가져다주었다.

　뉴욕에서 아틀랜틱 시티에 가기 위해서는 가든 스테이트 파크웨이를 타야 한다. 시원하게 쭉 뻗은 이 고속도로를 타고 도박장으로 향하는 사람들은 저마다 '대박'의 꿈에 젖기 마련이다. 당연히 과속을 하는 경우가 많은 데, 아틀랜틱 시티로 가는 방향의 차들은 경찰이 단속을 잘 안 한다는 얘기가 있다. 돈을 풀러 가는 사람들의 기분을 상하지 않게 하려는 특별 배려(?)로, 대신 돌아가는 방향에서는 '칼 같이' 잡는다는 우스개 소리도 널리 알려져 있다.

08 델라웨어
사람보다 기업이 많은 '조세 도피처'

13개 식민지 중 미합중국 헌법을 최초로 비준한 '첫 번째 주'

델라웨어는 로드아일랜드에 이어 미국에서 두 번째로 작은 주다.

17세기 중반부터 유럽 각국의 아메리카 대륙 식민지 확보 경쟁이 본격화되는 가운데 델라웨어 지역에 가장 먼저 거점을 정한 것은 스웨덴이었다. 이후 지배권이 네덜란드로 넘어갔다가 1664년 영국 차지가 됐다. 당초에는 펜실베니아에 속해 있었으나 1704년 펜실베니아로부터 분리, 독자적인 입법권을 획득했고 13개 건국 식민지의 일원이 됐다.

규모나 영향력에 있어 제일 작은 축에 속했기에 델라웨어의 독립전쟁 기여도는 그리 높은 편은 아니었다. 하지만 델라웨어는 '첫 번째 주'(First State)라는 별칭을 갖고 있다. 독립전쟁에 참여했던 13개 식민지 가운데 가장 먼저 미합중국 헌법을 비준, 미국의 '첫 번째 주'가 된 것이다.

델라웨어는 남부 주들과 마찬가지로 노예제에 찬성하는 주였다. 동북부의 제일 남단에 위치해 있어 남부와 연대 의식이 강했다. 주의 땅은 넓지 않았지만 평균 고도 18m의 평야 지대이기 때문에 남부식의 규모가 큰 농장들이 적지 않았다. 당연히 농장 인력 운용이라는 측면에서 노예제에 거부감이 없었다. 하지만 링컨 대통령의 노예해방 선언으로 남과 북이 갈리자 북군으로 가담했다. 델라웨어에는 1865년 남북전쟁이 종식됐음에도 불구하고 여전히 일부에 노예가 남아있을 정도로 남부 지향적인 성향을 보였다.

델라웨어는 대서양 연안에 길쭉하게 자리 잡은 곳이다. 길이 약 160km 정도에 폭이 가장 넓다고 해야 50km 남짓일 만큼 좁다. 치로 달리면 북에서 남

수많은 기업들이 등록 주소지로 삼고 있는 델라웨어 소재 한 건물 CCO

쪽 끝까지 2시간 안팎이다. 온통 평평한 곳이기에 농장 지대가 주 전체의 40%가량 되지만 생산량이나 품종에 있어 각별히 주목받을 만한 작물은 없다. 옥수수, 콩, 건초와 시금치, 토마토 등 미국서 흔히 볼 수 있는 농산물들이 주류를 이루고 있다.

일찍이 북군에 가담했듯이 델라웨어의 정치적 성향은 민주당 색채가 강하다. 이곳 역시 1988년 이래 대선에서 항상 민주당 후보를 밀어왔다.

델라웨어는 땅도 좁고 인구도 100만 명이 약간 넘는다. 델라웨어의 GDP는 2024년 기준 2,300억 달러로 미국 내 43위, 세계적으로는 2025년 기준으로 헝가리 다음의 세계 57위 권이다. 델라웨어 강변을 중심으로 화학 산업, 조선업 등이 있지만 부를 일궈낼 만한 주력 산업은 내세울 만한 게 없는 편이다.

구글, 애플 등 유명 기업들의 본사를 페이퍼 컴퍼니로 등록

델라웨어는 그러나 이 '별 볼 일 없는' 자연조건에서 다른 방식으로 '살길'을 찾았다. 농작물 대신 기업을 키우는, '기업 인큐베이터'로 변신한 것이다.

델라웨어는 사람보다 기업이 더 많은 곳이다. 2024년 현재 델라웨어에 본사를 둔 미국 내 기업체는 220만 개가 넘는다.

미국 전체 상장 기업의 80% 이상이 델라웨어에 법인 등록을 했다. 특히 포춘(Fortune)지 선정 500대 대기업 가운데 델라웨어주에 법인 등기상, 즉 서류상 본사를 둔 곳이 68%가 넘는다.

1209, North Orange Street, Wilmington, Delaware.

델라웨어주 윌밍턴시 노스 오렌지 스트릿 1209번지에는 자그마한 2층 건물이 있다. 밝은 벽돌색의 이 평범한 건물에는 무려 28만 5천 개 이상의 기업들이 같은 주소로 등기를 해두고 있다. 구글, 애플, 코카콜라, 월마트, JP 모건 체이스, GM 등 하나같이 굴지의 다국적 대기업들이 즐비하다.

유명인들도 많다. 도널드 트럼프 대통령, 힐러리 클린턴도 이 주소를 공유하고 있다. 트럼프는 2016년 델라웨어주 선거 유세장에서 자신의 기업 378개가 델라웨어에 주소지를 두고 있다고 밝히기도 했다. 거대 유명 기업들이 델라웨어에 이른바 '페이퍼 컴패니'인 명목상의 등기상 본사를 두고 있는 이유는 간단하다. 세금을 덜 내기 위해서다.

델라웨어는 세일즈 택스를 부과하지 않는다. 또 델라웨어 내에서 영업하지 않는 한 영업 이익에 대해서도 세금을 물리지 않는다. 예를 들어 신용카드 회사가 미국 내 다른 곳에서 영업을 하고 벌어들인 돈을 델라웨어 본사로 보낼 경우, 막대한 영업 이익에 대한 세금을 물지 않아도 되는 식이다.

페이퍼 회사 설립과 운영을 주 차원에서 권장하는 만큼 '서비스'도 최고다. 1시간이면 회사 설립을 할 수 있고, 이를 처리해주는 법원 사무실은 밤 늦게까지 가동된다. 게다가 익명의 법인 설립이 허용돼 누가 돈줄인지 전혀 드러날 위험이 없다.

힐러리나 바이든 같은 유명 정치인들도 막대한 강연 수입을 델라웨어 법인을 통해 세금 한푼 안 내고 고스란히 챙길 수 있다. 기업들에게는 절세, 재력가들에게는 '돈세탁'을 가능케 해주는 최고의 조세 도피처이자 자산 은닉 피난처인 것이다.

미 당국의 추정에 따르면 한 해에 최소한 5천억 달러 가량의 은닉 자금이 미국 내에서 돈세탁이 된다는 분석도 있다. 델라웨어의 별칭을 'Delaware Loophole', 즉 '델라웨어 구멍'이라고 부르는 이유기 여기에 있다.

델라웨어강을 가로질러 뉴저지와 연결되는 델라웨어 브릿지의 모습

이렇게 델라웨어는 기업들을 끌어들여 큰 재미를 보고 있다. 델라웨어주 예산 수입의 4분의 1 정도가 기업 설립과 운영에 따른 각종 수수료에서 나온다. 델라웨어의 '기업 인큐베이터' 정책은 네바다의 '라스베가스', 플로리다의 '디즈니 월드' 못지 않은 '황금알을 낳는 거위'가 되고 있다.

1951년에 건설된 델라웨어 브리지는 델라웨어와 뉴저지를 잇는 거대한 교량이다. 쌍둥이 다리인 델라웨어 브리지는 델라웨어의 화학, 조선 산업을 대변하는, 공업화의 상징으로 표현된다.

미국 사회에서는 미국 내에서 가장 센 주가 캘리포니아도, 텍사스도, 뉴욕도 아닌, 델라웨어라는 우스개 소리가 있다. 미 항모 대여섯 척이 몰려와도 델라웨어 브리지를 결코 파괴시키지 못한다는 얘기도 있다. 미국의 초 대기업들, 최고의 재력가와 기득권 정치가들이 델라웨어라는 최적의 조세-자금 회피처를 굳건히 지켜줄 것이기에, 델라웨어는 미국이 존재하는 한 '만수무강'할 것이라고 빗대고 있다.

09 버지니아
식민지의 리더이자 독립전쟁 '종결자'

건국 초기 5명의 대통령 중 4명이 버지니아 출신

독립전쟁의 '종결자' 버지니아는 일찍이부터 13개 식민지의 리더였다.

1607년 건설된 버지니아 제임스타운(Jamestown)은 영국의 첫 영구 식민지였고 이후 영국 왕립 식민지로서, 미 동부 여러 식민지들 가운데 규모나 역사, 시스템에 있어 단연 선두주자였다. 이미 1700년대 초에 5만 명을 넘어섰던 버지니아 인구는 독립전쟁 무렵 55만 명으로 늘어나 당시 13개 식민지 전체 인구 250여만 명 가운데 20% 이상을 차지할 정도였다. 명실공히 영국령 아메리카 식민지 가운데 으뜸이었다.

버지니아의 위세는 특히 독립 초기 뚜렷이 드러난다. 대륙군 총사령관을 역임한 후 미합중국 초대 대통령이 됐던 조지 워싱턴을 비롯, 독립선언서를 작성했던 3대 토머스 제퍼슨, 4대 제임스 매디슨, 5대 제임스 몬로 대통령 등 초기 다섯 명의 대통령 가운데 4명이 버지니아 출신이었다.

버지니아의 영향력은 남북전쟁 때도 돋보였다. 주도 리치먼드는 남부연합의 수도였고 병력과 전투에 있어 남군의 '등뼈' 역할을 했다. 북부에 링컨 대통령과 그랜트 장군이 있다면 남군에는 버지니아의 리(Lee) 장군이 있었다. 불런(Bull Run)전투, 프레드릭스버그, 피터스버그 전투 등 굵직한 전투들이 모두 버지니아에서 펼쳐졌다.

남북전쟁에서도 버지니아는 '종결지'가 됐다. 1865년 4월 9일, 남군의 리 장군이 북군 그랜트 장군에게 항복하면서 진정한 미합중국이 탄생됐다.

독립 이후 줄곧 미합중국 최고의 명문가로 군림했던 '버지니아 왕조'의 위광

남북전쟁 당시 남군의 수도였던 리치몬드가 불타고 있는 모습

은 그러나 남북전쟁 이후 서서히 감퇴되기 시작했다.

앞에 웨스트가 붙어 혼동을 주는 웨스트버지니아는 실제로 버지니아에서 분리 독립한 주다. 1863년 남북전쟁 때 갈라졌는데 노예제를 포함해 주민들 간에 경제, 문화적으로 갈등이 깊어지면서 일종의 '내전' 같은 다툼 끝에 주가 분리되는 사태가 벌어졌다.

면적 110,787 km^2로 남한 땅보다 조금 더 큰 편인 버지니아는 지금은 미국 50개 주 가운데 '메이저 리거'의 반열에서는 약간 벗어나 있다. 캘리포니아, 텍사스, 뉴욕, 플로리다 등 경제력이나 크기, 인구 측면에서 웬만한 국가 못지 않은 '막강 주'들이 즐비하기 때문이다. 2024년 기준 GDP는 약 7,400억 달러로 미국 내 13위 권 수준이다. 다른 나라와 비교하면 2025년 기준으로 벨기에보다 앞서는 세계 23위에 해당한다.

버지니아의 위도는 북위 36도에서 39도에 걸쳐 있다. 한국처럼 허리 부근이 38도선이다. 그래서 기후나 풍토가 한국과 가장 가까운 편이다. 4계절이 있고 각종 산물이 한국과 유사하다.

 버지니아에는 담배 농장이 많고 주산지이기에 미국 내에서도 담배값이 가장 싼 편이다. 버지니아에서 서울-부산 간 거리 정도 떨어진 뉴욕은 물가가 비싸기로 악명이 높다. 당연히 담배값도 '금값'이다. 소매가는 버지니아보다 대략 2배 정도 높은 편이다. 이러다 보니 담배 밀수(?)가 성행한다. 뉴욕의 일부 담배 소매상들이 버지니아서 '야매'로 사들여 할인 값으로 판다는, 믿거나 말거나 나도는 얘기들도 있다.

한인들 많은 북버지니아, 서울의 '강남 8학군'으로 비교돼

 버지니아는 특히 한인 학부모들에게 인지도가 높은 곳이다. 다름 아닌 우수한 학군 때문이다. 한인들이 많이 사는 북버지니아 지역은 흔히 서울의 '강남 8학군'으로 비교된다. 미국 최고 중의 하나로 꼽히는 토마스 제퍼슨 영재고를 비롯해 맥클린, 랭글리 하이스쿨 등 수준 높은 우수 공립 고교들이 즐비하게 있기 때문이다.

 버지니아는 워싱턴 D.C.의 연방정부와 지척으로 있기 때문에 일자리, 경제, 구매력 등이 항상 안정적인, '알부자' 지역으로 꼽힌다. 그 결과 소득과 교육 수준에서 미국 내 최고의 선두권이다. 미국 전역의 약 3,240여 개 카운티 가운데, 페어팩스 카운티를 포함해 북버지니아 일대 3~4개 카운티는 항상 미국 내 최상위 10개 카운티로 포함될 정도다.

 세계를 무대로 한 스파이 영화에 단골로 등장하는 CIA본부도 버지니아의 부촌 랭글리(Langley)의 전원지대 속에 자리잡고 있다.

 버지니아는 주지하다시피 '남부의 관문'이자 남부 주의 터줏대감이었다. 그래서 정치적인 성향도 보수가 강한 '레드 스테이트'였다. 그러나 근래 들어 버지니아는 그 컬러가 바뀌고 있다. 민주당 성향이 갈수록 짙어지고 있는 것이다. 1968년 당시 닉슨 후보 이래 40년간 '공화당 아성'이었던 버지니아는 2008년 오바마가 뒤집은 이래 힐러리 클린턴, 바이든 등이 잇달아 점거, 어느덧 '블루 스테이트'로 기우는 형국이다.

담배 농장 지주들의 땅이었던 버지니아의 환골탈태는 북버지니아의 변모와 맥을 같이 한다. 연방정부 외에 아마존 같은 첨단 IT 기업들, 엄청난 규모의 미 연방정부 조달사업 관련 업체들이 넘쳐나면서 고학력·고소득 직종에 젊은 층들이 북버지니아로 대거 이주해 왔기 때문이다.

이에 따라 정치적 성향도 바뀌어 북버지니아와 나머지 농촌 지역 버지니아는 마치 여촌야도(與村野都)처럼 전형적인 '보촌진도'(保村進都)로 확실하게 갈라진다. 선거 개표 결과 방송을 보면 북버지니아 일대만 파란색일 뿐, 나머지 버지니아 전역은 온통 빨강 일색이다. 그러나 북버지니아에 인구가 집중하다 보니 주 전체로 봐서는 민주당세가 우위를 보이는 것이다.

In Depth Story 노포크 해군 기지

세계 최강 '해군 대국'의 심장부

버지니아 하면 흔히 플랜테이션 담배 농장에 쉐난도 국립공원 등 목가적인 전원 지역으로 생각되기 마련이다. 그러나 주 남부, 버지니아 비치 지역에는 세계 최대 규모의 해군 기지가 자리잡고 있다. 노포크 해군 기지(Naval Station Norfolk)가 그곳이다.

1차 세계 대전 직후, 미국이 본격적으로 대양 해군(大洋 海軍)을 지향하며 설립한 노포크 해군 기지는 세계 최강 해군 대국의 위용을 그대로 드러내고 있다. 노포크 기지는 대서양과 지중해 등을 관할하는 미 대서양 함대의 본부다.

버지니아 노포크에 자리잡은 노포크 해군 기지. 미국 최대 규모의 기지로 대서양을 커버하는 항모와 전투함 등이 집중 배치돼 있다

웬만한 나라는 한 척도 감당키 어렵다는 항공모함을 미국은 11척이나 보유하고 있다. 그런데 그중 4~5척이, 그리고 각종 전함, 순양함, 잠수함 등 75~80척가량이 이곳을 모항으로 삼고 있다. 최근 들어 2017년 7월에 취역한, 개발 및 건조비가 무려 134억 달러가 들었다는, 세계 최신예 배수량 10만톤급 제럴드 포드 핵 항모도 이곳에 닻을 내리고 있다.

노포크 해군 기지는 그 자체가 하나의 거대한 도시다. 526만 평이 넘는 부지에 부두 길이만 6.4km, 선박 접안시설인 피어(Pier) 길이까지 합하면 무려 18km나 된다. 14개 군용 피어에다 11개 격납고는 130여 대 이상의 항공기를 수용할 수 있는 규모다. 이 기지를 기반으로 행해지는 항공기 출격(sortie)은 하루 평균 275~300회, 매 평균 6분에 한 대꼴로 군항기 이착륙이 이루어지는 것이다. 이곳에 근무하는 병력은 45,000명이 넘고 민간인 군무원도 15,000명 이상이 된다. 이만하면 기지가 아니라 웬만한 중소 도시 규모 이상이다.

체사피크만이 대서양으로 나가는 길목에 위치해 있는 노포크는 미국, 그리고 미 해군에 있어 각별한 연고를 가진 곳이다. 250여 년 전 독립전쟁 당시 미국과 프랑스 연합군은 이곳 체사피크만 해전에서 영국의 무적함대에 200년 래 최초의 패배를 안겼다.

이순신 장군이 '노량 대첩'에서 왜군 전선(戰船) 2백여 척을 침몰시키며 왜군에 마지막 치명타를 가했던 것처럼, 영국 해군은 이 전투에서 꺾이면서 결국 미국 식민지를 포기하게 됐다. 그러나 체사피크만 해전의 승리는 당시 대륙군에게 또 다른 자괴심을 맛보게 했다고 전해진다. 영국을 물리친 해전의 주역이 미 해군이 아닌, 프랑스 함대였기 때문이다.

이후 미국은 '대양 해군'에 눈을 떴고 총력을 다해 해군력 증강에 나섰다. 이제 2세기 반이 지난 지금, 미 해군은 양적, 질적, 화력, 기동력 측면에서 세계 어느 국가도 넘볼 수 없는 유일무이(唯一無二)의 무적 해군력을 보유하고 있다. 노포크 해군 기지는 이 같은 미 해군력의 위용을 입증하는 상징이 되고 있다.

10 메릴랜드
개혁파가 왕당파 누르고 독립전쟁 참전

남북전쟁 때 '몸은 북부, 마음은 남부'라는 이중적 태도

버지니아와 이웃해 있는 메릴랜드를 보여주는 고지도

메릴랜드는 독립전쟁 당시 13개 식민지 가운데 지리상 중간쯤에 위치해 있는 작은 주다. 넓이 32,133km²로 남한 면적의 3분의 1가량 된다. 위도상으로 보면 한반도의 휴전선에 걸쳐 있는 강원도와 비슷한 위치다. 그래서 4계절을 비롯, 날씨가 한국과 비슷하다.

메릴랜드 식민지의 태동은 17세기 중반 영국왕 찰스 1세가 볼티모어경 조지 캘버트에게 메릴랜드 지방에 대한 관할권을 허가함으로써 본격화됐다. 이후 1691년 영국 왕실이 메릴랜드 식민지 총독을 임명, 다스리게 하고 이 같은 체제는 독립전쟁 무렵까지 이어졌다.

메릴랜드는 영국 식민지 가운데서도 영국 왕실의 입김이 가장 강한 곳 중의 하나였다. 그러나 매사추세츠를 중심으로 불붙기 시작한 영국과의 전쟁은 메릴랜드에서도 번져 나갔다. 보스턴 차 사건과 비슷한 형태로 메릴랜드 아나폴리스에서 영국의 배 '페기 스튜어트'호가 식민지인들의 습격을 받고 차(茶)가 불태워지기도 했다.

하지만 메릴랜드는 대영 항쟁을 두고 내부적으로 묘한 구도가 형성돼 있었다. 영국 왕실과 타협을 내세우는 이른바 왕당파와, 저항을 주장하는 개혁파 간의 갈등이 그것이다. 결국에는 왕당파가 밀려나고 독립 지지세력이 득세하여 메릴랜드 지역의 민병대들도 독립전쟁에 적극 가담하기 시작했다.

1774년 1차 대륙회의에 이어 1775년 2차 대륙회의가 펜실베니아의 필라델피아에서 열렸으나 영국군이 필라델피아를 위협하자 그해 12월 대륙회의는 메릴랜드의 볼티모어로 옮겨 오기도 했다. 요즘으로 치면 연방의회를 임시로 이전한 것이다.

메릴랜드 영토 내에서 대규모 전투는 벌어지지 않았으나 메릴랜드 민병대들은 조지 워싱턴 사령관이 지휘하는 대륙군에 적극 가담했다. 뉴욕에 이어 북동부 최대의 항구라 할 수 있는 볼티모어는 군함 건조와 각종 군수품 생산에서 주요한 역할을 했다. 메릴랜드는 독립전쟁 때보다는 40년쯤 뒤에 발발한 미국과 영국 간의 두 번째 전쟁, 즉 미영전쟁 때 더 큰 전장(戰場)이 됐다.

영국으로부터의 독립이나 노예제 등에 있어 메릴랜드의 어정쩡한 스탠스는 남북전쟁 때도 재현됐다. 미국 북동부 지역에서 남부의 관문으로 불리는 버지니아와 이웃한 메릴랜드는 남북전쟁을 맞게 되자 '몸은 북부, 마음은 남부' 같은 입장을 취했다.

수도 워싱턴 D.C.의 배후로 연방정부 기관 많아

메릴랜드는 크기는 작지만 남부와 같은 대규모 플랜테이션, 즉 농장들이 많았다. 담배와 면화 같은 남부 특작물들이 여기서 대량으로 재배됐다. 하지만 남북전쟁 시 노예제 반대 및 연방 잔류를 선택 북군에 가담하면서 남군의 주력인 버지니아와 최전선을 맞대면서 대결했다.

남북전쟁 과정에서 군수 산업과 조선 등에 큰 기여를 했던 메릴랜드는 동부에서 뉴욕 다음의 산업 허브로 번영기를 맞았다. 1830년 미국 최초의, 석탄을 연료로 하는 증기 기관차가 등장한 곳이 메릴랜드였고, 1839년에는 대양을 오가는 증기선 '드 로셋'이 볼티모어 항에서 건조됐다.

메릴랜드는 워싱턴 D.C.라는 연방정부의 '터전'을 제공하고 바로 지척에 이웃해 있는 만큼 연방정부와 연관된 기관들이 많다. 미국 국립보건원, 연방 인구조사국, 아나폴리스의 해군사관학교 및 유명한 월터 리드 국립 군병원 등이 그것이다.

땅 크기는 작은 편이지만 체사피크만과 대서양 연안 사이에 길게 뻗어 있는 델마르바 반도 지역은 최고의 옥토, 농장 지대다. 이 지역의 최고 고도 지점은 해발 31m로, 언덕 하나 안 보이는 드넓은 평원에서 농작물들이 지천으로 생산되고 있다.

메릴랜드의 GDP는 2024년 기준 약 6,100억 달러로, 2025년 기준으로 세계 27위인 이스라엘과 비슷한 수준이다. 또 미국 내에서 주민 평균 소득이 가장 높은 주에 속한다. 교육과 소득 수준에 있어 인근 버지니아와 선두를 다투고 있다. 미 전역에 걸쳐 최고 소득 수준의 10대 카운티를 꼽을 때 메릴랜드 내 카운티는 항상 두세 개씩 이름을 올린다.

메릴랜드주의 정치적 색깔은 한마디로 '올 블루(All blue)'다. 공화당이 발붙이기 힘들 정도로 골수 '블루 스테이트'다. 1992년 이래 대선에서 한 번도 공화당 후보가 승리한 적이 없다. 득표율도 60대 30 식으로 거의 더블 스코어 차이다. 연방 상하원 10명 가운데 공화당 출신은 한두 명을 넘지 못한다.

주의 성향이 이렇기에 이민자나 소수계들에 대해 상대적으로 훨씬 관대한 정책이 많다. '국민 사위'로 불리는, 한국계 부인을 둔 래리 호건 전 주지사도 한인들에게 메릴랜드에 대한 호감을 높이는 데 일조했다.

수도 워싱턴 D.C.의 중심인 워싱턴 몰의 전경. 워싱턴 기념탑과 백악관 및 주요 연방 건물들이 보인다

In Depth Story 워싱턴 D.C.의 태동

버지니아와 메릴랜드 경계에 위치

　미국은 시초부터 연방국가로 출범했기에 영국으로부터 독립을 한 뒤 국내적으로 가장 중요한 현안 중의 하나가 연방 수도(首都)를 정하는 일이었다.
　지금은 미 국토가 미대륙 전체에 걸쳐 있기에 워싱턴 D.C.가 한쪽에 치우쳐진 듯 보이지만 독립 당시 미국의 영토는 사실상 동부 13개 주가 전부였다. 따라서 동부 연안 어딘가에 미국의 중심이 세워지는 것이 당연시됐다.
　이미 필라델피아는 사실상 수도로서 역할을 해왔고 뉴욕도 역시 한 때 수도였기에 연방 수도 유치에 적극적이었다. 그러나 남부 주들은 연방 수도를 남쪽으로 끌어내리고 싶어했다. 외형적으로는 1790년 조지 워싱턴 초대 대통령이 수도를 결정한 것으로 돼 있지만 그 이면은 북부와 남부 주들 간 정치적 타협의 산물이었다.

북부 주들은 독립전쟁 때 발생했던 부채들을 연방정부가 떠 맡아야 된다는 입장이었고 상대적으로 부채 부담이 적었던 남부 주들은 연방 수도의 위치가 남부 쪽에 자리잡아야 한다고 주장했다.

합의된 딜(Deal)은 양측의 주장이 적절히 반영됐다. 즉 독립전쟁 관련 부채는 연방정부가 담당하고 수도의 위치는 13개 주의 허리에 해당하면서 남부에 속하는 메릴랜드와 버지니아 접경 지역, 포토맥강 하구 지역으로 정해졌다. 연방정부는 어느 특정 주에 속해 있어서는 안 된다는 원칙 하에 새롭게 연방정부 소유 및 관할 땅도 제정됐다.

메릴랜드와 버지니아는 포토맥강을 경계로 접해 있는 지역 일부를 각각 떼어내 연방정부에 제공했다. 크기는 가로, 세로 각 10마일(16 km)씩 100평방마일, 즉 256 km^2로 확정됐다. 그러나 이후 포토맥강 이서(以西)의 땅은 원소유자인 버지니아에 반환됐다. 그래서 지금 워싱턴 D.C.의 면적은 159km^2로 축소됐다. 서울시 면적의 4분의 1정도 규모다.

수도로 정해질 무렵인 1800년 기준 인구는 고작 8,100여 명 정도로 당시 워싱턴은 '촌구석'이었다. 그래서 필라델피아나 뉴욕 등은 연방정부 측에, "왜 역사와 유래가 깊은 대처(大處)를 두고 깡촌으로 옮기느냐"고 집요한 로비전을 폈다. 필라델피아에서는 대통령 관저 및 기반 시설들을 무료로 제공하겠다고도 했다.

새 연방 수도의 명칭은 조지 워싱턴 대통령의 이름을 땄고 어느 주에도 속하지 않는다는 원칙을 살리기 위해 D.C.(District of Colombia), 즉 콜롬비아 특별구라는 명칭을 부여했다.

새 수도의 설계는 프랑스 건축가 피에르 찰스 랑팡이 맡았다. 직선 구획과 방사선을 조합한 바로크 스타일이 주종이 됐다. 대통령 관저, 연방의회, 워싱턴 기념탑 및 연방정부 청사들이 정해지고 삭종 국가직 기념물, 박물관, 기념관 등이 워싱턴 몰(Mall)을 중심으로 속속 들어섰다.

워싱턴 D.C.는 도시를 만들어 나가면서 엄격한 원칙을 세웠다. 건물 높이를 인접 도로의 너비에다 약 6m까지 추가하는 것만 허용된다는 규정을 만들어 놓음으로써 사실상 연방의회보다 높은 건물은 들어서지 못하게 된 것이다. 그래서 워싱턴 D.C.의 도시 스카이 라인은 나지막하고 넓게 퍼져 있는 평안함을 가질 수 있게 됐다.

워싱턴 시내의 도로들에는 연방 각 주들의 이름이 붙여졌다. 뉴욕 애브뉴(Avenue), 조지아 애브뉴 같은 식이다. 백악관과 의회가 연결돼 있는 가장 핵심 도로는 펜실베니아 애브뉴, 세계 각 대사관들은 매사추세츠 애브뉴에 집중돼 있다.

워싱턴 D.C.는 연방 수도이긴 했지만 정치적으로는 '찬밥'이었다. 여느 주와 같은 독립성을 인정받지 못하는, 연방직할의 부속 령(領)과 같은 지위였다. 그래서 미 대통령 선거권이나 연방 의원들을 내지 못하다가 1970년에 이르러서야 겨우 일반 미국 행정 구역과 같은 대접을 받게 됐다.

그럼에도 제약은 여전하다. 대통령 선거권은 있지만 워싱턴 D.C. 인구수에 관계없이 배정된 대통령 선거인단 수는 미국 내 50주 가운데 가장 적은 주에 맞추도록 규정됐다. 그래서 워싱턴 D.C.의 선거인단 수는 알래스카, 와이오밍 등과 더불어 현재 3명이다.

연방의회 하원에도 의원을 보낼 수 있지만 제일 중요한 의결권은 없고 참관권, 입법권만 허용돼 있을 뿐이다. 물론 연방 상원의원은 없다.

이에 불만을 품은 워싱턴 D.C. 시민들은 오랫동안 워싱턴 D.C.를 주로 승격시키는 운동을 펼쳐왔다. 미국 헌법상 어느 지역이 독립 주로 승격되기 위해서는 나머지 주들의 합의 및 대통령의 동의가 필요한 데 바로 이 지점이 걸림돌이 되고 있다.

워싱턴 D.C.의 정치적 성향은 말 그대로 '뼛속까지' 민주당 일색이다.

오바마 전 대통령의 경우 워싱턴 D.C.에서의 득표율이 9할대를 넘겼을 정도다.

의회의 다수당 지위와 대통령 선거인단을 걸고 건곤일척의 일전을 벌여야 하는 공화당 입장에서 워싱턴 D.C.는 적지(敵地)나 다름없다. 이곳을 승격시켜 독립주로 만들 경우 자동적으로 연방 상원 2명이 나온다. 인구수에 비례해 연방 하원들도 줄줄이 더해지게 된다.

이는 당연히 연방 상원의 세력 균형에 지대한 영향을 주는 것과 함께, 대통령 선거인단 수 확장에 있어서도 '민주당 좋은 일'만 시키는 꼴이 된다. 그래서 민주당 측은 줄기차게 워싱턴 D.C.의 승격을 추구하고, 공화당 쪽은 가차없이 깔아 뭉개는 시소게임이 계속되고 있는 것이다.

워싱턴 D.C.는 북위 38도에 위치한다. 한반도의 허리와 비슷하기에 기후나 기온 등이 서울 일원과 비슷하다. 워싱턴 D.C.의 연방 수도 결정은 물론 정치적 이해 관계의 산물이지만 기후나 기타 천연 재해 측면에서 고려된 지역이라는 지적도 있다. 넓디 넓은 미국 땅이기에 지역별로 태풍, 폭우, 지진 등 천재가 끊이지 않지만 워싱턴 D.C. 일원은 이런 피해에서 자유로운, '안전 지대'라는 점도 고려됐다는 것이다.

워싱턴 D.C.는 미국의 수도임에도 치안 측면에서는 전반적으로 별로 안 좋은 '우범 지대' 평가를 받는다. 또 법 체계상으로 범죄자들에게 '불리한(?)' 곳이라는 설명도 있다.

통상 주법(州法)보다는 연방법이 무거운 편인데, 워싱턴 D.C.에서 일을 저지를 경우 경범죄는 관계 없지만 나머지 범죄들은 모두 연방법 위반으로 적용되기 때문에 더 엄하게 처벌될 수 있기 때문이다.

11 노스캐롤라이나
남부의 노예제 폐지 후 산업화 촉진

1712년에 노스캐롤라이나와 사우스캐롤라이나로 분리

남북전쟁 때 노스캐롤라이나 포트 피셔에서 벌어진 전투 장면

노스캐롤라이나는 흔히 '딥 사우스'(Deep South)로 불리는 곳이다. 이웃한 사우스캐롤라이나, 조지아 등과 함께 미국의 남부를 상징, 대표하는 주들 가운데 하나다.

노스캐롤라이나의 면적은 139,390km²로 남한 땅의 1.4배 가량 된다. 인구는 2024년 기준 약 1,150만 명으로 50개 주 가운데 9위이며 GDP는 약 8,500억 달러로 미국 내 9위, 다른 나라들과 비교하면 2025년 기준으로 벨기에 보다 앞서는 세계 23위 권이다. 건국 13개 주 가운데 하나인 노스캐롤라이나에도 식민지 이전에는 여러 종족의 인디언들이 살고 있었다. 유럽인들이 들어오기 전 이 지역에 자리잡은 인디언들은 체로키 부족을 비롯, 약 3만 5천여 명에 달했을 것으로 추정되고 있다.

노스캐롤라이나는 16세기 말엽 스페인, 영국, 프랑스 등 각 유럽국들이 탐사는 했으나 어느 쪽도 영구 식민지를 설립하지는 못했다. 그러다가 식민지로서는 '선배' 격이었던 버지니아에서 온 이주민들이 영구 정착민으로 자리잡았다. 이곳은 원래 영국 찰스 1세의 이름을 딴 캐롤라이나 지역이었으나 몇 개의 카운티 행정 구역으로 구분되다가 1712년에 노스캐롤라이나와 사우스캐롤라이나로 분리됐다. 1729년부터 영국의 왕립 식민지가 되어 이후, 국왕이 임명한 총독들에 의해 통치됐다.

노스캐롤라이나는 온화한 기후와 농장에 적합한 대평원 등으로 인해 비교적 거주자가 많은 편이었다. 1776년 독립이 선언될 때를 즈음해 주민 수가 35만여 명에 달했던 것으로 알려지고 있다. 1774년 매사추세츠 등 동북부 지역에서 불붙은 영국과의 항쟁은 노스캐롤라이나에까지 번졌다. 같은 해 필라델피아에서 열린 식민지 연합회의, 즉 대륙회의에 노스캐롤라이나 식민지도 대표를 보내 독립 투쟁의 일원이 됐다.

링컨 대통령의 파병 요청 거부한 채 남부연합에 합류

그러나 매사추세츠, 뉴욕, 펜실베니아 등 북부 지역 주들과는 달리 노스캐롤라이나에서는 영국군과 대규모 전투가 벌어지지는 않았다. 대부분의 전장(戰場)은 노스캐롤라이나 밖에서 펼쳐졌다. 하지만 노스캐롤라이나 역시 많은 무장 민병대들을 대륙군에 파병했고 무기 조달 등 병참에도 기여했다.

북부의 식민지들과는 달리 남부 쪽 식민지들은 상대적으로 종주국 영국에 호의적인 성향이 강했다. 노스캐롤라이나에서도 이같은 경향이 뚜렷했다. 영국에 대항하는 휘그당파와 영국 국왕에 충성하는 도리당파로 패기 갈려 충돌하는, 일종의 내전이 벌어진 끝에 휘그당파가 무어즈 크리크 전투에서 승리하며 주도권을 잡았다. 식민지 내 독립전쟁의 첫 전투로 불리는 이 사건을 통해 노스캐롤라이나는 대영(對英) 항쟁에 돌입하게 됐다.

노스캐롤라이나는 온화한 기후와 넓은 경작지로 인해 일찍이부터 대규모 농장, 즉 플랜테이션이 성했다. 이러한 농장 가동을 위해 노예 노동에의 의존도가 높았다. 그 결과 노스캐롤라이나의 인구 가운데 대략 3분의 1정도는 노예가 차지했다. 13개 식민지들 가운데 전형적인 '노예주'가 된 이유다.

노스캐롤라이나의 이 같은 속성은 이후 남북전쟁에도 그대로 드러난다. 1861년 4월 12일 남북전쟁이 시작됐을 때 당시 링컨 대통령은 노스캐롤라이나에 북군을 위한 파병을 요청했다. 그러나 노스캐롤라이나는 이를 거부했다. 나아가 한 달쯤 뒤에는 합중국으로부터 탈퇴하면서 남군의 일원이 됐다.

이후 4년여 간 노스캐롤라이나는 남북전쟁의 주요 전쟁터가 됐다. 양측 사이에는 10여 차례 이상의 대규모 전투가 벌어졌다. 노스캐롤라이나는 남군에 12만여 명 이상의 병력을 지원했다. 남군 전체 전사자 가운데 대략 25% 가량은 노스캐롤라이나 출신들이었다.

1868년 6월 25일, 노스캐롤라이나는 연방 탈퇴 7년여 만에 다시금 미합중국으로 재편입됐다. 그 뒤 노예제도가 폐지되면서 30여만 명 이상의 노예들이 해방됐다. 그럼에도 불구하고 노스캐롤라이나의 '딥 사우스' 성향은 완전히 가시지 않았다. 남부 주 곳곳에서 피어나던 인종차별조직 KKK, 즉 'Ku Klax Klan'의 주요 거점이 되기도 했다.

노예제 폐지 이후 소작인들 운영의 소형 농장으로 분할

그러나 남북전쟁 종결은 노스캐롤라이나의 산업화를 촉진시켰다. 대규모 농장은 노예 대신 소작인들이 운영하는 소형 농장들로 분할, 운영 체계를 바꿨다. 2년여 만에 농장 수는 15만 개 이상으로 늘어났다.

　전통 작물인 담배와 면화 생산이 급증했다. 북부 주에서 개발한, 당시로서는 첨단(?) 방적기, 면직기 등의 보급에 힘입어 원료 수요가 늘어나면서 면화 생산량은 폭발적으로 증가했다. 노스캐롤라이나는 남부 지역에서는 드물게 금광이 활성화된 곳이기도 했다. 1849년 캘리포니아에서 골드 러시가 일기 전까지 노스캐롤라이나는 가장 유력한 금 생산지였다.

　노스캐롤라이나는 비교적 지대가 높은 곳이다. 다른 지역들이 대부분 낮은 구릉에 평원인 것에 반해 드물게 높은 산도 있다. 가을철, 설악산 못지 않은 단풍으로 이름 높은 '그레이트 스모키 마운틴' 자락에 있는 미첼산은 고도가 2,037m로 미시시피강 동쪽에서는 최고봉이자 미국 내 국립공원 가운데 내방객이 가장 많은 곳으로 꼽힌다. 또 고지대 지형을 바탕으로 나중에 수력발전도 활성화돼 전력 생산 및 산업 발전에 큰 기여를 했다.

　전형적인 남부 주인 노스캐롤라이나는 정치적인 색깔에서도 보수 성향을 그대로 드러내고 있다. 대통령 선거에서 선거인단이 16명인 노스캐롤라이나는 2008년 대선에서 민주당의 오바마 후보가 공화당 매케인 후보를 0.32%라는 간발의 차로 이겨봤을 뿐, 1980년 이래 한 번도 민주당 후보의 승리를 허용치 않았다.

　노스캐롤라이나는 주요 군사령부가 많이 자리잡고 있는 것으로도 유명하다. 미 육군 특수작전사령부, 제82 공수사단 및 태평양 육군사령부 본부도 이곳에 사리집고 있다. 이 외에 해병대 베이스 캠프, 공군 기지 및 각급 훈련 부대들이 소재한 '군인 주'이기도 하다.

　이밖에 더럼에 있는 듀크대, 롤리의 노스캐롤라이나 주립대 등이 전국적으로 명문으로 꼽히는 노스캐롤라이나의 간판 대학들이다. 미국 영토를 대폭 확장시키는 데 기여한 11대 제임스 포크 대통령, 듀크 대학의 설립자 듀크 가문, 그리고 농구의 황제 마이클 조던이 노스캐롤리이나 출신이다.

12 사우스캐롤라이나
식민지 개척부터 남북전쟁까지 거친 풍파 겪어

민병대로 게릴라 전술 구사해 영국 정규군 제압

사우스캐롤라이나에서 있었던 노예 거래의 모습을 담고 있다

사우스캐롤라이나는 곱고 여성스러움을 느끼게 하는 이름과는 달리 거친 역사를 지니고 있다. 이 지역 역시 유럽 식민지가 들어서기 전에는 체로키족 등 30여 개 이상의 원주민 인디언 부족들이 섞여 살고 있던 곳이었다. 그러나 16세기 중반부터 스페인, 프랑스 등지에서 온 정찰대들이 정착을 시도하다가 결국 1670년 영국의 찰스 2세 때 첫 영국인 정착지가 세워졌다.

이어 영국 왕립 식민지로 다스려지다가 1712년 이후부터 노스캐롤라이나와 사우스캐롤라이나로 분리돼 통치됐다. 독립전쟁 무렵 사우스캐롤라이나의 인구는 17만여 명으로 불어났고 이 가운데 백인은 7만여 명, 나머지 10여만 명은 흑인들이었다. 그러나 흑인들 가운데 대다수는 노예 신분이었다.

1776년 들어 13개 다른 식민지들과 마찬가지로 사우스캐롤라이나에서도 대영 항쟁이 불붙었다. 그해 6월 대규모 영국군이 찰스턴을 공격해 왔고 3년여의 공방전 끝에 찰스턴은 영국군에 넘어갔다. 사우스캐롤라이나는 그러나 1780년 킹스바운틴 전투와 1781년 1월 카우펜스 전투의 승리를 통해 전세를 뒤집었다. 이 전투를 지휘한 대륙군의 모건 장군은 소수의 병력으로 '치고 빠지기 식' 공격을 펴 독립전쟁 전사에 남는 '걸작' 전략으로 평가받았다. '동네 군대'나 다름없는 민병대로 게릴라 전법을 구사, 막강 영국 정규군을 제압한 것이다.

1782년 영국군이 찰스턴에서 철수, 버지니아로 밀려나기까지 사우스캐롤라이나에서는 200개 이상의 크고 작은 전투가 벌어졌다. 영화 '패트리어트' 속의 '멜 깁슨' 같은 무수한 의병들이 피를 흘려가며 영국군에 대항한 끝에 승리를 쟁취했다. 미합중국에 여덟 번째 주로 합류한 사우스캐롤라이나는 이후 남북전쟁에서는 노예제를 옹호하는 남군 편으로 섰다. 1860년 11월 6일, 에이브러햄 링컨이 대통령으로 선출된 직후인 12월 20일에 사우스캐롤라이나는 합중국에서 탈퇴했다. 연방으로부터의 첫 이탈이었다. 다음해 봄, 사우스캐롤라이나를 비롯한 남부 일원의 11개 주는 남부연합을 결성, 미국은 남북으로 갈리게 됐다. 1861년 4월 12일부터 시작된 남북전쟁에서 사우스캐롤라이나는 남군의 주역 중의 하나가 됐다. 남북전쟁 중에 사우스캐롤라이나에서는 6만여 명이 남군으로 종군했는데 이 가운데 4분의 1가량이 전사했다.

면화 주 생산지로 1차 대전 발발 후 섬유 산업 주도

연방에서 이탈했다가 7년여 뒤 다시 합중국으로 재편입되면서 사우스캐롤라이나는 산업 번창의 기회를 맞는다. 종전 직후에는 패자로서, 북부 측 위세에 눌려 전통 농장들이 쇠퇴하기도 했다. 특히 담배나 면화 농장 등 대규모 플랜테이션들은 많은 노동력을 필요로 했는데 남북전쟁 후 노예 해방을 맞으면서 사우스캐롤라이나의 농업 생산체계는 휘청거리지 않을 수 없었다.

그러나 이후 풍부한 수력발전을 동력으로 한 섬유 산업이 확장되면서 발전의 전기를 잡았다. 특히 북부에 비해 상대적으로 저렴한 공업 부문 노동력이 큰 도움이 됐다. 북부 지역을 필두로 번창한 섬유 사업은 많은 원료를 필요로 했다. 면화의 주 생산지 중의 하나였던 사우스캐롤라이나는 당연히 이 흐름을 타고 발전을 구가했다. 이와 함께 1917년 1차 대전 발발 이후 사우스캐롤라이나는 엄청난 수요가 밀려드는 군복 및 군수품 생산 기지 역할을 하면서 도약했다. 이 당시 섬유 제조 부문 노동자가 6만여 명에 달할 정도로 섬유 산업은 경제 발전의 향도 노릇을 했다.

면적이 남한보다 조금 작은 82,933km² 인 사우스캐롤라이나의 2024년 기준 GDP는 약 5,200억 달러로 미국 전체의 중간인 23위 권, 나라 별로는 2025년 기준으로 노르웨이와 비슷한 세계 32위 권 국가에 해당한다.

사우스캐롤라이나는 위도가 북위 32~34도 사이에 있어 기후가 온화하다. 한반도로 치면 제주도에서부터 이어도 남쪽 사이에 위치하는, 말그대로 따뜻한 '남쪽 나라'다. 이런 기후로 인해 패리스 아일랜드 해병 병참기지, 미국 내 최대 육군 훈련소 등 많은 군기지, 훈련소 등이 자리잡고 있다.

사우스캐롤라이나는 이른바 '딥 사우스'(Deep South)로 불리는 남부의 토박이 가운데 하나다. 따라서 정치적인 성향 역시 보수층이 두터운 전형적인 '레드 스테이트'로 분류된다. 근래 대선에서 민주당 후보가 이긴 것은 1960년 존 F. 케네디와, 16년 뒤 지미 카터가 유일하다.

이들을 제외하고는 지난 60여 년 동안 어김없이 공화당 후보들을 당선시켜 왔다. 바로 이웃한 노스캐롤라이나와 조지아가 '스윙 스테이트'인 것과는 달리 사우스캐롤라이나는 골수 보수당 지지 주인 셈이다.

13 조지아
남동부 아우르는 교통과 유통의 허브

레이 찰스, '바람과 함께 사라지다', 그리고 소울의 본향

남북전쟁 당시 조지아 케네소 마운틴에서 전개된 전투 장면

미 동부의 95번 인터스테이트 하이웨이는 플로리다 최남단에서 북동부 끝 메인주에 이르는 약 3,000km길이의 종단 고속도로다. 이 95번을 타고 가다 리치몬드를 지나 85번 도로로 갈아 탄 뒤 남녘 조지아주 경계에 도달하면 "Welcome to Georgia On My Mind" 라고 씌워진 대형 입간판이 방문자들을 맞는다. 재즈의 거장 레이 찰스(Ray Charles)의 대표곡인 '조지아 온 마이 마인드'는 조지아주의 상징이자 주가(州歌)다. 저음에 탁음, 그리고 흑인 특유의 금속성 음색이 어우러진, 영혼의 울림 같은 노래다.

레이 찰스, '바람과 함께 사라지다', 그리고 소울(Soul)의 본향이자 미국 남부를 상징하는 '딥 사우스(Deep South)'의 주축이기도 한 조지아는 대영 독립전쟁에 참여한 13개 식민지 중의 하나다. 면적 153,909km² 로 남한 땅의

1.5배 가량 크기다.

조지아라는 이름은 식민지 시절 당시 영국 왕 조지 2세에서 유래했다. 16세기 중엽 조지아 지역에 첫 발을 디딘 유럽국은 역시 스페인이었다. 스페인의 탐사대는 선발자였던 프랑스와 토착 인디언들을 제압한 뒤 깃발을 꽂았지만 18세기 초반 영국에 굴복, 조지아는 영국 식민지로 자리매김 됐다. 조지아는 같은 식민지 가운데서도 버지니아 등과 함께 영국에 충성하는 '왕당파'들의 입김이 거센 곳이었다. 그러나 1773년 보스턴 차 사건이 발발하자 머뭇거리지 않고 독립전쟁 대열에 가세했다.

1775년 4월 매사추세츠에서의 첫 전투로 독립전쟁이 시작된 것과 함께 조지아에서도 항쟁의 기운이 고조되기 시작했다. 1776년 2월, 식민지인들로부터 압박을 느낀 영국 왕실 임명의 조지아 총독은 인근에 정박 중이던 영국 군함으로 달아났다. 구한 말 일본으로부터 신변의 위협을 느끼던 고종이 러시아 영사관으로 피신한 아관파천(俄館播遷) 같은 행태였다. 조지아의 독립파들은 임시정부를 결성하고 본격적인 대영 투쟁에 들어갔다.

그 해 3월, 영국군이 사바나 항구에서 쌀을 탈취하려는 과정에서 마침내 충돌이 빚어졌다. 하지만 전반적인 전황은 조지아가 밀리는 형국이었다. 1778년 2월, 사바나를 완전 장악한 영국은 대륙군과 프랑스 연합군의 도전을 물리치면서 1782년 여름까지 사바나를 놓치지 않았다. 이 과정에서 크고 작은 전투가 잇달았다. 기본적으로 조지아는 독립전쟁의 주전장은 아니었다. 이 지역을 장악한 영국군도 해안 지역을 중심으로 거점 확보만 하고 있을 뿐 조지아 내륙에까지 지배권을 행사할 수 있는 상황은 아니었다.

일찍이부터 대규모 플랜테이션 농장에서 면화를 재배하면서 노예 노동력에 기초했던 조지아는 남북전쟁이 발발하면서 확실하게 반 연방의 노선을 택했다. 링컨 대통령이 당선되면서 노예 해방이 현실화되자 당시 조셉 브라운 조지아 주지사는 미합중국으로부터의 이탈을 도모했다. 마침내 1861년 1월, 조지아는 다섯 번째로 연방을 탈퇴하는 주가 됐다. 조지아의 남군은 초기에는 북군과의 전투에서 승리를 거두기도 했으나 이후 윌리엄 셔먼 장군이 이끄는 북군에 패퇴, 아틀랜타를 점령당했다. 셔먼의 북군은 이후 조지아를 종횡하면서 공공 및 산업 시설, 철도 등을 파괴했고 동시에 노예 해방을 시행, 수많은 노예들이 지주로부터 벗어났다. 노예들 가운데 일부는 북군에 입대하기도 했다.

'노예주'였던 탓에 흑인 비율 30% 웃돌아

1870년 다시금 합중국의 일원이 된 조지아는 산업화의 길로 들어선다.

주의 간판 농산물이었던 면화재배는 북동부 지역에서의 면직 기술 발달로 수요가 급증, 조지아는 미국 내 최대 원료 공급처 중의 하나가 됐다. 조지아는 면화 외에도 담배, 땅콩 등 생산에 있어서도 중요한 비중을 차지했다. 남군의 일원으로서 패퇴하고 다시금 합중국에 합류했지만 조지아는 전형적인 '노예주'로서의 성향을 벗기 어려웠다.

대규모 플랜테이션을 기반으로 하는 지주농 백인 중심의 민주당은 흑인 주민들을 정부와 정치에서 배제시켰다. 당시 조지아 주민수 가운데 흑인은 30%를 훨씬 웃도는 수준이었다. 그럼에도 이들은 투표에 있어 제대로 된 유권자 대우를 못 받았다. 백인은 각각이 1표였지만 흑인은 3명이 1표로 간주됐다. 1·2차 대전을 거치면서 국방, 군수 산업의 주요 본거지로 성장했지만 인종차별에 대한 통념은 여전했다.

1954년 연방 대법원이 공립학교에서의 흑백 분리는 비헌법적이라고 판결했지만 흑인 어린이들이 백인 전용 학교에 입학이 허용된 것은 불과 60여년 전인 1961년부터였다. 조지아는 2003년에 이르러서야 노예제를 상징한다는 지적을 받았던 주기(州旗)의 디자인을 바꾸는 등 남북전쟁 후 100년 이상이 지나서야 겨우 '남군'의 때를 벗었다.

재즈와 '소울'의 후예들이 약진하고 있는 신흥주

현재의 조지아는 플로리다와 더불어 남부의 주축으로 평가받고 있다. 2024년 기준으로 인구가 1,100만 명을 넘어서 미국 내 8위를 차지하고있다. GDP도 약 8,700억 달러로 미국 8위이며 2025년기준으로 대만과 벨기에 사이의 세계 23위 권 국가에 해당한다.

무엇보다 조지아는 남동부를 아우르는 교통과 유통의 허브로 꼽힌다. 하츠필드-잭슨 애틀랜타 국제 공항은 세계 최대 규모의 여객 수를 자랑한다. 델타항공과 코카콜라, 홈디포, UPS의 본사가 주도인 애틀랜타에 있다. 또 뉴스 전문네트웍 CNN이 자리잡은 곳이기도 하다. 이밖에 해군 잠수함 기지를 비롯, 많은 군사 기지들도 조지아에 위치하고 있다.

조지아는 '딥 사우스' 특유의 보수 성향이 강한 전형적인 '레드 스테이트'였다. 1992년 클린턴이 당시 부시에게 신승했던 것을 제외하고 이후에 줄곧 공화 후보만을 선택해왔다. 그러나 2020년 대선 때 공화당 입장에서는 '사단'이 벌어졌다. 바이든이 트럼프를 0.23% 포인트, 투표수로는 1만 6천여 표 차이로 꺾고 조지아를 거머쥔 것이다.

'텃밭'을 놓친 트럼프는 분노를 못 감췄고 그 과정에서 주정부의 선거 주무 장관에게 "1만 6천 표를 찾아내 뒤집으라"는 압박을 가했다. 트럼프의 이 같은 행태는 조지아 검찰에 의해 선거 방해 등 각종 죄목으로 기소돼 전직 대통령으로서는 미 역사상 처음으로 형사 재판에 서게 되는 결과를 가져왔다.

애틀랜타 시가는 스트릿마다 독특한 개성을 지닌 주점, 업소들이 많이 있다. 호텔 등지의 로비에도 다른 지역보다 차이가 느껴질 정도로 많은, 성장(盛裝)한 흑인 멋장이들을 볼 수 있다. 어둡고 힘들었던 과거의 기억을 떨친, 재즈와 '소울'의 후예들이 약진하고 있는 신흥주가 바로 조지아다.

13개 주 일부에서 분리된 곳

14 메인
미국 북동부 끝단에 위치한 산림지대

매사추세츠서 '자유주'로 독립, '노예주' 미주리와 연방 가입

메인주는 미국의 동북부 끝단에 위치한 국경 마을 같은 곳이다. 뉴잉글랜드 지역에서는 가장 넓은 주임에도 불구하고 독립전쟁 이후에나 태동된, '서자주(庶子州)' 같은 배경을 안고 있다.

즉, 원래 매사추세츠의 일부였으나 독립전쟁이 끝나고도 한참 뒤인 1820년에 매사추세츠로부터 독립해 연방에 가입했다.

메인이 떨어져 나온 것은 '본토'라 할 수 있는 매사추세츠로부터의 여러가지 차별 등에 따른 것이 원인이 됐지만, 실상은 연방 내 파워 게임이라는 외적인 요인이 더 크게 작용했다.

당시 합중국은 독립 13개 주 외에 영국으로부터 할양 받은 지역 및 서부 개척에 나선 지역들로부터 새로운 주들이 속속 편입되면서 연방 주도권을 두고 팽팽한 대결이 벌어지고 있었다. 연방 차원에서 가장 큰 이슈가 되고 있는 노예제에 대해 반대하는 자유주와, 찬성하는 노예주로 갈라져 있었던 것이다.

1818년 미주리가 준 주에서 주로 승격돼 노예주로 연방 가입을 신청하면서 다시금 문제가 불거졌다. 그때까지 11대 11로 팽팽한 균형을 이루고 있던 노예주 대 자유주 비율이 미주리로 인해 깨질 상황을 맞았기 때문이다.

이를 우려해 자유주들이 미주리의 가입을 거세게 반대하고 나서자 절충안이 제시됐다. 이른바 '미주리 타협(Missouri Compromise)'으로, 미주리를 가입시키는 대신 매사추세츠에서 분리 독립 요구가 팽배하던 메인 지역을 떼어내 '자유주'로 승격시켜 받아들임으로써 균형을 유지하자는 것이다.

이 같은 정치적 대타협을 통해 메인주는 독립주로 태어났다. 메인의 면적은 남한보다 조금 작은 91,646㎢로, '랜드로드'였던 매사추세츠보다 오히려 더 넓다.

반면에 주의 80% 이상이 삼림지대일 정도로 외진 곳이어서 인구는 광주광역시 정도인 139만여 명에 불과하다. 특히 주변 뉴햄프셔나 버몬트 등도 그렇지만 백인 비율이 90%를 넘는 전형적인 백인주(白人州)다.

백인 비율 90% 넘지만 진보 성향의 '블루 스테이트'로 구분

매사추세츠에서 분리돼 독립주가 된 메인주의 1920년대 관광객 유치 팜플렛

이 같은 주민 구성에도 불구하고 메인의 정치색은 진보 성향의 '블루 스테이트'로 구분된다. 1992년 대선 이래 줄곧 민주당 후보들만을 당선시켰으나 2024 대선에서는 트럼프가 선거인단 1명을 차지하기도했다.

메인은 유권자 수가 많지 않아 대통령 선거인단 수는 4명인데, 이 4표도 복잡한 주 선거법 탓에 배정이 간단치 않다. 즉 2표는 여느 주들처럼 전체 투표 승자가 가져가고 나머지 2표는 주 내 2개 하원 선거구 당선자 소속 당 후보가 차지하는 식이다.

이런 방식 때문에 묘하게 균형이 이뤄져 메

인에서는 4표 독식 보다는 3표 대 1표로 나뉘는 것이 보통이다.

메인은 주가 온통 숲으로 돼 있는 곳이기에 일찍이부터 목재, 펄프 생산, 선박 건조 등 나무와 관련된 산업이 발달해 왔다. 특히 2차 대전 때는 군함 및 화물선 건조, 조선 분야에서 많은 기여를 했다. 또 북대서양에 연해 있기에 수산업이 발달해 대구, 연어, 랍스터 등의 주산지로 꼽히는데 특히 랍스터 어획량은 미국 1위를 차지하고 있다.

메인의 2024년 GDP는 약 2,500억 달러로 미국 내에서는 41위의 '꼬마 주' 수준이지만, 다른 나라와 비교해서는 2025년 기준으로 헝가리보다 많은 세계 56위 권에 해당한다.

메인은 전형적인 냉대 습윤 기후 지역으로 여름에도 서늘하며 겨울에는 눈이 많은 곳이다. 주 남부에 위치해 있는 아카디아(Arcadia) 국립공원은 때 묻지 않은 자연경관으로 유명하다.

주 전체 인구가 적은 탓에 가장 큰 도시라는 포틀랜드도 인구가 6~7만 명대에 불과하며, 주도인 어거스타(Augusta)는 인구가 2만 명대인 소읍(小邑) 규모다. 하지만 주민들의 교육 및 소득 수준이 높고 주 전체가 차분하고 안정돼 있으며 특히 치안 측면에서 미국 내에서 가장 안전한 곳이라는 평가를 받는다.

15 버몬트
성문헌법으로 설립된 미대륙 최초의 독립국

매사추세츠, 뉴욕과 영토 분쟁으로 연방 가입 지연

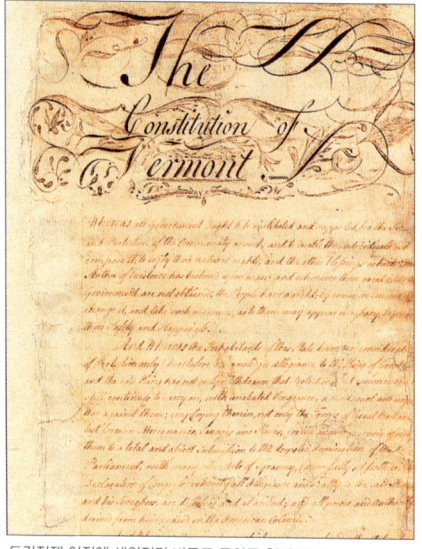

독립전쟁 이전에 세워졌던 버몬트 공화국 헌법 전문

미 북동부의 끝자락에 위치한 버몬트주는 널리 알려져 있는 곳은 아니다. 그러나 버몬트는 의외의 역사를 가지고 있다.

1777년, 북미 대륙에서 가장 먼저 성문헌법에 의해 설립된 최초의 독립국(?)이기 때문이다. 미국에 대한 독립 승인이 1783년인 것을 감안하면 국가로서의 출범이 미합중국보다 6년이나 앞선 셈이다.

이름에서 짐작되듯 버몬트는 17세기 중반 프랑스령으로 규정됐다가 영국을 거쳐 미국 땅이 됐다. 버몬트는 그러나 식민지 시대 때, 13개 동부 식민지 가운데 뉴욕 및 매사추세츠와 경계를 두고 분쟁을 벌이고 있었다.

그래서 지리적으로도 13개 식민지의 일부였고, 또 독립전쟁 때 버몬트 정착자로 구성된 군사 조직 '그린 마운티 보이즈'가 영국군과 전투를 벌이는 등 대륙군에 일조를 했음에도 불구하고 다른 13개 주 같은 '창업 이사' 위상을 부여받지 못했다.

영토 시비의 당사자인 매사추세츠와 뉴욕이 결사반대하고 나서는 바람에

13개 식민지의 결사체인 대륙회의에도 초청조차 못 받았다.

그러자 1777년 1월, 버몬트 지역 정착민들은 '버몬트 공화국(Vermont Republic)'을 수립했다. 미합중국은 영국과 싸움이 한창 진행 중이었기에 버몬트를 저지할 처지가 못됐다. 버몬트는 일부 유럽 국가들에 대사까지 파견했지만 독립 국가로 승인받지는 못 했다.

버몬트는 1783년 조지 워싱턴이 버몬트 정부 축출론을 제기할 만큼 '미운 털'이 박혀있기도 했는데, 뉴욕에 3만 달러를 지급하는 등 주변 주들과 타협을 성사시킨 끝에 1791년 3월, 14번째 주로 연방에 가입하면서 14년간의 독립 공화국 지위를 접었다.

이 과정에서 버몬트의 미국 편입을 막기 위해 영국이 광범위한 자치권 부여를 약속하며 버몬트에 접근하기도 했으나 1781년 버지니아 요크타운 전투에서 영국군의 패배를 목격한 버몬트는 미합중국 가입 쪽으로 방향을 굳혔다. 자칫하다가는 뉴욕, 매사추세츠 및 뉴햄프셔 등에 의해 완전 포위될 수 있기 때문이었다.

독립국 시절 영향으로 서부 시대처럼 총기 소지에 관대

버몬트는 출발부터 진보, 자유주의 성향이 강했다. 독립 공화국 선포와 함께 최초로 노예제 폐지를 헌법으로 규정한 곳이기도 하다. 남북전쟁 때도 당연히 북부의 일원이었으며 버몬트 출신 참전자가 3만여 명을 넘을 정도로 적극 가담했다.

버몬트는 지금도 미국 내에서 가장 진보적인 주로 평가된다. 50개 주 가운데 동성 결혼을 최초로 합법화시켰다. 정치 성향 역시 같은 맥락에서 민주당 지지세가 압도적이다. 레이건 이전만 해도 공화 후보가 득세했으나 1992년 클린턴 이후부터는 민주당 후보가 압승을 이어왔다.

반면 총기 소지에 관해서는 남부 공화당 주들 이상으로 관대한 편에 속한다. 마치 서부시대처럼 권총을 몸에 지녀도 규제를 안 받는다. 일찍이 독립국 시절(?)부터 총기로 무장해 버몬트를 방어할 권리를 내세워 왔고, 또 숲과 평원 지대에서 사냥을 해 오던 전통이 강했기 때문이다.

면적 24,923km² 로 경상북도와 충청북도를 합한 것보다 약간 작은 편인 버몬트는 북방 냉대 지역에 위치해 있는데다 산과 숲이 많은 곳이어서 스키 등 겨울 스포츠에 최적이다. 고급 호텔과 스키 리조트들이 즐비해 인근 매사추세츠나 뉴욕 등지로부터 많은 사람들이 몰려든다.

버몬트는 50개 주 가운데 면적 45위, 인구는 제주도만 한 정도인 64만여 명으로 49위다. 인구나 크기 모든 면에서 가장 작은 편에 속하나 교육 수준이 높고 소득이 안정적인 중산층이 주류를 이루고 있다.

삼림 지대가 많아 목재 생산이 많으며 특히 메이플 시럽의 최대 생산지로 꼽힌다. 또 한때는 양의 방목이 성했으나 지금은 육우 및 낙농으로 바뀌었다.

버몬트의 2024년 GDP는 약 1,700억 달러로 미국 50개 주 가운데 49위이미 세계적으로는 2025년 기준으로 모로코와 비슷한 세계 60위 권에 해당한다.

인구가 워낙 적은 곳이다 보니 도시라는 것이 읍(邑) 수준에 불과한 곳이 대부분이다. 주 내 최대 도시라는 벌링턴조차 최고층 건물 높이가 10층 대에 불과할 정도의 장난감 도시 같은 분위기를 가지고 있다.

16 웨스트버지니아
남북전쟁 중 버지니아로부터 분리

링컨 대통령, 남부 약화 의도로 속전속결 처리

남북전쟁 때 격전지 중의 하나였던 웨스트버지니아 하퍼스 페리의 전경

    웨스트버지니아는 가수 존 덴버가 'Take Me Home, County Roads' 라는 가사 속에서 "Almost heaven"으로 지칭했던 곳이다. 한인들이 많이 사는 버지니아주의 서쪽 편에 위치해 있는, 산이 많은 동네다.

    약 62,755km² 의 넓이로 남한 땅의 60%가량 크기인 이곳은 미시시피강 동쪽의 오하이오, 테네시 같은 이웃 중남부 주들과는 다른 경로로 태동됐다. 남북전쟁 전까지 버지니아의 일부였으나 전쟁이 벌어지면서 버지니아로부터 떨어져 나와 합중국의 35번째 주로 독립했다. 웨스트버지니아라는 새로운 영토가 늘어난 것이 아니라 일종의 행정 분할인 셈이다. 남부의 관문이긴 하지만 버지니아는 지역 별로 다른 특성을 지니고 있다. 버지니아 동부가 대규모 담배 농장 플랜테이션을 주축으로 하는 농업지역인 네 반해 서부의 산간 쪽은 광산과 제조업이 주를 이루었다. 그래서 당시 서부 지역 사람들은 노예제에 관해 버지니아 토박이들과는 결이 다른, '자유주'의 성향을 갖고 있었다. 이런 분위기 속에 1861년 4월 12일 남북전쟁이 터지면서 길이 갈렸다.

'본토' 버지니아가 전쟁 발발 5일 뒤인 4월 17일 합중국에서 탈퇴, 남부연합에 가입하자 연방분리 반대 입장을 보여왔던 서부 버지니아 주민들이 이에 반발하며 '홀로 서기'에 나선 것이다. 결국 다음 해 2월 주민 투표를 거쳐 '웨스트버지니아'라는 별도의 정부가 결성됐다. 미 연방의회와 링컨 대통령 입장에서는 남부의 '맹주' 버지니아를 약화시킨다는 점에서 쌍수를 들어 환영할 일이었다. 그래서 전쟁이 한참 진행 중임에도 1863년 6월, 일사처리 끝에 35번째 주로 받아들였다.

웨스트버지니아는 버지니아에서 분리된 것이기에 남북전쟁 가담에 있어서도 편이 갈렸다. 일부는 북군, 나머지는 남군으로 참전하는 식이었다. 특히 남부와 북부의 경계에 위치한 '최전선'인 탓에 600여 개가 넘는 크고 작은 전투가 웨스트버지니아 관내에서 벌어지기도 했다. 웨스트버지니아는 주 전체가 애팔래치아산맥의 일부에 연해 있기에 산악지형이 태반이다. 마치 한국의 강원도 같은 곳이기도 하다. 이러한 지형 덕에 지하자원이 풍부하다. 석탄 생산이 선두권이고 철광, 천연가스에 1900년대 초반까지만 해도 미국 내 최대 석유 생산 주의 하나로 랭크될 정도였다.

그런 이유로 광공업이 주의 핵심 산업으로 부각됐고, 전성기의 광산 노조는 막강한 파워를 갖고 있었다. 그러나 1950년대 이후 에너지의 석탄 의존도가 줄어들면서 주 경제 전반이 위축되기 시작했다. 그렇게 되자 인구도 계속 감소했다. 그 결과 웨스트버지니아는 실업률이 높고, 약물 남용으로 인한 사망률도 2023년 기준 10만 명당 71명으로 50개 주 평균보다 2~3배 높은 미국 내 1위로 굳혀지는 등 전형적인 '가난한 주'로 밀려나고 말았다. 중서부의 미시시피주와 함께 미국서 1인당 GDP가 가장 낮은 곳이기도 하다.

존 덴버가 노래 가사서 'Almost heaven'으로 불렀던 곳

웨스트버지니아의 정치 색깔은 'All Red'로 평가된다. 저학력, 저소득의 백인 노동자 계층이 주를 이루면서 정치 성향이 압도적으로 공화당 지지로 굳혀졌다. 지난 몇 차례 대선에서 공화당 후보는 더블 스코어 이상으로 민주 후보를 눌렀다. 주마다 지역별로 도시와 농촌 지역 간에는 지지율이 다른 법인데 이 곳은 모든 카운티가 도농(都農) 구별 없이 전부 '빨간색'이다.

1959년부터 2010년까지 무려 51년간 웨스트버지니아 연방 상원의원을 역임, 웨스트버지니아에서는 대통령보다 더한 인기와 권력을 누렸던 로버트 버드 전 상원의원의 경우, 한때 KKK 단원이자 흑인 인종 차별주의자였다는 데서 웨스트버지니아의 성향을 엿볼 수 있다.

웨스트버지니아는 그러나 무한한 잠재력을 지니고 있는 곳이다. 주 전체의 3분의 2가량이 땅을 파면 석탄이 나온다고 할 정도로 천연자원의 보고(寶庫)다. 근래 들어서는 셰일가스도 다량 묻혀 있다는 평가도 나오고 있다.

애팔래치아산맥 지대로서 봉(峰)이 높고 골이 깊어 관광지로서도 인기가 높다. 또 서늘한 지대가 많아 방목이 활발하고 고랭지 재배도 성하다. 특히 사과의 경우 달기로 유명하다.

이처럼 산업 여건은 상당히 유리한 요소가 많은 편이나, 문제는 인구가 감소 추세에다 고령화가 심각하다는 점이다. 미국에서는 드물게 출산율보다 사망율이 높게 나타나는 곳으로, 주가(州歌)로 선정된 존 덴버의 노랫말처럼 웨스트버지니아가 'Almost heaven'이라는 명성을 되찾을 수 있을지 관심거리다.

제 2 부

미시시피강 동부 획득

서문

독립전쟁의 주무대는 북동부 13개 식민지였으나 미국은 전쟁 승리와 함께 '배보다 훨씬 더 큰 배꼽'까지 차지하게 됐다. 원래 식민지 땅 외에 미시시피강 동부를 덤으로 얹어 받은 것이다. 미국의 이 같은 쾌거는 그러나 거저 이뤄진 것이 아니었다.

필라델피아에 모인 대륙회의 멤버들, 즉 미국 '건국의 아버지'들은 일찍이부터 '13개 식민지+ 알파'를 염두에 두고 있었다. 그래서 식민지 헌장에 규정된 각 식민지 영역도 애매모호하게, 그리고 그에 대한 해석 역시 두리뭉실하게 얼버무려 뒀었다. 북동부 귀퉁이에 머물지 않고 대륙으로 뻗어 나가겠다는 의중을 담은 포석이었다.

미시시피강 동부는 사실 독립전쟁 당시는 물론, 이후 한참이 지날 때까지 들소와 인디언들만 그득했던 거친 대평원에 불과했다. 그러나 미 건국의 주역들은 이 광야(Wild West)의 가치와 잠재력을 간과하지 않았다. 전쟁 종료와 함께 영국과 협상에 임하면서 이곳을 서역(西域) 진출을 위한 교두보로 확보키 위해 모든 것을 걸었다. 외교와 군사 작전, 설득과 압박을 병행한 결과 미시시피강 동안과 오대호 이남은 마침내 미국의 수중으로 들어왔다.

미시시피강 동부 획득은 그래서 북동부 13개 식민지를 넘어 '오늘의 미국'을 태동시키게 한 가장 의미있는 '첫 단추'가 됐다.

제 1 장

영국의 독립 승인과 파리 조약

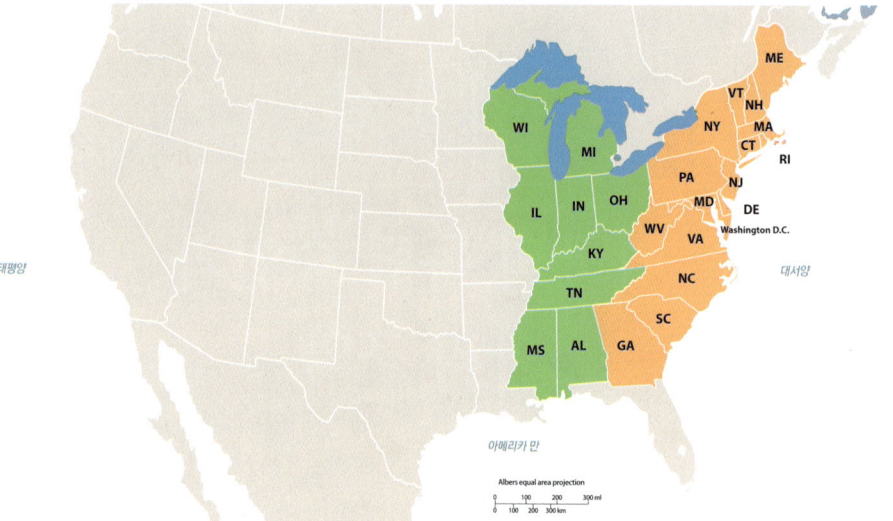

독립전쟁의 종료와 함께 파리 조약을 통해 새롭게 확정된 미국 영토. 지도의 주황색 지역이 원래 13개 식민지 땅이며 추가된 미시시피 동부 지역은 녹색으로 표시돼 있다

영국은 파리 조약으로
미시시피강 동부를 넘겼다

미합중국, 독립과 함께 미시시피강 동부 획득

1783년 9월 3일 프랑스 파리.

흔히 미국이 독립한 시점을 1776년 7월 4일로 규정하지만 이날은 사실 미국 독립을 선언한 날에 불과하다. 진짜 독립은 7년여 전쟁 끝에 프랑스 파리에서 '파리 조약'이 체결된, 1783년 9월 3일이었다.

조약 제1호는 "영국은 13개 식민지의 미국이 자유롭고 주권적인 독립 국가임을 인정한다"는 것이었다. 이날을 기점으로 13개 영국 식민지는 정식으로 영국으로부터 독립, 미합중국(United States of America)이 됐다.

종주국 영국은 미국의 독립을 인정, 승인하고 기존의 13개 식민지 외에 미

1783년 파리 조약에서 벤자민 프랭클린 등 미국 대표단들이 자리를 잡고 있다.
영국 측 대표들은 포즈 취하기를 거부했다

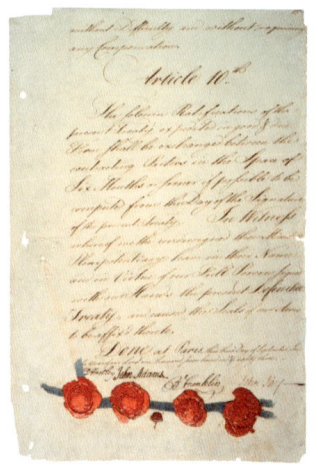

서명이 날인된 파리 조약 문서의 마지막 페이지

시시피강 동쪽의 광대한 영토를 미국에 할양했다.

파리 조약은 또 캐나다의 뉴펀들랜드 해역과 세인트로렌스만 일대에서 미국의 어업권을 인정했다. 황금어장이라고 할 수 있는 대서양 북동부의 바다가 미국의 조업 수역으로 보장된 것이다.

또 미시시피강을 자유롭게 항행할 수 있게 됐고, 영국 측 요구에 의해 미국 내 영국 채권자들의 채무 상환 보장 및 이른바 친영파(親英派)로 불렸던 로열리스트들이 전쟁 중에 몰수당했던 재산을 미국이 반환·보상해 준다는 권고도 포함됐다. 파리 조약에는 그러나 영토나 재산권 등에 있어 인디언과 관련된 것은 일절 언급이 없었다. 원주민의 주권, 토지권은 땅을 넘겨주거나 받는 쪽 모두에게서 아예 무시된 채 마무리 된 것이다.

미합중국이 1783년 파리 조약을 통해 얻은 새 땅은 현재의 중부 지역을 상당 부분 포함한다. 새로 확보된 영토는 동으로는 애팔래치아산맥까지, 서쪽으로는 미시시피강이 경계가 됐다. 또 북으로는 오대호와 세인트로렌스강, 그리고 남으로는 북위 31도 선의 스페인령 플로리다 북단과 맞닿았다.

현재 주를 기준으로 보면 북부 지역은 오대호 연안의 위스컨신, 일리노이, 미시간과 인디애나, 오하이오, 미네소타 동부를 포함하고 있다. 또 남부 지역은 켄터키, 앨라배마, 미시시피, 테네시까지 펼쳐진다.

이어 애팔래치아산맥 접경 지역의 펜실베이나 서부, 조지아 북서부 및 남부의 아칸소 일부, 그리고 루이지애나의 북동부 등을 망라하고 있다. 지금 기준으로 9개 주 거의 전부와 1개 주의 일부분이, 지리적으로는 미시시피강 동부, 오대호 남쪽 및 플로리다 북쪽에 해당되는 광대한 지역이 미국으로 넘겨진 것이다.

영국은 왜 미시시피강 동부를 포기했나

독립전쟁 종결로 13개 식민지와 함께 미국에 넘긴 이 광대한 영토는 영국 입장에서는 말 그대로 '독배(毒杯)'와 같은 것이었다. 1763년 영국은 프랑스로부터 이 땅을 넘겨받으며 환희작약(歡喜雀躍)했으나 불과 20년 만에 13개 식민지에 얹어 이 땅까지 '토해 낸' 것이다. 밀밭, 옥수수밭이 끝없이 펼쳐지는 이 광활한 곡창지대를 영국은 왜 덜컥 넘겨줬을까. 돌이켜 보면 미국 입장에서는 비할 데 없는 행운이었고 영국으로서는 천추의 한이 될 만한 오판이었다.

그러나 영국이 이처럼 '꼬리'를 내리고 만 것은 어쩔 수 없는 현실 외에도 나름대로 치밀한 '계산'이 더해진 골육지책(骨肉之策)의 결과였다. 식민지 전쟁에서 영국에 가장 큰 부담을 안겼던 것은 이 전쟁이 단순히 미국만이 아니라 여러 나라와, 여러 곳에서, 동시다발적으로 '전단(戰端)'이 펼쳐져 있다는 점이었다. 프랑스는 인도와 카리브해에서 영국을 공격했고 스페인은 지브롤터 해협을 장악한 것 외에 플로리다를 넘보고 있었다. 네덜란드 역시 영국의 해상무역을 와해시키려 압박 중이었다.

영국은 중대한 기로에 섰다. 미국 식민지를 고수할지, 아니면 다른 곳을 취해야 할지에 대한 고민이었다. 결국 고심 끝에 카리브해 제도에서의 '사탕수수 식민지'나 아시아의 인도가 13개 식민지보다 더 중요하고 지켜내야 할 '요석(要石)'이라 판단했다.

'대영제국'을 끌어가는 데 있어 결정적으로 중요한 로얄 해군(Royal Navy)의 전력이 미국과의 전쟁으로 인해 심대한 타격을 입은 것도 큰 부담이 됐다. 자칫하다가는 대서양에서의 주도권조차 흔들릴 판이었다.

국가 재정 역시 문제였다. 독립전쟁 중에 영국의 국채는 배로 늘었고 1783년 종전 무렵에는 그 규모가 당시 화폐로 2억 5천만 달러에 달하기도 했다. 미국 식민지와의 7년여에 걸친 전쟁으로 영국은 엄청난 손실을 봤다. 대병력을 아메리카로 보내고 막대한 무기, 물자, 보급품 등을 조달하느라 허리가 휜 상태였다. 전쟁 피로감도 극으로 치달았다. 영국은 결국 미국 식민지 쪽은 '손절매(損切賣)'하고 대신 인도와 카리브해 및 캐나다 등으로 역량을 집중키로 방침을 정했다.

영국이 덤으로 얹어 준 미시시피강 동쪽의 광대한 영토는 아깝기는 하지만 영국 입장에서는 '계륵(鷄肋)'과 같은 곳이기도 했다. 이 지역은 프랑스로부터 넘겨받아 영국 땅으로 돼 있었으나 동부 13개 식민지와는 달리 영국인이나 영국계 거주촌이 자리 잡고 있지 못한, 명목상의 영토에 불과했다. 대륙군에 패한 영국군이 이 광대한 지역을 지켜내기 위해 또다시 많은 병력과 물적, 재정적 자원을 투입한다는 것은 어불성설이었다.

프랑스와 경쟁하던 영국은 신생국 미국의 분열 노려

프랑스는 영국의 잠재적, 실질적 주적

미시시피 동부 땅은 또한 얼마 전까지 프랑스가 점유하던 곳이었다.

영국은 미 독립전쟁에서 형성된 미국-프랑스-스페인 동맹의 끈을 신속하게 끊어버리는 것이 유리하다고 판단했다. 프랑스 구 영토를 떼어 미국에 주면 당연히 프랑스, 스페인과 미국 간의 관계도 껄끄러워질 것으로 봤다. 나아가 넓은 땅을 넘겨 주면 미국이 서부를 개척해 나가는 과정에서 프랑스, 스페인, 인디언 등과 지속적으로 충돌할 것이고 이 같은 상황은 영국의 대 미국 레버리지를 높일 수 있다는 점에서 18세기판 '이이제이(以夷制夷)'의 묘안으로 여겼다.

그 무렵 영국에게 있어 절대 명제는 특히 프랑스와의 패권 다툼이었다. 프랑스는 스페인 등과 더불어 세계 식민지 쟁탈전에 있어 영국의 최대 경쟁자였다. 영국 입장에서 프랑스는 지금 미국이 중국을 보는 시각과 크게 다르지 않았다. 프랑스는 영국의 가장 강력한 잠재적, 실질적 주적(主敵)이었다. 그래서 전쟁을 조기에 매듭짓고 군비의 낭비를 막아야 했다. '빛 좋은 개살구' 같은 아메리카 대륙은 서둘러 정비하고 국가 역량을 아시아, 아프리카, 남아메리카 등 미개척 시장으로 돌릴 필요가 있었다.

미시시피강 동부 땅덩어리가 크기는 하지만 경제적인 실익은 크지 않다는 계산도 작용했다. 영국 입장에서 이 지역은 개척과 정착에 따른 투자, 그리고 막대한 병력을 주둔시키는 데 따른 '유지비' 등을 감안하면 별로 남는 곳이 아니었다. 당시 아메리카 상대 교역품 가운데 가장 짭짤한 돈벌이는 모피 무역 정도였다. 중부 지역의 미개척지에 널려 있는 원주민 인디언들만 잘 다루면 땅은 내주더라도 상품 확보에는 큰 문제가 될 것이 없었다. 따라서 최대 교통로인 미시시피강에 대한 접근, 이용권만 확보하면 경제적으로 큰 손실이 될 게 없다는 결론이었다.

나아가 미합중국을 일정 수준으로 키워 놓으면 영국 상품의 주요 판매 시장이 될 수 있다는 점도 고려됐다. 영국이 캐나다 쪽 국경 확정과 노바스코샤 연안의 어업권 등에 관해 미국에 관대하게 대한 것도 이런 셈속의 결과였다. 독립전쟁 전 13개 식민지의 경제규모는 GDP 기준으로 영국 본토의 약 40%가 될 정도로 탄탄한 기반을 갖고 있었다. 이런 미국이었기에 미국은 풍부한 농산물과 각종 원자재 공급처이자 동시에 영국의 막강한 산업 생산품 소비 시장으로 '윈-윈(win-win)'할 수 있다고 판단했다.

영국, 미국의 내분과 분열 유발시키는 후속 조치 시행

이런저런 계산 끝에 대 영토를 넘겨줬지만 영국은 사실 다른 속셈도 있었다. 일단 지금은 사정이 여의치 않아 미국에 할양하지만 상황 변화에 따라 얼마든지 되찾을 기회가 올 것으로 여겼다.

한마디로 영국은 신생국 미합중국이 제대로 자리잡기가 쉽지 않을 것으로 판단했다. 동부 13개 식민지도 내부 속사정이 복잡하기 때문에 새 중앙정부가 들어서더라도 전쟁의 상흔을 털어내고 일사분란한 통치를 시행하기가 어려울 것으로 봤다. 나아가 중부 영토까지 더해지면 '국정 콘트롤'이 더욱 난망해질 것이라고 추정했다. 미국이 당분간은 승전과 독립의 기분에 취해 흥청거리겠지만 결국 돈, 정치적 분열, 인디언과의 충돌 등 온갖 난제들로 인해 종국에는 비틀거릴 것으로 내다봤다.

실제로 영국은 미국의 내분과 분열을 유발시키기 위한 몇몇 '후속 조치'들을 시행했다. 이 가운데 가장 대표적인 것이 흑인 노예들에 대한 방면(放免)과 타 지역 이송이었다. 영국은 노예 신분의 흑인들 수천 명을 캐나다, 시에라리온 및 본국 영국으로 이주시키는 데 지원을 아끼지 않았다. 티를 안내면서 미국의 뒷통수를 치는, 일종의 '외곽 때리기' 전략이었다. 신생국 미국 입장에서는 자국의 '프로퍼티'를 영국이 뒷전에서 빼가는 것이기에 신경이 곤두서지 않을 수 없었다. 무엇보다 노예 이탈의 방치는 사회 전반에 동요를 야기시키고, 특히 플랜테이션 농업에 기반을 둔 남부 지역의 경제 근간을 흔들 수 있다는 점에서 좌시할 사안이 아니었다.

영국은 또 비록 전쟁에서는 졌지만, 미합중국 내에는 적지 않은 영국 '자산'들이 남아있었다. 다름 아닌, 이른바 로열리스트(Loyalists)들로, 이들은 '왕당파'로 불리며 영국에 우호적인 식민지 내 일부 기득권 세력들이었다.

독립전쟁이 벌어지자 이들은 졸지에 '찬밥'이 됐다. 대륙군과 식민지 정부는 이들의 땅과 기타 재산들을 압류 또는 강제 수용하는 경우가 많았다. 영국은 영토를 얻어 내주는 관대한 결정을 내리면서 대신 미합중국 정부에 억류됐던 로열리스트들의 재산권을 회복해 달라는 요구를 했다. 이들이 향후에도 건재할 경우 영국 입장에서는 든든한 '프락치'를 미국 내에 심어 놓은 것이나 다름없기에 종전 협약을 통해 확실히 챙길 필요가 있었다.

영국은 미국 대신 아프리카와 아시아로 식민 정책 전환

하지만 로열리스트들에 관한 보상 조항은 사실상 사문화됐다. 당시 미국 내의 반영 감정이 너무 거세 각 주정부들이 이를 무시했기 때문이다.

그러나 결과적으로 파리 조약에도 불구, 이들이 제대로 보호받지 못하자 약 7만여 명에 달하는 왕당파들이 당시 영국령이었던 캐나다로 이주했다. 영국 정부는 이들에게 정착지의 토지를 무상으로 지급하거나 연금 지급 등을 통해 지원했다. 그 결과 온타리오 등 북부 캐나다 지역과 노바스코샤 등지에 왕당파들의 새로운 근거지가 형성됐고 영국은 이들을 '레버리지' 삼아 북미 대륙에서의 영향력 유지를 추구했다.

이와 함께 영국은 당초 약정과는 달리 디트로이트 등과 같은 서부 국경 지대의 요새를 비워주지 않고 버텨 미-영 간 긴장을 야기시켰는데, 이는 나중에 미영 2차 전쟁을 발발시키는 한 요인으로 작용하기도 했다.

영국은 또 새로 내준 중부 지역은 물론 13개 식민지 지역 내 산재한 원주민 인디언들과도 긴밀한 관계를 맺고 가능한 범위 내에서 지원을 아끼지 않았다. 단일 주체로 결성된 조직은 아니었지만 다양한 부족의 막강 인디언들은 신속하게 국가를 정비해야 할 신생국 미국 정부에는 적지 않은 걸림돌이 될 것이 틀림없었다. 당연히 영국 입장에서는 유용한 '히든 카드'가 될 수 있었다.

이런저런 연유로, 영국은 결국 독립전쟁에서 형성된 미국-프랑스-스페인-

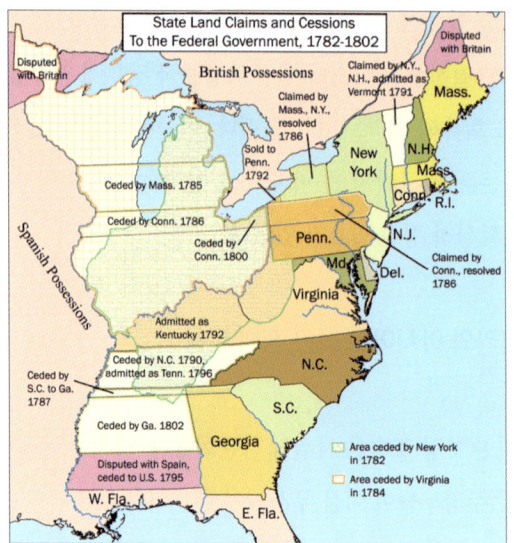

파리 조약 체결 후 확장된 미국 영토를 보여주는 지도 CC BY-SA 2.5

네덜란드 연합 세력의 고리를 끊고 미국을 독립시키면서 전선을 단일화시키는 쪽을 택했다. 파리 조약으로 미국을 상실한 영국은 이후 눈길을 아프리카와 아시아 쪽으로 옮겨갔다. 식민지 정책도 영토 획득보다는 세력 확장과 해외 무역 확대로 방향을 전환한 것이다.

미시시피강 동부 땅은 미국에게 '게임 체인저'가 됐다

대륙 국가 창업 목표로 서부 영토 확장에 '올인'

식민지 대륙회의는 일찍이 독립전쟁을 시작하면서 그 목표를 단순한 독립을 넘어서 서부 영토 확보로 설정했었다. 대서양변 13개 주 국가가 아니라 북미 대륙 본토를 거머쥐는 대륙국가 창업을 모토로 삼은 것이다.

1783년 '파리 조약'은 미국에게 있어 대망 실현을 위한 상큼한 첫 걸음이 됐다. 독립 쟁취와 함께 미시시피강 동부 획득이라는 교두보 마련에 성공했다.

미시시피강 동부 땅은 그래서 미국에게 '게임 체인저'가 됐다. 단순히 영토를 배가시킨 것을 넘어 향후 미국의 강대국화에 결정적인 견인차 역할을 하게 된 것이다. 미국은 대서양 변방의 연안국가에서 대륙국가로 체급을 달리하게 됐다. 특히 개국부터 넓은 내륙 영토를 보유한 덕에 이를 토대로 한 인구 증가와 경제력 신장을 용이하게 이뤄낼 수 있었다. 또 미시시피 동부에 대한 관리·운용 경험은 이후 루이지애나를 비롯, 서부의 광대한 영토의 획득과 편입을 성공시키는 데 있어 값진 밑거름이 됐다.

독립전쟁 당시 13개 식민지들은 단일 국가라기보다는 13개 '부족 연합' 같은 속성을 강하게 띠고 있었다. 대륙의회, 대륙군이 존재했지만 연방정부와 같은 강력한 콘트롤십을 갖진 못했다. 단적인 예로 대륙의회는 개별 식민지들에 대해 과세, 징세권을 갖지 못한 것을 꼽을 수 있다. 이에 따라 강력한 중앙정부의 필요성이 대두됐다. 특히 기존으로 자리잡고 있던 13개 주 땅 외에 미시시피강 동부의 광대한 영토가 더해지면서 연방정부 및 연방체제 운용에 대한 확실한 '틀' 정립이 요구됐다.

이 무렵의 미국에서는 또 각 식민지 간에 영토나 경계 등을 두고도 '따로국밥' 같은 양상이 표출되고 있었다. 13개 주, 즉 과거 13개 식민지는 크기나 파워 등에 있어 서로 간 차이가 컸다. 버지니아 같은 경우 특히 13개 주 가운데 가장 '맏형'임을 자임하면서 주 차원에서의 땅 욕심을 냈다. 오하이오 북부 등 새로 얻게 된 서부 지역 영토 일부를 버지니아주로 편입시키려 든 것이다.

이같은 형태의 신경전은 1781년에 13개 주가 영토 편입에 대한 대원칙을 정하면서 마무리됐다. 이에 따라 새로 획득한 미시시피강 동부 땅을 개별 주(州)들의 것이 아닌 '공공 영토(Public Domain)', 즉 연방정부 영토로 규정했다. 영토에 있어 주(州)를 넘어서는 연방의 개념이 비로소 자리잡게 된 것이다.

태평양 서부 진출과 미시시피강 수로로 해외 시장 개척

1787년에는 '북서 조례'를 제정, 주 승격 절차도 마련했다. 이 조례에 따라 일정 주민 수가 되면 자치 입법권을 부여하고 인구가 6만 명 이상일 경우 독립주로서 연방 편입 신청을 할 수 있도록 했다. 중요한 것은 이렇게 새로 탄생하는 주가 기존의 주들과 대등한 지위에서 연방에 가입할 수 있게 한 점이다. 이른바 '전입 고참'과 '신참'의 구별을 없앤 이 원칙은 신생 미합중국이 동등한 연방국가로 커 나갈 수 있는 기반이 됐다.

또 각 주가 참여하는 연방 헌법 회의에서는 연방정부에 조약의 체결, 집행 및 통상 조정 권한을 부여하는 헌법을 제정했다. 그 결과 연방정부는 연방 차원에서 무역 정책을 주도하고, 각 주 간 분쟁을 조정할 권한 및 권위와 함께 통합된 국가 정책을 펼칠 수 있는 기틀을 갖추게 됐다.

연방정부의 출범은 미국인들의 시야를 넓혀 '서부'로 눈을 돌리게 했다. 그동안 동부 13개 식민지에 머물던 안목은 미시시피강 동안(東岸) 확보에 그치지 않고 서역으로 확대됐다. 서쪽으로 향하는 이주민들이 급증하기 시작했고 새 영토에는 신생 주들이 속속 생겨났다. 동부 13개 주를 넘어 중부, 남부 지역들이 연방의 일원이 되는, 미합중국의 실질적인 확장이 이루어지기 시작한 것이다

미국이 덤으로 얻게 된 오대호 이남의 중부 지역은 지금 미국의 '곡창 지대'로 일컬어지는 곳으로 기름진 옥토의 대평원이었다. 이 광토(廣土)가 더해지면서 미국의 농업 생산 잠재력은 비할 데 없을 정도로 증강됐다. 밀, 면화, 옥수수, 담배, 감자 등 필수 농산물의 생산이 급증했다.

허허벌판과 다름없던 곳에 농경지, 농장이 조성됐고 동부 등지로부터 이주해 온 수많은 개척민들에 의해 오하이오, 켄터키, 테네시 등 곳곳에 정착촌들이 형성됐다.

남부 지역의 경우 기후와 토양이 플랜테이션 농업에 적합했다. 이 대규모 농장에서 담배, 면화 등이 집중 재배됐다. 조지아 서부에서 미시시피까지 이어지는 '목화 벨트(Cotton Belt)'를 통해 노예 노동에 기반한 대규모 플랜테이션 경제가 자리를 잡았다. 중부와 남부의 농업 생산력은 급속히 증대됐다.

농업에 못지 않게 상업과 교역도 확대됐다. 광대한 새 영토에서 생산된 곡물, 면화, 담배 등 막대한 규모의 농작물들은 마차 등으로 강변까지 운반된 뒤 길고 긴 미시시피강을 따라 뉴올리언스까지 운송됐다. 이제 애팔래치안산맥 서쪽 영토에서 생산된 작물들은 머나 먼 동부의 대서양 연안까지 육로로 갈 필요 없이 미시시피강을 통해 세계 시장으로 수출할 수 있는 '해양 출구'를 확보하게 된 것이다. 대규모 농산품들이 동부의 국내 시장은 물론 유럽 등 해외 시장에 진출할 수 있게 되면서 신생 미합중국의 경제력은 더욱 견고해졌다.

인디언 원주민과 미국인 개척민 사이에 충돌 본격화

미시시피강 동부의 미국 영토화는 국내적으로 또 다른 불씨가 되기도 했다. 이 지역은 1787년에 제정된 '노스웨스트 조례'에 의거, 주의 창설 원칙으로 법치주의, 노예제 금지 및 공화제 확산 등이 규정돼 있었다. 그러나 식민지에서 출발했던 기존의 동부 13개 주들 가운데는 노예제가 합법화돼 있는 곳이 있었다. 당연히 새로 얻게 된 영토를 대상으로 이른바 '자유주'와 '노예주' 세력 간 갈등이 싹트게 됐다.

또 하나 불거진 것이 인디언 이슈다. 영국은 미국과 전쟁을 치르면서 원주민 인디언들과 사실상 동맹과 같은 관계를 유지하고 있었다. 미국인들의 서부 진출, 이주를 자신들의 땅 침범으로 간주한 인디언들이 적극적으로 영국 편을 들었기 때문이다. 그러나 영국의 미시시피강 동부 포기 과정에서 인디언들은 철저히 '팽(烹)'당하고 말았다. 자신들의 의지와는 상관없이 영국이 모든 땅을 미국에 넘겨버린 것이다. 그 결과 이 지역 곳곳에서는 원주민 인디언들과 미국인 개척민 사이에 크고 작은 무력 충돌이 끊이지 않게 됐다. 미 당국은 인디언들을 좀 더 먼 서부로 몰아내려 했고, 자신의 고토(故土)를 지키려는 인디언들은 부족 연합을 통해 거칠게 맞섰다. 그러나 인디언들이 미합중국을 상대하기에는 역부족이었다. 인디언들은 결국 서부의 지정된 보호구역으로 밀려나면서 멀고 먼 고난의 길을 걸어야 했다.

한편 미시시피강 동부 영토의 포기 이후 영국은 미대륙에 대한 식민지 외교 정책을 근본적으로 바꾸게 된다. 일단 미국에서 떨어져 나온 친 영국 성향의 '왕당파'들을 적극 받아들여 캐나다에 탄탄한 '영국령(領)' 식민지를 구축했다. 이후 미국과 국경선을 정리하고 더 이상 충돌을 자제, 선린(善隣) 관계로 전환하는 한편 국력을 아시아나 아프리카 등 다른 지역에서의 패권 확대로 전환했다.

신생 미국의 영토는 미시시피강 동쪽의 중부 전체를, 그리고 남으로 걸프만에서 북으로는 오대호 인근까지 아우르게 됐다. 1783년의 파리 조약은 식민지 미국을 강력한 대륙국가로 변모시켰다. 이와 함께 루이지애나 매입, 플로리다 병합 및 멕시코 합병으로 이어지는 팽창 전략의 밑거름이 됐다.

미시시피강 동부의 방대한 영토를 더하게 되면서 위상도 달라져 미국은 어느덧 국제 사회의 '다크 호스'로 부상했다. 나아가 미국의 태동과 발전은 전 세계 피식민지 민족들에게 희망과 가능성을 제시, 세계의 흐름을 식민지 시대에서 국민국가 시대로 전환시키게 하는 변곡점이 됐다.

제 2 장

파리 조약의 주역과 비화

인물 벤자민 프랭클린

신생 미국을 건설한 '외교 건축가'

벤자민 프랭클린

독립전쟁 종료를 앞두고 미국은 영국과 '명운이 걸린' 협상 준비에 들어간다. 총칼 대결에서는 이겼지만 외교는 또 다른 얘기였다. 노회한 영국, 중재로 나섰지만 자국 이권 확보에 혈안이 된 프랑스와 스페인을 동시에 상대해야 하는 또 하나의 총성 없는 전쟁이었다.

이런 구도에서 미국 측 협상 대표를 맡은 인물이 벤자민 프랭클린 당시 프랑스 주재 미국 대사다. 프랭클린은 10년 가까이 프랑스 대사를 맡아왔기에 프랑스 궁정, 조야 및 지식인들 사이에서도 인망이 높고 '마당발' 같은 인맥을 보유하고 있었다.

전승국이었지만 협상에 임하는 미국의 입지가 반드시 탄탄한 것만은 아니었다. 독립전쟁 때의 동맹 프랑스는 스페인과의 이해 관계에 얽혀 미국을 돕기보다는 견제를 가하는 입장이었다. 스페인 역시 미시시피강 동부 지역을 탐하고 있기에 확연히 미국의 발목을 잡으려 들고 있었다.

당시 미시시피강 동부는 영국 관할로 돼 있었지만 실질 지배력 측면에서 취약한 점이 있어 스페인 등이 '숟가락'을 얹을 수 있는 여지를 안고 있었다. 하지만 미국의 복안은 13개 식민지는 물론 미시시피강 동부 지역까지 얻어 받자는 것이었다.

프랭클린 대사는 고심 끝에 '역발상(逆發想) 전략'을 택했다. 중재국을 내 편으로 만들어 영국을 압박하는 것이 아니라 오히려 적국이었던 영국의 이익을 도모해주는 식의 반전극을 도모한 것이다.

그는 '브로커' 역할을 맡기로 돼 있는 프랑스와 스페인을 제쳐 놓은 채 영국과 직접 담판에 들어갔다. 프랭클린은 미시시피 동부가 프랑스와 스페인 간 묵계에 의해 스페인으로 기울고, 그 반대 급부로 스페인이 프랑스와 유착하게 될 경우 영국이 안게 될 부담이 얼마나 커질지를 적극 강조했다.

어차피 지키기 어려운 그 땅을 미국에 넘겨 완충 지대로 삼는 것이 영국의 캐나다 방어 및 유럽 전장에서의 프랑스-스페인 밀착을 막는 최선책이라고 설복한 것이다.

한마디로 "미국을 돕는 것이 궁극적으로 영국에 이롭다"는 논리였다. 동시에 영국이 불응할 경우 프랑스와의 군사 동맹을 암시하는 등 '당근과 채찍'으로 압박했다. 적국과 동맹들 간에 얽히고 설킨 이해 관계를 역으로 활용해 자국의 이익을 극대화한 고도의 전략이었다.

그 결과 미국은 13개 식민지에 대한 주권국가 승인 및 북위 31도~49도에 이르는 방대한 미시시피강 동부 획득, 그리고 캐나다의 뉴펀들랜드 근해 어장에 대한 어업권까지 보장받는 '대박'을 터뜨릴 수 있었다.

주목할 것은 동맹이었던 프랑스는 파리 조약에서 미국에 '활용'만 당한 채 결국 빈손으로 접었음에도 불구하고 프랭클린 대사를 가장 존경받는 미국인으로 평가하면서 여전히 미국과 우호 관계를 유지했다는 점이다. 신생 미국의 '외교 건축가'로 불렸던 프랭클린 대사의 경륜과 노련함이 여실히 입증되는 대목이다.

프랭클린 대사는 총 대신 '세치의 혀'로 미국을 영토 대국으로 만든 최대 공신으로 꼽히고 있다.

| 인물 | 조지 클라크 |

'전투'보다 '행정'으로 영토 확장에 기여

퀘벡 거버너가 1779년 7월 빈센스 요새에서 로저스 클라크 대령에게 항복하고 있다

미국이 13개 식민지 외에 미시시피강 동부 지역을 확보하는 데 있어 '외교' 외에 또 하나의 히든 카드가 있었다. '조지 로저스 클라크(George Rogers Clark)' 장군이 시도했던, 사전 정지 작업을 통한 '굳히기 작전'이 그것이다. 한마디로 클라크는 외교 협상팀과는 전혀 다른 접근 방식을 택했다. 미시시피 동부 지역 요충지에 대한 사전 점령 작전 전개가 그것이다.

클라크는 독립전쟁의 주 전장(戰場)과는 동떨어진 오하이오, 버지니아 서쪽 등 서부 방면에서 기동했다. 클라크 부대는 이 지역에서 영국군 상주 병력이 빈약한 요처들을 차례로 공략했다. 카호키아, 빈센스 같은 군사·행정 거점들이 그 대상이었다.

군사 작전에 있어서는 병력 및 탄약 부족과 혹한 속에서도 강공을 강행, 방어에 나선 영국의 지휘부를 위축시켜 항복을 유도했다. 이 과정에서 전력의 과장, 공격군들의 소음 작전 등 '블러핑'을 적극 활용하는 기만전술을 폈다.

주목할 것은 클라크군이 단순히 요새 확보에만 그치지 않았다는 점이다.

그는 당시 점령지 내 프랑스계 주민들을 설득, 배심제와 지방 의회 형태의 임시 자치를 허용하면서 이들을 행정 파트너로 삼았다. 이를 통해 이 지역에 대한 미국 통치의 정당성을 확보하는 한편, 주민들의 충성 선서, 민병 편제 시행 등을 내세워 이곳이 미국에 의해 통치되고 있는 곳임을 과시했다. 클라크는 나아가 오하이오에서 미시시피에 이르는 수로와 통행로도 연결시켰다.

클라크의 이같은 접근은 결과적으로 엄청난 차이를 가져다 주었다. 이 지역은 실제로는 프랑스계 주민들이 주류를 이루고 있었지만 미국은 클라크의 '사전 정지 작업'을 토대로 해당 지역이 이미 미국의 영향권 하에 있음을 기정 사실화 했다. 이른바 실효 지배 주장의 근거를 마련한 것이다.

종전을 앞두거나 영토 협상을 하는 과정에서 분쟁 지역에 대한 선점 여부는 경계 설정 시 가장 중요한 기준이 된다. 이런 상황에서는 요새든, 고지(高地)든, 혹은 산, 강, 도로든 간에 이미 장악하고 있다는 식의 '찜'이 매우 중요한 의미를 갖는다.

6.25때 한국군과 공산군이 휴전 협상이 막바지에 다다르자 이른바 '철의 3각 지대'에서 한 뼘의 땅, 한 군데라도 더 많은 진지, 고지 확보를 위해 피의 혈전을 벌인 것도 같은 맥락에서다.

그런데 어느 지역에 대해 군사적인 선점, 즉 '장악'을 넘어 행정적으로 '콘트롤'까지 하고 있다면 '말발'은 더욱 세진다. 상대방에게 "여기는 원래 우리 땅"이라고 아예 못 박아버릴 수 있는 것이다.

결과적으로 클라크가 장악하고, 실질적으로 통치하는 것처럼 모양새를 갖췄던 오하이오 일대는, 영국과의 영토 협상에서 미국에게 필요한 정치·군사·지리적 정당성 확보와 함께 "이미 미국의 실질적인 영토"라는 주장을 펼 수 있게 하는 아주 유용한 카드가 됐다. 클라크는 공격 부대 지휘관이었지만 '전투' 보다는 '행정'으로 영국의 양보를 끌어낸 일등 공신이 됐다.

비화 | 노다지땅 생기자 투기꾼들 발호

인디언들은 '신사의 나라' 영국에 '팽' 당했다!

미시시피강 동부라는, 마치 횡재와 다름없는 노다지 땅이 생겨나자, 한 몫 잡으려는 '꾼'들도 발호하기 시작했다.

개척 시대에 땅은 곧 돈과 영향력 그 자체였다. 서부 개척의 바람이 불면서 많은 사람들이 몰려들었지만 그 가운데는 '큰 손'이라 할 수 있는 토지 개발 기업과 투기꾼들도 적지 않았다. 이들은 연방정부와 의회에 서부 확장을 위한 압력을 가했다. 지천으로 너른 서부 영토의 배분과 관련, 이권과 특혜 등을 챙기기 위한 로비였다.

이 가운데 '오하이오 컴패니(Ohio Company)'는 대표적인 토지 개발 기업으로 청탁과 로비를 통해 방대한 토지 계약을 확보하고 있었던 것으로 알려졌다. 그 당시에도 지금처럼 '임자 없는' 땅을 둘러싼 '큰 손'과 '꾼'들이 설치고 다녔던 것이다.

개인이나 기업 외에 13개 주도 새 영토 챙기기에 나섰다. 이 가운데 메이저라 할 수 있는 버지니아, 매사추세츠, 펜실베니아 등은 각각 자체 개척단을 파견하면서 노골적으로 서부 영토에 대한 영유권을 주장하기도 했다. 그 결과 13개 주들은 마치 자신들이 식민국가로 변신한 것처럼 새 땅 확보 경쟁에 나섰다. 급기야 연방정부가 나서 조율하면서 새 영토는 개별 주가 아닌 연방 소속의 영토로 규정하기에 이르렀다.

미시시피강 동부 지역이 미국에 넘어가면서 스페인 역시 프랑스처럼 '닭 쫓던 개' 신세가 되고 말았다. 헛물을 켠 스페인은 그러자 파리 조약 이후에도 미국의 미시시피강 이동(以東)의 권리를 인정하려 들지 않았다. 뉴올리언스나 미시시피강 수로 통행을 두고 여전히 스페인의 통제권을 주장하며 버틴 것이다.

미국이 영토는 확보했지만 정작 미시시피강 통상로는 스페인의 손아귀에서 벗어나지 못하는 어정쩡한 상태가 한동안 지속됐다. 스페인의 '몽니'는 10여 년 뒤인 1795년 미국과 '핀크니 조약(Pinckney's Treaty)'을 맺을 때까지 이어졌다.

영국은 땅만 버린 게 아니라 신의도 버렸다. 당시 미시시피강 동부 지역은 체로키, 크리크, 쇼니 등 여러 원주민 인디언 부족들의 주 거주지였다. 이들은 독립전쟁 전에도 그랬지만 미국인 정착민들과 대결을 벌이며 '적의 적 (敵의 敵)'인 영국을 편들고 있었다. 영국은 실제로 인디언들과 연합 전선을 구축, 공동 작전을 펴는 등 인디언들에게 적지 않은 신세를 졌었다.

그러나 영국은 정작 손을 털게 되자 인디언들의 주권이나 존재에 대해서는 거론조차 안 했다. 협상 과정에서 부담 요인이 되는 사안에 대해 아예 입을 닫아 버린 것이다. 미국 역시 영국의 '팽(烹)'에 "Why Not"으로 화답(?)했다. 괜히 긁어 부스럼을 만들 필요가 없기 때문이었다.

인디언들은 조약이 체결된 후에나 비로서 자신들이 살던 땅의 문패가 바뀐 것을 알았다. 결국 오랫동안 이리저리 이용만 당하다 '신사의 나라'로부터 모질게 뒤통수를 맞은 채 퇴출당하고 말았다.

MISSISSIPPI

제 2 장 | 파리 조약의 주역과 비화

지금 미시시피강 동부 9개 주는…

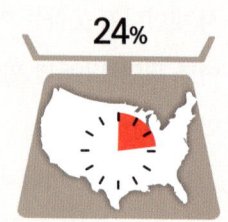

1783년 파리 조약으로 미국의 독립이 승인되면서 미국은 기초 영토라 할 수 있는 13개 식민지 땅 외에 미시시피강 동부 지역을 추가로 획득했다. 덤으로 얻은 이곳은 '배보다 배꼽이 더 큰' 규모라 할 수 있는 134만 1천km²에 달한다.

이제 미국 땅은 단숨에 한반도의 10배 이상 크기인 약 231만km²로 늘어났다. '영토 미터기'의 바늘은 현재 영토의 24%로 뛰었다. 이 방대한 새 영토에는 오늘날의 일리노이 등 오대호 연안 중북부 5개 주에다 중남부의 켄터키, 미시시피, 테네시, 앨라배마 등 모두 9개 주가 자리잡고 있다.

이 지역의 인구는 2024년 기준 약 7,060만 명에 GDP는 5조 4,850억 달러로 미국 전체의 약 22% 정도를 차지하고 있다.

현재, 이 미시시피 동부 지역은 미국의 곡창 지대일 뿐 아니라 오대호 연안에서 남부에 이르는 자동차 제조, 기계, 철강 등의 생산 중심이 돼 있고, 특히 미시시피강과 오대호는 무역, 운송 등 물류의 허브 역할을 하고 있다.

제 3 장

미시시피강 동부 9개 주의 모든 것

01 일리노이
미시시피강과 오대호 잇는 미 대륙의 중심

오대호 연안의 미 중공업 지대 선도 거점으로 부상

미시시피강 탐사를 위한 연방군 탐사선이 1862년 일리노이주 카이로항을 떠나고 있다

일리노이주는 크기도 작지 않지만 인구에 있어서도 50개 주 가운데 5위를 차지하고 있는 미 중서부의 '대표 선수'다. 나아가 시카고는 뉴욕, LA에 이은 미국 세 번째 대도시로 미 대륙의 중심에 자리잡고 있다.

일리노이의 태동은 주변 주들과 비슷한 경로를 밟는다. 17세기 후반, 여러 유럽국들 가운데 프랑스가 가장 먼저 오대호 연안에 발을 딛는 과정을 거쳐 정착지가 만들어지고, 먼저 깃발을 꽂았다는 이유로 프랑스령으로 귀착이 됐다. 그러나 이는 물론 유럽식 '금 긋기'일 뿐 일리노이 일대에는 이미 다수의 아메리칸 인디언 부족들이 저마다 자기 땅으로 여기며 자리 잡고 있었다.

인디언들의 의사와 관계없이 일리노이는 주변 위스컨신, 미시간 등과 '패키지'로 묶여 1717년 프랑스땅으로 방점이 찍힌다. 이후 일부 프랑스인 정착자들이 늘어나고 요새들도 구축됐지만, 프랑스가 영국과의 식민지 패권에서 밀려나면서 일리노이는 1763년 1차 파리 조약을 통해 소유권이 영국으로 넘겨졌다. 이후 1783년 파리 조약으로 미국 영토로 넘겨져 '노스웨스트 준 주'로 편성됐다.

겉으로는 커다란 땅덩어리의 이관이었지만 이 무렵 일리노이 일원에 거주했던 정착민 수는 고작 1천 명 안팎에 불과했다. 선교사와 모피상, 그리고 일부 영국군에 소수의 이주민 등이 전부였다. 그나마도 이 가운데 일부 주민은 영국의 통치를 받을 수 없다며 미시시피강을 건너 서부 스페인령으로 이주하기도 했다. 결국 미국은 말 그대로 덩그러니 일리노이 땅만 넘겨 받았을 뿐이었다. 일리노이는 미국 땅으로 바뀌었지만 개발이나 주민 정착에 있어서는 큰 차이가 없었다. 1800년 인구 조사에서 일리노이의 주민 수는 2,400여 명인 것으로 집계됐다. 독립전쟁 이후 20년 가까이 지나서도 인구가 2천여 명 대에 머물러 있을 정도로 미개발, 아니 무개발(無開發)의 오지였다.

일리노이는 1809년 일리노이 준 주를 거쳐 1818년 12월 3일 미합중국의 21번째 주로 편입됐다. 그러나 이 당시만 해도 일리노이의 산업 전반은 미미한 수준에 불과했다. 지금은 미국의 3대 도시로 부상한 시카고조차 거주자가 수백 명에 불과한 호수변 한촌(閑村)에 불과했다.

그러나 일리노이는 석탄, 석유와 같은 천연자원이 풍부했고 옥수수, 밀, 콩과 같은 핵심 작물이 대량 생산될 수 있는 대평원을 가지고 있었다. 일리노이의 이 같은 잠재력은 1825년 이리 운하가 개통되면서 폭발적으로 현실화됐다. 이리 운하를 통해 대서양과 오대호가 연결되면서 일리노이를 비롯, 오하이오, 미시간, 위스긴신 등이 거대한 교역 네트웍을 구축하게 된 것이다.

이어 1848년 미시간 운하가 뚫리자 수로망은 더욱 확대돼 미시시피강 수역의 산물들까지 대서양 진출이 가능하게 됐다.

이러한 인프라가 가동되자 일리노이의 광공업, 농업, 목축업 등은 말 그대로 폭발적인 성장세를 보였다. 미 동부와 유럽이라는 대소비 시장을 잡게 되면서 철강, 석탄, 곡물, 낙농, 육우, 과일에서 화초에 이르기까지 산업 생산이 급피치를 탔고, 산물들은 운하망을 통해 대량으로 운송됐다.

이렇게 되자 뉴욕 등 동부 지역에서 이주자가 크게 늘기 시작했다. 일리노이 인구는 매 10년마다 서너 배씩 늘어났고 1830년에는 15만 명을 넘어서게 됐다. 운하 외에 1850년대 들어 철도선들도 부설되면서 개발은 더욱 활성화됐다. 그 결과 일리노이는 오대호 연안의 미국 중공업 지대를 선도하는 핵심 주로 부상했고 특히 시카고는 물산의 집산지이자 물류의 거점으로 급격히 성장해 나갔다.

남북전쟁과 노예해방의 주역인 링컨 대통령의 정치적 고향

일리노이의 존재감은 1861년 에이브러햄 링컨 대통령의 등장과 함께 더욱 커졌다. 태어난 곳은 켄터키였지만 링컨은 일리노이주 하원 등을 거쳐 연방 하원의원, 상원 도전 등 일리노이 정계를 발판으로 전국적인 정치인으로 부상했다. 노예해방 이슈로 남북전쟁이 발발하자 일리노이는 당연히 북군의 주역이 됐다. 일리노이 출신 참전 북군은 그 수가 연 26만여 명에 달할 정도로 압도적인 비중을 차지했다.

남북전쟁에 이어 1차 대전을 거치면서 일리노이는 군수 산업의 부흥과 함께 다시금 역동적인 산업 발전기를 맞는다. 일리노이는 2차 대전 중 시카고 대학을 중심으로 핵연구와 개발의 주역을 담당하기도 했다.

일리노이는 이 같은 산업 기반을 토대로 각종 중공업, 제조업, 항공, 금융, 보험, 유통, 식품 가공 등 거의 전 산업 부문에 걸쳐 핵심 기업들의 허브가 되고 있다. 시카고 선물 거래소, 보험사 올 스테이트, 미국 최대 항공사인 유나이티드 항공, 도매업체인 K마트, 백화점 시어즈, 또 약품 체인 월 그린 및 맥도널드 등의 대기업들이 모두 시카고 지역에 본거지를 두고 있다. 일리노이의 GDP는 2024년 기준 1조 1,300억 달러로 미국 내 5위, 다른 나라와 비교하면 2025년 기준으로 폴란드를 능가하는 세계 20위 국가 수준이다.

일리노이는 정치적으로 확실한 '블루 스테이트'로 분류된다. 뉴욕, 캘리포니아와 더불어 민주당의 아성이다. 1992년 이래 대선에서 30년 가까이 민주당 후보를 압도적으로 밀어주고 있다. 인구도 2024년 기준 약 1,220만 명으로 미국 6위 권이기에 대통령 선거인단 수 역시 19명으로 펜실베니아와 더불어 공동 5위를 차지, 정치적으로 '메이저 주' 위상을 갖고 있다.

일리노이는 로널드 레이건 대통령 및 미 최초의 흑인 대통령인 오바마 대통령을 낳은 곳이고 링컨 대통령의 정치적 고향이기도 하다. 힐러리 클린턴, 월트 디즈니, 켄터키 치킨의 창시자도 이곳 출신이다.

중서부 지역에서 가장 진보적인 주로 꼽히는 일리노이는, 남북전쟁 전후 남부의 많은 흑인 노예들을 북부와 캐나다 지역으로 비밀리에 탈출시키는 것을 주도했던 '지하철도 (Underground Railroad)' 조직의 주요한 거점이 되기도 했다.

| In Depth Story | **시카고 대화재** |

시가지 건물 30% 이상 전소... 도로 40Km 소실

시카고 대화재 때 시민들이 랜돌프 스트릿 브리지를 건너 필사의 탈출을 하고있다

1871년 10월 8일 밤.

시카고 남서부의 한 지역에서 원인 미상의 불길이 일었다. 불은 도미노 쓰러지듯 번져 나갔다. 이른바 '수평 화재'로 한 곳에 불이 나면 잇달아 옆 건물로 옮겨붙는 식이었다.

당시 시카고는 '목재 도시'였다. 건물도, 교량도, 보도 역시 나무판으로 깔린 곳이 많았다. 화마(火魔)는 열 폭풍처럼 치밀어 오르며 회오리 불똥들을 사방으로 흩트렸다. 하늘에서는 수박덩이만한 불덩이가 떨어지고 도심을 흐르는 시카고강에서는 폐수 기름층에 옮겨붙은 불로 인해 강 전체가 타는 듯한 광경을 보이기도 했다.

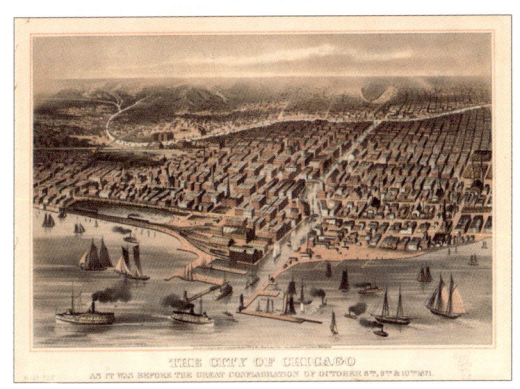
시카고 대화재가 일어나기 전인 1871년 시카고 시가지의 모습

날 수로는 이틀, 약 48시간에 걸친 이 화재로 시카고 구시가는 말 그대로 '쑥대밭'이 됐다. 3백여 명이 목숨을 잃었고 이재민만 10만 명이 넘었다.

대략 시가지 건물 3분의 1에 해당하는 17,500채가량이 전소되고, 길이 6.4km에 너비 1.2km쯤의 구역이 불구덩이로 변했다. 화재로 소실된 도로는 40여km에 달했고 수백 개 넘는 가로등이 녹아내렸다.

당시 미국 제2의 도시를 삼켜 버렸던 시카고 대화재는 그러나 재앙으로만 끝나지는 않았다. 이 참사를 계기로 시카고는 다시 태어났다. 목재 대신 철강, 콘크리트를 사용한 최신 공법이 본격 도입됐다. 1970년대 중반까지 세계에서 가장 높은 빌딩으로 군림했던 윌리스 타워(과거 시어스 타워)를 비롯, 탁월한 미적 감각이 가미된 마천루(摩天樓)들이 속속 도심에 들어섰다.

오대호 중의 하나인 미시간호를 따라 감도는 '레이크 쇼어 드라이브(Lake Shore Drive)'에서 바라보는 시카고의 스카이 라인은 뉴욕 맨하탄과는 다른, 조형미와 공간미가 어우러진 예술 수준이라는 평을 듣는다.

지금은 미국 제3의 도시지만 1840년대만 해도 시카고는 인구 4천여 명에 불과한 호숫가 타운에 불과했다. 그러나 운하와 철도가 연결되면서 교통과 물류의 중심으로 부상했다. 실제로 시카고를 기점으로 미국 내 주요 지역은 거의 동일 거리대가 돼, 육로나 철로는 물론 항공로의 허브가 됐다. 시카고 오헤어 공항은 승객 수나 물동량에 있어 세계 2위의 공항으로 자리매김하고 있다.

이런 사통팔달(四通八達)의 교통 요지이기에 1848년 최초의 선물 시장이 개설돼 현재까지 이르고 있다. 각종 지하자원에서 밀, 옥수수 등 농산물 등을 대상으로 미래의 생산, 작황을 예상해 사전에 사고파는 '선물 거래'는 '장터'에 금융 개념을 이입하고 규모를 글로벌로 확대시키는 새로운 경제 개념을 창출케 했다.

시카고의 별칭은 '윈디 시티(Windy City)'다. 오대호에서 끊임없이 몰아쳐 오는 거센 바람 때문에 붙여진 닉 네임이다. 혹한으로 유명한 시카고 날씨가 바람과 겹쳐지면 그야말로 살인적이다.

필자는 1998년 말부터 1년 반 정도 시카고에 살면서 두 번의 겨울을 겪은 적이 있다. 어둠이 걷히지 않았던 1월 어느 날 새벽, 기상 TV 채널은 체감온도가 영하 40°를 밑도는 것으로 예보하고 있었다.

생전 처음 접해본 영하 30도대 날씨는, 춥다기보다는 '찡~' 하는 식으로 온 몸이 옥죄지고 통증이 오는 것 같은 느낌을 갖게 했다. 3~4분 이상 피부를 노출하면 곧장 동상에 걸린다는 살벌한 경고가 실감됐다.

시카고는 추위, 바람과 함께 눈의 도시이기도 한다. 툭하면 눈, 심하면 2~3일간 내리닫이로 퍼붓는다. "송이 송이 눈 꽃송이…" 같은 감성적인 눈이 아니다. 뿌연 하늘에서 그냥 회색의 눈덩이들이 드리 붓듯 쏟아진다.

이런 날씨 탓에 시카고 시장의 가장 큰 임무는 제설 작업이라는 말이 공공연하게 통한다. 시카고의 제설차들은 실로 다양하기 이를 데 없다. 고속도로를 담당하는 대형 불도저급에서부터, 옛날 티코 자동차 반만 한 크기의 '앙증맞은(?)' 것들이 동네 골목골목을 누비는 모습도 볼 수 있다.

알 카포네

In Depth Story **알 카포네**

1920년대 시카고 주름 잡던 갱 두목

미국의 영토 확장 역사와는 관계 없지만 미 중부의 리더 일리노이의 근대사에 있어 빼 놓을 수 없는 '흑역사(黑歷史)'의 주인공이 있다. 유명한 시카고 마피아의 보스 '알 카포네'다. 이탈리아 나폴리 출신의 후손인 알 카포네는 뉴욕을 거쳐 시카고로 옮긴 뒤 약관 26세의 나이로 마피아 조직 '시카고 아웃핏(Chicago Outfit)'의 보스가 된다. 1920년대 중반인 그 무렵, 미국은 강력한 금주법을 시행하고 있었다. 알 카포네는 이 금주법을 악용, 막대한 밀주를 제조하고 유통시키는 과정에서 엄청난 부를 획득했다. 1927년에는 연수입이 1억 달러라는, 세계 최고로 기네스북에 등재될 정도였다.

'밤의 대통령'으로 불리던 카포네는 무소불위의 권력을 휘둘렀다. 알 카포네는 밀주 제조와 유통을 독점하는 과정에서 잔혹한 보복을 무기로 내세웠다. 카포네가 주조한 술을 받지 않는 미국, 캐나다 주점상은 폭탄 테러로 횡사하기도 했다. 이런 식으로 당한 사람이 100명이 넘는다는 추정도 나왔다.

밀주 외에 도박, 매춘 등 지하 세계를 장악하고 막대한 부를 축적한 그는 정부조차도 손대기 어려울 정도로 막강했다. 일리노이주의 정치, 사법 및 경찰 요로에 거액을 뿌려 매수하는 바람에 주정부 차원의 처벌을 불가능하게 했고, 연방정부나 FBI 등도 관할권 시비로 수사를 어렵게 했다. 말 그대로 언터처블(Untouchable)의 존재로 군림한 것이다.

알 카포네는 사업적 측면에서도 비상한 소질을 발휘했다. 밀주 사업에 우유 유통사업을 결합한 전략이 그것이다. 당시 우유 배달은 마차나 자전거 등과 같은 '구멍가게 수준'에 불과했다. 우유의 수요가 많았음에도 제대로 된 유통망의 부재로 우유 딜리버리는 사업 반열에 들지 못했다. 알 카포네는 밀주의 제조, 운송 및 판매라는 일련의 유통망을 우유 배달에도 그대로 적용시켰다.

주목할 것은 알 카포네의 '품질 관리' 인식이다. 밀주가 그랬듯이 알 카포네는 우유의 선도 유지와 적시 공급을 중시했다. 변질된 우유를 배달한 조직원에게는 그 상한 우유를 마시게 하는 등 살벌한 갱스터 방식으로 관리했다. 알 카포네는 마피아 두목이었지만 우유업계 내에서는 우유의 유통기한 개념을 상용화시킨 업계의 개척자(?)로 평가되기도 했다.

그러나 알 카포네의 우유 배달은 사실 다른 속셈이 있었다. 일부 우유통에 우유 대신 밀주를 채워 밀주 배달 루트로 삼았고, 무엇보다 우유 사업을 자신의 '돈세탁' 창구로 악용했다. 우유를 내세워 건전 사업가로 분식했는데 실제로 자선 사업에 기부하는 적도 있었다.

공권력조차 손을 못대는 알 카포네를 잡은 것은 연방 재무부의 특수 수사관 '엘리엇 네스'였다. 암살, 살인 교사, 폭행 등 형사건으로는 처벌이 쉽지 않자 재무부는 알 카포네를 세금 포탈쪽으로 엮었다. 이를 소재로 나왔던 영화가 로버트 드니로, 케빈 코스트너 주연의 '언터처블'이라는 영화다.

영화 속 스토리처럼 알 카포네는 조세 포탈범으로 유죄를 받아 1931년 징역 11년을 선고받고 감옥에 수감됐다. 그러나 7년여가 지난 뒤 가석방돼 마이애미에서 은거하다 48세의 나이로 병사했다.

알 카포네의 발흥과 서식(棲息)은 당시 만연했던 공권력의 부패, 범죄와의 결탁 등 아직 영글지 못했던 전후 미국의 법질서 상황을 그대로 대변한다. 카포네 이후에도 뉴욕 등을 근거지로 한 마피아들은 여전히 존재했지만 이후 법치(法治)가 더욱 촘촘히 짜여지고, 또 기능하면서 알 카포네 같은 일탈은 자취를 감추게 됐다. 광대한 영토에 치밀한 관리가 더해지면서 미국은 확실한 강대국으로서의 면모를 더해가게 되는 것이다.

02 미시간
오대호 4개 호수와 면한 자동차의 요람

이리호와 허드슨강 연결하는 이리 운하로 급성장

캐나다 쪽 호수변에서 바라다 본 19세기 디트로이트 항구의 모습

미시간주의 미시간이라는 이름은 '많은 물'을 뜻하는 인디언 말에서 유래됐다는 것이 정설이다. 실제로 미시간은 온통 물에 둘러싸여 있다. 오대호 가운데 4개의 호수와 연해 있다. 넓이가 250,494km^2로 한반도보다 10% 이상 크다. 면적으로는 미국 50개 주 가운데 11위, 인구는 아홉 번째다.

미시간은 특이하게 두 덩어리로 나뉘어져 있다. 위스컨신 쪽과 접한 반도와 벙어리 장갑 모양으로 불그러져 나온 반도가 그것이다.

두 반도는 매키낙 대교를 통해 연결된다. 미시간의 태동과 개척은 이웃한 위스컨신과 비슷한 경로를 밟았다. 1620년 무렵 프랑스인 브륄이 위스컨신과 접해있는 반도 지역을 탐사했다. 10여 년 뒤 또 다른 프랑스 탐험가와 신부 등이 발을 디딘 후 1668년 솔 세인트 마리에 미시간 최초의 유럽인 정착지가 들어섰다. 이 지역에 대한 프랑스인들의 관심사는 포교와 모피 무역이었다. 약간의 프랑스인 농장들노 사리 잡있다. 그러니 선입자 프랑스의 미시간 점유는 오래가지 못했다. 영국이 캐나다 퀘벡 지역을 거점 삼아 오대호 연안 지역까지 지배권을 확장해 왔기 때문이다. 결국 1763년 1차 파리 조약을 통해 영국은 미시간을 포함한 중북부 지역을 수중에 넣었다. 1774년 영국은 미시간을 퀘벡주의 일부로 편입시켜 버렸다. 미 독립전쟁 중에 미시간은 영국군의 배후 거점으로 활용되기도 했다. 영국군은 디트로이트를 포함해 이 지역 일대에 상당한 세력을 구축하고 있던 인디언들을 동원, 미국인 정착지들을 공격케 했다. 이 가운데 일부는 멀리 켄터키까지 원정을 가기도 했다. 본의 아니게 영국의 부역자(附逆者) 역을 맡은 것이다.

1783년 독립전쟁이 끝나면서 미시간에 대한 통치권은 미국으로 넘어왔다. 영국은 미시간을 포기했지만 가장 주요 돈벌이인 모피 교역만큼은 명맥을 이으려 했다. 이를 위해 미시간 일원에 산재한 인디언들과 긴밀한 관계도 계속 유지, 필요시 미국의 '뒤통수'를 칠 수 있는 여지를 남겨뒀다. 영국의 이 같은 '더블 플레이'는 1815년 미영 전쟁이 끝나면서 종식을 고하게 됐다. 미시간 지역의 인디언들은 서쪽으로 밀려났고 미시간은 비로서 미합중국의 일원이 됐다. 이 무렵까지 미시간은 주변 지역들과 마찬가지로 모피 사냥꾼이나 교역자들 빼고는 인적이 드문 황량한 수림 지대에 불과했다.

1820년 미국 연방 인구 센서스(U.S. Census of 1820)에 기록된 미시간의 인구수는 고작 8,896명이었다. 한반도보다 훨씬 큰 지역임에도 살고 있는 주민수가 1만 명이 채 안된다는 것은, 해당 지역이 영토나 피통치(被統治) 대상으로 큰 의미가 없음을 반증한다. 당시 전쟁에 의해, 그리고 할양 조약에 의해 넓은 땅이 넘겨지고 또 넘겨받았지만, 사실은 황무지에 대한 '명의 변경' 정도 이상의 것은 아니었다. 미시간은 그러나 1825년 이리 운하가 개통되면서 급속한 성장세에 접어들었다. 동쪽의 뉴잉글랜드, 뉴욕 등지에서 많은 사람들이 새로이 미시간에 둥지를 틀었다. 그 결과 1830년에는 3만 명대로 늘었다. 불과 10년 사이에 인구가 3~4배로 급증한 것이다.

미시간은 주변 다른 지역들과 앞서거니 뒷서거니 하면서 1837년 미국의 26번째 주로 편입됐다. 하지만 명색이 정식 주이긴 했어도 주민수로 따져서는 서울의 동(洞)만한 규모에 불과한, 말그대로 '깡촌'이었다.

디트로이트에 포드, GM, 크라이슬러 등 '빅 3' 본사 위치

미시간은 남북전쟁 중에 북군의 편에 섰다. 미시간에서 결정적인 전투는 벌어지지 않았지만 북군의 유명한 커스터 장군은 미시간 기마대를 지휘했었고, 1865년 5월 10일에는 이 기마대가 조지아에서 제퍼슨 데이비스 남부 대통령을 사로잡아 남북전쟁의 종지부를 찍게하는 기여를 하기도 했다.

미시간은 내수면 비율이 40%가 넘는다. 다소 과장하자면 미시간주는 '땅반 물반'이다. 그리고 침엽수림 지대가 끝없이 펼쳐진다. 이런 연고로 미시간은 일찍부터 목재 생산량이 많고 가구 산업이 활성화됐다.

지금의 미시간은 오대호 연안에서 가장 중공업이 발달한 지역 중의 하나로 꼽히고 있다. 그 반도 남쪽에 자리한 디트로이트는 익히 알려져 있듯이 미국 자동차 제1의 생산지다. 포드, GM, 크라이슬러 같은 자동차 '빅 3'의 본사가 모두 이곳에 있다. 지금은 조지아, 앨라배마 등지로 자동차 생산 거점이 분산되고 있지만 디트로이트가 여전히 미국 자동차 산업의 요람임을 부인할 사람은 없다. 미시간의 이같은 산업 기반은 1, 2차 세계 대전중에 미 방위 산업에 있어 중추적인 역할을 담당케 했다. 전투기, 군함 건조, 탱크, 군용 차량 등 막대한 중장비 및 군수품 생산은 미시간의 중흥과 발전에 큰 기여를 했다.

미시간은 오대호 연안 지역이 대체로 그렇듯이 눈이 많은 곳이다. 위스컨신에 접해있는 지역은 특히 더 심한데 핸콕(Hancock)이라는 마을의 경우 연간 총 강설량이 약 6m가 넘을 때도 있을 정도로 무지막지하게 내리는 것으로 유명하다. 미시간은 위스컨신, 펜실베이니아 등과 더불어 '러스트 벨트'로 불리는 곳이다. 백인 블루 컬러 계층들이 많고 이들 중 상당수가 자동차 산업이나 기타 중공업 분야에 종사하고 있다. 이 '러스트 벨트' 지역은 미 정치권에서 상당한 입김을 발휘하고 있다. 전반적으로는 민주당 성향이 높지만 트럼프 대통령 이후 스윙 스테이트로 전환돼 미 대선의 향방에 적지 않은 영향을 끼치고 있다.

2016년 대선에서 트럼프 후보는 저학력, 저소득층 백인 유권자들을 집중 공략, 1992년 이래 공화당 후보를 외면하던 이곳에서 47.25%를 얻어 47.03%를 기록한 클린턴 후보를 간발의 차로 제쳤다. 득표율 0.22% 차라는 것은 민주당과 공화당이 각 500명씩의 지지표를 확보하고 있는 상황에서 이 가운데 단 한명이 이탈, 501표대 499표로 바뀌었을 때 정도의 차이다.

그러나 2020년에는 정반대의 상황이 일어났다가 2024년 대선에서는 또 다시 트럼프에게 승리를 안겨주는 등 미시간 주민의 '표심(票心)'은 어느 쪽에도 확신을 못 갖게 하고 있다.

In Depth Story 오대호

미 대륙과 대서양을 연결한 중공업의 '허브'

오대호(Great Lakes)는 호수라지만 크기를 짐작하기 어렵다. 분명한 것은 호수임에도 파도가 있고, 또 때로는 높으며, 폭풍우로 인해 오대호에서 침몰한 선박도 수십 척이 넘는다는 사실이다. 표면적 약 24만 4천km²로 한반도보다 더 큰 이 방대한 내륙호는 미국과 캐나다가 수상에 국경선을 그어 공유하는 지구상 최대 담수호(淡水湖), 즉 민물 호수다. 큰 덩이 5개로 구성된 이 호수들에 담긴 민물을 모두 합치면 세계 전체 담수량의 약 20%, 북미 지역 담수의

우주에서 위성 촬영을 통해 바라 본 오대호의 위용

84% 가량을 차지하며, 이 물을 미국땅 위에 쏟아 부을 경우 그 깊이가 2.3m에 달할 정도다. 5개 중 가장 큰 슈피리어호(Superior)는 넓이 82,100km²로 남한 땅에 거의 맞먹는다. 최대 깊이 406m, 평균 147m로 오대호의 전체 수량의 절반 이상을 담고 있는 '맏형'이다. 이렇게 크기나, 보유 담수의 규모가 엄청난 오대호는 미국의 태동과 국경선 결정 및 산업 전반에 걸쳐 지대한 영향을 미쳤다. 오대호를 두고 미 대륙에 내려진 '빙하기의 선물(Ice age gift)'이라고 부르는 이유도 여기에 있다. 오대호가 약 1만 년 전 거대한 빙하의 후퇴, 침식 등을 거쳐 물이 채워지면서 생성됐기 때문이다.

오대호는 또 자연의 국경선을 제공한다. 이웃한 캐나다가 적국이 아닌 최 선린국(善隣國)이기에 안보를 위협할 일은 없지만, 만약 분쟁 시 오대호는 거대한 해자(垓子) 역할을 할 수 있다는 점에서 최고의 방어선이 될 수 있다.

1783년 파리 조약에서 미국은 영국으로부터 오대호 남쪽의 영토를 확보했다. 이어 1842년 캐나다와의 국경선 최종 합의 결과 미국의 북쪽 국경선은 땅에서는 북위 49도선을 따라 그어졌지만, 오대호 부분에서는 호수 중심을 기준으로 자연 경계선이 만들어졌다.

오대호의 진가는 산업과 국토 개발 측면에서 돋보인다. 동서 길이 약 1,200km, 남북으로는 960km쯤 되는 오대호는 미 중부 호수 연안지역 산업 발전의 원동력이 됐다. 1825년 이리 운하 개통으로 대서양과 미 중부가 연결됐는데 그 기반은 당연히 오대호라는 천연 물길이 기여했다. 물론 운하 개통 이전에도 오대호는 미 중부와 북동부 간을 이어주는 최적의 물류 통로였다. 오대호는 이런 '물길' 외에 수많은 공장, 산업 시설 및 200개가 넘는 지역 도시에 용수(用水)를 공급하고 있다.

오대호와 접해있는 미시간, 위스컨신, 일리노이, 오하이오, 인디애나 등은 철광석, 석탄, 구리, 석유, 천연개스 등의 지하자원이 풍부한 광업 지대다.

철강, 제련, 조선, 자동차 제조, 중화학 공업 등은 한결같이 원석 산지와 제조·가공 공장 간의 접근성 및 엄청난 규모의 산업용수를 필요로 한다. 오대호는 이런 '니즈(Needs)'들을 충족시켜 주는 최적의 환경을 제공했다. 그 결과 오대호 연안의 중공업 지대는 미국 최대의 2차 산업 허브가 됐고, 이를 기반으로 한 중공업 제품 제조 파워는 특히 양차(兩次) 대전 중에 미국을 '세계의 공장'으로 기여케 하는 데 결정적인 역할을 했다.

오대호는 5개 호수들끼리 연결이 돼 있고 또 세인트로렌스강을 통해 멀리 대서양까지 항로가 이어지게 돼 있다. 이런 점을 활용, 오대호는 군함 제조와 해상 훈련 등이 가능한 내륙 기지로 안보 측면에서 유용한 곳이다.

오대호를 중심으로 한 중공업 지대는 석유 파동 이후 미국 제조업의 위축, 산업공해 문제, 반도체 등 IT 산업의 대두 등으로 인해 쇠퇴의 길을 걷게 됐다. 이러한 상황을 표현한 것이 '러스트 벨트(Rust Belt)'로, 미시간, 위스컨신, 오하이오 등 오대호 연안 지역의 경제가 녹슬어 버렸다는 것을 뜻한다. 이 '러스트 벨트' 주들은 생산직 근로자들의 수효가 많고 노조의 입김도 강한 탓에 '스윙 보트'의 성향을 띄고 있어, 민주당이나 공화당 모두 '표심' 잡기에 각별히 공을 들이는 대선의 핵심 전장(戰場)이 되고 있다.

오대호는 단순히 덩치가 큰 호수가 아니라 미 대륙과 대서양을 이어주는 젖줄로서 미국의 영토 형성과 산업 성장 및 도시화에 지대한 영향을 미쳤다.

03 위스컨신
주도 밀워키는 미국 맥주의 본향

유럽 식민제국 영국과 프랑스가 지배권 두고 각축전

위스컨신에서 가장 큰 도시인 밀워키의 19세기 후반 무렵 시가지 모습

시카고에서 94번 인터스테이트 하이웨이를 타고 북으로 1시간 반쯤 달리면 위스컨신주 밀워키로 들어서게 된다. 밀워키 시내를 가로지르다 보면 무언가 시큼한 냄새를 느끼게 마련이다. 차 창문을 열지 않더라도 확실히 배어 들어오는 그것은 바로 주향(酒香), 술향기다. 어린 시절, 시골 동네 양조장 근처에 가면 맡을 수 있었던 술지게미 냄새와 흡사한 바로 그런 냄새다.

위스컨신의 간판 도시 밀워키는 미국 맥주의 본향이다. 실제로 거리에서 술 냄새를 느낄 수 있을 정도로 맥주 공장이 즐비하게 늘어서 있다. 미 중부의 북쪽, 오대호의 하나인 슈피리어호에 접해 있는 위스컨신은 길고 추운 겨울로 유명하다. 호숫가 연안은 연간 눈 내리는 날이 평균 140일이나 될 정도로 눈이 흔하고, 내려도 무지막지하게 퍼붓는다.

위스컨신은 일찍이부터 인디언들의 본거지였다. 역사학자들은 이곳에 인디언 원주민들이 둥지를 틀기 시작한 시점을 대략 12,000년 전으로 잡는다.

고대 빙하지역의 일부였던 이곳의 지형은 완만한 구릉지대에 호수와 강줄기가 지천으로 많다. 춥고 긴 겨울, 짧은 여름이라는 기상 조건은 시베리아 못지 않은 침엽수 원시림대를 만들어 냈다. 원주민들에게 있어서는 최상의 사냥터였다.

미 대륙서도 오지인 이곳에 개척자의 발길이 닿은 것은 1634년 무렵이었다. 프랑스의 탐험가 장 니콜레가 위스컨신을 찾은 첫 유럽인이 됐다. 이후 모피를 찾아 나선 상인들, 선교사들이 간헐적으로 찾아들었다. 그러다가 18세기에 접어들면서 이주민들이 늘어나기 시작했다. 물론 그 규모는 동부의 식민지들이나 캐나다 퀘벡 같은 대처(大處)와는 비교가 안 될 정도로 미약했다.

그럼에도 이곳의 지배권을 두고 유럽 식민제국의 '양호(兩虎)' 영국과 프랑스가 각축전을 벌였다. 1754년에 시작된 프렌치-인디언 전쟁이 그것이다. 결과는 프랑스의 패퇴였다. 프랑스령으로 점 찍었던 광활한 대지, 그 가운데 일부인 위스컨신 지역도 1763년 영국 수중으로 넘어갔다. 그러나 위스컨신은 불과 20년 만인 1783년에 새로운 운명을 맞았다. 미 독립전쟁의 종료와 함께 영국령에서 미합중국의 새로운 영토로 편입된 것이다.

하지만 말만 새 영토지 위스컨신 일대는 사실 주민은 찾아보기 어려운 삼림지대의 벽촌과 다름없었다. 위스컨신이 미국 영토가 된 지 30여 년이 더 지난 1820년 기준 인구 수는 고작 1천 4백여 명 남짓이었다. 위스컨신의 면적은 169,790km². 남한 땅의 1.8배쯤 될 만한 지역에 주민 수가 1천 명대에 불과하니 주든 준 주든 이름 붙이기가 민망할 수준이었다. 위스컨신의 인구는 1830년에 3천 6백여 명, 그리고 10년 뒤인 1840년에 3만 명을 넘어서게 된다. 인구가 이 정도가 되면서 위스컨신은 1838년 준 주(準州) 등급으로 격상됐다. 준 주는 정식 주로서 승격하기에는 여러가지 조건이 미흡한 지역으로, 미 연방정부가 총독을 파견해 관할하는, 일종의 속령 같은 행정 지위를 가지고 있었다. 그러나 이 무렵 들어 위스컨신의 개발 활성화와 함께 이주민도 급격히 늘기 시작했고, 그 결과 위스컨신은 미합중국령으로 할양된 이후 반세기가 훨씬 넘은 1848년 5월 29일에 비로서 제30번째 주로 미합중국의 정식 멤버가 됐다. 정식 주가 된 뒤 2년 뒤인 1850년에는 인구가 10년 전보다 10배 이상 급증, 30만을 돌파했고 이후에도 급격한 성장세를 이어갔다.

위스컨신은 독립전쟁 참여주가 아니었기에 당연히 영국군과 전투도 없었고, 전장도 아니었다. 준 주를 거쳐 정식 주로 미합중국의 일원이 됐지만 인구 수나 경제력 등 측면에서 합중국 내에서 주도적 지위는 갖지 못했다.

위스컨신이 존재감을 나타내기 시작한 것은 미국이 남북으로 갈려서 내전을 벌였던 남북전쟁 때였다. 위스컨신주는 확고한 북군의 일원이었다. 노예 문제에 있어 가장 진보적인 스탠스를 취하면서 링컨 대통령의 튼실한 후원자 역할을 했다.

위스컨신은 인디언 말로 '물이 모여드는 곳' 의미

위스컨신은 인디언 말로 '물이 모여드는 곳'이라는 의미를 담고 있다는 해석도 있다. 실제로 위스컨신도 고대 빙하지대 탓인지 크고 작은 호수가 무수하게 많다. 넓이가 20에이커, 즉 2만 4천 평 이상 되는 내륙 호수가 5천 개가 넘는다. 가장 큰 호수는 폭스 리버 계곡에 있는 '위네바고 호수(Lake Winnebago)'로 그 넓이는 여의도 면적의 약 70배 가량에 달한다. 또 호수 가운데 절대다수가 사유지여서 일반인 접근이 가능한 곳은 5분의 1에도 못 미친다는 설명이다. '전용 별장'을 넘어 '전용 호수'가 일상화돼 있는 곳이 바로 위스컨신인 것이다.

위스컨신의 최고 명물은 역시 맥주다. 미국의 간판 브랜드인 밀러(Miller)의 본사가 위스컨신에 있다. 이밖에 수많은 수제 브랜드 맥주들이 생산돼 위스컨신 밀워키가 명실공히 미국 맥주의 '본산'임을 각인시키고 있다.

이처럼 맥주가 넘쳐나다 보니 실제로 위스컨신 사람들은 미국 내 최고의 주당(酒黨)으로 알려져 있다. 미국에서 과음자 비율이 가장 높은 곳은 위스컨신 매디슨시(Madison)로, 성인의 약 27% 정도가 과음자로 분류되고 있다. 미국 내 과음 도시 최상위 5개 중 3개, 상위 20개 가운데 6개가 위스컨신 내 도시들이라 하니 위스컨신은 가히 '이태백 주'로 불릴만한 곳이 아닐 수 없다.

위스컨신에 이렇게 맥주 산업이 흥하게 된 데는 여러 요인이 있겠지만 독일계 주민들이 절대 다수를 차지하는 것도 주요 이유로 꼽히고 있다. 위스컨신의 독일계 주민의 비율은 42%가 넘을 정도로 거의 압도적이다. 맥주의 나라 독일이 아메리카 대륙 위스컨신에 분점을 차렸다고 할 수 있다.

위스컨신의 정치적 성향은 1984년 이후 대선 공화당 후보가 딱 한 번만 앞섰을 뿐 줄곧 민주당 후보를 선택한 블루 스테이트였다. 그러나 2016년 대선에서는 당시 트럼프 후보가 예상을 뒤집고 힐러리 후보를 불과 0.77% 차이로 제치며 대권을 거머쥐는 데 결정적인 기여를 했다. 하지만 4년 뒤 위스컨신 유권자들은 이번에는 불과 0.63% 차이로 바이든의 손을 들어줬다. 주목할 것은 2004년 대선 때도 당시 민주당의 케리 후보가 불과 0.38% 차이로 부시 후보를 눌렀고 2000년 대선에서는 민주당 고어 후보가 부시 후보를 0.21% 차이로 앞서게 하는 등 말 그대로 간발의 차이로 승패를 갈리게 하고 있다는 점이다.

이에 따라 민주, 공화당 어느 쪽도 위스컨신에서 안심을 못 하고 있다. 전형적인 스윙 스테이트, 그것도 '눈 터지는' 계가 싸움을 벌이게 하면서 최종적으로는 '반집 승부'로 결판을 내게 하고 있다. 후보나 당이 위스컨신을 '피를 말리는 곳'으로 부르는 것도 이런 연유에서다.

위스컨신의 인구는 미국 전체 50개 주 가운데 20위로 랭크돼 있다. 하지만 인구나 주세(州勢)와는 달리 이 같은 스윙 스테이트 행보로 인해 미국 정치권과 대권주자들이 가장 각별히 '모시는' 정치 블루칩 대접을 받고 있다.

04 오하이오
18~29대 미국 대통령 중 7명 배출

북군 사령관 율리시스 그랜트와 윌리엄 셔먼 장군의 고향

1788년 오하이오 마리에타에 처음으로 자리 잡은 거주민들의 생활상을 그린 모습

  오하이오는 일리노이 등과 더불어 중서부 지역에 위치한 오대호 연안 공업 지대 핵심 주 가운데 한 곳이다. 면적은 116,096km² 로 북한과 비슷한 넓이다. 이리호에 접해 있는 오하이오는 역시 일찍이부터 인디언들이 터전으로 잡고 있던 곳이었다. 그러다 1670년경 프랑스 탐험대들이 오대호 연안 탐사의 일원으로 오하이오 지역에 첫발을 디뎠다.

  이후 선입자(先入者)라는 명분으로 프랑스는 이 지역에 대한 지배권을 행사하려 들었다. 그러다가 18세기 중반쯤부터 내륙 확장에 나선 영국과 충돌했다. 프랑스는 영국과 '프렌치 인디언' 전쟁으로 대결을 벌였으나 결국 패배, 1763년 파리 조약을 통해 오하이오 역시 일리노이, 위스컨신 등과 함께 영국 관할로 넘어갔다. 독립전쟁이 끝나 새로 미국 영토기 된 오하이오 일대에도 동부 지역으로부터 사람들이 밀려오기 시작했다. 이주민들의 주류는 독립전쟁 참여자로서 서부 개척에 나설 경우 토지 제공을 약속받은 재향 군인들이었다. 그러나 이들의 정착 과정은 순탄치 않았다. 이 지역에 터줏대감으로 자리하고 있던 인디언들과의 충돌 때문이었다. 결국 1794년 그린빌 조약으로 인디언들이 밀려나면서 오하이오 지역의 백인 정착이 급속히 늘게 됐다.

오하이오는 1803년 미국이 루이지애나를 프랑스로부터 사들이면서 본격적으로 개발되기 시작했다. 미시시피강을 통한 운송과 교역이 활성화됐기 때문이다. 오하이오를 급성장 궤도에 오르게 만든 중요한 전환점은 '이리 운하'의 개통이었다. 1825년에 완성된 이 물길은 뉴욕 대서양에서 오하이오의 이리호를 거쳐 오대호에 이르는 수상 교통로를 열었다. 미국 최초의 '인터 스테이트 수상 고속도로(Inter State Water Highway)'였다. 한적한 미답지나 다름없었던 오하이오 및 오대호 연안 주들은 이리 운하의 개통과 함께 일제히 급속한 경제 성장 붐을 맞게 됐다.

오하이오 역시 중부 대평원의 일부로, 지평선까지 이어지는 규모의 밀과 옥수수밭을 가진 곳이다. 여기서 생산되는 농작물과 석탄, 철강 등 광공업 원료들이 운하를 통해 동부와 유럽 등지로 실려 나갔다. 이어 대륙철도의 개통은 오하이오를 더욱 번창케 만들었다. 미연방이 노예 문제로 갈라서자 오하이오는 북부로 가담, 남북전쟁에서 중요한 역할을 담당했다. 참전한 오하이오 출신이 35만 명에 달할 정도였다. 유명한 북군사령관 율리시스 그랜트 장군과 윌리엄 셔먼 장군이 모두 오하이오 출신이었다.

'지하철도' 란 비밀 조직 결성해 노예들의 남부 탈출 지원

오하이오는 남북전쟁 와중에 전투 외에도 휴머니즘 측면에서 각별한 기여를 했다. 한참 전쟁이 전개되고 어수선해지자 당시 남부에서는 노예에서 벗어나려는 탈출 움직임이 곳곳에서 일었다. 그러나 1850년 제정된 '도망 노예법'은 이들에 대한 추적과 압송을 합법화시켰다.

상황이 어렵게 되자 '지하철도(Underground Railroad)'라는 비밀 조직이 결성돼 이들의 탈주 돕기에 나섰다. 노예 출신의 자유인에서 사회 운동가 등 많은 이들이 관여한 '지하철도'는 탈주 노예를 승객 또는 화물, 기차역은 은신처, 차장은 안내인 등 기차 운행과 관련된 은어를 쓰면서 조직적으로 노예들의 남부 지역 탈출을 지원했다.

이들 도망 노예들이 가장 많이 이용했던 통로가 바로 오하이오의 도로, 철로 및 물길들이었다. 오하이오는 남부에 연해 있기에 탈출자들을 북부 지역이나 캐나다로 보내는 데 있어 가장 유용한 통로가 됐다. 전쟁이 치러지는 동안 최소한 3만 명에서 10만 명에 가까운 흑인 노예들이 이 '지하철도'망을 통해 자유를 찾았다.

지하철도와 관련해 가장 주목할 만한 인물은 '노예들의 모세'라 불렸던 '해리엇 터브만(Harriet Tubman)'을 들 수 있다. 자신도 노예였던 이 여성은 여러 차례 죽을 고비를 넘기면서 북부로 탈출한 뒤 '지하철도'의 일원이 됐다. 터브만은 남북전쟁 전까지 모두 19회에 걸쳐 300명이 넘는 노예들을 탈출시켰다.

'꼭지가 돌아버린' 남부 주정부들은 터브만의 목에 4만 달러가 넘는 현상금을 걸고 체포에 나섰지만 결국 실패했다. 터브만은 2016년 오바마 정부 시절 연방 재무부가 그녀의 헌신을 기려 20달러 지폐의 새 인물로 선정하려 했으나, 이후 들어선 트럼프 대통령에 의해 무산됐다. 20달러 지폐 속의 인물 앤드루 잭슨 대통령은 여전히 건재하고 있다.

오하이오의 이 같은 리더십은 이후 미국 정치에서 여실히 빛을 발했다. 18대 율리시스 그랜트 대통령에서 29대 워런 하딩 대통령까지 12대 대통령 가운데, 오하이오 출신이 무려 7명에 달할 만큼 '오하이오 백악관' 시대가 이어졌다.

미국 정치판에서는 '오하이오 징크스'라는 말이 있다. 대권을 거머쥐려면 오하이오에서 만드시 이겨야 된다는 의미다. 다소 예외는 있었지만 오하이오의 이 같은 전통은 여전히 계속되고 있다.

오하이오는 인구가 미국 내 7위에 달하는 만큼 대통령 선거인단 수도 17명으로 메이저급에 속한다. 가장 최근의 추세는 공화당 성향으로 기우는 편이지만 오하이오는 여전히 '스윙 스테이트'의 속성을 지니고 있기에 대선 후보들이 각별히 공을 들이는 곳이기도 하다.

In Depth Story 이리 운하

미국 개척기를 주도한 '황금 수로'

영토는 물리적, 공간적 개념이다. 크기, 혹은 넓이로 계량되는 양적(量的) 개념이기도 하다. 그러나 영토는 질적(質的)으로도 구분된다. 위치, 기후, 토질 등이 주된 평가 요소다. 여기에 하나 더해질 것이 있다. 영토의 운용적 측면이다. 같은 땅이라도 어떻게 효율적으로 운용되느냐에 따라 황무지가 옥토로 바뀔 수 있다.

1825년 10월에 완공, 개통된 '이리 운하'는 단순 토목 공사가 아니었다. 미국의 산업 생산력과 대외 교역 증대, 나아가 서부 개척을 본격화시키게 만든 '대박'이었다. 이리 운하는 국토 효율성의 극대화를 통해 미국 영토를 질적으로 확대시켰다.

미국은 1783년 파리 조약, 1803년 루이지애나 매입을 통해 중서부 쪽으로 광대한 영토를 추가시켰지만 이 지역에 대한 개척이나 개발은 답보상태에 머

이리 운하를 나타내는 지도

물러 있었다. 동부와 서쪽 내륙 간에 애팔래치아산맥이 가로막고 있기 때문이었다. 그래서 착안된 것이 두 지역을 물길로 잇는 것이었다.

기존의 수로는 뉴욕항에서 출발, 허드슨강을 거슬러 와 주도(州都)인 올바니까지 닿아 있었다. 운하 계획은 이 허드슨강 상류에서 횡으로 서진(西進), 대서양과 오대호를 연결짓는 거창한 플랜이었다. 당연히 엄청난 돈이 드는 사업이었다. 당시 토마스 제퍼슨 대통령은 "좋은 아이디어지만 현실성이 떨어진다"며 고개를 저었다.

그러나 뉴욕 시장을 거쳐 주지사가 됐던 드위트 클린턴(DeWitt Clinton)이 드라이브를 걸었다. 1817년 착공, 8년 만인 1825년 10월 26일 마침내 개통됐다. 총연장은 부산에서 평양까지보다 조금 더 되는 584km. 운하 폭은 수면은 약 45m, 운하 밑바닥의 수저면(水底面)은 약 19m에 깊이 3.7m였다.

도중에 수위차를 조절하기 위해 갑문 35개, 송수교가 16개 건설됐고 통과할 수 있는 선박 크기는 길이 최대 91m, 폭 13.7m에 배수량은 최대 3,000톤이었다. 투입된 총예산은 당시 화폐로 700만 달러, 그 무렵 연방정부 1년 예산 1,900~2,000만 달러의 35% 수준에 해당하는 대역사(大役事)였다.

이리 운하를 건설하는 모습을 담은 기록화

운하가 건설되기 전 이 지역을 오가는 운송 수단은 마차가 고작이었다. 그러나 뱃길이 만들어지자 모든 것이 달라졌다. 우선 물동량이 엄청나게 증가했다. 개통 직후에는 연 22,000톤이었으나 개통 후 30년 뒤인 1855년경에는 그 규모가 연 100만 톤으로 급증했다.

완공 첫 해에만 7천여 척 이상의 선박이 이리 운하를 이용했다. 땅으로 운송할 때보다 물량이 30배 이상 증가하고 일정은 단축됐다. 육로 운송 시 버팔로에서 뉴욕시까지는 평균 20~30일이 소요됐으나 운하 개통 후 8~10일로 단축됐다. 또 운송 비용은 육로 때 톤당 100달러가 들었으나 운하 개통 후에는 10달러 이하로 줄어 비용을 90% 정도 절감할 수 있었다.

오하이오를 비롯한 중서부 지역에서 생산되던 밀, 옥수수, 귀리 등의 농작물이 배편으로 뉴욕에 대거 입하됐다. 미 중부의 농산물과 육류는 단순히 국내 소비로만 머물지 않고 대규모 물량이 뉴욕을 통해 유럽으로 수출됐다.

거대한 소비 시장을 갖게 되자 중부의 농지 개척과 작물 생산은 급증했다. 중부의 대평원이 막대한 국부(國富)를 창출시키는 경작지로 바뀌었다.

이리 운하 외에 시카고 운하를 통해 미시시피강까지 연결되면서 동부와 중부를 관통하는 운하 물류망이 완성됐다. 뉴욕은 허드슨강과 오대호, 그리고 대서양을 잇는 최대의 교역 허브로 부상했다.

뉴욕과 함께 오대호 연안의 한촌이었던 시카고도 물류의 집산지이자 허브로서 급성장하기 시작했다. 또 클리블랜드, 디트로이트, 밀워키 등 운하에 연한 도시들이 교통 및 산업 요충지로 발전됐고 오대호를 기반으로 제조업과 물류, 교통 산업들이 광범위하게 자리잡았다.

미국 경제는 운하 개통 이후 25년에 걸쳐 연평균 4~5%의 고도성장을 이어갔다. 미국 역사상 가장 빠른 성장기였다는 분석과 함께 이 같은 발전에 힘입어 미국이 서유럽을 따라잡기 시작했다는 평가가 나올 정도였다.

이리 운하는 미국의 서부 개척에도 지대한 기여를 했다. 동부의 많은 주민들이 애팔래치아산맥을 넘어 중부, 서부로 신천지를 찾아 이주했다. 이주민의 증가는 일리노이, 오하이오 및 인디애나 등 신생 주들의 성립을 촉진시켰다.

그 결과 중서부 지역의 '신참' 주(州)들의 정치적 비중도 확대됐고 동시에 연방의회에서의 영향력 신장으로 동부와 남부 지역에 대한 견제도 가능해졌다. 연방 체제의 안정과 균형 확보에 기여한 것이다

이리 운하가 만들어지면서 미국은 비로서 대륙 경영의 기반을 갖추기 시작했다. 프랑스가 내팽개치고 영국이 덤으로 넘겼던 '모피 사냥터'가 운하를 통해 금싸라기 같은 '영토'로 만개(滿開)하게 된 것이다.

05 인디애나
미 대륙 중간에 위치한 '미국의 교차로'

인디언은 쫓겨나고 '인디언의 땅'이란 이름만 남아

인디애나는 미국에서 옥수수를 다섯 번째로 많이 생산하는 주다. CC BY-SA 3.0

시카고를 출발해 남쪽으로 고속도로를 타고 내려오다 보면 지나게 되는 곳이 있다. 다름 아닌 망망대해 같은 대평원이다. 서너 시간을 달려도 주변 풍경은 엇비슷하다. 지평선이 맞닿은 곳까지 밀밭, 옥수수밭이 끝없이 펼쳐진다. 구릉은커녕 나즈막한 언덕조차도 없는 완벽한 평야 지대, 중부 인디애나의 전형적인 풍경이다.

인디애나는 '미국의 교차로'라는 별칭을 갖고 있다. 미 대륙의 거의 중간에 위치하기에 어디를 가든 거치게 되는 곳이기 때문이다. 면적이 약 94,321 km² 로 남한 땅과 거의 비슷한 크기의 인디애나는 주변 주들처럼 17세기 중반 프랑스 탐험자들이 오대호 일대를 탐사하다가 첫 발을 디디면서 프랑스령으로 간주됐다. 그러나 이 일대 역시 인디언들이 원주민으로서 먼저 자리잡고 있었다. 인디애나라는 이름 자체가 '인디언의 땅'이라는 뜻이었다

인디애나는 중부의 주변 주들과 마찬가지로 1763년 인디언-프렌치 전쟁 끝에 영국으로 소유권이 넘어갔고 그로부터 딱 20년 뒤에는 다시 미국 영토로 바뀌었다. 그러나 1800년 초에도 인구 수가 고작 2천여 명에 불과할 정도로 외면받던 곳이었다. 인디애나는 미국 땅이 되면서 비로서 개발과 정착이 확대되기 시작했다. 그러나 그 과정에서 중부 일원의 다른 주들이 직면했던 것과 같은, 인디언들과 땅 지배권을 두고 많은 충돌을 겪어야 했다. 정착민들은 미국 영토로 생각하고 이주해 오지만, 원주민인 인디언들 역시 자신들이 여전히 땅 주인이라고 여기고 있기 때문이었다.

이 일대 유력 인디언족의 하나인 쇼니족의 추장 테쿰세를 비롯, 여러 인디언 부족들이 미국의 팽창에 맞서 크고 작은 전투를 벌이며 저항했다. 인디언들은 특히 영국군으로부터 총과 탄약을 구입, 지원받거나 아예 영국군 측에 가담하기도 했다. 이 같은 움직임들은 결국 1812년 미영 전쟁의 단초가 됐다.

그러나 독립전쟁에 이어 이 2차 전에서도 패한 뒤 영국은 인디언의 '배후' 역할에서 손을 뗐고 이 지역 인디언들은 다시금 미시시피강 넘어 서쪽으로 밀려났다.

오대호 연안에 자리한 '러스트 벨트'의 일원

1816년 인디애나는 19번째 주로 합중국에 합류했다. 인디언 문제도 해소되고 정착민 인구도 6만 명을 넘기는 등 독립주로서 어느 정도 규모를 갖춘 뒤였다. 인디애나는 급속한 성장세를 탔다. 미국 내 생산량이 다섯 번째 안으로 꼽히는 옥수수, 콩, 밀 등이 대평원의 농장에서 엄청난 규모로 수확됐다. 역청탄, 철 등의 지하자원 생산도 오대호 연안의 공업화 붐을 타고 급증했다. 인디

애나는 지금도 미국 내 철강 생산에 있어 선두 주자다.

인디애나는 이러한 공업, 제조업의 탄탄한 기반 덕에 일리노이, 미시간, 위스컨신 등과 더불어 '러스트 벨트(Rust Belt)'의 일원이 됐다. 주로 오대호 연안의 공업 지대를 형성하고 있는 주들로 구성된 러스트 벨트는, 한때 최고의 성장기를 구가했으나 이후 미국의 제조업 부문이 위축되면서 쇠퇴를 면치 못하게 됐다. 말 그대로 쇠 녹이 쌓인 낙후 지역으로 변모된 것이다.

러스트 벨트 지역들이 잘 나갔을 당시에는 노조도 위세가 대단했었다. 그에 따라 정치 성향도 민주당이 강세를 보였다. 그러나 경제가 힘들어지자 정치 컬러에도 변화가 왔다. 인디애나를 비롯한 러스트 벨트 주들은 대체로 중·저학력의 백인 남성들, 이른바 '블루 컬러' 계층이 주류인데, 경제 부진에 따른 이들의 상실감과 불만, 불안감을 파고든 것이 트럼프 대통령이었다.

트럼프는 워싱턴 정치권에 대한 거부감이 높은 이들을 일거에 공화당 지지층으로 변모시켰다.

그러지 않아도 인디애나는 전통적으로 공화당이 강세인 지역이었다. 인디애나는 남북전쟁 당시 '자유주'였고 지리적으로도 당연히 북부에 속했지만, 유별나게 보수층이 두터워 지금도 '확실한' 남부 성향을 보이고 있는 곳이다. 한때는 인종차별을 일삼는 KKK단의 본거지 역할을 한 적도 있었다.

인디애나 출신들은 후저(Hoosier)라는 별칭으로 불리기도 한다. 후저는 강인하고 투박하지만 촌스러움도 가진 의미로 통한다. 한국으로 치면 '감자바위'와 비슷한 맥락이라 할 수 있다.

이렇게 미국 내에서는 '촌 동네'로 불리는 인디애나지만 주의 GDP는 2024년 기준 약 6,800억 달러로, 다른 국가와 비교해 볼 때 2025년 기준으로 스웨덴이나 이스라엘보다 앞서고 아르헨티나와 비슷한 세계 25위에 랭크되고 있다. 미국의 힘이 간단치 않음을 느끼게 하는 대목이다.

06 켄터키
남북전쟁 때 형제끼리 '가족 상잔' 비극도

KFC의 발원지이자 링컨 대통령의 출생지

켄터키 하면 떠 오르는 말은 아마도 KFC, 즉 켄터키 프라이드 치킨일 것임을 부인키 어렵다. 실제로 켄터키주는 KFC의 발원지로 본사가 자리잡고 있었으나 KFC는 본거지를 2025년 2월 텍사스로 이전했다.

그러나 켄터키는 미국에서 가장 존경받는 링컨 대통령이 출생한 곳이기도 하다. 그가 변호사, 정치인으로서 활동한 일리노이가 링컨의 고향으로 여겨질 수 있지만 오두막집 생가, 그리고 어린 시절을 보낸 곳은 지금도 여전히 한적하기 짝이 없는 켄터키의 작은 시골 마을이다. 켄터키는 1783년 파리 조약으로 미국 영토가 된 미시시피강 동쪽에 위치하고 있으며, 이후 주 승격 이전에 버지니아의 일부로 편제돼 있다가 1792년 6월 15번째 주로 합중국의 일원이 됐다.

켄터키는 전형적인 남부 주다. 하지만 남북전쟁 초기에는 남도 북도 아닌 중립을 희망했다. 정치와 경제, 사회적으로 남부, 북부 모두와 긴밀한 관계를 맺고 있었기 때문이다. 그러나 그해 여름, 남군이 켄터키 서부로 침입해 오면서 분위기가 일변했다. 방어를 위해 주 자체 군대도 편성해가며 휩쓸리지 않으려 했으나 결국 북군에 가담했다.

이런 어정쩡한 스탠스 때문에 켄터키에서는 형과 아우가 서로 총을 겨누는, '가족 상잔(相殘)'의 비극이 빚어지기도 했다. 남북전쟁에 참전한 켄터키 출신이 11만 명 가량인데 대략 3분의 2가 북군, 나머지는 남군에 복무한 것으로 나타나 있다. 켄터키는 이렇듯 북부의 일원이었지만 정작 전쟁이 끝난 후에는 남

켄터키는 미국 내 버번 위스키 최대 생산지다. 사진은 위스키를 숙성중인 배럴통 CC BY-SA 3.0

부 쪽으로 기울어졌다. 켄터키 역시 미국 최대 담배 산지 중의 하나로, 대규모 플랜테이션 운영을 위해 긴요한 노예들이 해방되자 경제에 적지 않은 타격을 입었기 때문이다. 또 북군이 점령군처럼 남부 지역에 장기 주둔하는 것에 대해서도 거부감을 보이는 등 전쟁의 승자라기보다는 패자 같은 피해의식을 갖게 된 탓이었다. 켄터키의 이 같은 성향은 지금까지도 이어지고 있다.

켄터키의 백인 비율은 2024년 기준 약 83%이고 흑인 비율은 고작 8%다. 여느 남부 지역들마다 노예 후손들로 인해 흑인 인구 비율이 꽤 높은 것과는 차이가 있다.

켄터키는 백인 주민이 압도적이라는 점 등을 포함해 스스로를 '원조 남부'로 여기는 경향이 있다. 남부라 하지만 다 같은 남부는 아니라는, 일종의 '선민의식'이다. 이들은 조지아, 노스캐롤라이나 등과 같이 일찍이 영국 식민지 시절부터 미국 정착민들이 자리를 잡았던 곳이 '정통파' 남부이며, 미시시피나 플로리다, 오클라호마, 뉴멕시코처럼 지리적으로는 남부라 하더라도 프랑스나 스페인, 멕시코 땅이었던 곳들과는 '근본'이 다르다는 속내를 갖고 있는 것이다. 이런 인식을 지니고 있기에 켄터키의 정치적 색깔은 확실한 '레드'다.

대부분의 남부가 그러하듯이 보수적인 공화당 세가 절대 우위를 보이고 있다. 카터와 클린턴 때를 제외하고 압도적으로 공화당 후보를 당선시켜 왔다. 다만 주지사만큼은 정반대로, 1991년 이래 아홉 번의 주지사 선거에서 민주당이 일곱 번 승리하는 등 나름대로 견제와 균형을 유지하고 있다.

옥수수로 빚어지는 미국산 버번 위스키의 95% 이상 생산

켄터키 역시 석탄 등 지하자원이 풍부한 곳이지만 남부답게 농업이 주류를 이루고 있다. 일리노이부터 이어지는 넓고 비옥한 평원 지대에서 밀, 옥수수, 담배 등이 대량 생산된다.

켄터키를 대표하는 특산물은 위스키와 말(馬)이다. 옥수수로 빚어지는 미국산 버번 위스키의 95% 이상이 켄터키에서 만들어진 것이다. 특히 전 세계로 수출되는 버번 위스키 역시 켄터키산이 90% 이상을 차지할 정도다. 버번 위스키를 숙성 중인 배럴 규모가 2024년에 약 1,150만 배럴로, 주의 인구 450만 명의 2.5배를 넘는다. 켄터키의 GDP는 2024년 기준 4,800억 달러로 미국 50개 주 가운데 중간에 위치한다. 다른 나라와 비교하면 2025년 기준으로 필리핀, 베트남과 비슷한 세계 34위 수준이다.

켄터키는 북위 38도 지역에 있다. 위도상으로 한반도의 허리에 위치해 있는데 기후는 한국보다는 훨씬 더 온화한 편이다. 그러나 중부 대평원의 일부로서 매년 찾아드는 불청객 허리케인의 단골 피해 지역이며, 특히 무시무시한 회오리바람 토네이도가 잦은 곳이다. 2008년 허리케인 아이크(Ike)로 인해 약 60만 가구가 정전되는 최대 피해를 입기도 했다.

켄터키는 그 규모나 정치, 경제 파워 등에서 사실 크게 주목받을 게 없는, 다소 '심심한' 주라고 할 수 있다. 가장 자랑으로 내세우는 역사 유적지라고 할 수 있는 것이 링컨의 생가 정도였다.

미국에서 유명 유적지를 찾다 보면 실망할 때가 적지 않다. 거창한 이름과는 달리 실제 '현장'은 밋밋하고 초라하기 이를 데 없는 경우가 많다. '메인(main)'이 시원찮으면 주변 부대 시설, 즉 먹거리나 볼거리라도 그럴 듯해야 할 텐데 이 역시 썰렁하기 짝이 없는 편이다.

아이들이 초등학교 때 '교육 차원'에서 큰 맘 먹고 열댓 시간을 운전해 켄터키의 링컨 오두막을 찾았던 적이 있다. 그런데 막상 가보니 명승지는 커녕 덩그러니 오두막만 한 채 보존돼 있었다. 맥이 빠진 아이들에게 켄터키 치킨을 먹이면서 "여기가 '켄터키 치킨'의 원조(元朝) 동네"라며 실망감을 달래 준 적이 있다.

07 미시시피
노예제와 인종차별 역사 지닌 '남부의 상징'

"흑인은 대학 입학 불가" 주장 끝에 유혈 참극 발생

1863년 5월 미시시피 빅스버그에서 벌어진 남북전쟁의 전투 장면

1962년 9월 30일 저녁 7시 30분, 미시시피 대학 캠퍼스.

이미 해가 떨어진 지 한 시간 가까이 지나, 어둠이 짙어진 이 대학 라이세움 빌딩 앞에서 대규모 충돌이 벌어졌다. 수강 등록 사무실이 있는 이 건물 주변에 진을 치고 있던 수천여 명의 백인 학생 시위대들과, 경비를 맡고 있던 5백여 명의 연방 보안관늘 산의 대결이었다. 시위대들은 돌과 병을 던졌고 보안관들은 이에 맞서 최류탄을 발사했다. 결과는 충격적이었다. 2명이 숨지고 수백 명이 체포됐다. 이날 사태의 주인공은 흑인 인권 운동에 불을 붙였던 미시피대 흑인 학생 '제임스 메레디스(James Meredith)'. 공군 베테랑 출신인 메레디스는 미시시피대의 첫 흑인 학생이 되고자 했다. 우여곡절 끝에 합격은 했으나 주지사, 대학 당국, 재학생, 동문 등이 모두 나서 그의 입학을 가로막았다. 대법원까지 입학 허가 판결을 내렸음에도 여론은 "흑인을 대학에 발 들이게 해서는 안 된다"고 요지부동이었다. 결국 케네디 대통령이 연방 군대까지 동원해 메레디스 보호에 나섰고, 마감을 하루 앞두고 수강 등록을 위해 사무처 건물로 들어가려는 과정에서 이 같은 유혈 참극이 빚어진 것이다.

노예제로 국론이 분열돼 내전까지 치른 지 100년여가 지났음에도 남부에서의 흑인에 대한 차별은 엄혹한 현실이었다. 그중에서도 미시시피는 특히 더 심했다. 미시시피는 주변 주들과 마찬가지로 프랑스-영국을 거쳐 1783년부터 미국 영토가 됐다. 일단 준 주 상태로 됐다가 분리돼 정식 주로 합중국에 합류했다. 미시시피는 일찍이부터 백인 우월 의식이 자리 잡은 곳이었다. 쌀과 담배 재배 농장이 확대되면서 노동력이 부족해지자, 1719년에 처음으로 흑인 노예들을 서아프리카로부터 받아들였다. 이후 지역 토양이 면화 재배에 적합한 것으로 판명되면서 주변 남부 주들과 마찬가지로 면화 생산이 급증했다. 대규모 플랜테이션들이 늘어났고 흑인 노예수도 점점 증가, 한때는 흑인이 주내 최대 인종으로 자리하기도 했다.

미시시피는 당초 남부 지역들이 연방 이탈 조짐을 보였을 때만 해도 합중국 탈퇴에 거부하는 기류가 우세했으나 주의 자치권 및 노예제 등에 대한 옹호 여론이 강화되면서 입장을 바꿨다. 결국 사우스캐롤라이나에 이어 미시시피는 두 번째로 연방을 탈퇴했고 미시시피 출신 정치인 제퍼슨 데이비스는 남부연합의 대통령으로 선출됐다. 반도(叛徒)의 수괴(首魁)(?)가 되고 만 셈이다. 남북전쟁 기간 중 8만 명 이상의 미시시피 출신 군인들이 남군으로 복무했다. 당연히 미시시피는 남북 충돌의 최대 격전지 중의 하나가 됐다.

종전 후 1870년 미합중국에 재편입돼 원상 복귀 했음에도 불구하고 노예제나 인종차별에 대한 미시시피의 '뒤 끝'은 질기게 남았다. 미시시피 대학 입학 사건은 바로 미시시피의 이 같은 '뼛속 깊은' 흑인 차별 인식이 빚어낸 결과였다.

풍부한 천연자원 갖고도 가장 빈곤한 주로 꼽혀

미시시피는 미국 곳곳이 그러하지만, 환경이나 천연자원 측면에서는 복 받은 곳이다. 중부의 대평원 일부로, 산을 거의 찾아볼 수 없는 너른 대지가 끝없이 펼쳐진다. 아열대성에 가까운 온대 기후로 여름은 길고 겨울은 춥지 않으며 강우량이 많아 목화, 담배, 밀 등 농작물 생산에 최적이다. 게다가 석탄 철광 등 외에 석유, 천연가스가 풍부하다. 특히 남부 최대의 석유 생산지로 꼽힐 정도다. 걸프만에 맞닿은 곳으로 새우, 게 등 수산자원도 넘쳐난다.

그러나 이 같은 천혜의 여건을 갖췄음에도 미시시피는 미국 내에서 가장 빈곤한 지역 중 하나로 꼽힌다. 흑인 인구비가 2024년 기준 37~38%로 50개 주 가운데 백인이 제일 적음에도 정치 성향은 골수 백인들만 모인 것처럼 가장 보수적이다. 1988년 이래 단 한번도 대선에서 민주당 후보가 이긴 적이 없다. 지지율 격차도 커 개표 방송이 시작되면 "공화당 승리"라는 판정이 가장 앞서 나오는 곳으로 분류된다.

미시시피의 주도는 잭슨으로 주 최대 도시이기도 하다. 미시시피는 토요타, 닛산 등과 같은 일본 자동차 공장이 들어서 있긴 하나 주 경제는 전반적으로 부진한 상황이다. 이에 따라 도박 산업을 합법화, 중부의 '라스베가스'를 추구하고 있다. 마땅한 관광 거리가 없는 지역이었으나 큰 카지노와 리조트들이 등장하면서 관광객들을 끌어들이고 있다.

미시시피의 면적은 125,438 km^2로 북한보다 약간 크지만 인구는 2024년 기준 280여만 명에 불과하다. 2024년 GDP는 약 3,400억 달러로 미국 내 35위, 세계적으로는 2025년 기준으로 이집트나 칠레와 비슷한 세계 45위 수준이다. 주에서 가장 높은 곳이 '우달 마운틴(Woodall Mountain)'인데 이 최고봉(?)의 고도는 서울의 남산보다 20여m 낮은 246m정도다. 이렇게 지천으로 넓고 기름진 옥토에 자원 역시 무진장한 미시시피가 왜 미국서 가장 가난한 동네 중의 하나라는 평가에서 못 벗어나는 지 의문이다. 인종차별의 음습한 현실을 그렸던 영화 '미시피 버닝(Mississippi Burning)'은 현재의 모습에서도 여전히 흔적을 남기고 있다.

In Depth Story 미시시피강

10개 주에 걸쳐 미국 땅의 40%를 차지한 대하

미국 내륙 수로의 핵심 역할을 하는 미시시피강

미시시피강이 '미국서 제일 긴 강'이라는 사실은 누구나 알고 있다. 실제로 미시시피강 자체의 길이는 3,766km이지만 지류인 미주리강을 합치면 6,270km로 세계 4위의 강이다. 미시시피강의 중요성은 단순히 길이에만 한정되지 않는다. 미시시피강은 미 대륙 중부를 종단하는 거대 수로(水路)로서, 교역과 운송, 교통의 핵심 젖줄이었다.

미 중부의 남북을 축으로 중서부, 중동부 일대에 뻗어 있는 수많은 지류는 미주리강을 비롯, 큰 강만 18개 이상이며 이 지류 사이에 수많은 세류(細流)들이 거미줄처럼 분포돼 있다.

이들 물줄기들은 미시시피강 본류와 합쳐지면서 광대한 유역을 형성한다. 록키산맥에서 애팔래치아산맥 사이의 대부분 지역이 미시시피강 수계(水系)

권이라 할 수 있다. 북부 미네소타에서 발원, 루이지애나 뉴올리언스를 통해 걸프만으로 흘러들기까지 중부와 서부, 남부 10개 주에 걸쳐 퍼져 흐르고 있는 것이다.

이렇게 본류 든 지류 든 미시시피강을 품고 있는 유역 면적은 무려 322만 km²에 달하고 있다. 이는 미국 전체의 약 40%에 해당한다. 즉 미국 땅의 4할 이상이 미시시피강 유역이라고 볼 수 있는 것이다.

미시시피강은 단순한 지리적 개념을 넘어 미국 영토 확정 과정에서 중요한 이정표 역할을 해왔다. 먼저 미시시피강에 대한 탐사 시점을 기준으로 해당 지역에 대한 소유권 주장이 제기됐다. 이에 따라 프랑스가 처음으로 미시시피강 이서(以西) 유역 일대를 자국령이라 선언했고 이후 1762년 강의 지배권은 스페인으로 넘어갔다.

1783년 남북전쟁 종결 후 영국이 미국의 독립을 인정하면서 13개 식민지 땅 외에 중부 지역의 영토를 넘겨줄 때 기준이 된 것이 미시시피강이었다. 또 미 중부에서 유럽 식민제국들이 각축전을 벌일 때 가장 중요한 이슈가 된 것도 바로 미시시피강의 통행, 운항권이었다.

1803년 미국이 프랑스로부터 루이지애나 지역이라는 이름의 대 영토를 매입했는 데 이때 역시 미시시피강의 운항권 확보 문제가 가장 첨예한 이슈가 됐고 미시시피강은 이 영토 거래에서 동과 서를 가르는 구분선이 됐다.

또 뉴올리언스나 배턴루즈같이 강을 따라 구축된 요새들은 식민지 지배권 다툼이 있을 때마다 전략 요충지 역할을 했다. 남북전쟁 때도 북군의 전략 목표 중의 하나가 바로 미시시피강에 대한 통제였다. 북군은 미시시피강을 제압함으로써 남군을 양분시키면서 보급선을 차단, 승리를 일궈냈다.

한마디로 미대륙을 호령하려면 미시시피강의 장악이 필수라는, 전략적·경제적 가치를 지닌 것이 바로 미시시피강이었다.

미국의 산업화 과정에서도 미시시피강의 존재감은 거의 절대적이었다. 미국의 서부 개척은 미시피강을 넘으면서 본격화됐고, 19세기 중반 이후 미국의 급속한 성장도 미시피강 수로가 동부, 대서양까지 연결되면서 가능할 수 있었다.

1711년 뉴올리언스에서 피츠버그까지, 즉 걸프만에서 오대호에 이르는 남북종단 수로가 개통된 이후 미시피강 유역 전체에서 크고 작은 선박 3천 척 이상이 운항되면서 미시피강 연안 도시들을 거미줄처럼 연결했다.

이 수로를 통해 옥수수, 목화, 쌀, 사탕수수, 밀 등 중부의 농작물들이 미 동부와 유럽 소비 시장으로 운송됐고 미시피강 유역 도시들은 자연스럽게 상공업 도시로 번창하게 됐다. 미시피강은 19세기 미국 산업과 내륙 교통의 대동맥 역할을 한 것이다. 미시피강의 최남단이자 대양의 관문인 뉴올리언스는 당시 미국 농산물의 해외 수출 창구로서 가장 중요한 항구였다. 19세기 초반, 미국 생산물의 3분의 1 이상이 미시피강을 따라 뉴올리언스로 수송됐다.

미시피강은 현재에 이르러서도 미국 경제의 중요한 일익을 담당하고 있다. 미국 농업 수출의 60% 이상이 미시피강 유역에서 생산돼 미시피강 수로를 따라 수출되고 있다.

미시피강은 철도가 개통되면서 상대적으로 중요성이 떨어졌지만, 철도와 자동차 이전 시대에 미국 산업 부흥의 원동력이 된 것이 바로 미시피강이었다. 특히 강을 따라 무수한 운하와, 철도 등이 건설돼 미국의 국토 통합의 산실 역할을 했다. 지금도 미 대륙을 동서로 나눌 때 미시피강을 기준으로 하고 있으며 미 프로농구, 프로하키 리그에서도 동부 지구와 서부 지구를 가르는 경계 역시 대략 미시피강이다.

08 앨라배마
'면화 벨트'서 '자동차 벨트'로 변신

프랑스, 영국, 스페인 3국의 각축전 끝에 미국으로 낙착

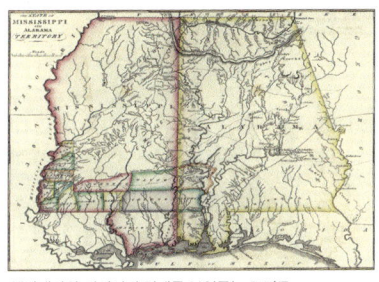
앨라배마와 미시시피 경계를 보여주는 고지도

앨라배마주를 두고 흔히 '하트 오브 딕시(Heart of Dixie)'라 부른다. 남부의 한가운데라는 뜻이다. 지리적으로도 그렇지만, 특히 관점이나 사고 방식을 거칠게 표현해 '꼴통 남부'라는 의미가 강하다. 앨라배마는 좌로는 미시시피, 위로 테네시, 우로는 조지아에, 밑으로 플로리다 등 사실상 남부 주들에 포위돼 있는 형국이다. 남쪽 일부가 숨통을 틔우듯 걸프만에 연해 있을 뿐이다.

앨라매마의 태동은 주변 주들과 비슷한 경로를 거쳤지만 약간은 다르다. 이곳 역시 원래 인디언들이 자리를 잡고 있던 곳에 프랑스 탐사자들이 거치면서 내륙 쪽 대부분은 프랑스령 문패를 달았다. 그러다가 영국에 밀려 영국령으로 바뀌었다가 최종적으로 미국 영토가 됐다.

그러나 걸프만에 접한 남부 지역은 주인이 달랐다. 플로리다를 장악한 스페인이 이 일대까지 점유하고 있었기 때문이다. 나중에 준 주를 거쳐 1819년 22번째 주로 합중국에 편입되는 과정에서 영토 정리가 됐지만, 앨라배마는 프랑스, 영국, 스페인이라는 3국의 각축전 끝에 미국으로 낙착된 '영토 풍파'를 심하게 겪은 곳이다.

이들 '외적' 외에 원주민인 인디언들과도 거세게 부딪혔다. 이 지역 정착자들 수백 명이 크리크족 인디언들에 의해 살해된 바 있고 나중에 미국 땅이 된 후에도 연방군이 출동, 대부분의 인디언들을 미시시피강 서쪽으로 밀어내는 등 충돌 과정을 거쳤다.

이렇게 복잡하게 얽혔던 곳이기에 앨라배마는 지역별로 차이가 난다. 내륙 쪽이 영국이나 프랑스 분위기라면 남쪽 해안 지역은 스페인풍이 강하다.

노예 기반 농업 중심에 전형적인 남부 스텐스 밟아와

위도상 한국의 제주도와 비슷한 앨라배마는 온난 습윤의, 전형적인 아열대성 기후를 나타내고 있다. 또 주변들과 마찬가지로 넓은 평원 지대가 태반이다. 이런 기후, 지형적 특성으로 면화나 담배나 밀 등과 같은 작물 재배가 성하다. 대규모 플랜테이션, 그에 속한 많은 노예들을 기반으로 하는 농업 중심의 '남부 경제' 구조 특성을 지니고 있다.

이 같은 배경을 토대로 앨라배마는 전형적인 남부의 스텐스를 밟았다. 남북전쟁 발발 3개월 전인 1861년 1월 11일 합중국으로부터 탈퇴, 남부연합을 설립했다. 2월에는 앨라배마의 주도 몽고메리가 남부 맹방의 수도가 됐다. 3개월 뒤 버지니아 리치몬드로 옮겨지기 전까지 남군의 본거지가 됐던 것이다.

하지만 앨라배마의 남군이 1864년의 모빌만 해전에서 대패한 뒤 곳곳이 북군에 의해 파괴당했다. 앨라배마는 남부 최대 공업 지대 중의 하나였기에 철강 등 산업시설들의 피해가 특히 심했다. 셀마에 있는 군수품 산업들은 거의 초토화됐고, 북군의 진군 과정에서 앨라배마 대학까지 불타기도 했다.

전쟁 종료 후 3년 뒤 앨라배마는 다시금 합중국으로 재편입됐으나 패전의 상흔은 고스란히 남았다. 앨라배마는 미국 내 목화 생산이 가장 많아 '면화 주(Cotton State)'로 불리기도 했었는데, 모든 노예의 해방과 함께 자작농 백인 농부들의 몰락 등으로 인해 특히 농업 부문이 결정적인 타격을 입었다.

'남부의 피츠버그'로 불릴 만큼 철강 산업이 발달했고, 조선업 등을 중심으로 제1차 세계 대전 때 상당한 산업 발전을 이루었다.

현대자동차와 도요타의 진출로 자동차 산업의 허브로 부상

2차 대전 당시 다시금 활기를 회복했던 앨라배마 경제는 근래 들어 완전히 새로운 버전으로 부활했다. 주도 몽고메리에 현대자동차가 진출한 것을 필두로 헌츠빌에도 도요타, 혼다, 벤츠의 생산 공장들이 속속 자리잡았기 때문이다. 이에 따라 미국 내 자동차 생산량이 미시간 디트로이트를 앞설 정도로 앨라배마는 새로운 자동차 산업의 허브로 떠오르고 있다. 앨라배마 외에 조지아 등에도 세계 유수의 자동차 생산 공장과 부품 업체들이 들어서고 있다. 이제 남부는 더 이상 목가적인 '면화 벨트(Cotton Belt)'가 아니라 '자동차 벨트(Auto Belt)'라는 새로운 닉네임을 얻고 있다. 앨라배마의 2024년 GDP는 약 5,000억 달러로 미국 내 24위, 국가별로는 2025년 기준으로 노르웨이보다 약간 뒤지고 필리핀보다는 앞서는 세계 33위권이다.

면적 135,767km²로 남한 땅의 1.5배쯤 되는 앨라배마의 정치색은 '완전 레드'라 할 수 있다. 1988년 대선 이래 한 번도 민주당 후보가 승리한 적이 없으며, 득표율도 거의 30% 차이가 날 정도로 공화당 세가 강한 곳이다. 주지사 선거 역시 비슷한 양상이다. 물론 민주당 표도 30% 중반대가 나오긴 하는 데, 이는 앨라배마의 흑인 인구 비율이 미국 내 평균보다 훨씬 높은 30%에 육박하기 때문이다. 이에 따라 백인들은 거의 90%대가 공화당, 흑인들은 98%가 민주당을 찍는 식으로 패가 갈리는 극단적인 진영별 투표 행태를 보이고 있다.

인종 문제에 관해서는 남부의 특성을 그대로 드러내 KKK단의 본부가 위치해 있었고, 인종차별 행태들이 가장 오랫동안, 그리고 노골적으로 자행된 지역이기도 했다.

셀마 대행진 - 미국 흑인 인권운동의 성지

'피의 일요일' 행진을 저지하기 위해 경찰관들이 봉쇄하고 있다

셀마(Selma)는 앨라배마 서부에 위치한 인구 2만 명가량의 작은 도시다. 그러나 셀마는 미국 흑인 인권운동의 성지로 여겨지는 곳이다. 노예해방이 시행된 지 한 세기가 지난 1965년도에도 여전히 극심한 차별에 시달리고 있던 흑인들이 셀마에서 앨라배마의 주도 몽고메리까지 세 차례에 걸쳐 행진하며 인권 회복을 위한 투쟁을 벌였던 역사의 현장이기도 하다.

'피의 일요일(Bloody Sunday)'로 불리는 1965년 3월 7일의 1차 행진에서는 6백여 명의 시위대들이 80번 고속도로를 따라 셀마에서 몽고메리 주의회 의사당까지 80여km의 행진에 나섰다. 그러나 이들은 곤봉 등으로 무장한 채 대기하고 있던 백인 주경찰대에 의해 무차별 구타와 함께 최루가스 공격을 받아 도중에 저지되고 말았다.

이틀 뒤 벌어진 2차 행진은 인권 운동가 마틴 루터 킹 목사의 주도로 진행됐다. 두 번째 행진에는 시위대가 늘어 2,000명 이상이 참여했으며, 흑인 시위에 동조해서 참여했던 백인들 가운데 한 명이 같은 백인들로부터 공격을 받아 부상을 당했다. 그러나 셀마 지역의 병원들이 그에 대한 치료를 거부하는 바람에 결국 그는 이틀 뒤에 사망하고 말았다.

3월 25일에 시작한 세 번째 행진은 참가자 수가 2만여 명 이상으로 대폭 늘어난 가운데, 결국 몽고메리 시내 주의회 청사에 도착하는 것으로 마무리됐다. 셀마에서 있었던 유혈 행진은 미국 흑인 인권운동 역사상 가장 중요한 사건으로 기록되고 있다.

09 테네시
기독교인 비율 가장 높은 '바이블 벨트'

마틴 루터 킹 목사, 테네시 멤피스에서 암살돼

테네시 멤피스는 남북전쟁 이후 세계의 면화 수도로 알려지게 되었다

테네시는 중남부에 위치한 주로 주변 8개 남부 주들에 의해 완전히 둘러 쌓여 있는 곳이다. 모태(母胎) 신앙이라는 말이 있듯이 '모태 남부'라 불릴만한 지리적, 역사적 배경을 가진 주가 테네시다.

테네시의 태동 과정은 중부의 주변 주들과 크게 다른 게 없다. 17세기 후반 프랑스 탐사대가 미시시피강 일대를 거쳐간 뒤 이 지역을 자기 땅이라고 '찜'했다. 그러나 프렌치 인디언 전쟁 후 영국령이 됐다가 독립전쟁 마무리와 함께 최종적으로 미국 영토가 됐다. 이렇게 되자 버지니아 및 사우스캐롤라이나 등지에서 미국인 정착자들의 이주가 늘기 시작했다.

독립전쟁 기간 중에 테네시 지역의 개척민들은 스모키산맥 일대에서 대륙군이 영국군과 교전할 때 합중국 편에 서서 동참했다. 중부의 다른 주들과는 달리 독립 항쟁에 일조한 셈이다.

테네시의 이 같은 성향은 남북전쟁 때도 영향을 미쳤다. 지리상으로 남부의 일원임에도 주민들의 여론은 엇갈렸다. 테네시는 결국 남부 주들 가운데 가장 늦게 연방을 탈퇴했고 나중에 남북전쟁 후 되돌아올 때는 가장 먼저 연방에 재편입됐다.

이러던 테네시였으나 남북전쟁 이후 경제상황이 악화되면서 남부 쪽으로 급속히 추가 기울었다. 특히 대규모 농장들이 여럿의 작은 농장들로 분화, 과거의 지주형 운영 구조가 무너지고 노예 출신 소작농들이 크게 늘어나면서 백인 주민들 사이에서 남부 성향은 더욱 굳어졌다. 미국에서 기독교도 비율이 가장 높은, 이른바 '바이블 벨트'의 주축이라는 점도 테네시의 보수화 경향을 짙게 만드는 요소다.

테네시는 결국 남부 주들 가운데서도 인종차별 분위기가 제일 심한 곳 중의 하나가 됐다. 흑인 인권운동가 마틴 루터 킹 목사가 테네시의 멤피스에서 암살됐고, KKK단의 첫 근거가 된 곳도 테네시로 알려져 있다.

주도 내슈빌은 미국 컨트리 뮤직의 고향

테네시는 1933년 5월 시작된 테네시강 유역 개발 공사로 세계적인 주목을 받았다. 프랭클린 루즈벨트 대통령이 대공황 극복을 위한 뉴딜 정책의 일환으로 주도한 대대적인 국책 사업의 주 무대가 된 것이다.

주의 면적이 109,152km²로 남한 땅보다 약간 큰 테네시는 다른 남부 주들과 마찬가지로 농업을 주요 생산 기반으로 삼고 있다. 그러나 1990년대 이후 대규모 제조업 공장들을 유치하는 데 주력하면서 남부의 공업 지대로서 탈바꿈하고 있다. 주정부가 공짜 공장 부지 및 파격적인 보조금과 세금 혜택을 제공하자 폭스 바겐 공장이 들어섰고, 한국의 LG전자 등도 진출하고 있다. 테네시는 이 같은 신산업 유치에 힘입어 2024년 GDP로 약 6,900억 달러를 기록,

50개 주 가운데 15위 권으로, 세계적으로는 2025년 기준으로 25위의 아르헨티나와 비슷한 수준으로 약진했다.

테네시의 정치 색깔은 남부 보수의 본산답게 공화당이 압도적인 우세를 보이는 '레드' 일색이다. 1960년 이후 역대 대선에서 카터와 클린턴만 제외하고 모두 공화당 후보만 선택했다. 2016년 이후부터는 정치적 편향성이 더욱 심화돼, 공화 후보들이 거의 더블 스코어 차로 앞서고 있는 형국이다. 그나마 30%대 지지율이 나오는 것은 흑인 인구 비율이 높은 때문인데 투표 성향도 백인은 공화, 흑인은 민주 후보에 몰표를 주는 식으로 인종 간 골이 깊어지고 있다.

테네시의 주도인 내슈빌(Nashville)은 미국 컨트리 뮤직의 고향이라 할 수 있는 곳이다. 내슈빌은 이 외에도 '미국 개신교의 바티칸'으로 불리는 곳이기도 하다. 지역 자체가 남부로서 원래 교회가 많지만 남침례교회 등 초대형 개신교 교단의 본부가 이곳에 자리 잡고 있기 때문이다. 테네시는 플로리다를 획득하는 데 기여한 7대 앤드루 잭슨 대통령과 로큰롤의 제왕 엘비스 프레슬리를 배출한 곳이다.

In Depth Story | 테네시강 유역 개발

루스벨트 대통령 추진 뉴딜 정책의 현장

1929년부터 시작된 미국의 대공황은 금융 시장의 혼란에 이어 전국적으로 대규모 실직 사태를 불러왔다. 미국을 중심으로 한 서구 자본주의와 사회 체계는 흔들리기 시작했다. 이러한 위기 속에서 당시 프랭클린 D 루스벨트 대통령이 창안해 낸 국난(國難) 극복의 카드가 뉴딜 정책이다. 이 정책의 일환인

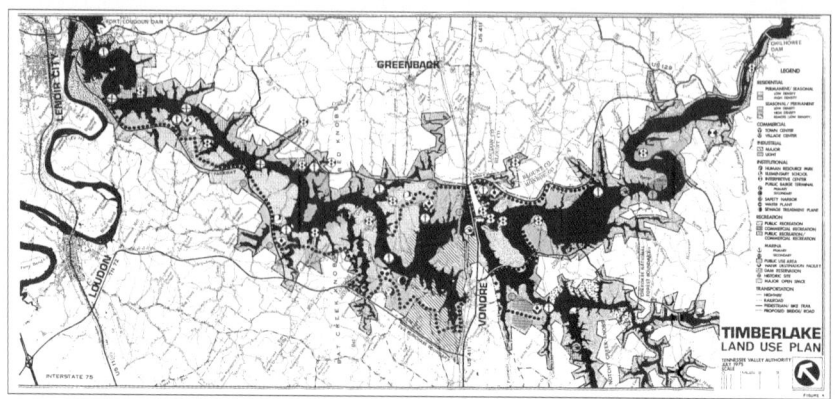

TVA 계획으로 개발된 테네시강 유역을 나타내는 지도

'테네시강 유역 개발'은 TVA(Tennessee Valley Authority)'로 불리는 신설 정부 기관의 주도로 이루어졌다.

테네시를 비롯, 남부 여러 주에 걸쳐 흐르는 테네시강은 해마다 되풀이되는 범람으로 인해 거주지와 농경지가 침수되는 등 막대한 재산 피해를 내고 있었다. 루스벨트 대통령은 TVA를 설립, 이 모든 현안들을 해결할 수 있는 개발 계획을 마련했다.

이 계획의 골자는 7개 주에 걸쳐 약 207,000km²에 달하는 테네시강 유역의 개발과 치수(治水) 종합 대책이었다. 강 수로(水路) 곳곳에 대규모 댐들을 세워 홍수를 막고, 전력을 생산하며 이 과정에서 막대한 고용을 창출해 경기 침체도 해소하는, 1석4조(一石四鳥)의 효과를 거두자는 것이었다.

TVA는 이 계획에 따라 테네시강이 흐르는 남동부 7개 주에 걸쳐 댐 공사에 들어갔다. 최종적으로 TVA는 29개의 댐과 수력발전 시설, 3개 원자력 발전소, 17개 천연가스 발전소, 6개 석탄 발전소 및 태양광 발전 단지를 운영하는 미국 최대 공기업이자 최대 전력 공급 주체가 됐다.

이 대역사(大役事)를 통해 2024년 기준으로 220~250억 달러 가량의 재정이 투입됐고 직접 고용 약 4만 명을 비롯 창출된 관련 일자리만 30여만 개가 넘었다. 또 TVA를 통해 생산된 전력은 2024년 기준 연간 150~160 테라와트시(TWh)로, 현재 약 1,000만명 정도가 전력 공급을 받고 있다.

또 댐이 완성돼 홍수가 조절되자, 범람으로 인한 표토층 유실로 척박했던 방대한 배후 지역이 고스란히 옥토로 바뀌었다. 나아가 댐의 가동과 더불어 수많은 인공 호수들이 만들어지면서 관광과 휴양지 개발 등 부수 효과도 덧붙여졌다.

물론 이 과정에서 상당수 마을과 토지가 수몰되고, 정부 주도 공사로 인해 민간 발전 사업자들이 피해를 입게 됨으로써 자유시장 경제의 경쟁 원칙이 훼손됐다는 역기능도 발생했지만, 이 같은 반발들은 1939년 대법원의 합헌 판결을 통해 정리가 됐다.

TVA 계획에서 주목할 것은 이 사업이 정부의 재정 지출 효용에 관한 통념을 깼다는 것이다. 즉 정부가 막대한 재정 적자를 감수하고라도 대규모 토목 공사를 통해 공공 지출을 늘림으로써, 궁극적으로 경제 침체를 극복해 낸 획기적인 모델로 평가받고 있다.

TVA 계획의 일환으로 건설된 테네시 차타누가 소재 세쿼이아 원자력 발전소 모습 CC BY-SA 3.0

제 3 부

루이지애나 획득

서문

　18세기 말엽 신생 미합중국은 활기와 자신감, 의욕 등이 넘쳐나는, 조깃철 연평도 파시(波市)같은 곳이었다. '대마(大馬)' 영국을 잡아 독립을 쟁취했고, 나라의 강역(疆域)은 애팔래치아산맥을 넘어 미시시피 평원까지로 확대됐다.
　정부와 국민 모두 가슴에 바람이 한껏 채워진 듯했다. 욕심은 멈추지 않았다. 너남즉 할 것 없이 "서부로! 서부로!"를 외쳐댔다.
　하지만 길고 긴 장벽이 막고 있었다. 바로 미시시피강이었다. 당시 미국 산업의 '대동맥'이자 '젖줄'과 다름없었던 이 장강의 물길은 그러나 스페인의 손아귀에 쥐여 있었다. 강을 오르내리는 곡물, 농산물, 가축, 모피 등 정착민들이 생산해 낸 물산들의 행방이 스페인 관리의 손끝에서 결정됐다. 게다가 강 서쪽 너머는 프랑스령으로 돼있었다. 서부행 마차는 강가에서 멈춰섰다.
　미국 경제의 목줄을 쥐고 있는 미시시피강의 운항권을 확보하고, 야심 찬 서부 확장의 관철을 위해서는 무언가 도모해야 했다. 현지 개척민, 농민, 상공인은 물론 서부 진출을 열망하고 있던 동부(東部)인들의 목소리가 높아졌다.
　합중국 정부를 향한, "DO SOMETHING"의 요구가 열기를 더해갔다.
　당시 토머스 제퍼슨 대통령의 미시시피강 확보 '그랜드 플랜'은 바로 이 같은 거친 여론을 토대로 추진된 것이었다. 결과적으로는 평화로운 매입으로 마무리됐지만, 그 이면에는 미시시피강 확보를 위해서는 "전쟁도 불사하겠다"는 결기가 담겼던 미국의 '승부수'였다. 미국 역사와 지리를 바꾼, 역사상 최대 규모라는 루이지애나 매입 대하극(大河劇)의 전말은 이렇게 풀어져 나간다.

제 1 장

루이지애나 매입과 미영 전쟁

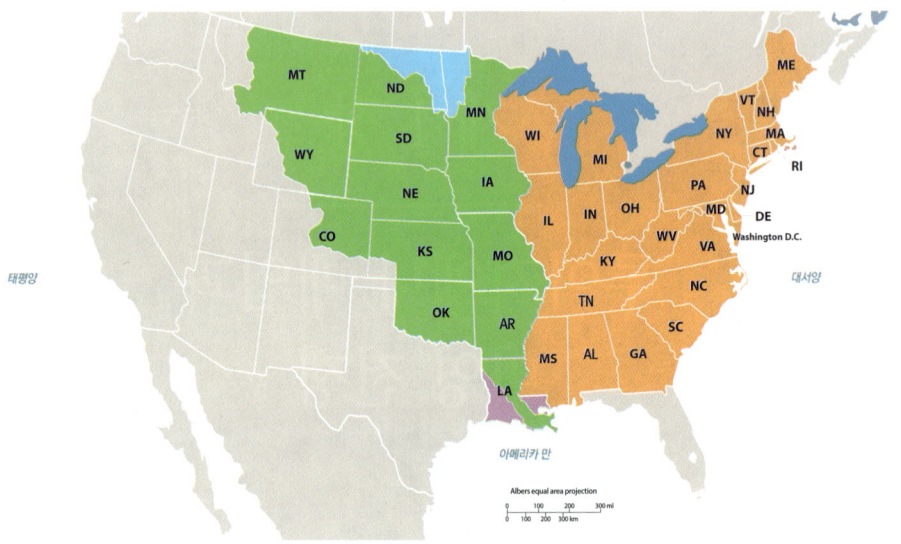

1803년을 기점으로 확대된 미국 영토를 나타내는 지도. 주황색 부분은 이미 확정된 영토이고 프랑스로부터 매입, 새로 추가된 영토는 녹색으로 표시돼 있다

프랑스로부터 미시시피강 서부를
매입하는 빅딜에 성공했다

나폴레옹에게 루이지애나 매각은 '앓던 이' 뺀 것과 같아

"루이지애나를 해치워 버렸어!!"

1803년 4월 초순, 프랑스 나폴레옹 황제가 미합중국에 루이지애나 영토를 팔기로 결정한 뒤 측근들에게 내뱉었던 소회(所懷)로 전해지는 말이다. 당시 협상 분위기가 어땠는지 구체적으로 전해진 바는 없지만, 나폴레옹의 이 한마디는 루이지애나 매각이 후회보다는 '앓던 이'를 뺀 것 같은 속내를 담고 있음을 짐작케 해준다.

미국이 프랑스로부터 사들인 루이지애나의 땅 크기는 214만 4천km²로 미국 역사상 최대 규모의 영토 매입으로 기록됐다. 이는 미국 전체 면적의 약 22%에 달하는 것으로 유럽 국가들 중 프랑스, 독일 및 이탈리아를 합친 것보다 더 큰 땅이다. 또한 20년 전 파리 조약에 의해 영국으로부터 넘겨받은 미시시피강 동부를 포함해 당시 미국 전체와 거의 비슷한 규모로, 한반도의 10배에 육박하는 넓이다.

매입 과정에서 여러 우여곡절이 있었지만 미국은 루이지애나 매입으로 '초대박'을 터뜨렸다. 에이커(1,224평)당 약 2.8센트로, 거저 주운 것과 다름없는 헐값이었다.

루이지애나 영토는 서쪽으로는 록키마운틴, 동으로는 미시시피강 및 남으로 멕시코만(지금의 아메리카만)과 텍사스에 접해 있다. 북쪽 경계는 현재의 캐나다 국경선과 동일하다.

현재의 아칸소, 미주리, 캔사스, 네브래스카, 노스다코타, 시우스다코타, 아

미국이 나폴레옹으로부터 루이지애나를 매입하는 모습

이오와 등 7개 주 거의 전부를 포함하고 미네소타, 오클라호마, 루이지애나, 뉴멕시코, 콜로라도, 텍사스 등 8개 주의 일부를 담고 있는 엄청난 규모의 땅덩이다. 원래 스페인이 먼저 차지했으나 이후 프랑스의 나폴레옹 황제가 등장하면서 소유권이 프랑스로 갔다가 최종적으로 미국에 넘어간 것이다.

미시시피강의 통행과 운항권 확보는 절대절명의 과제

신생 미합중국에 있어 루이지애나 지역은 정치, 국방, 경제 등 모든 측면에서 미국에게 매우 중요한 곳이었다.

당시 미국의 토마스 제퍼슨 대통령은 미 대륙을 둘러싼 유럽 열강의 파워 게임 및 지정학적 중요성에 대한 인식 등에 있어 각별한 안목을 가진 지도자였다. 제퍼슨은 루이지애나를 두고 프랑스와 영국 간에 필히 분쟁이 야기될 것이며, 그럼에도 미국은 미시시피강에 대한 이권을 놓쳐서는 안된다고 판단하고 있었다.

미국은 루이지애나가 프랑스로 되넘어가기 전인 1795년 스페인과 '핀크니 조약'을 통해 뉴올리언스 항구와 미시시피강 운항권을 보장받고 있었다. 특히 북에서 남으로 약 3,700km에 걸쳐 뻗어있는 미시시피강 수로는 중서부 지역 개척민들의 농산물과 다른 물자 수송에 절대적으로 긴요한 '생명줄'과 다름없었다. 따라서 어떤 상황에서든 미시시피강의 통행, 운항권 확보는 절대절명의 과제였다.

그런데 1802년 스페인이 이 조약을 폐기하려는 기미를 보였다. 아울러 루이지애나가 다시 프랑스의 손에 넘어갔다는 소식도 흘러나왔다. 이는 미국에는 먹구름이 몰려오는 것 같은 흉보였다. 토머스 제퍼슨 대통령을 비롯한 미국 조야의 우려가 깊어졌다. 프랑스의 재부상(再浮上)은 서부로 치고 나가려는 미국에게 큰 부담이 될 수 있었다. 나아가 뉴올리언스나 미시시피강의 수로가 통제되면 서부 지역 미국 농산물의 수출이나 교역은 그대로 막히게 된다.

제퍼슨은 주 프랑스 리빙스턴 대사에 훈령을 내렸다. 미시시피강 하구의 최대 항구이자 걸프만에 이르는 관문인 뉴올리언스를 프랑스로부터 매입해 보라는 지시였다. 이게 여의치 않을 경우 미시시피강 통항권과 항구 사용권이라도 확보토록 했다. 그 댓가로 허용한 한도액은 최대 1천만 달러. 제퍼슨은 이와 함께 자신의 정치적 동지이자 절친한 친구였던 제임스 몬로를 특사로 파견했다.

미국 사절단을 만난 나폴레옹은 눈이 휘둥그래질 만한 파격적인 안을 내놓는다. 미시시피강 운항권을 요구하는 미국 측에 아예 루이지애나 전체를 사들이는 것이 어떻냐는 파격적인 '카운터 오퍼'를 한 것이다.

루이지애나는 자그마한 변방이 아니었다. 땅 크기가 미국 동부 13개 주에다 영국으로부터 할양받은 미시시피강 동쪽 중부 지역을 모두 합친 것에 버금가는, 즉 당시의 미국 영토 전체와 맞먹는 규모였다. 한마디로 미국 땅을 2배 이상 늘리게 해 주는 기절초풍할 빅딜(Big Deal)이었다.

빅딜에 성공한 제퍼슨 대통령은 매입 자금 마련에 고심

'초 대박' 보고를 받은 제퍼슨 대통령은 환희작약(歡喜雀躍) 하면서도 걱정이 많았다. 루이지애나 매입에 모든 미국인들이 쌍수를 들어 환영하는 게 아니었기 때문이다. 이 같은 반대에는 국내 정치상의 파워 다툼, 경제·재정적 우려, 남북 지역 간 이해관계, 그리고 스페인 및 영국 등과의 충돌에 대한 불안감 등이 복합적으로 담겨있었다.

가장 두드러진 '저항'은 북동부에 토대를 둔 연방주의자 측으로부터 제기됐다. 매사추세츠를 필두로 한 뉴잉글랜드 일원 주들에다 뉴욕, 뉴저지 등이 가세한 북부 연방주의자들은 루이지애나의 편입이 정치적 파워 균형을 깨뜨림으로써 남부에 주도권을 헌상케 될 수 있다고 우려했다. 즉 서부로 이주하는 주민들이 동부에 비해 상대적으로 교육 수준이 낮고 반 연방(反聯邦) 성향이 강하기에 결국 남부 세력만 키워주는 결과를 가져다줄 수 있다는 주장이었다.

돈도 문제였다. 버팔로와 인디언들만 그득한 허허벌판, 야생지대 구입에 거금을 쓰는 것이 과연 합당한 지를 두고도 이견이 들끓었다. 나폴레옹이 요구했던 땅값은 1억 프랑, 약 2천만 달러 정도였다. 하지만 절충 끝에 7,500만 프랑, 즉 1,500만 달러에 낙착을 봤다. 1,500만 달러는 당시 기준으로도 엄청난 규모였다. 1803년 연방정부의 세수입 총액이 1,140만 달러 정도였고, 2024 회계년도의 경우 4조 9,190억 달러라는 것을 감안해 본다면 말 그대로 나라 재정을 휘청이게 할만한 거액이었다.

이 외에 텍사스와 플로리다를 지배하고 있는 스페인과의 무력 충돌 가능성, 그리고 영국이 미국의 서부 진출에 '딴지'를 걸 수도 있다는 지적도 나왔다.

이에 반해 '남부파'들은 농업생산 기반 확대 등을 통해 새 영토에 더 많은 '노예주'들을 더할 수 있다는 점에서 적극 찬성을 보였다.

하지만 제퍼슨 대통령의 강공 드라이브에 따라 협상은 신속히 추진됐다. 1803년 4월 30일 파리에서 루이지애나 매입 조약이 체결됐다. 이후 미국 정부가 매입 사실을 공식적으로 알린 것은 두 달여 뒤인 7월 4일이었다.

이어 연방 상원이 1803년 10월 20일 24대 7이라는 압도적인 표차로 매입 조약안을 비준했다. 그러나 지출 승인을 결정하는 하원 표결에서는 연방주의자들의 반대 주장이 간단치 않아 59대 57이라는 간발의 차로 통과됨으로써 미국 역사상 최대 규모의 땅 매입이 성사됐다.

매입 자금 1,500만 달러, 국채 발행으로 상환

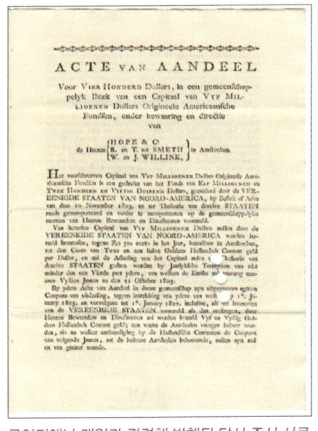
루이지애나 매입과 관련해 발행된 당시 주식 서류

루이지애나를 매입하는 과정에서 미국은 새로운 금융 거래 개념을 시도, 성공시켰다. 1,500만 달러라는 거액은 아무리 미국이라 할 지라도 선뜻 금고에서 꺼내 줄 수 있는 규모가 아니었다. 그래서 미국은 처음으로 채권이라는 개념을 도입했다. 미국 정부가 지급을 보장하는 채권, 즉 미국 국채를 발행한 셋이다. 전체 금액 1,500만 달러 중 75%인 1,125만 달러는 미국 국채를 발행해 충당하고 나머지 375만 달러는 프랑스가 미국인들에게 지고 있던 부채를 끌어안는 방식으로 정했다. 미국 국채는 연리 6%에 15~20년의 장기 상환 방식으로 이자를 포함할 경우 상환 총액은 2,300만 달러가 됐다.

미국 정부가 발행한 국채는 아이러니칼하게도 미국의 '적'이었던 영국이 관여해 도움을 줬다. 영국 버링은행 및 네덜란드의 호프상회 등 유럽 금융 기관들이 미국 국채를 인수, 프랑스에 현금으로 지급해 준 뒤 이 채권을 투자자들에게 판매하는, 요즘의 주식 공개 과정에서 주관 은행 같은 역할을 해 준 것이다.

영국 역시 루이지애나에 관심은 있었으나 프랑스령으로 남기보다는 차라리 중립국이라 할 수 있는 미국이 차지하는 것이 완충 지대 역할을 할 수 있다는 점에서 기꺼이 미국 측에 협조했다. 갤러틴 당시 미 재무장관이 도입한 이 국채 발행은 미 국가 재정에 당장 부담을 주지 않으면서도 거금 조달을 가능케 해줬다는 점에서 획기적인 방안으로 평가받았다.

미국은 이후 이자와 함께 원금을 착실히 갚아, 이 딜을 성공리에 마무리했다. 이는 차후에 신생국 미국 정부의 자금 펀딩에 국제적인 신인도를 높여주는 전환점 역할을 하게 된다.

나폴레옹은 영국과 전쟁 앞두고 루이지애나를 통째로 매각

전면전 치를 상황 맞아 '군자금' 확보 절실

그렇다면 나폴레옹은 왜 이런 거대한 영토를 훌쩍 미국 측에 넘겼을까.

1783년 파리 조약에서 미국은 독립과 함께 미시시피강 동부의 방대한 영토를 확보하면서 독립전쟁의 승리를 만끽했다. 그러나 미국 승전에 있어 견인차(牽引車) 역할을 했던 프랑스는 속된 말로 '개털'이 되고 말았다.

미 동맹의 일원으로서 지대한 기여를 했지만 전리품은 고사하고 자투리 땅 한 떼기나마 챙긴 것이 없었다. 오히려 전쟁통에 쏟아 넣은 전비로 재정난에

새로 미국 영토가 된 루이지애나를 프랑스로부터 넘겨 받는 이관식이 진행되고 있다

봉착하면서 그 여파로 1789년 프랑스 혁명이 발생, 나라가 아수라판으로 변하는 등 '게도 구럭도 다 잃어버린' 처지가 되고 말았다. 당연히 미 대륙 쪽에 신경 쓸 상황이 아니었다.

그러나 19세기 초 나폴레옹이 들어서면서 프랑스는 생각을 바꾸게 됐다. 루이지애나는 원래 프랑스 식민지였으나 감당할 여력이 없어 1762년 스페인에 할양한 땅이었는데, 1800년 비밀 조약을 통해 스페인으로부터 루이지애나를 되돌려 받으면서 북미 대륙에서의 식민 제국 부활을 꿈꾸게 된 것이다.

나폴레옹의 '복안(腹案)'은 아이티를 제압한 뒤 루이지애나 땅덩이에 거대한 곡창 지대 및 설탕 공급지를 건설하는 것이었다. 그러나 아이티 원정이 실패로 끝나고 영국과의 전쟁이 불가피해지는 등 상황이 악화되면서 나폴레옹의 원대한 '북미 경영' 계획은 거의 좌초(坐礁) 지경이었다.

게다가 루이지애나는 프랑스 본국에 큰 이득을 주지 못했다. 미시시피강 하구의 뉴올리언스 정도에는 부락과 교역, 산업 거점이 자리잡고 있었으나 길고 긴 강 북서쪽의 내륙 쪽은 기초 탐사조차도 못했다. 끝없는 숲과 갈대밭, 초원이 이어진 미답지(未踏地)였다. 한마디로 프랑스 입장에서 보면 덩치만 컸지 '영양가'는 별로 없는 땅이었다.

당시 식민지 전쟁에서 진퇴양난의 국면에 처해있었던 나폴레옹은 루이지애나 지역과 카리브해의 서인도 제도를 두고 저울질했다. 양쪽을 다 감당할 만한 군사력은 없었다. 상대적으로 더 취약하다면 루이지애나 쪽이었다. 또 1803년 당시 영국과는 사실상 전면전이 임박한 시점이었다. 이렇게 맞닥뜨린 전쟁을 치르려면 자금이 절대 필요했다. 프랑스 재무상은 이미 나폴레옹에게 루이지애나 포기를 진언하던 터였다. 나폴레옹의 속내는 결국 북미 영토의 유지가 어렵다는 쪽으로 기울고 있었다.

이런 와중에서 나폴레옹은 미국 사절단을 맞았다. 피폐한 국가 재정에다 영국과의 전쟁이 목전에 다가온 상황이었기에 나폴레옹은 돈이 절실했다. 항구나 수로 통행권 정도가 아니라 루이지애나를 아예 통째로 내던진 이유다.

나폴레옹은 훗날 왜 루이지애나를 헐값에 넘겼느냐는 물음에 "어차피 영국에 뺏길 가능성이 높은 곳이었다"고 답한 것으로 전해지고 있다. 이왕이면 돈 받고 영국과 싸움을 벌이고 있는 미국에 넘기는 것이 더 나았다는 전략적 판단이었다는 것이다.

미시시피강과 뉴올리언스항의 통제권 미국이 장악

루이지애나의 영토 편입은 미국 사회, 경제 구조에 획기적인 변화를 가져왔다. 광대한 평원 지대의 비옥한 토지를 바탕으로 면화, 담배, 밀, 옥수수, 사탕수수 등 주요 농작물의 재배지가 급속히 확장됐다. 새로운 농장과 플랜테이션

이 설립되면서 미국의 '곡창 지대'가 만들어졌다. 그 결과 미국의 농업 생산력은 획기적으로 증대됐다.

특히 남부 지역의 경우 플랜테이션 농장이 대거 들어서면서 미국의 면화 생산량을 폭발적으로 증가시켰다. 중서부에서는 밀과 옥수수가 대거 생산돼 미국의 '식량 창고'로 자리매김 되는 한편, 막대한 농산물이 국내 시장 및 해외로 수출되면서 미국의 부를 살찌게 했다.

나아가 새 영토에는 금, 은, 석탄 등 지하자원에다 열대림과 다름없는 울창한 삼림이 넘쳐났다. 이같은 천연자원은 미국의 광공업 활성화와 함께 목재, 모피 생산량을 크게 늘려 국부 창출에 이바지했다. 루이지애나 신천지의 편입에 따른 경제 개발과 함께 미국의 인구도 급속히 늘어나 1800년 530만 명에 불과하던 미국 인구는 1850년 무렵에는 2,300만 명을 넘어섰다.

루이지애나 매입으로 당시 최고 요충의 교역로인 미시시피강과 뉴올리언스항의 통제권도 완전히 미국의 수중으로 들어갔다. 이전까지 이 장대한 수로는 스페인과 프랑스의 관할로 돼 있었다.

미시시피강 일대에서 생산되는 막대한 미국 농산물의 수송과 교역이 다른 나라의 손아귀에 쥐여 있는 상황이었다. 그러나 이제 이 미국 경제의 '혈류'에 대한 통제권이 영구히 확보됨으로써 미국은 경제 주권과 안보 측면에서 확고한 안전판을 구축하게 됐다.

나아가 미시시피강과 오하이오강 및 미주리강을 잇는 연계 수로망이 만들어져 미국의 운송 인프라를 극대화시켰다. 중동부, 중남부의 광대한 옥토들이 농장으로 개발되면서 농업 생산량이 급증했고 특히 남부에서는 노예제가 본격적으로 확대되기 시작했다.

미국이 프랑스로부터 매입한 루이지애나 지역을 나타내는 지도

연방 대통령의 권한 확대와 서부 개척의 토대 마련

루이지애나 매입은 또 미국의 연방 체제 확립에도 큰 기여를 했다.

당시 미 연방정부는 현재와 같은 막강한 파워를 갖지 못한 상태였다. 제퍼슨 대통령은 연방정부가 새 영토를 사들일 수 있는 권한이 헌법에 명시돼 있지 않다는 점에서 고심을 거듭, 개헌까지 고려하기도 했다. 그러나 헌법이 대통령에게 조약 체결권을 부여하고 있는 점에 착안, 조약으로 영토를 획득하는 것은 합헌이라는 법리 하에 의회 승인을 거쳐 영토 매입을 마무리 지었다.

이런 과정을 거치면서 연방정부, 특히 대통령이 대표하는 행정부의 권한은 대폭 강화됐다. 영토 확장이 대통령 결정에 의회 승인만 받으면 가능한 선례가 만들어짐으로써 연방정부가 단순히 주 연합체의 대표자를 넘어 명실상부한 합중국 권력 중심체로 자리매김하게 됐다. 13개 식민지를 토대로 주(州) 연합에 머물던 운영 체계가 연방 체계로 전환되면서 비로소 미국은 연방국가, 즉 미합중국으로 면모를 달리하게 된 것이다.

국내적으로는 서부 개척의 불이 지펴졌다. 새로 확보된 방대한 토지는 동부 지역민들과 유럽 이민자들을 끌어들이는 활력소로 작용, 인구 이동과 경제 성장을 견인했다.

특히 1804년에 제정된 토지법(The Land Act)은 수많은 사람들로 하여금 '기회의 땅'을 찾아 나서게 만들었다. 농부, 상공업인, 광산 개발자, 상품 교역 종사자들을 태운 서부행 역마차 대열이 꼬리를 이었다. 동부 해안 지대에 몰려 있던 인구의 대이동이 본격화됐고 대평원(Great Plains), 록키산맥 지대까지 정착촌과 산업 네트웍이 확장됐다.

루이지애나의 편입은 나아가 미국이 영토 확장을 추구해 나가는 데 있어 대의 명분과 '뼈대'로 삼아왔던 '명백한 숙명론(Manifest Destiny)'에 날개를 달게 했다. 또 향후 텍사스, 오레곤 및 캘리포니아를 획득하는 데 있어 '롤 모델'이 되기도 됐다.

북미 대륙의 '몸통' 까지 차지하는 대륙국가로 부상

미시시피강 동부에 이어 루이지애나가 더해지면서 인디언들과의 영토 분규도 가열됐다. 이 일대에 자리잡고 있던 원주민은 코만치, 수(Sioux), 샤이엔(Cheyenne)등 막강한 부족들이었다. 이들을 축출시키는 과정에서 개척민들과 인디언들 사이에 처절한 충돌이 이어졌다.

루이지애나를 확보하면서 미국 강역(疆域)은 미시시피강을 넘어섰다. 북미 대륙의 '몸통' 까지 차지하는, 명실공히 대륙국가로 부상하게 된 것이다.

루이지애나의 미국 영토화는 좁게는 북아메리카 대륙, 넓게는 19세기 열강의 식민지 확보 전쟁에서 미국의 위상을 명실공히 최강자 중의 하나로 부상시키는 데 결정적인 기여를 했다. 나아가 루이지애나의 획득은 미국으로 하여금 서부 개척에 본격적으로 눈을 돌리게 했다. 루이지애나를 더함으로써 미국은 대서양, 걸프만 국가를 넘어 태평양까지 아우르는 대륙국가로의 진군을 시작하게 되는 것이다.

루이지애나의 확보는 그래서 오늘의 미국을 있게 만든 가장 획기적인 전환점으로 꼽힌다. 루이지애나 획득을 통해 미국과 미국인들은 대륙을 장악하고 세계를 호령할 수 있는 천혜의 조건을 갖추게 됐다.

루이지애나의 상실로 프랑스는 북미 대륙에서 사실상 퇴출되고 유럽세(勢)는 스러졌다. 나폴레옹은 루이지애나를 넘기면서 "영국은 미국이라는 새로운 라이벌을 갖게 됐다"고 평가한 것으로 전해지고 있다.

프랑스 입장에서는 루이지애나를 영국이 갖기보다는 차라리 중립-우호국인 미국이 차지하기를 바랬다. 강대해진 미국이 영국에 견제 세력이 될 것이라는 판단에서다. 나폴레옹은 실제로 영국 측이 루이지애나를 미국에 넘기지 말도록 은밀하게 뇌물성 회유를 했음에도 불구하고 매각을 밀어붙였다.

루이지애나가 미국 땅 되면서 영국과 스페인은 좌불안석

영국은 루이지애나의 향배를 두고 복잡다단(複雜多端)한 속내를 품고 있었다. 일단 미국의 루이지애나 매입은 영국 입장에서 볼 때 강력한 경쟁자 프랑스의 몰락이기에 반가운 일이었다. 1803년 루이지애나 매각 조약 체결 당시 "적대적인 프랑스보다는 중립적인 미국이 차지하는 것이 더 낫다"는 판단하에 이를 묵인한 것도 그런 배경에서였다.

미-프랑스간 루이지애나 협상이 진행될 당시 '방해'보다는 은근히 프랑스의 '포기' 쪽으로 분위기를 잡아가는 전략적 선택을 한 것이다. 그렇지 않아도 세계 곳곳에서 부딪치고 있는 판에 미 대륙에서 또 강적 프랑스와 국경을 접한다는 게 부담스러웠기 때문이다.

하지만 막상 루이지애나 땅덩이가 미국으로 넘어가는 것을 보자 슬그머니

켕기기 시작했다. '늑대를 쫓으려다 호랑이를 들이는 것' 아닌가 하는, 아차 싶은 생각이 든 것이다. 영국은 그래서 자국 버링은행을 통해 펀딩해 줬던 미국 국채에 대한 지급을 중단하려 시도하는 등 몽니를 부리기도 했다. 또 이후 벌어진 미영 전쟁에서 뉴올리언스를 노려 공격을 시도했으나 1815년 미 잭슨 장군에게 패퇴해 결국 루이지애나에 대한 미련을 접었다. 결과적으로 루이지애나의 미국 편입 방관은 북미 대륙 패권 경쟁에서 상대를 프랑스 대신 막강 미국으로 바꾸어 놓는, 영국의 자충수(自充手)가 되고 말았다.

루이지애나가 미국 땅이 되면서 영국 못지 않게 불편해진 것이 스페인이었다. 스페인은 3년 전인 1800년 루이지애나를 돌려주면서 프랑스가 자국의 동의 없이 제3국에게 땅을 넘길 수 없도록 비밀 약조를 했었다. 그러나 나폴레옹이 임의로 매각을 밀어붙이자 강경하게 항의를 했지만 이미 '기차는 떠나 버린' 형국이 되고 말았다.

더 골치 아픈 것은 스페인의 북미 쪽 식민지와 미국이 국경을 맞대게 되면서 양측 간에 영유권 문제가 불거졌다는 점이다. 당시 스페인령이었던 텍사스 및 현재 앨라배마, 미시시피 및 플로리다 서부 일원을 두고 미국은 루이지애나의 일부라는 주장을 펴고 있었다.

양측의 신경전은 1819년 '애덤스-오니스' 조약을 통해, 스페인은 플로리다를 미국에 할양하고 대신 미국은 텍사스 및 서부 지역에서의 영유권 주장을 포기하는 것으로 마무리됐다. 결과적으로 루이지애나의 미국 획득은 프랑스에 이어 스페인의 퇴조를 불러왔다. 스페인은 플로리다를 내 준 몇 년 뒤, 멕시코의 독립으로 텍사스를 포함한 미대륙 서부 영토를 대부분 잃고 말았다.

'다크 호스' 미국으로 인해 스페인의 북미 지배는 마침표를 찍었고 연부역강(年富力强)한 미국이 북미 대륙의 패권 세력으로 부상하게 됐다.

영국의 인디언 지원과
해상 봉쇄로 미영 전쟁 발발

영국의 미국 상선 나포와 해상 봉쇄 조치에 미국 반발

미국이 프랑스로부터 루이지애나를 매입, 욱일승천의 국운 팽창기에 접어들자 뒷전에서 몹시 불편해하는 나라가 있었다. 다름 아닌 영국이었다.

이런 분위기 하에서 미국이 영국과 본격적으로 엇나가게 된 것은 영국이 나폴레옹과의 전쟁 중에 취한 미국 상선 나포와 해상 봉쇄 조치였다. 영국 해군은 막강한 군함들을 동원, 운항 중인 미국 상선들을 나포하는가 하면 아예 미 연안까지 진출, 미국 선박의 대서양 진입을 막으려 들었다.

세계 최강의 해군력을 자랑하고 있던 영국은 '무적 함대'의 위상 유지를 위해 군함이나 상선 등 함정 확충은 물론 항해사나 선원과 같은 해군 인력 운용에 대해서도 엄격한 관리를 하고 있었다. 이들은 평상시에는 상선에서 근무하고 있지만 전시에는 즉각 군함에 배치, 해군으로 전환시킬 수 있기에 정부가 강력한 통제에 나선 것이다.

이런 조치의 일환으로 영국은 미국의 상선들이 영국 출신 선원이나 항해 전문 인력들을 고용하는 것을 금하는 지침을 발했다. 설령 미국 국적자라 하더라도 영국 출신이라면 영국이 통제하겠다는 억지였다.

이로 인해 1만여 명에 달하는 영국계 미국 상선 선원들에 대해 영국은 제재를 가하거나 필요시 이들을 영국 해군에 복무시키는, 이른바 강제 징용(Impressment)도 자행했다

영국의 이 같은 행패에 대해 미국 조야는 부글부글 끓기 시작했다. 매디슨 대통령은 미국의 중립 권리와 국가 주권이 침해당했다고 문제를 제기하고 나

섰다. 헨리 클레이, 존 칼훈 등과 같은 의회 내 젊은 강경 '매파'들도 대영 전쟁 불사 등을 주창하며 여론을 달궜다.

영국은 원주민의 대미 저항 부추기며 무기와 탄약 지원

미국 내 반영(反英) 감정에 불을 지른 또 하나의 요인이 영국의 토착 인디언들에 대한 '뒷배' 봐주기 의혹이었다. 1783년의 파리 조약을 통해 독립전쟁을 종결하고 미시시피강 동부를 미국에 넘겨준 영국이었지만 미영 양측 간 대결은 완전히 끝난 것이 아니었다. 영국은 조약 이후에도 미국 견제를 위한 다양한 후속 조치들을 은밀히 가동하고 있었다. 미국을 흔들다가 '때가 되면' 잃었던 고토(故土)를 다시 회복할 것이라는 속셈이 담긴 일종의 '뒤 끝'이기도 했다.

이런 맥락에서 영국이 지속적으로 끈을 놓지 않고 관리를 계속했던 것이 이 지역 일대에 자리잡은 원주민 인디언들이었다. 인디언들은 규모와 세력, 성향에 있어 다양하기 이를 데 없지만 영국은 독립전쟁 이후에도 이들에 대한 지원과 우호적인 관계를 지속했다.

이들 인디언들은 사실 신생 미합중국에게 있어서는 골치 아픈 존재였다. 이들은 미국 연방정부나 주정부들이 통치권을 제대로 행사 못 하는 상황을 이용, 무시로 접경 지역 미국인 정착촌들을 습격해 타격을 가했다.

인디언들과의 전투 후에 미국은 이들이 사용한 총포나 화약, 도검 등이 영국군 것과 동일하다는 점을 확인했고, 당연히 이들의 배후에 영국이 도사리고 있다는 의혹을 굳혔다. 원주민들의 대미 저항을 부추기고 무기나 탄약 등을 은밀히 지원하는, 한 마디로 영국이 미국의 뒤통수를 치고 있다고 결론지은 것이다. 이 역시 영국에 대한 적개심을 고조시켰다.

또 영국령으로 돼 있는 동북부 캐나다, 즉 퀘벡 일대의 존재도 미국의 신경을 거슬리게 만들었다. 이곳에는 독립전쟁 내 영국에 우호적이었던 미국 내

'왕당파'들 상당수가 옮겨와 자리를 잡고 있었다. 이 가운데는 상당수의 노예 출신자들도 포함됐다. 영국이 의도적으로 이주시킨 반미 성향의 이주민들이었다. 따라서 퀘벡 일원은 미국 입장에서 볼 때는 일종의 친영반미(親英反美)의 반체제(?) 세력들이 진을 치고 있는 곳이었다. 이를 좌시할 수 없다는 인식도 고개를 쳐들었다.

그렇지 않아도 당시 미국 내에서는 미합중국의 아메리카 대륙 '몽땅 장악'을 희구하는, 이른바 '명백한 숙명론(Manifest Destination)'이 한창 기세를 올리던 때였다. 파리 조약으로 획득한 미시시피강 이동(以東)이나 루이지애나 확보에 만족치 않고 더욱 더 서부로 확장해가려는 욕구가 나라 전체에 팽배한 상황이었다.

미국인들은 이런 저런 사유들을 종합해 볼 때 영국이 노골적으로 '옛 상전' 노릇을 하려 든다고 결론 지었다. "영국을 아예 미 대륙에서 쫓아내 버리자"는 '정영론(征英論)'은 바로 미국인들의 이 같은 분기탱천(奮起撑天) 여론의 귀결이었다. 미국 정부는 고심 끝에 영국과 전쟁을 벌이기로 결정했다. 퀘벡, 몬트리얼 지역을 공략해 영국을 쫓아내면 자연스럽게 미국 영토도 확대되고, 동시에 중부 인디언들에 대한 '젖줄'을 끊어 버림으로써 서부 개척의 걸림돌도 제거할 수 있다고 판단했다. 1812년 6월 18일, 제임스 매디슨 대통령은 마침내 대영 전쟁을 선포했다.

미합중국 역사상 최초의 선전 포고는 연방하원에서 79대 49, 상원에서 19대 14의 찬성표로 가결됐다. 마침내 2차 대영 전쟁이 시작된 것이다.

영국군은 인디언들과 연합 전선 펼치며 미국군 격퇴

미국인들은 영국과의 일전을 '제2의 독립전쟁'이라 여기며 기세등등하게 전쟁에 임했다. 이에 따라 전쟁 초기는 미국이 캐나다 곳곳에 대해 선공을 가

1812년 6월에 개시된 미영 전쟁에서 양군이 격돌하고 있는 전투 장면

하는 형태로 진행됐다. 미군은 동부, 중부의 나이아가라 및 서부의 디트로이트 방면에서 동시 다발적으로 공격에 나섰다.

그러나 막상 전쟁을 시작은 했지만 사실 미국 측은 이에 대한 준비가 제대로 돼 있지 못했다. 병력은 여전히 부족했고 무기나 보급, 전략, 군 운용 등에 있어 캐나다 원정 전쟁을 치르기에는 역부족이었다. 1812년, 미국의 선발대라 할 수 있는 병력이 캐나다 지역을 공격했다. 그러나 결과는 미국군의 패배였다. 이어 나이아가라 공격에도 나섰지만 역시 영국군을 제압하기에는 역부족이었다.

미국은 병력이나 군비도 부족했지만 전장의 상황에 대한 판단에서도 우를 범했다. 미국군은 자신들이 캐나다로 밀고 들어갈 경우 현지 주민들이 열렬히 환영할 것으로 생각했지만 현실은 정반대였다. 원정군이 토착민들의 외면을 받을 경우 압도적인 전력을 가지고 있는 경우가 아니라면 전세 유지가 힘들어진다. 미국 본토로부터의 기나 긴 보급선은 취약했고 결국 소수의 미국 원정부대는 패퇴해 물러났다.

영국군은 노련한 방어 전략에다 원주민 인디언들과 연합 전선을 펼치며 미국군을 격퇴했다. 자신만만하던 미국은 충격에 빠졌다. 그나마 해상 교전에서는 영국 함대에 비해 약체임에도 불구하고 일부 미 함정들이 선전했지만 결국에는 영국 함대의 위력에 눌려 해안을 봉쇄당하고 말았다. 실제로 1813년 이후에 미국 대형 함선들은 거의 출항 불능의 지경을 맞았다.

영국군, 수도 워싱턴 D.C.를 기습 공략해 점령

1813년까지 일진일퇴를 거듭하던 전황은 1814년 초 전기(轉機)를 맞았다. 나폴레옹과의 전쟁이 종식되면서 여유를 갖게 된 영국이 1만 8천여 명의 정예 병력을 증파, 미국에 대한 대대적인 공세에 나선 것이다.

영국군은 세 방면에서 미국을 몰아붙이고 나왔다. 캐나다에서 뉴욕으로의 남하, 버지니아 체사피크만 기습을 통한 미국의 수도권 공략 및 남부 뉴올리언스 침공이었다.

체사피크만 공격에서 영국군은 수도 워싱턴 D.C.를 기습 공략했다. 미국 정부는 부랴부랴 피신했고 영국군은 의사당과 대통령 관저 등 주요 공공 건물들을 불태웠다. 이같은 '워싱턴 방화'는 미국에 큰 충격으로 남았다. 당시 불에 탄 대통령 관저는 수리와 함께 흰색 페인트로 도색됐는데 이를 계기로 '백악관'으로 불리게 됐다.

기세가 오른 영국군은 볼티모어 공략에 나섰으나 '맥헨리 요새(Fort McHenry)' 수비대의 결사적인 방어로 결국 목적을 달성하지 못한 채 철수했다. 영국군은 북부와 중부 전선에서 미국군과 일진일퇴의 공방전을 벌였으나 남부의 뉴올리언스 공격에서는 사실상 패퇴했다. 앤드루 잭슨 장군이 지휘하는 미국군은 뉴올리언스 전투에서 참호를 활용한 방어전을 펼쳐 영국군에 수천 명 사상이라는 병력 손실을 입히며 대승을 거뒀다. 뉴올리언스 전투

1812년 미영 전쟁에서 영국군의 공격으로 불타고 난 뒤의 백악관 모습

는 미영 전쟁의 대미(大尾)를 장식하며 미국으로 하여금 유리한 입장에서 종전을 맞게 기여했다.

미국은 독립전쟁 때도 그랬지만 군사력에 있어 이번에도 역시 영국의 맞수가 될 만한 상대는 아니었다. 우선 국력의 바탕이 되는 인구의 경우 영국은 전 세계 도처에 산재한 식민지는 제외하고 본토에만 약 1,700만 명인데 반해 신생 미국은 약 780만 명에 불과했다.

전력의 기본이라 할 수 있는 육군의 차이도 엄청났다. 영국은 당시 유럽을 중심으로 전 세계에 22만 명가량의 병력을 배치하고 있었으며 캐나다에 주둔시킨 정규군만도 6천여 명에 달했다. 영국은 나중에 1만 명 이상을 증원하기도 했는 데 정규 병력 외에 캐나다 용병 및 원주민 인디언들도 동원됐다.

반면 미 육군의 정규 병력은 '딸딸 긁어모아서' 약 7천 명으로, 필요시 배후를 감당할 예비 병력은 엄두도 못 내는 상태였다. 물론 전쟁 중에 비상 징집으로 전체 동원 병력 수를 3만여 명까지 늘리려는 시도도 했으나 실제로는 15,000명 안팎에 머물렀다. 또 각 주에 있는 민병대는 합치면 이론상 40여

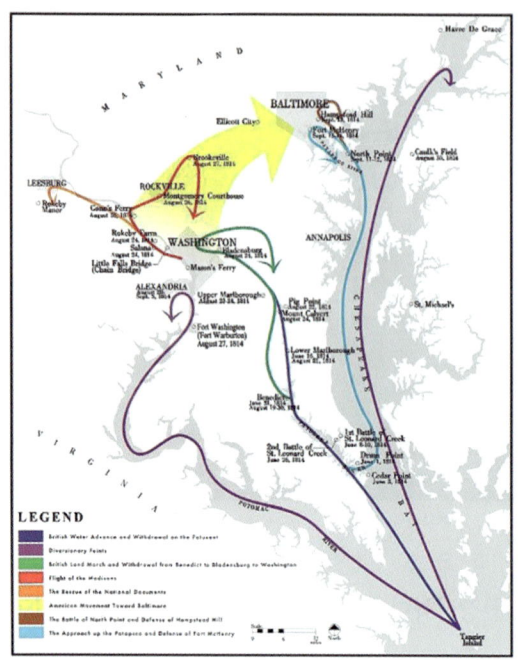
1812년 미영 전쟁에서 영국이 체사피크만 일대에서 공격하는 전황 전개도

만명에 달했으나 실제로 동원 가능 병력은 5만 명대를 겨우 넘는 정도였다.

육군은 그나마 어느 정도 머릿수를 맞출 수 있었으나 문제는 해군력이었다. 당시 영국은 세계 최강의 해군력을 보유한 막강 '해양 제국'이었다. 전 세계에 걸쳐 보유 군함 수가 600여 척이 넘었고 북미 해안에만 프리킷함 등을 다수 배치하고 있었다. 영국 함대는 미국의 앞바다라 할 수 있는 이스트 코스트를 봉쇄할 수 있었고, 제해권 장악을 토대로 자유롭게 병력이나 물자를 수송했다.

이에 반해 미 해군력은 소형 프리킷함을 포함, 군함 16척으로 '동네 해군'을 못 벗어나는 수준이었다. 게다가 영국 함대의 봉쇄로 병력이나 병참 지원은 물론 연안 교역도 꽁꽁 묶여 경제가 마비될 상황이었다.

지휘관이나 병력의 개별 전투력 역시 영국이 우위를 보였다. 영국은 오랜 식민지 전쟁을 통해 실전 경험이 풍부한 장교 및 기간 병력들을 확보하고 있었으나 미군은 독립전쟁 세대들이 퇴역한 이후 제대로 된 전쟁을 겪은 지휘부가 없어 전략이나 작전 운용에 있어 미숙한 점이 많았다.

전쟁 발발 2년 만에 어정쩡한 무승부로 마무리

이처럼 영국군은 전력에 있어 '양(量)'과 '질(質)' 모두에서 압도적인 우세를 보였으나 몇 가지 문제점도 안고 있었다. 먼저 독립전쟁 때와 마찬가지로 원정군이라는 구조적인 취약점이 바로 그것이다.

대서양을 대규모 선단으로 건너야 하는, 5천km가 넘는 길고 먼 보급선(線)은 영국군에게 큰 부담이 됐다. 본국과 전장(戰場)이 너무 떨어져 있기에 전황 파악과 신속한 대처도 어려웠다.

또 영국 입장에서는 유럽 여러 곳에서 동시에 전단이 펼쳐져 있는 탓에 전력과 자원이 분산돼 미국과의 전쟁에 집중할 수 없었다. 영국의 주력군은 프랑스와의 대치 전선 쪽에 배치돼 있었고 막강 해군이긴 하지만 이 역시 프랑스 및 스페인 등과 맞서야 했기에 함대 전력을 미국 쪽만으로 돌릴 수는 없었다.

나아가 가장 핵심적인 요소는 미국의 투지와 지구력 및 미국이 지닌 지리적인 잇점을 과소평가했다는 점이다. 미국은 '약체'임에도 불구, 높은 국민적 사기를 바탕으로 기를 쓰고 덤볐고, 또 독립전쟁 때와 마찬가지로 지리에 익숙한 점을 활용, 게릴라식 전투에 영국 보급선 공격으로 영국의 진을 뺐다.

영국은 이 같은 요인들로 인해 단순 전력상으로는 압도적 우위를 지니고 있음에도 불구하고 미국을 몰아붙이지 못한 채 결국 어정쩡한 '무승부'로 미국과의 2차 전쟁을 마무리할 수밖에 없었다.

2년여에 걸쳐 전쟁은 이어졌지만 전선은 대체로 교착됐다. 어느 쪽도 상대방을 일방적으로 밀어붙일 수 있는 전력과 역량을 갖추지 못한 탓이었다.

이런 가운데 유럽 대륙에서 상황 변화가 일어났다. 영국과 프랑스 간 무력충

미영 전쟁을 종결 지은 1814년의 겐트 조약 체결 모습

돌은 나폴레옹의 패배로 종식됐다. 이에 따라 영국의 대미 해상 봉쇄는 자연스럽게 풀렸고, 문제가 됐던 미국인 항해 전문 인력들에 대한 징집도 해소됐다.

미국과 영국은 실익 없는 전쟁을 끝내는 것에 모두 동조하고 있었다. 전쟁 발발 2년 만인 1814년 12월 양국 간에 '겐트 조약(Treaty of Ghent)'이 맺어졌다. 조약의 골자는 "원상회복"이었다. 양측은 모든 것을 전쟁 이전 상태로 되돌리는 것에 동의했다.

목적했던 캐나다 영토를 획득하지는 못했지만, 미국은 그래도 소기의 성과는 거뒀다. 다름 아닌 인디언 문제를 해결한 것이다. 영국은 비록 파리 조약을 통해 미국에 중북부 땅을 넘겼지만, 여전히 미국 견제용 '인디언 카드'는 놓지 않고 있었다. 2차 미영 전쟁을 전후해 일리노이, 위스컨신, 미시간 일원에 인디언 국가를 세우려는 속셈도 가지고 있었다. 이 일대에 인디언 부족 연합국가가 들어선다면 이는 미영 간의 완충지대이자 유용한 대미 견제 세력으로 삼을 수 있기 때문이었다.

그러나 2차 전쟁의 종료와 함께 영국은 더 이상 미국과 엇나가는 것을 피했다. 영국의 도움을 받아 버텨오던 원주민 인디언들은 강력한 후원자를 잃었다. 인디언 부족들은 결국 미국 정부의 압박에 밀려 미시시피강 서쪽의 인디언 보호 지역으로 내몰렸다.

미영 전쟁 이후 미국 사회는 한마디로는 '뜨는' 분위기

2년여에 걸친 2차 미영 전쟁은 무승부로 끝났지만 이 전쟁이 미국 전반에 끼친 영향은 지대했다.

미국인들에 있어 가장 큰 소득은 미국이 대영제국과 당당히 맞서 지지 않았다는, 확고한 자신감을 갖게 됐다는 점이었다. 실제로 미영 전쟁 이후 미국사회는 한마디로는 '뜨는' 분위기였다. 강한 민족적 자긍심과 단결심, 자존감들이 넘쳐 흘러났다.

전쟁 신화와 영웅들도 만들어졌다. 1814년 맥헨리 요새 수비전 혈투를 담은 '별이 빛나는 깃발(Star-Spangled Banner)' 노래는 1931년 미국 국가로 공식 지정됐다. 또 앤드루 잭슨 장군은 뉴올리언스의 영웅이 됐고, 인디언 연합을 격퇴시킨 윌리엄 해리슨도 위인전 반열에 올랐다. 이들은 1812년과 1840년 각각 미국 대통령으로 당선돼 영웅 지도자의 신화를 현실로 낳게 했다.

예술과 문학, 사상 등에서도 자존감을 고양시키는 분위기가 높아졌고 미국인이라는 문화적 자의식도 뚜렷해졌다.

2차 미영 전쟁 이후 미국은 대외적으로도 한층 더 목소리가 높아졌다. 영국과 다시 겨뤄 본 자신감을 토대로 팽창과 독자 노선을 강화해 나갔다. 몇 년 뒤인 1818년 영국과 협약을 통해 북위 49도로 미-캐나다 국경선을 확정지은 것이나, 1819년 플로리다를 스페인으로부터 넘겨 받은 것 등이 이를 반영한다. 1823년 미국이 선포한 '몬로 독트린'은 유럽의 아메리카 대륙 간섭을 거부하고 미국의 독자 노선을 강조한 것으로, 이제 미국이 아메리카 대륙의 맹주로 자리잡았음을 대외에 천명한 선언문이기도 했다.

이런 분위기 속에서 영국은 더 이상 미국과의 대결을 피하고 우방으로서의 새로운 길을 모색하게 됐다. 이후 양국은 군사적인 충돌 없이 가장 밀접한 동맹으로 자리매김하게 된다.

미영 전쟁은 이와 함께 미국으로 하여금 해군력의 필요성을 절감케 하는 교훈을 남겼다. 이후 미국은 막대한 국방비를 투입, 포함과 프리킷함 건조 등 대양 해군(大洋 海軍) 구축에 나섰다. 영국의 무적 함대는 여전히 건재했지만, 이제 대서양에는 미국이라는 신흥 해상 강국이 고개를 쳐들기 시작했고 미국은 미시시피강을 넘어 본격적인 서부 개척에 들어갔다.

제 2 장

루이지애나 매입의 주역과 비화

인물 제임스 먼로

미국 영토를 2배로 확장한 승부사

제임스 먼로

1803년 토머스 제퍼슨 대통령은 프랑스와 본격 협상에 나섰다. 스페인의 '몽니'로 우려가 높아지고 있는 뉴올리언스 항구와 미시시피강 운항권 확보를 위한 조치였다. 프랑스와 접촉할 실무자는 파리 주재 리빙스턴 대사지만 제퍼슨 대통령은 친구이자 신뢰가 깊은 제임스 먼로 특사를 추가로 파견했다.

제퍼슨이 이들에 내린 밀명(密命)은 "무조건 뉴올리언스항을 확보하라"였다. 당시 미국 산업의 생명선과 다름없었던 미시시피강 운송권도 당연히 포함됐다. 제퍼슨이 제시해 준 오퍼 금액의 상한선은 1천만 달러. 그런데 나폴레옹은 1,500만 달러에 뉴올리언스는 물론 루이지애나 전체를 사라는 경천동지할 카운터 오퍼를 해왔다.

먼로 특사는 고민했다. 무조건, 그리고 즉시 받아들여야 할 제안이지만 장애물이 적지 않았다. 우선 시간이 문제였다. 본국으로 메신저를 보내 대통령에 보고를 하고 지침을 받기에는 시간이 너무 촉박했다. 당시 선박을 통해 대서양을 횡단할 경우 6~10주가 보통이었다. 여기에다 미 정부 내 협의 등을 거쳐 다시 회신을 받으려면 반년 이상이 걸릴지도 모를 일이었다.

어딘가 동요하고 있는 듯 보였던 나폴레옹이었기에 언제 마음이 바뀔지도 불안했다. 또 미국 헌법상 대규모 영토를 매입할 수 있는지 여부가 불분명했고, 설령 타결이 된다 해도 엄청난 매입 자금을 어디서 조달할 수 있을 지도 확신이 안 섰다.

피가 마르는 듯 노심초사(勞心焦思)하던 몬로는 그러나 최종 결심을 굳혔다. 본국 승인도 받지 않은 상태에서 나폴레옹의 매각 제안을 받아들이기로 결정한 것이다. 이는 당연히 특사의 권한을 넘어선, 만약 일이 어그러질 경우 감당이 불가능한 일생일대의 대 도박이었다.

다행히 몬로가 저지른(?) 초대형 사고는 해피 엔딩으로 결말이 났다. 매입 수락 결정을 듣고 기절초풍을 했던 제퍼슨 대통령은 헌법 위반이라는 비판을 정치적으로 잘 극복해 냈고 조달 자금 역시 당시 갤러틴 재무 장관의 획기적인 아이디어를 통해 무리 없이 마무리 지었다.

프랑스 혁명 당시 프랑스 대사를 지냈던 몬로는 아이티 혁명 실패에다 영국과의 전쟁을 앞두고 있는 상황 등으로 코너에 몰려 있는 나폴레옹의 약점을 정확히 간파, 협상 타이밍을 놓치지 않고 대모험을 감행할 수 있었다.

미국 영토를 2배 이상 확대시키는 엄청난 위업을 달성한 몬로는 국무장관을 거쳐 미국 5대 대통령이 됐다. 그는 대통령 시절 유명한 '몬로 독트린'을 선언, 세계를 놀라게 했다.

몬로 독트린은 흔히 고립주의 노선으로 소개되지만 핵심은 "미국은 이제 부터 유럽의 눈치를 보지 않고 독자적인 길을 가겠다"는 선언이며, 동시에 유럽 열강들에게 "이제 더 이상 찝쩍거리지 말고 북미 대륙에서 손을 떼라"는 경고였다.

몬로의 대범한 일탈(逸脫)은 미국 외교사에서 가장 빛나는 '직권 남용' 사례로 추앙받고 있다.

인물 **앨버트 갤러틴**

총 대신 돈으로 미국 지킨 명 재상

워싱턴 연방 재무부 청사 앞에 세워져 있는 갤러틴의 동상

영국은 새로 출범한 미합중국이 온전한 나라로 서기가 쉽지 않을 것이며 무엇보다 심각한 재정난에 봉착할 것이라고 예상했다. 그러나 영국의 이같은 기대(?)는 현실화되지 않았다. 미국이 돈 때문에 '폭망'할 수 있을 것이라는 바람을 무산시킨 장본인은 미국 최고의 재상(財相)으로 꼽히는 앨버트 갤러틴이었다. 1801년 토마스 제퍼슨 대통령은 약관 40세의 갤러틴을 연방 재무장관으로 임명했다. 갤러틴은 다음 대통령인 제임스 메디슨 행정부에서도 재무장관을 맡는 등 13년간에 걸쳐 미국의 재정을 쥐락펴락한 최고의 '곳간지기'였다.

일찍이 연방 하원의원을 거쳐 주영 대사, 연방은행 총재 및 민주당 부통령 후보 피선, 그리고 나중에 뉴욕대학을 설립하기도 했던 갤러틴은 백지나 다름없던 거대 신생국의 세법, 재정, 금융, 예산 등의 기초를 닦는 데 있어 지대한 기여를 했다. 연방 소득세의 설정과 관리, 연방토지의 개념 정립 및 연방은행 설립 등 국가 재정과 관련된 현안들을 깔끔하게 정리하고 기틀을 닦았다.

갤러틴의 이 같은 치적에 힘입어 미합중국은 신생국답지 않은 안정과 재정적 기반을 구축할 수 있었다. 갤러틴은 특히 1803년, 미국이 프랑스로부터 광대한 '루이지애나' 영토를 구입하는 데 있어 큰 기여를 했다. 나폴레옹 1세로부터 사들인 루이지애나의 땅값은 1,500만 달러로, 이는 그 시점 미합중국 연방정부 지출 예산의 1.7배에 달하는 막대한 금액이었다. 중요한 것은 액수도 액수지만 자금의 조달 방식이다. 갤러틴은 돈을 모으는 과정에서 미 연방정부가 보증하는 국채 발행이라는 새로운 개념의 방식을 도입, 외자를 끌어들임으로써 정부 부담을 줄이면서도 거액을 확보하는 솜씨를 발휘했다. 워싱턴 D.C.에 있는 연방 재무부 청사 앞에는 갤러틴의 동상이 서 있다. 미국에는 존경받는 전쟁 영웅들이 많다. 갤러틴은 총 칼 대신 돈으로 미국을 지키고 키운, '재웅(財雄)'으로 추앙받고 있다.

비화 프랑스, 스페인 뒤통수 쳐

"미국에 안 넘긴다" 밀약 깨고 통째로 넘겨

1803년 프랑스 나폴레옹이 미국에 널컥 넘겨준 루이지애나는 스페인으로 봐서는 믿는 도끼에 발등을 찍힌, 통한(痛恨)의 땅이었다.

이 사단이 나기 이전에 루이지애나는 스페인 소유였다. 1762년 파리 조약을 통해 프랑스로부터 넘겨받았다. 그러나 이 광대한 지역에 대한 효율적인 통치가 이루어지지 못했고 오히려 경제적인 부담만 가중되는 상황이었다.

한마디로 당시 스페인의 역량으로는 감당이 어려운 계륵(鷄肋)과 같은 곳이었

프랑스가 미국에 넘긴 루이지애나의 강역을 나타내는 지도.
록키산맥 동쪽의 광대한 영토가 포함돼 있다

다. 그래서 40년 가까이 '문패'만 달아 놓은 것과 다름없었던 루이지애나를 프랑스에 되돌려줄 생각을 하게 됐다. 유럽 제국주의 열강들의 각축전 속에서 프랑스와 관계 개선의 필요성이 있었고, 반대급부로 이탈리아의 토스카나 지역 통제권 요구를 협상 조건으로 삼았다.

1800년 스페인 왕국과 프랑스 나폴레옹은 은밀하게 '알드폰소 조약(Treaty of San Ildefonso)'을 맺었다. 골자는 루이지애나를 프랑스에 반환하되 조약 체결 사실을 비밀로 하며, 나아가 루이지애나를 제3국, 특히 미국에게는 넘기지 않겠다는 프랑스의 약속이 단서로 붙어 있었다.

그러나 나폴레옹은 이 조항을 무시하고 스페인의 뒤통수를 쳤다. 프랑스는 사실상 소유권이 확정되지 않은 영토를 미국에 판 셈이다. 스페인은 발을 굴렀지만 이미 국력이나 영향력에서 퇴조기에 접어든 상태였기에 별무대책이었다.

루이지애나 매도를 둘러싸고 스페인이 눈 뜨고 당한 것은 자명하지만 내막을 살펴보면 아이러니칼하게도 스페인이 자초한 측면도 있다. 미국과 프랑스 간 전격적으로 매매 조약이 체결되기 6개월쯤 전인 1802년 10월 16일, 스페인의 뉴올리언스 행정관이었던 후안 벤투라 모랄레스(Juan Ventura Morales)는 일방적으로 미국 상인들의 뉴올리언스 '저장권(Right of Deposit)'을 폐지시켰다.

저장권이라는 것은 뉴올리언스 항구에 곡물이나 작물 및 가축 등과 같은 물품들을 최대 3년간 무관세로 저장시켰다가 나중에 해외로 선적할 수 있는 권리를 말한다. 당시 미시시피강 하류와 하구인 뉴올리언스는 스페인의 통제하에 있었는 데 이렇게 될 경우 테네시나 켄터키 및 미시시피강 연안에서 생산된 미국 서부 개척민들의 농산물 수출은 치명타를 입게 된다.

방대한 미시시피강 유역에서 생산된 작물들은 육로를 통해 대서양 연안으로 보내는 것보다는 뉴올리언스 항구를 통해 유럽에 보내는 것이 훨씬 효율적이었다. 또 당시 뉴올리언스항은 수출품의 중간 저장 및 환적을 가능케 하는 대규모 항구 시설을 갖추고 있었기 때문이다.

뉴올리언스 항구를 통한 해외 시장이 막힐 경우 피해는 농축산민 정도로 그치는 것이 아니었다. 18세기 후반 미국 경제를 지탱하는 '젖줄'과 '숨통'이 막히는 것과 다름없었다. 스페인 당국의 일방적인 폐지 조치에 대해 켄터키, 테네시 등 해당 지역의 서부 개척민들은 격분했다. 정부에 대해 "뉴올리언스를 사들이든, 아니면 전쟁을 해서라도 빼앗던 양단간에 해결하라"는 요구가 들끓었다. 그렇지 않아도 뉴올리언스에 눈독을 들이고 있었던 제퍼슨 행정부였기에 여론의 질타는 압박과 함께 촉매가 됐다. 제퍼슨 대통령이 협상단에게 "무조건 뉴올리언스를 확보하라"는 특명을 내리게 된 배경이다.

스페인의 안이한 행정 조치는 결과적으로 자신들을 뉴올리언스 및 미시시피강에서 아예 퇴출당하게 만든, 뼈아픈 '부메랑'이 됐다.

루이지애나 거래는 나아가 국제 정치, 그리고 국가 간 파워 게임에는 "영원한 적도, 우방도 없다"라는 격언을 다시 한번 일깨워 줬다. 어제의 적과 동맹이 각자의 국익에 따라 수시로 자리바꿈을 하고 국가 간 조약이나 약속 또한 헌신짝 버려지듯 내팽개쳐실 수 있음을 여실히 보여줬다.

지금 루이지애나 매입 지역 11개 주는…

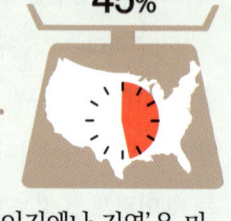

　1803년 프랑스 나폴레옹으로부터 매입, 획득한 이 '루이지애나 지역'은 미국에게 세기를 넘어 '영원한 대박'을 안겨준 것이었다. 에이커 당 약 2.8센트로 사들인 이 땅의 넓이는 약 2,144,480km²로 미국 본토의 22%쯤에 해당하는 방대한 규모였다. 루이지애나가 더해지면서 미국 땅 규모는 445만km²를 넘어섰다. 현재 영토의 45%에 이르게 된 것이다.

　이 지역에 속하는 주들은 현재 기준으로 완전 다 포함되는 9개 주와 일부 포함의 6개 주 등 모두 15개 주에 달한다. 주 전체 100%가 다 포함된 곳은 아칸소, 미주리, 루이지애나, 아이오와, 노스다코타, 사우스다코타, 네브래스카, 캔사스, 오클라호마 등 9개 주다. 또 콜로라도, 몬태나, 와이오밍 등이 약 40% 가량 속해있고 미네소타, 뉴멕시코, 텍사스 등은 20~10% 정도가 포함돼 있다. 해당 지역 포함 주들의 2024년 GDP 합계는 약 2조 7천억 달러로 미국 전체의 11%정도에 달한다.

　그러나 이 2조 7천억 달러는 세계 7위의 프랑스보다는 뒤지지만 8위의 이탈리아보다 훨씬 많은 규모다. 횡재(橫財)로 얻은 이 '루이지애나 지역'만 따로 떼어도 세계 8위 권의 경제 강국 반열에 들 수 있는 것이다.

　미국은 본토의 중심이자 허리인 '루이지애나 지역' 획득을 통해 대서양 연안 지역 국가를 탈피, 태평양에 이르는 대륙국가로 발돋움하게 됐고 현재에 이르러서도 이 지역들은 미국의 안보와 경제에 있어 핵심적인 기둥 역할을 하고 있다.

제 3 장

미시시피강 서부 11개 주의 모든 것

01 루이지애나
미 대륙 개척과 확장의 '프런티어'

현재 중남북부 10여 개 주는 루이지애나 준 주에서 분할

루이지애나의 젖줄이라 할 수 있는 미시시피강의 뉴올리언스항에 기항한 증기선 모습

    루이지애나주 하면 으레 '재즈의 고향'이라는 이미지와 함께 루이 암스트롱을 연상하게 된다. 또 루이지애나를 감싸고 도는 미시시피강은 '톰 소여의 모험'의 무대다. 한마디로 루이지애나는 낭만과 고전이 어우러지는 남부 문화의 본고장으로 받아들여진다.

    루이지애나의 면적은 135,659 km², 남한의 1.3배쯤 되는 크기로 인구 460만여 명의 평범한 주다. 그러나 미국 건국이라는 측면에서 보면 루이지애나는 전혀 다른 어휘로 다가온다. 루이지애나는 오늘의 미국을 존재케 한, 개척과 확장의 거친 '프런티어'였다. 미국 '건국 신화'에서 으뜸가는 역할을 했던 곳 중의 하나로 꼽히는 선구자 같은 주다.

    루이지애나는 일찍이부터 프랑스의 발길이 닿은 곳이었다. 17세기 말엽, 프랑스계 탐사대가 미시시피강 하류를 탐험한 뒤 프랑스 왕 루이 14세의 이름을 따서 프랑스령 'Louisiane'로 못 박았다. 이후에 소유권이 스페인에게 넘어갔다가 1800년에 다시 프랑스에 반환이 됐고, 1803년 미국이 매입하면서 미국 영토가 됐다.

미국이 사들인 '루이지애나 지역'은 이후 준 주라는 과도기를 거쳐 여러 주로 분할된다. 미주리, 오클라호마, 네브라스카, 몬태나 등 지금의 중남북부 10여개 주가 다 루이지애나 준 주에서 분할된 '자녀 주'들이다. 지금의 루이지애나도 이웃 주들과 같은 경로를 거쳐 1812년 미합중국의 18번째 주가 됐다.

그러나 공교롭게도 루이지애나는 미연방의 일원이 되던 해에 미영 전쟁에 휩쓸리게 됐다. 주도(州都) 뉴올리언스는 미국군과 영국군이 맞부딪치는 주요 전장(戰場)이 되고 말았다.

미영 전쟁의 종식으로 안정을 찾게 되면서 루이지애나의 번성이 본격화됐다. 목화와 사탕수수가 대규모 플랜테이션에서 재배됐다. 일찍부터 유입된 노예들을 쓰는 탓에 '인건비'는 제로나 다름없었다. 농장주들은 막대한 부를 축적하기 시작했다. 특히 뉴올리언스는 미국 최대의 교역로인 미시시피강 하구에 자리잡고 있었기에 물산의 집합지이자 물류의 최고 중심지였다. 루이지애나는 당시 합중국 내에서 가장 흥청거리는 부유 주(富裕州)로 부상했다.

그러나 남북전쟁은 번영을 구가하던 루이지애나에 큰 타격을 입혔다. 남부 '원조'의 일원으로 노예제를 옹호하던 루이지애나는 당연히 연방을 탈퇴, 남군의 일원이 됐다. 하지만 부이시애나는 관내 주요 전투에서 북군에 잇달아 패했다. 이 과정에서 사상자도 많고 무엇보다 주요 시설 파괴가 엄청났다.

나아가 전쟁 종식과 함께 강제로 시행된 노예 해방으로 인해 대규모 농장이 주축이 됐던 주 농업 기반도 큰 타격을 입었다.

침체를 면치 못하던 루이지애나는 20세기 초 막대한 양의 석유와 천연가스 발견으로 부활의 전기를 맞았다. 일찍이부터 성했던 조선과 해운업도 궤도를 탔고, 특히 석유 화학 제품의 주요 생산기지로 부상하면서 공장과 근로자 수가 급증했다. 루이지애나의 석유나 천연가스는 내륙보다 연안에서 더 많이 생산된다. 걸프만에 연해 있는 대륙붕은 최대의 원유 생산지이고, 해안을 따라서 미국 최대 규모의 정유 시설들이 줄지어 자리 잡고 있다.

스페인과 프랑스의 '과거 유산' 짙게 배어 있어

루이지애나는 위치 그대로 남부의 본산이다. 루이지애나는 흔히 남부에 있는 주들이 그러하듯이 보수 성향이 강한 전형적인 '레드'주다. 이에 따라 1960년대 후반기까지 인종차별적인 각종 제도와 관행들이 남아있던 곳이었다.

루이지애나의 정치 판도는 공화당이 주도하고 있다. 지난 2000년 이래 대선에서 민주당 후보가 앞선 경우가 한 번도 없었다. 주지사와 연방 상원의원 등도 공화당 일색으로 포진하고 있다. 연방 하원도 6석 중 공화당이 절대다수를 차지하는 편이다. 주의회 구성도 공화당이 다수당 지위를 차지하고 있다.

루이지애나는 스페인과 프랑스의 지배를 받았던 곳이다. 당연히 언어, 문화, 음식 등에 이런 과거의 유산이 깊이 배어 있다. 프랑스계 주민들이 일찍부터 정착하던 곳이기에 미국 내에서 프랑스 문화가 가장 잘 보존돼 있는 곳이기도 하다.

루이지애나는 프랑스의 영향으로 주법도 미국 내 50개 주 가운데 유일하게 영미법이 아닌 대륙법을 기반으로 하고 있으며 도량형도 공식적으로는 아니지만 관행적으로 미터법을 쓰기도 한다. 지방 행정의 단위도 미국 내 여느 주가 카운티인 것과는 달리 패리시(Parish)라는 표기를 쓰고 있다. 물론 개념은 카운티와 다름없다. 루이지애나에서 나는 작물 가운데 가장 대표적인 것은 사탕수수다. 주 경작면적의 30% 이상을 차지할 정도의 주산물이다. 따뜻한 걸프만에 연해 있는 탓에 해산물도 풍부하다. 새우와 게 등은 미국 전역의 내지로 공급될 만큼 풍부한 생산량을 자랑한다. 루이지애나의 2024년 GDP는 약 4,000억 달러로 미국에서는 31위, 그리고 다른 나라와 비교하면 2025년 기준으로 파키스탄 바로 뒤의 세계 43위 수준이다.

루이지애나는 또 일찍이 노예 무역의 중심지였던 관계로 흑인 노예 후손들이 많아 이 지역 인구 가운데 흑인의 비율은 30%대를 웃돌고 있다 크레욜과 카준이라고 불리는 흑인-프랑스 문화의 혼합은 독특한 예술과 음악, 문화를 낳았다. 그 결과 유명한 재즈 음악, 그리고 루이 암스트롱이라는 거장을 등장시켰다. 특히 재즈 음악은 아프리카와 프랑스, 스페인 문화가 합쳐 만들어진 '멀티 컬쳐(Multi Culture)'의 상징물로 여겨진다.

매년 3월에 뉴올리언스에서 개최되는 '마드리 그라(Mardi Gras)' 축제는 루이지애나의 문화적 특성을 그대로 보여준다. 몇 년 전 코로나가 만연했을 때 이 축제가 확산의 한 요인으로 작용했다는 지적이 나올 만큼 많은 사람들이 참여, 즐기는 최고의 페스티벌이다.

In Depth Story 뉴올리언스

미시시피강과 멕시코만 잇는 교역항

미국의 영토 확장 과정에서 많은 지형, 산맥, 산하(山河) 등은 중요한 기점, 경계가 됐었다. 오대호나 미시시피강, 록키산맥, 애팔래치아산맥 등이 그 예다. 그러나 드물게 도시 하나가 영토 각축전의 핵(核)으로 작용한 곳이 있다. 루이지애나의 최대 도시 뉴올리언스가 바로 그런 곳이다.

주지하다시피 미시시피강은 미국 중부 대륙을 관통, 오대호와 멕시코만까지 연결하는 미국 내 최대 수로(水路)였다. 뉴올리언스는 바로 이 미시시피강

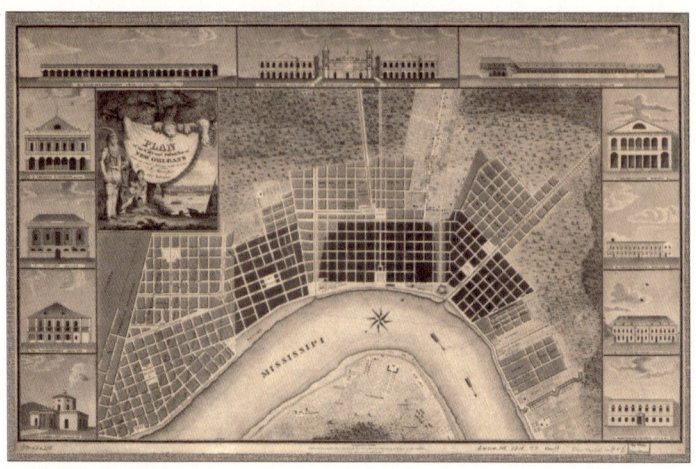

1815년에 만들어진 뉴올리언스 도시 계획안 모습

의 출구에 자리잡고 있어 강을 통한 물류, 통상 및 군사 등 전략적 흐름을 통제할 수 있는, 한마디로 미시피강의 '목줄을 쥐고 있는' 요충지 중의 요충지였다. 뉴올리언스를 잡아야 미시피강을 장악할 수 있고, 미시피강을 지배해야 중서부 대지를 호령할 수 있었다.

식민지 시절은 물론 1800년대 초에 이르러서도 뉴올리언스의 위상은 거의 독보적이었다. 면화나 곡물 등 미국 농산물 수출의 3분의 1 이상이 뉴올리언스를 통해서 이루어질 정도였다. 뉴올리언스가 식민지 시절을 전후해 명실공히 미국의 최대 무역항, 물산 집산지이자 교통, 운송 및 운항의 허브가 된 이유다.

군사, 전략적으로도 뉴올리언스는 미국의 남부와 서부 국경을 방어할 수 있는 핵심 거점이 됐다. 텍사스와 플로리다, 카리브해 및 쿠바 등을 모두 커버할 수 있는 해상 작전 및 방어망의 중심축이 된 것이다. 2차 미영 전쟁 과정 중, 1815년 1월에 벌어진 뉴올리언스 전투(Battle of New Orleans)에서 앤드루 잭슨은 영국군에 2천여 명의 사상자를 내게 하며 뉴올리언스를 사수, 미국의 독립을 지켜낼 수 있었다.

이에 따라 유럽 제국들의 식민지 각축전에서, 그리고 미국이 독립국으로 영토를 확보해 나가는 과정에서 뉴올리언스는 각 세력들이 맞닥뜨리는 충돌 지점이 됐다. 프랑스는 루이지애나 지배를 위해 뉴올리언스를 틀어쥐고 있었고, 스페인 또한 자국령인 플로리다와 텍사스 및 카리브해를 연결해 주는 핵심 중간 기지로서 뉴올리언스의 비중은 절대적이었다.

미국도 마찬가지였다. 당시 제퍼슨 대통령은 뉴올리언스를 통제하지 못하면 미국의 내륙 확장은 불가능하다는 인식하에 "전쟁 불사"를 외치며 미시시피강 수로와 뉴올리언스를 잡는 것에 목을 걸었다. 1803년 루이지애나 매입의 가장 큰 목적도 바로 뉴올리언스 확보였음은 더 말할 나위가 없다.

이렇듯 한때 '북미 대륙의 꽃'이었던 뉴올리언스였지만 지금은 과거의 영화(榮華)가 많이 퇴색된 상태다. 물론 여전히 남부의 간판 도시지만 '옛날의 뉴올리언스'와는 달라진, 어딘가 쇠락의 기미를 엿보이고 있다.

현재의 뉴올리언스는 그러나 이외에도 미국 내 다른 도시에서는 찾아볼 수 없는, 숙명과 같은 난제를 안고 있다. 도시 전체가 물 밑으로 가라앉는, 침수(浸水)와 침강(沈降)문제가 바로 그것이다. 한마디로 물과 인간이 싸우고 있는 격전의 현장이 뉴올리언스다. 지난 2005년 8월 말, 허리케인 카트리나가 덮쳤을 때 뉴올리언스는 말 그대로 쑥대밭이 됐다. 시내의 80% 이상이 최대 3m 깊이의 물에 잠기고, 사망자만 1,000명 이상을 기록했다.

뉴올리언스가 이처럼 '수중 도시'가 된 이유는 구조적인 취약점 때문이다.

수면을 제외한 육지 면적이 서울시의 3분의 2쯤 되는 뉴올리언스는 북쪽에 멕시코만의 일부인 폰차트레인호(Lake Pontchartrain)와 시내를 관통하는 미시시피강 사이에 위치해 있다. 호수와 강은 자연적으로는 맞닿지 않지만, 시내에 뚫려 있는 운하로 연결돼 있다.

문제는 이렇게 '물 병풍'에 둘러싸인 것 같은 뉴올리언스 시내의 약 50%가량이 해수면보다 낮다는 점이다. 그 평균치가 -0.5m에서 -2m 정도이며 가장 낮은 곳은 -6m 안팎이나 되는 곳도 있다. 이에 따라 침수를 막기 위해 엄청난 규모의 제방이 축조돼 있다. 미시시피강 쪽은 6m 이상의 높이로, 호수 쪽은 4.5m 이상인 이 제방 및 홍수 방벽의 전체 길이는 560km가 넘는다.

그러나 카트리나 같은 허리케인이 엄청난 '물 폭탄'을 쏟아부을 경우 중간을 관통하는 운하를 통해 물이 밀려들어 오게 돼 있다. 시내 자체가 웅덩이처럼 움푹 파인 것 같은 구조이기에 일단 물이 들어오면 배수가 안 되는 것이다.

게다가 뉴올리언스 시내 지반이 연약한 늪지대에 위치해 있기 때문에 침강을 피하기 어렵다. 여기에다 지구 온난화로 인해 해수면 상승도 영향을 미치면서 뉴올리언스 전체가 서서히 물에 잠겨가는 상황을 맞고 있는 것이다.

물론 이같은 사태는 하루 아침에 일어날 일은 아니다. 하지만 최근 시행된 지질학 조사 결과 침하 속도는 연 6mm~25mm로, 이런 추세로 나갈 경우 2100년쯤에는 뉴올리언스 전체가 해수면보다 2.5m에서 4m가량 낮아질 것으로 보고 있다. 그냥 방치하면 뉴올리언스가 물속으로 가라앉는다는 의미이기도 하다.

이렇게 '우전등화(雨前燈火)'격의 숙명을 안고 있는 뉴올리언스지만 그러나 지금도 여전히 남부의 최대 도시 가운데 하나, 그리고 무역량에 있어 미국의 대표적인 해상 무역항 중의 하나인 것은 틀림없다. 또 '아메리카의 파리(Paris)'라고 불릴 만큼 언어나 문화에 있어 프랑스 영향이 많이 남아있는 이방 지대이기도 하다.

실제로 뉴올리언스 올드타운에는 17~18세기 프랑스풍의 주택, 상가들이 즐비하게 남아있다. 특히 프렌치 쿼터(French Quarter)와 버번 스트릿(Bourbon Street) 등은 서울의 인사동 같은 전형적인 '옛날 거리'여서 외지 관광객들이 즐겨 찾는 곳이다.

02 오클라호마
백인+기독교도+석유 산업 = 딥 사우스

인디언들과 거친 대결-갈등 빚어진 '붉은 사람들의 땅'

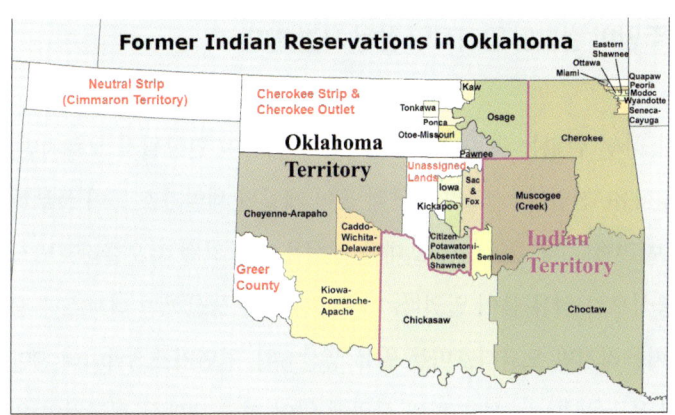

오클라호마 곳곳에 있던 인디언 보호구역을 보여주는 지도

오클라호마 하면 으레 떠오르는 것이 토네이도다. 주택이나 공장 지붕은 물론 대형 트럭까지 날려버리는 거대한 회오리바람이 연평균 40여 차례 이상 휩쓸고 지나가, 토네이도 발생 빈도에 있어 세계 최고로 꼽히는 곳이 바로 중서부에 위치한 오클라호마다.

오클라호마는 중부 일대가 그렇듯이 광대한 평원 지대다. 남한의 2배에 가까운 181,037km²의 면적 가운데 24%가량이 삼림, 그리고 73% 이상이 농경지로 돼 있을 만큼 넓은 평야를 가진 곳이다. 아직도 개발이 안 된 무수한 초원 지대에는 세계 최대 규모라는 톨그래스 보호지역(Tallgrass Prairie Reserve)들이 곳곳에 산재해 있다.

거대한 곡창 지대이기도 한 오클라호마는 1803년 프랑스가 미국에 넘긴 루이지애나 지역의 일부로서, 그때를 기점으로 미국 영토가 됐다.

오클라호마는 태동 과정에서 국가 간, 혹은 군사적인 무력 충돌 사태는 겪은 바 없이 미합중국의 일원이 된 곳이다. 하지만 오클라호마가 인디언 촉토족 언어로 '붉은 사람들의 땅'이라는 뜻을 담고 있듯 어느 주보다도 원주민 인디언들과 거칠고 험난한 대결과 갈등이 빚어진 곳이기도 하다.

석유와 원주민이 결합된 엽기적인 살인 사건 발생

오클라호마 하면 끝없는 초원 지대, 토네이도 등만이 연상될지 모르지만, 사실은 석탄, 석유, 천연가스, 그리고 근래 들어 개발된 셰일가스 등이 풍부한 천연자원의 보고(寶庫)다. 20세기 초 대규모 석유가 발견됐고 오클라호마시티 및 털사 중심으로 석유 붐이 일었다. 미국에서 석유 생산하면 텍사스나 캘리포니아를 떠올리지만 오클라호마는 원유 생산 5위, 천연가스 3위이며, 9만여 개 이상의 유정(油井) 등 석유 관련 산업에 있어 미국 내에서 선도적인 위상을 갖고 있다.

이 같은 석유와 원주민이 결합된 엽기적인 살인 사건이 오클라호마에서 발생하기도 했다. 1918년 오클라호마 오세이지 카운티에서 발생한 오세이지 부족 연쇄 피살 사건이 그것이다. 이 사건은 인디언들의 석유 매장지 상속권을 뺏으려는 일부 백인들이, 결혼 등을 통해 원주민들과 연고를 맺은 뒤 1925년까지 60여 명의 원주민들을 총기, 중독, 폭탄 테러 등과 같은 방법으로 살해했다는 것이 골자다. 미 의회는 급기야 1925년 오세이지 부족이 아닌 사람은 오세이지 카운티 석유 매장지를 상속받지 못하도록 하는 법을 제정하기도 했다. 이 사건은 2023년 로버트 드니로와 레오나르도 디카프리오가 주연하는 'Killers of the Flower Moon'이라는 영화로 제작돼 방영됐다.

오클라호마의 별칭은 '선착순 주(Sooner State)'이기도 한데 이는 1899년,

경주를 통해 선착순으로 도착한 사람에게 땅을 제공하는 방식으로 한 시간 만에 5만여 명의 정착자가 탄생된 비화에서 연유한 것이다.

오클라호마는 1995년 주도 오클라호마시티에서 발생한 연방 청사 폭탄 테러의 발생지이기도 하다. 9.11이 발생하기 전까지 미 역사상 최악의 테러로 꼽혔던 이 사건에서는 무려 168명이 목숨을 잃었다.

오클라호마는 전형적인 '딥 사우스' 성향을 지닌 공화당 지지 주다. 남부라는 지역에다 백인+기독교도+석유 산업이라는 요소들이 결합되면서 '뼛속까지 보수'라는 계층을 만들어 낸 것이다. 그 결과 1988년 대선 이래 매번 공화당 후보에게 승리를 안겨줘 왔다. 지지율 격차도 엄청나 공화당 후보가 거의 더블 스코어로 앞서는 곳이다.

오클라호마의 2024년 GDP는 4,400억 달러로 미국 내 28위며 주민 소득 수준은 중하위권에 속한다. 그러나 다른 나라와 비교하면 2025년 기준으로 콜롬비아나 남아프리카 공화국을 앞서는, 세계 38위 권에 랭크돼 있다.

03 아칸소
노예제와 인종차별의 흑역사 지녀

미시시피강 하류의 평원에 플랜테이션 농업 발달

흑백 인종차별이 심했던 아칸소 리틀 록의 1938년 모습

미국의 남부로 분류되는 아칸소는 이른바 '딥 사우스(Deep South)'의 색깔을 가장 노골적으로 드러내는 곳으로 꼽힌다. 노예제나 인종차별 문제 등에 있어 '꼴통 남부'의 성향이 짙다는 의미다.

아칸소 역시 1803년 미국의 루이지애나 매입을 통해 미국 영토가 됐다. 이후 1836년 6월 15일, 25번째로 연방에 가입, 합중국의 정식 멤버로 자리잡았다.

미시시피강 하류의 넓은 저지대 평원과 습지를 안고 있는 아칸소에는 전형적인 남부 플랜테이션 농장들이 많았다. 그 결과 면화, 담배 농장에 소속된 흑인 노예들의 규모가 상당했다. 1860년 무렵 인구가 백인 43만여 명에 흑인 노예 11만 명에 달할 정도다.

1861년 4월, 남북전쟁이 터지자 아칸소는 즉각 남부에 가세했다. 1863년 북군이 주도인 '리틀 록'을 장악하자 자신들의 수도를 남서부 지역으로 옮겨 끝까지 저항했다.

전쟁이 끝난 뒤 남부연합에 가담했던 다른 남부 주들이 속속 미연방에 재가입하며 '통합'에 응했으나 아칸소에서는 남군으로 참전했던 '베테랑'들이 주축이 돼 이를 거부하고 나섰다.

이에 대응, 합중국 정부는 아칸소에 일종의 연방군 군사 정권을 세워 10년 가까이 통제했다. 아칸소가 남부의 태를 벗지 못하고 지속적인 '반항'을 하는 데 따른 조치였다.

아칸소의 '뒤 끝'은 이후에도 길게 남았다. 백인들 간에도 연방파와 노예제 옹호파 간에 폭력 사태가 빚어졌고, 특히 백인들로 구성된 '쿠 클럭스 클랜(KKK)'같은 인종차별 조직들은 노골적으로 흑인에 대한 폭력과 린치를 자행했다. 아칸소 해리슨(Harrison)에는 지금도 KKK 본부가 버젓이 자리잡고 있다. 흑인 차별 행태는 1960년대 후반까지 공공연하게 이어졌다.

1957년 연방법원이 리틀 록에 있는 센트럴 고교에 인종차별을 금지하라는 판결을 내렸으나 당시 오벌 포버스 주지사는 주 방위군을 동원해 이를 거부했다. 그러자 아이젠하워 대통령이 연방군을 파견, 주 방위군에 대한 지휘권을 행사하고 법원의 명령을 집행함으로써 사태를 수습했다.

아칸소의 공공시설과 학교 등에 만연했던 인종차별 장벽이 법적으로나마 정리된 것은 1970년이었다.

인천 상륙작전에 성공한 맥아더 장군의 고향

아칸소는 드물게 다이아몬드 광산이 있고 쌀이 많이 생산되는 곳이다. 한국의 남부 지방과 비슷한 기후에 미시시피강 유역의 저습 지대 등과 같은 환경이 벼 생육에 적합하기 때문이다. 하지만 면화나 콩, 옥수수 등의 생산도 적지 않다. 또 삼림이 깊어 목재 생산량도 많다.

19세기 후반에 철도가 놓이고 특히 1921년 엘도라도 인근에서 석유가 발견되면서 아칸소의 개발과 성장이 가속화됐다. 아칸소 역시 여느 주들과 마찬가지로 풍부한 천연자원과 다양한 농작물, 육우, 양계, 식품 가공업 등 양호한 산업 기반을 갖고 있다. 미국은 물론 세계 최대의 유통 기업인 월마트의 본사가 아칸소에 있으며 역시 미국 최대 육가공업체인 타이슨 푸드도 이 곳에 둥지를 틀고 있다.

중서부 지역의 주들이 대체로 넓은 평원 지대에다 아기자기한 볼거리는 별로 갖고 있지 못한 데 반해 아칸소의 북부 지역은 산세가 어우러진 경관이, 또 중부 지역은 '핫 스프링스'라는 미국 최대 규모의 유명 온천이 있어 많은 관광객을 끌어들이고 있다.

아칸소의 면적은 약 137,732km² 로 남한의 1.4배쯤 되며 2024년 기준 GDP는 약 3,600억 달러로 미국 33위다. 다른 국가와 비교하면 2025년 기준으로 이란보다 앞서는 세계 44위 권이다.

아칸소는 전형적인 남부 주가 그러하듯 정치적으로는 확실한 공화당 지지 지역이다. 1976년 카터 이후 이곳 주지사 출신인 클린턴만 대선서 승리했고 나머지 선거에서는 공화 후보가 절대 우세를 견지했다. 특히 2016년 대선에서 힐러리 후보는 아칸소가 남편이자 전직 대통령인 클린턴의 '텃밭' 임에도 불구하고 트럼프에 27% 포인트라는 큰 격차로 완패당해, 이곳의 공화당 텃세가 간단치 않음을 입증시켰다.

아칸소 출신 명사는 클린턴 전 대통령 외에 한국 전쟁을 이끈 더글라스 맥아더 사령관 등이 있다.

04 미주리
미국의 한가운데 위치한 '중앙주'

미주리는 '노예주'로, 메인은 '자유주'로 함께 연방 가입

미주리강을 오르내리는 식민지 시대 교역상의 모습

미주리는 흔히 미국의 한가운데라고 표현되는 곳이다. 미 중서부에 위치해 있으며 동서남북 방향으로 오클라호마, 캔사스, 일리노이 등 7개 주에 의해 둘러싸여 있다.

미주리의 기원은 17세기 후반, 미시시피강 일대를 탐험한 프랑스에 의해 유럽인의 발길이 닿았다가 이후 스페인, 다시 프랑스의 소유를 거쳐 최종적으로 1803년 미국 땅으로 결정이 됐다.

미국은 1812년 이 지역을 미주리 준 주로 이름 짓고 본격 행정 체제를 구축하기 시작했다. 그러나 같은 해에 미영 전쟁이 터지면서 미주리도 어수선한 분위기에 휩싸였다. 미주리가 전장(戰場)으로 변하지는 않았지만 영국이 '흔들기' 전략으로 이 지역의 인디언들을 부추겨 무기와 탄약 등을 지원하며 미국인 정착지를 공격하게 함으로써 곳곳서 유혈 충돌 사태가 빚어졌다.

1818년부터 미주리는 정식 독립주로 미연방 가입을 추진했으나 당시 합중국 주들이 정확히 반으로 갈려 '노예주'와 '자유주' 간 세력 다툼을 벌이는 바람에 합류가 지연됐다. 결국 1820년 이른바 '미주리 타협'을 통해 미주리는 '노예주'로, 또 매사추세츠에서 떨어져 나온 메인은 '자유주'로 균형을 맞춤으로써 나란히 연방의 일원이 됐다.

미주리는 노예제를 옹호하는 '노예주'이긴 했지만 나중에 벌어진 남북전쟁에서는 북군 진영으로 스탠스를 잡았다. 주지사나 주의회는 강한 남부 성향을 보였지만 주민들 다수는 중립에 머물기를 희망, 최종적으로 연방 잔류를 택했기 때문이다.

이에 따라 미주리는 전쟁 중에 남북파로 서로 갈려 갈등을 빚었고, 특히 이웃한 캔사스가 자유주로 방향을 정함에 따라 캔사스와는 별도의 '동네 전투'도 벌이는 등 노예 문제로 극심한 주론(州論) 분열을 빚기도 했다.

미주리의 면적은 180,540km²로 남한의 거의 2배 규모이며 대평원 지대가 태반이다. 여느 중남부 주들과 마찬가지로 광활한 경작 지대와 함께 대규모 농장 중심의 농업 구조를 갖고 있다. 옥수수, 콩, 밀 외에 면화와 건초, 육우, 우유 등의 농축산 산업들이 주요 기반이 되고 있다.

하지만 1·2차 세계 대전을 거치면서 화학, 열차 및 트럭 제조, 항공기 제작 등과 같은 중공업 부문도 활성화돼 중요한 군사 장비 보급기지로서의 역할도 했다. 미주리의 GDP는 2024년 기준 약 5,600억 달러로 미국 내 19위, 세계적으로는 2025년 기준으로 오스트리아, 태국과 비슷한 세계 31위권 이다.

미주리는 남북전쟁 이후 확실한 남부 성향으로 굳어졌다. 미주리 최대 도시인 캔자스 시티나 세인트 루이스 등 도시권들은 민주당 세가 있지만 교외나 농촌 지역은 말 그대로 '새빨간' 공화당 일색이다.

이에 따라 지난 40년의 대선 추세를 보면 클린턴을 제외하고는 모두 공화당 후보들을 승자로 뽑았다. 50개 주 가운데 인구 순위가 19위인 탓에 대통령 선거인단 수도 10명으로 만만치 않은 정치적인 영향력을 갖고 있는 곳이다. 2차 대전 종전을 위해 일본에 원폭 투하 결정을 내렸던 33대 대통령인 해리 트루먼, 소설가 마크 트웨인, 월트 디즈니 등이 미주리 출신이다.

In Depth Story 미주리강

미주리강, 미시시피강과 함께 미 대륙의 대동맥

　강은 그 국가의 영토, 산업, 교통 등 여러 방면에서 지대한 영향을 끼치는 핵심 요소다. 고래로부터 문명은 강을 중심으로 형성, 발전돼 왔다. 미 대륙에도 한반도의 한강이나 낙동강 같은 비중과 역할을 하는 강들이 있다.

　미시시피강과 더불어 중서부를 관통하는, 미국 최장(最長)의 미주리강이 바로 그것이다. 미주리강은 멀리 몬태나에 있는 록키산맥 동쪽 사면에서 발원(發源)해 장장 4,100km가량을 감돌다 걸프만으로 흘러든다. 미시시피강의 지류로 분류되지만 사실은 미시시피강 본류보다 더 긴 강이다.

　미주리강은 중서부의 8개 주 이상에 걸쳐 광범위한 지류(支流)를 형성하고 있다. 말이 지류지 한강이나 낙동강보다 크고 긴 강들이 중서부 대륙에 거목의 뿌리처럼 뻗쳐져 있다. 미주리강과 지류들이 흐르는 강들이 만드는 전체 유역 넓이는 약 137만 1,700km²로 미국 전체 면적의 7분의 1에 해당한다. 이는 또 미국 전체 농경지의 40~45%가 되는 규모다. 밀의 경우 미국 전체 생산량의 60~65%, 보리는 55~60%가 미주리강 유역에서 생산된다.

　미주리강의 중요성은 단순 작물 생산에만 그치지 않는다.

　우선 18~19세기 미 대륙의 중서부 본격 개척기에 미주리강은 대륙 곳곳을 연결하는 최고의 '물길'이었다. 각 지역의 개척민들이 일궈 놓은 수많은 농작물 및 각종 물품과 동부 등지에서 생산된 온갖 산업 제품들이 이 강을 통해 교류되며 운반됐다. 미주리 세인트 루이스에서 합류하는 미시시피강과 더불어 미 대륙의 핵심 물류 인프라 역할을 한 것이다.

20세기 들어서는 관개(灌漑), 치수(治水)의 일환으로 수많은 다목적 댐과 보(洑)들이 만들어져 막대한 전기 발전과 식수, 농업 용수의 공급원이 됐다.

특히 이리호를 통해 오대호와 대서양이 이어지고, 추가 운하 건설로 미주리강까지 포함되는 광대한 수로망이 만들어지면서 미국은 엄청난 규모의 생산지와 소비 시장을 연결시킬 수 있게 됐다.

한마디로 미주리강은 미시시피강과 함께 미국의 서부 개척을 본격화시키고 꽃 피우게 하는 수훈 갑(甲)의 역할을 한 것이다. 장대한 두 강과 그 지류망이 미국이라는 몸통의 대동맥과 실핏줄 기능을 해줌으로써 미 대륙은 급속한 팽창과 함께 강대국으로서의 기반과 역량을 구축할 수 있게 됐다.

05 아이오와
미시시피강과 미주리강의 경계

옥수수와 콩 생산량 미국 내 최고인 '식량 창고'

아이오와의 드넓은 평원에 자리잡은 대규모 작물 재배지 모습

한국에서는 어떤 땅의 크기를 가늠해 볼 때 흔히 여의도 넓이를 잣대로 삼는다. 또 넓은 평야를 얘기할 때는 면적 약 150km^2, 평수로는 4,530만 평 규모의 아산만 간척지를 예로 든다. 아이오와는 미국 중서부 지역 가운데 좀 더 북쪽으로 치우친 곳에 위치해 있는 대평원의 주다. 면적은 145,746km^2로 북한 땅보다 18%가량 더 크다. 이 아이오와 땅의 농장 지대 넓이는 주 전체 면적의 85% 정도로 알려져 있다. 이렇게 계산해 보면 아이오와의 농경지 사이즈는 여의도의 42,000배 정도, 그리고 아산만 간척지의 약 825배나 된다.

미 중부, 중서부, 동남부 어느 곳이든 너른 평원이 없는 곳이 없지만 특히 아이오와는 주 전역이 광대한 평야지대를 이루고 있다. 아이오와의 동쪽 경계는 미시시피강이고 서쪽은 미주리강이 경계가 되고 있다. 그 사이에 위치한 안만한 경사의 평원, 그 넓디 넓은 대지에서 곡식과 가축들이 자라고 있다.

1803년 프랑스에서 미국으로 매각된 루이지애나의 일부였던 아이오와는 미국의 최대 '곡창 지대' 중의 하나로 꼽힌다. 주 전체의 36%인 약 52,600 km², 남한 땅의 절반가량이 옥수수밭이다. 미국 옥수수의 17%가량이 아이오와에서 생산되고 있다. 또 콩밭 넓이도 주 면적의 31%인 약 38,400km² 로, 한국으로 치면 전라남북도에 충청남도까지 합친 곳이 온통 콩밭이라는 얘기다. 당연히 옥수수와 콩 생산량은 미국서 최고에 속한다.

나아가 육우 사육두수도 미국 8위, 미국 전체 사육 돼지의 30% 이상인 2,300만 두가 아이오와 농장에서 길러지고 있다. 2024년 기준 아이오와에서 생산된 달걀은 150억 개 이상으로, 이 역시 미국 1위다. 이 밖에 우유, 돼지고기, 팝콘, 시리얼, 그리고 벌꿀 등등, 아이오와가 미국의 '콘 벨트(Corn Belt)', '그레인 벨트(Grain Belt)'의 중심이자 '식량 창고'로 불리는 이유다.

아이오와의 이 같은 산업 기반은 2차 대전 때 미국에 큰 기여를 했다. 전쟁 중에 유럽 동맹국들에 제공했던 엄청난 물량의 식량, 구호품 등 조달에 아이오와의 농작물이 상당량 포함됐기 때문이다.

이처럼 곡물 생산과 육우 등이 성한 탓에 아이오와에서는 고기를 포함한 먹거리 가격이 꽤 저렴한 편이다. 다만 아이오와가 완전히 육지로 둘러싸인 곳이기에 해산물류는 모두 '수입'이 불가피해 다른 지역보다 값이 비싼 것이 흠이다. 아이오와의 GDP는 2024년 기준 약 4,300억 달러로 미국 내 29위다. 또 국가별로는 2025년 기준으로 콜롬비아와 비슷한 세계 39위 권이다.

아이오와는 전형적인 백인 스테이트다. 인종 구성에 있어 백인 비율이 약 88%로 미국 평균치를 훨씬 웃돈다. 그래서 보수 성향이 강할 것 같지만 정치적으로는 '스윙 스테이트' 같은 균형을 유지하고 있다. 근래 들어 지난 두 차례 대선에서는 공화당 후보가 승리했지만, 1980년 이후 전적을 살펴보면 민주 여섯 번, 공화 다섯 번씩으로 양당이 승패를 주고받고 있다.

그러나 아이오와는 다른 측면에서 미 대선판의 가늠자 역할을 하고 있다. 대통령 선거를 앞두고 양당이 먼저 후보를 선출하는 예비 경선이 전국에서 가장 먼저 치러지는 곳이 바로 아이오와이기 때문이다. 아이오와 코커스와, 이어 다음 순서인 뉴햄프셔 프라이머리는 양당 대선 후보 경선의 초반 판세를 결정짓는다는 측면에서 여느 주보다 훨씬 더 많은 관심과 비중을 인정받는다.

특히 아이오와의 '표심(票心)'이 미국 전체의 여론과 비슷하다는 점에서 대선 풍향계 대접을 받고 있다. 실제로 아이오와 유권자들은 특정 정파에 치우치기보다는 농작물 시세나 수출 및 보조금 정책 등 '현실'을 중시하는 경향이 뚜렷해, 민주당이나 공화당 모두 마음을 놓지 못하고 정책 대결을 벌이는 곳이다. 아이오와의 주도는 디모인(Des Moines)으로 주 내 최대 도시이기도 하다.

디모인 남서쪽에 위치한 매디슨 카운티는 영화 '매디슨 카운티의 다리'의 배경이 된 곳이다. 미 서부 영화의 간판 배우 존 웨인의 고향도 매디슨 카운티의 윈터셋이다.

In Depth Story 아이오와 코커스

뉴햄프셔 프라이머리와 함께 대선 '점등식'

아이오와 코커스는 미국 대선을 앞두고 아이오와주에서 시행되는 대선 후보 선출 과정이다. 공화당과 민주당의 자당 대선 후보 선출은 50개 주에서 실시되는 데 각 주마다 날짜가 서로 다르다. 이 가운데 가장 먼저 시행되는 곳이 아이오와다. 아이오와에 이어 뉴햄프셔에서 코커스와는 다른 방식의, 프라이머리 (Primary)라는 이름으로 대선 후보 선출이 이루어진다.

코커스와 프라이머리는 서로 개념과 방식이 나르다.

아이오와 코커스의 투표 진행 장면

먼저 코커스는 일종의 부족 회의 같은 것으로 생각하면 된다. 추장이나 족장을 선거로 뽑는다고 할 경우 투표 자격 요건은 당연히 해당 부족의 일원인 사람으로 한정되듯이 코커스는 당원 자격을 가진 사람들만이 모여 토론을 거쳐 투표하게 된다. 여러 명의 후보자 가운데 득표 비율로 대의원을 확보하게 된다.

예를 들어 2024년 아이오아 코커스에서 공화당 후보로 출마한 트럼프는 51%를 득표, 아이오와에 배정된 40명의 대의원 가운데 20명을 차지했다. 2위인 디샌티스 플로리다 주지사는 21.2%의 득표율로 9명을, 3위인 니키 해일리 전 유엔대사는 19.1% 득표율에 8명을 확보했다.

각 후보들은 이런 식으로 각 주마다 자기 대의원을 확보하는 경쟁을 벌이게 되는데 공화당의 경우 전체 대의원 2,429명의 과반수를 확보하는 사람이 공화당 후보가 되는 것이다.

이에 대해 프라이머리, 즉 예비선거는 해당 정당의 당원만이 아닌 일반 유권자도 참여할 수 있는 개방식이다. 다만 일반 투표자에게 어느 정도 참여를 허용하느냐에 따라 개방형, 준개방형, 폐쇄형 프라이머리로 나뉜다. 개방형은 말 그대로 일반 유권자들이 제한 없이 참여할 수 있고, 폐쇄형은 등록된 유권자만 가능토록 돼 있다.

현재 코커스 방식은 50개 주 가운데 여섯 곳에서만 시행되는데 코커스는 대체로 인구가 적은, 소규모 지역에서 시행되며 프라이머리가 전체적으로 대세를 이루고 있다.

코커스는 당 지지도가 높은 후보가 유리해 이른바 '당심(黨心)'이 관건이고, 프라이머리는 일반인들이 참여하기 때문에 '표심(票心)'이 반영된다는 점에서 본선 경쟁력이 높은 후보가 유리하다고 할 수 있다.

코커스나 프라이머리는 그 영향력이 시행 시점에 크게 좌우된다. 가장 먼저 시행되는 아이오와 코커스나 뉴햄프셔 프라이머리의 경우, 두 주 모두 배당된 대의원 수가 전체에서 차지하는 비중이 매우 작음에도 불구하고 각각 첫 테이프를 끊는 것이기 때문에 언론과 여론으로부터 과도할 정도의 관심을 받게된다.

나아가 두 개 주의 투표 결과는 상징성 이상의 무게를 지녀 대선 후보 경쟁의 판세를 뒤흔들기도 한다. 실제로 2008년 대선 당시 아이오와 코커스에서 오바마는 가장 유력한 승자로 꼽혔던 힐러리를 제치고 예상 외의 '깜짝 승'을 일궈 냄으로써 결국 민주당 대선 후보를 거머쥐는 전기를 마련하기도 했다.

아이오와 코커스나 뉴햄프셔 프라이머리는 미 대선 레이스의 점등식(點燈式)이자 향방을 점치게 해주는 '대선 풍향계'로 자리매김하고 있다.

06 캔사스
한반도 크기만한 중서부의 대평원 지대

노예제 둘러싼 의원 폭력 사태는 남북전쟁의 예고편

1856년 5월 22일 오후 미연방 상원회의장.

매사추세츠 출신 찰스 섬너(Charles Sumner) 상원의원이 머리가 피투성이가 돼 구타당하고 있었다. 가해자는 사우스캐롤라이나의 프레스턴 브룩스(Preston Brooks) 연방 하원의원.

백주 대낮에 그것도 연방의회 회의장에서, 의원의 의원에 대한 유혈 폭력 사태가 빚어진 것이다. 브룩스 의원이 머리 부분에 금속 장식이 있는 지팡이로 어찌나 모질게 두들겨 팼는지, 섬너 의원은 유혈이 낭자한 채 의식을 잃었고 이후 3년이 지나서야 정상적으로 상원에 복귀할 수 있었다.

미국의 노예 역사에서 빼놓을 수 없는 이 의회 폭행 사건은 '유혈의 캔사스(Bleeding Kansas)'로 불리는, 일련의 노예제 관련 폭력 사태를 상징하는 전형이 됐고 몇 년 뒤 발발한 남북전쟁을 예고한 '오멘(Omen)'이기도 했다.

미 헌정사상 초유의 폭행 사태를 빚게한 '당사자'는 다름 아닌 캔사스주였다. 캔사스는 1803년 미국이 프랑스로부터 사들인 '루이지애나 지역'에 속해 있던 땅으로 미국의 '지리적인 배꼽'으로 불리는 곳이다. 실제로 캔사스는 미 대륙의 가장 정 중앙에 위치한 내륙 주다.

면적 213,100km² 로, 거의 한반도 크기만 하며 중서부의 대평원 지대에 속해 있다. 지천으로 너른 초원을 가지고 있기에 각지의 목동들이 소떼를 몰고 올 때 중간 기착지로 삼는 평화로운 '소몰이 골' 동네였다.

1861년 1월 34번째 주로 연방에 가입하긴 했지만, 캔사스는 이미 10여년

대양과 같이 넓은 캔사스의 밀밭 CC BY 2.0

전부터 심상치 않은 내홍의 조짐을 안고 있었다. 준 주에 머물러 있던 캔사스가 정식 주로 승격돼 연방의 일원이 되는 데 있어 '노예주'와 '자유주' 가운데 어느 쪽을 택해야 하느냐가 주된 이슈였다.

결과적으로 캔사스는 자유주로 출범했지만, 이 과정에서 여론이 갈리고 양측 간에 '피의 공격과 보복'이 잇따르며 60여 명이 목숨을 잃는, 연방의회 폭행 사건을 포함한 '블리딩 캔사스(Bleeding Kansas)' 참극이 벌어진 것이다.

캔사스는 말 그대로 평평한 대지가 끝없이 펼쳐지는 곳이다. 그래서 방목과 밀, 옥수수, 보리 등의 대표적인 경작지이기노 하다.

특히 캔사스에서 많이 재배되는 겨울 밀은 가을에 씨가 뿌려지고 초여름에 수확되는 데 한여름의 열기와 병충해를 피할 수 있어 밀 생산량을 크게 늘리게 했다. 캔사스를 미국의 '곡창 지대'의 하나로 불리게 만든 효자 상품이기도 하다.

동부와 서부 잇는 대륙횡단철도 통과로 개발 본격화

그 당시 중서부의 주들이 대부분 그랬던 것처럼 캔사스도 인구가 희박한, 덩그러니 땅만 넓은 평원 지대의 한촌(閑村)이었다. 그러나 1840년부터 미대륙횡단철도 건설이 본격화되면서 오지(奧地)에 불과하던 캔사스에도 개발의 서광이 찾아 들었다.

대륙횡단철도 건설은 당시 미연방 정부의 국책 사업이었다. 중부에 이어 서부 개척, 그리고 미 대륙 전체를 연결하는 육상 물류망 확보를 위해 절대적으로 긴요한 인프라 구축이었다.

그래서 대륙횡단철도가 지나는 지역의 주정부나 상하원 정치인들은 저마다 자기 지역에 역(驛)을 유치하기 위한 로비에 혈안이 돼 있었다. 한국의 고속철도 건설 때 관할 내에 중간 기착 역을 두기 위해 지방 자치정부나 정치인, 그리고 주민들이 치열한 유치전을 벌였던 것과 같은 이치다.

그런데 횡단열차가 동부에서 종착지인 캘리포니아까지 이어지려면 황무지 상태에 있던 캔사스, 네브래스카 지역을 통과하지 않을 수 없었다. 이 일대의 구간 길이는 전체 노선의 20% 이상이 될 만큼 그 비중이 만만치 않았다.

연방정부는 이에 따라 1854년 캔사스와 네브래스카를 준 주로 승격시키고 본격적인 개발을 추진했다. 당시 독립주의 자격을 갖추기 위해서는 대략 인구수가 6만 명 이상에 달해야 했다. 허허벌판과 다름없던 캔사스에 정착민들의 이주가 급증했고, 지하자원과 농축산업 개발에 대한 투자도 늘면서 1860년 무렵에는 인구가 10만 명을 넘는 버젓한 주로 탈바꿈하게 된 것이다.

캔사스는 1930년대 대공황 시절에 역시 큰 타격을 입었으나 이후 제2차 세계 대전 때 주요한 군수 산업 보급 기지 역할을 하면서 다시금 재부흥기를 맞았다. 캔사스의 2024년 GDP는 약 3,700억 달러로 미국 내 33위, 국가별로는 2025년 기준으로 체코에 뒤지는 세계 44위 권이다.

주가 태동될 당시 노예제를 둘러싸고 내란(?) 끝에 반 노예 노선을 취했고 남북전쟁 때도 북군의 일원으로 기여했지만, 캔사스는 전형적인 남부 성향을 지니고 있다. 그래서 정치적인 성향도 '솔리드 레드(Solid Red)', 즉 '찐 보수'의 색깔을 고수하고 있다. 지난 1988년 대선 이래 줄곧 공화당 후보만을 승자로 만들어 줬다. 2석의 연방 상원의원 자리도 공화당이 압도적으로 우세를 차지하고 있다. 주변 주들이 더러 '스윙 스테이트' 경향을 보이며 변모하는 데 반해 거의 외골수로 보수를 고수하고 있다.

In Depth Story — 노예주와 자유주

노예제 문제가 남북전쟁으로 비화

독립전쟁 승리와 함께 미합중국이 태동된 이후 미국은 계속해서 중서부 쪽으로 영토를 확대해 나갔다. 그러나 이같은 외연(外延)의 확장에도 불구하고 내부적으로는 노예제 문제를 두고 남북 간에 골이 깊어져 가고 있었다. 미국을 자칫 '한 지붕 두 가족'으로 만들 뻔했던 노예 이슈는 미국 영토가 확장되면서 더욱 심화돼 실제로 미합중국을 노예제에 반대하는 '자유주'와 이에 대립되는 '노예주'로 양분시켰다.

노예주(Slave States)는 노예세도를 합법적으로 인정하고 시행하는 주들을 말한다. 사우스캐롤라이나, 노스캐롤라이나, 플로리다, 조지아, 앨라배마 등 동남부 5개 주, 텍사스, 미시시피, 루이지애나, 테네시, 아칸소 등 중남부 5개 주들이 있다. 또 버지니아, 메릴랜드, 델라웨어, 켄터키, 미주리 등 자유주들과 경계를 맞대는 접경 지역 5개 주 등 모두 15개 주에 달했다.

자유주는 매사추세츠, 뉴욕, 펜실베니아, 코네티컷, 버몬트 등 북동부 5개

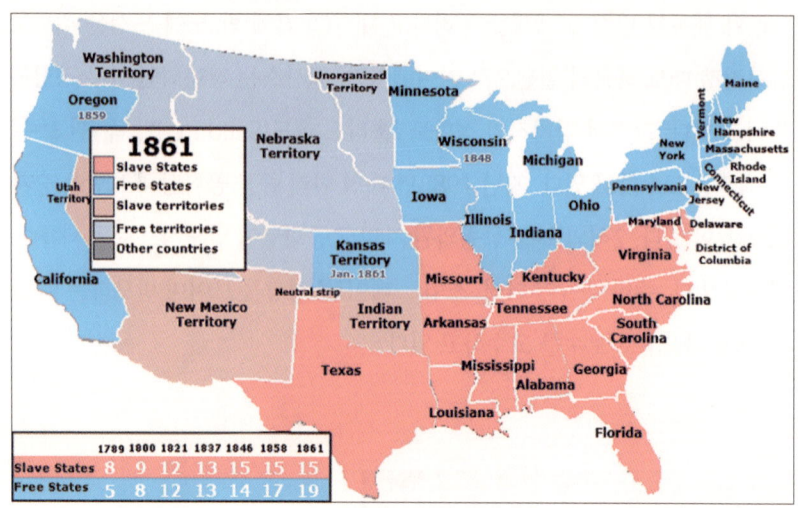

노예주와 자유주를 나타내는 지도. 붉은 색이 노예주, 푸른색이 자유주를 표시하고 있다

주와 일리노이, 오하이오, 미시간, 아이오와, 인디애나 등 중서부 5개 주가 있다. 또 서부 지역의 캘리포니아, 오레곤, 미네소타, 위스컨신 등 모두 18개 주를 포함하고 있다.

노예주는 면화, 담배, 설탕 같은 대규모 플랜테이션 농업이 중심이 돼 있고 자유주는 무역, 상업, 공업 및 자영농이 산업의 기반을 구축하고 있다. 노예주가 다수의 노예 인구를 기반으로 엘리트 대지주가 중심이 돼 있는 반면 자유주는 중산층과 자영농, 그리고 이민자들이 사회의 핵심축을 구성하고 있다.

가치관이나 관점에서 노예주는 재산권을 중시하고 주(州)를 우선하는 데 반해 자유주는 인권과 평등, 노동의 자유를 보장하고 연방을 강조하는 입장이다.

이렇듯 '물과 기름' 같았던 두 세력권이 결정적으로 맞부딪쳤던 대립점이 바로 노예제 시행 문제였다. 대규모 플랜테이션 경제에 의존하는 노예주들 입장에서는 노예 노동력의 유지가 필수였다. 반면 자유주들은 노예 노동이 공정한 경쟁을 침해하면서 노동 시장을 왜곡한다고 반박했다. 노예제 이슈 외에도 노예주와 자유주 간에는 연방 주도권을 둘러싼 헤게모니 다툼도 계속되고 있었다.

이런 상황이었기에 미합중국은 영토를 확대하고 새로운 주들을 가입시켜 가면서도 내부적으로 분란이 끊이지 않았다. 노예주와 자유주 양측은 연방 가입주는 늘려 나가되 철저하게 균형을 맞추는 방식으로 임했다. 노예제를 거부하는 자유주가 후보로 나서면 동시에 그 반대 입장을 가진 노예주를 새로 결성, 동시에 가입시키는 식이었다.

두 세력 간의 대결은 말로만 그치는 정쟁 수준을 훨씬 넘어 무력 충돌도 불사하는 수준으로 가열돼 갔다. 그래서 외형상으로는 미합중국이라는 단일 국가의 일원이지만 내막적, 심정적으로는 서로 '딴 나라'로 여기는 분열의 골이 깊어져 가고 있는 상태였다.

시종 대립해 오던 양 진영은 1820년 '미주리 타협'을 통해 기준을 마련한다. 타협의 골자는 미주리를 노예주로, 메인을 자유주로 받아들이되 북위 36도 30분 이북 지역에는 노예제를 금지시킨다는 내용이었다.

또 1850년에 만들어진 '1850 타협안(Compromise of 1850)'에서는 캘리포니아를 자유주로 받아들이지만 대신 '도망 노예법'을 강화하고 뉴멕시코와 유타는 각 주민 투표로 노예제 채택 여부를 결정짓는 것으로 약정했다.

칼날 위를 걷듯 불안한 균형이 유지되고 있는 상황에서 캔사스의 연방 가입이라는 돌출 변수가 제기됐다. 캔사스가 문제기 된 것은 노예주와 자유주 간 관행적으로 지켜져 오던 원칙이 흔들리게 된 때문이었다.

'미주리 타협'에 따르면 북위 36도 30분선 이북에 위치할 경우 노예주 금지 구역이 된다. 따라서 북위 37~39도 상에 있는 캔사스는 자유주가 돼야 했다. 그러나 캔사스 자체가 지리적으로 남부에, 또 무엇보다 그 시점에 양 세력 간 균형을 맞추기 위해서는 캔사스는 노예주가 돼야 한다는 것이 다른 남부 노예

노예 매매를 기다리는 노예들의 모습을 담은 그림

주들의 주장이었다.

이렇게 입장이 엇갈리자 타협안으로 제시된 것이 1854년에 제정된 '캔사스-네브래스카법'이다. '미주리 타협'을 무효화시키고 대신할 새 법안의 골자는 새로운 주가 연방에 가입할 경우 자유주냐 혹은 노예주냐 여부를 해당 지역 주민들의 투표에 의해 결정하자는 것이었다.

이는 얼핏 보면 합리적인 것으로 보일 지 모르지만 현실은 그렇지 않았다. 투표를 앞둔 당시 캔사스에서 투표권을 가진 유권자가 1천여 명 남짓한 상황에 불과했기 때문이었다.

'머릿수'로 캔사스의 운명이 결정된다고 하자 '위장 전입'을 포함해 캔사스로의 이주가 급증하기 시작했다. 이런 이주 행렬에는 노예 지지파나 반대파 모두가 발 벗고 나섰다. 그 결과 실제 투표자 수는 원래 주민 수보다 너댓 배 이상인 6천 표 정도가 나왔다.

개표 결과는 노예제 옹호파가 승리를 거둔 것으로 나타났다. 이렇게 되자 투표의 합법성을 두고 시비가 제기됐고, 그로 인해 캔사스 준 주에서는 주의회가 주정부의 결정을 거부하는가 하면 기존 정부 외에 별도의 내각이 출범하는 등 '정치 실종' 상황으로 변하고 말았다.

정치판이 막장으로 치달으면서 급기야 양측 간 물리적인 충돌도 발생했다. 1856년 8월 즈음에는 수천 명의 노예제 지지자들이 군대를 결성, 반대파들과 교전을 벌이기도 했다. 이 외에도 상호 간 납치, 린치, 습격과 방화 등이 잇달아 1859년까지 50여 명이 숨지는 폭력 사태가 이어졌다. 연방의회에서 반노예제파 현직 상원의원이 친노예파 하원의원으로부터 지팡이로 무차별 구타를 당한 것도 같은 맥락에서 벌어진 사건이었다.

주목할 것은 가해자 의원이 폭력행위로 처벌되거나 혹은 의회에서 제재를 받은 것이 아니라 오히려 수많은 남부 지역 정치인, 지역인들로부터 영웅으로 추앙됐다는 점이다. 노예제 옹호자들은 가해 의원에게 금장, 은장의 기념 지팡이를 선물하는가 하면 폭행에 사용됐던 지팡이 조각으로 기념 반지를 만드는 등 요즘의 '팬덤 정치' 행태를 그대로 보여줬다.

노예제 옹호파 측에서 이렇게 나오자 반노예파인 자유주 사람들도 강력히 반발하고 나섰다. 1859년에는 버지니아와 웨스트버지니아의 경계 지역인 하퍼스 페리에서 무장 노예 봉기 시도가 일어났다.

남부 지역에 동요와 공포가 확산되는 가운데 급기야 1860년 노예제를 반대하는 링컨 대통령이 당선됐다. 노예주와 자유주로 갈려 있는 가운데 어렵사리 봉합돼 왔던 미합중국은 링긴 대통령이 등장으로 마침내 연방 균열의 방아쇠가 당겨졌다.

이들은 더 이상 노예주와 자유주가 아니라 '남군 나라'와 '북군 나라'로 패를 갈라 내전에 돌입했다.

07 네브래스카
미국 내 유일의 삼중 내륙주

연방정부가 점찍어 둔 인디언 이주 후보지

개척기 시대 황량하고 거칠기 짝이 없었던 네브래스카 지역의 한 정착민 가족 모습

    1820년 미 육군의 스티븐 H 롱 소령은 대통령 지시로 군 원정대를 이끌고 네브래스카 서부 지방을 탐사한 뒤 이 지역을 '그레이트 아메리칸 사막'으로 묘사했다. 한마디로 농사를 짓고 정착해 살만한 곳이 못 된다는 진단이었다.

    중서부에 자리잡은 네브래스카는 미국 내 유일의 삼중 내륙주로 유명하다. 삼중 내륙주는 3개 주를 거쳐야 바다나 대양으로 진출이 가능한데, 나머지 내륙주는 대부분 이중 내륙주다. 네브래스카가 프랑스령에서 미국 땅으로 된 것은 1803년. 그러나 그로부터 50년이 더 지난 1854년 공식 인구조사가 밝힌, 거의 한반도에 버금가는 면적 200,330km^2 의 네브래스카 인구는 고작 2,700~4,000명으로 추정됐다. 비슷한 시점인 1850년, 네브래스카 면적의 14분의 1에 불과한 동부 코네티컷주의 인구는 37만여 명에 달했다. 당시 네브래스카가 어떤 곳이었을 지 상상이 가능하다. 미국 영토가 되기는 했지만 주민도, 경작지도 찾아볼 수 없는 황량한 벌판 그 자체였다.

원래 네브래스카는 연방정부가 점 찍어 둔 인디언 이주지(移住地)였다. 인디언 땅으로 지정되면 감독관이나 선교사, 면허를 받은 거래 교역자 등을 제외하고는 일반인들의 정착이 불허된다. 그러나 인디언들과 분쟁이 어느 정도 정리되고 남동부 및 중부 일대에서 강제로 옮기게 한 원주민들을 오클라호마 쪽으로 몰아넣게 되자 인디언 이주 '후보지'로 빼 놨던 네브래스카가 개척이 시급한 '빈 땅'처럼 되고 말았다.

개척기 무렵 어떤 지역이 미합중국에 정식 주로 합류하기 위해서는 인구 수가 으뜸 변수였다. 준 주에서 주 승격을 위한 인구 기본선은 6만 명 이상. 그래서 네브래스카 준 주 당국은 이주자 모집에 모든 것을 걸었다. 1862년에 제정된 홈스테드법을 통해 정착자들을 늘려간 끝에 네브래스카는 1867년 초 연방 가입을 시도했다.

그러나 당시 앤드루 존슨 대통령이 퇴짜를 놨다. 민주당이었던 존슨은 공화당 성향이 강한 네브래스카가 합중국에 편입되는 것을 원치 않았다. 네브래스카가 독립주로 가입할 경우 공화당 상원의원 2명의 증가가 불문가지(不問可知)로, 그렇게 되면 연방 상원의 주도권이 공화 쪽으로 넘어갈 것을 우려했기 때문이었다. 결국 대통령에 대한 탄핵 시도 사태 등 우여곡절 끝에 네브래스카는 그해 3월에야 미국의 37번째 정식 영토가 됐다.

워렌 버핏의 버크셔 해서웨이 본사가 있는 최대 도시 오마하

네브래스카 초기 정착민들은 메뚜기 떼 피해를 입기도 했다. 펄 벅 소설 '대지(大地)'의 한 장면처럼 1870년대 중반, 거대한 규모의 메뚜기 떼가 농장 지대를 급습해 보리, 밀, 옥수수밭 등을 황폐화시켰다. 이를 견디지 못하고 동부로 되돌아가는 이주민들의 마차가 수백 대에 달한 것으로 전해지고 있다.

1930년대 대공황 때도 역시 큰 타격을 입었다. 어렵사리 기틀을 마련한 농장들이 속속 도산했다. 그러다가 1939년 네브래스카 남동부에 이어 서부 쪽에서도 유전들이 발견됐다. 많은 유정들이 뚫려 석유 생산이 본격화되자 주(州)의 경제에 활기가 돌기 시작했다.

제2차 세계 대전은 또 하나의 기회가 됐다. 막대한 물량의 옥수수, 감자 등이 군납(軍納)되면서 농부들의 살림살이에도 윤기가 돌았다. 대전(大戰) 후 네브래스카의 농업 생산 규모는 엄청난 폭으로 증가했다.

네브래스카는 밀, 보리, 옥수수, 귀리 등과 같은 일반 작물 외에 방목과 식품 가공업 등도 큰 비중을 차지한다. 특히 자연 여건상 작물 재배에 적합치 않은 곳에는 육우, 돼지, 닭 등 가금(嘉禽)류 사육이 활발하다. 사람 수보다 소가 더 많다는 곳이다. 한국에서 수입되는 미국산 쇠고기의 대부분이 네브래스카산인 것으로 알려지고 있다. 농장과 방목지는 네브래스카 전체의 90% 이상을 차지하고 있다. 네브래스카의 2024년 GDP는 약 3,200억 달러로 미국 내 36위. 비슷한 국가로는 2025년 기준으로 세계 48위 권인 페루와 비슷하다.

네브래스카는 '깡촌' 소리를 듣는 곳이지만 자유주의적인 성향이 강한 곳이라는 얘기들도 많다. 그러나 정치적으로는 공화당 지지색이 뚜렷한 곳이다. 1996년 대선 이래 늘 공화당 후보가 승리를 차지해 왔다. 네브래스카에 배정된 대통령 선거인단 수는 5명인데 동부의 메인주와 마찬가지로 복합 배분 방식을 고수하고 있다. 그래서 주 정치 성향이 확실한 '레드'면서도 일부가 민주당 쪽으로 가기도 해 양당 후보의 선거인단 확보 수가 '박 터지는' 박빙일 경우 중요한 변수가 되기도 한다.

네브래스카는 또 미국 50개 중 유일하게 상하원이 아닌 단원제 주의회를 가지고 있다. 굳이 양원으로 나눠 시간을 낭비할 필요가 없다는 이유에서다. 주의회 선거에서도 예비 경선인 프라이머리 없이 누구나 다 출마할 수 있으며 나중에 1등과 2등 후보 간 결선 투표를 치르게 한다. 정치 과정에서도 효율을 중시하는 깔끔한 전통을 지니고 있다.

네브래스카는 와이오밍 등과 더불어 핵공격에 대비하는 미 전략 사령부 본부가 위치한 곳이다. 인구가 희박하고 지천으로 넓기에 핵관련 시설이 들어서기에 적합하기 때문이다. 네브래스카의 최대 도시는 '오마하'다. 이 곳의 대표적인 기업으로는 '오마하의 현인(Oracle of Omaha)'으로 불리는 워렌 버핏의 '버크셔 해서웨이'가 꼽힌다.

In Depth Story | 홈스테드법과 '랜드런'

선착순으로 땅 주인을 정한다!

홈스테드 법(Homestead Act)은 1862년 링컨 대통령이 서명해서 발효된 일종의 자영(自營)농지법이다. 법안의 핵심은 법안 공포 후 5년간 서부 개발 지역에 거주한 사람에게 약 19만 5천 평에서 78만 평까지의 토지를 무상으로 주는 것이었다. 대상은 해방 노예를 포함한 시민으로서 미국에 적대적인 행동을 한 적이 없으면 누구나 증여를 받을 수 있었다.

법안 공포 후 25년 동안에 걸쳐 약 160만 명의 자영 농민들이 토지를 증여 받았다. 조건은 최소 5년 이상 해당 도지에서 경작을 해야 했다. 단 6개월 이

1893년 촬영된 홈스테드법 관련, 랜드 런 모습을 담은 유일한 사진

상만 농사를 지으면 약 1,200평 당 1달러 정도의 헐값으로 구입할 수 있게 했다. 이렇게 불하된 토지 면적은 미 국토 전체 면적의 10%가 넘는 약 110만 km²에 달했다. 이 과정에서 '랜드 런(land run)'이라는 희한한 상황도 전개됐다. 무상 증여 과정에서 선착순으로 새로운 땅 소유주를 정하는 '행사'가 벌어지는 것이다.

이런 장면을 담은 것이 1992년 개봉된 할리우드 영화 '파 앤드 어웨이(Far and Away)'다. 주인공 톰 크루즈는 기병대 장교의 권총 신호와 함께 야생마를 타고 질주에 나선다. 수백 명이 넘는 사람이 참여한 이 행사에서는 먼저 깃발을 꽂으면 자기 소유가 되는, 황당하지만 명백히 실재했던 서부 시대의 '땅따먹기' 방식이었다. 이 같은 토지 무상 증여는 연방정부 입장에서는 두 마리 토끼를 잡는다는 목적을 담고 있었다. 첫째는 말 그대로 동부 등지의 많은 주민들에게 파격적인 인센티브를 제공함으로써 서부 쪽 이주와 개척을 크게 확대, 미국의 경작지를 넓혀보자는 것이었다.

또 하나는 자영농의 대대적인 확대를 통해 대규모 플랜테이션 경제에 의존하는 남부의 노예제를 흔들 수 있기 때문이었다. 따라서 남부 지역 주들은 이 법안을 극구 반대했고 결국 남부 주들이 연방을 탈퇴한 뒤에나 의회를 통과할 수 있었다.

08 와이오밍
평균 고도 2천m에 자리한 '산동네'

옐로스톤 국립공원의 95%가 와이오밍주에 속해

고산지대로 이루어진 와이오밍의 전경

　와이오밍 하면 먼저 떠오르는 것이 옐로스톤 국립공원이다. 1872년 미국은 물론 세계 최초로 지정된 옐로스톤 공원은 2024년에 연간 474만여 명이 찾았던 명소로, 공원의 대부분이 와이오밍에 속해 있다.

　와이오밍은 몬태나 등 주변 주들과 마찬가지로 땅은 넓지만 인구는 희박한 곳이다. 면적이 253,600km²로 남북한 합친 것보다 크지만 인구는 2024년 기준 약 58만 명으로 서울의 강서구(區) 정도에 불과하다.

와이오밍이 공식적으로 미국 영토로 규정된 것은 1803년, 합중국이 프랑스로부터 루이지애나 지역을 매입했을 때부터다. 그러나 옐로스톤 지역에 발을 들여 놓은 첫 백인 사냥꾼이 1807년이라는 기록이 있을 정도로 오지(奧地)였다. 명의만 미국 땅으로 됐을 뿐 사람의 발길이 거의 닿지 않았다는 의미다.

와이오밍은 지금은 반듯한 장방형이지만 영국, 스페인, 멕시코 등이 연고권을 주장하는 지역들과 겹친 탓에 여러 차례 경계를 두고 다툼을 벌이다 현재와 같이 구획됐다. 또 여느 중서부 주들과 마찬가지로 정착 과정에서 원주민 인디언들과 많은 무력 충돌이 빚어진 곳이기도 하다.

와이오밍의 개발은 1833년 석유 발견 이후 움트다가 1860년대 중후반 유니언 퍼시픽 철도의 개통, 석유 시추를 위한 유정들이 곳곳서 뚫리면서 본격화됐다. 또 2024년 기준 약 2억 4천만 톤으로 미국 전체 석탄 생산량의 50% 가량을 차지할 정도로 매장량이 많은 석탄도 와이오밍의 개발과 산업화에 큰 역할을 했다.

그러나 땅 대부분이 고산 지역의 거친 황야인 데다 광산 지대가 많아 인구가 밀집하기에는 거주 환경이 적합치 않은 편이다. 중부의 주들이 구릉조차 찾기 어려운 대평원지대인 반면 와이오밍은 미국 내에서도 지대가 가장 높은 '산동네'다. 와이오밍의 최고봉은 가넷 피크(Gannett Peak)로 4,209m인 데, 가장 낮은 곳도 해발 고도가 945m, 그리고 평균 고도는 2,040m에 달해 한반도로 치면 주 전체가 '개마고원'과 같은 곳이라 할 수 있다.

와이오밍은 지하자원 외에 드넓은 평원에서 방목을 꾀하는 대목장, 대농장들이 즐비하다. 그 결과 육우, 양돈, 양 및 양털, 우유, 콩, 보리, 건초 등 농축산물의 비중이 매우 높다. 이렇게 풍부한 자원이 넘치는, 천혜의 복 받은 곳이지만 와이오밍은 경제력 측면에서는 2024년 기준 GDP가 약 1,600억 달러로 미국 50개 주 가운데 꼴찌다. 그럼에도 세계 전체 국가 순위로는 2025년 기준으로 쿠웨이트보다 앞서고 모로코에 뒤지는 세계 60위 권이다.

대륙간 탄도탄 핵미사일 발사기지인 프랜시스 워렌 공군기지

와이오밍의 주도는 샤이엔(Cheyenne)으로 원주민 인디언 이름을 딴 곳이다. 그러나 주의 수도라지만 현재에도 인구가 67,000명 남짓할 정도의 한가한 소도시에 불과하다. 인구 구성은 2024년 기준 백인 비율이 82%가량으로 중서부의 전형적 백인 절대 우위 주에 속한다.

와이오밍의 정치적 성향은 말 그대로 '찐 보수'라 할 수 있다. 백인 위주에 농촌 중심의 경제 구조, 여기에 석유나 천연가스가 주축이 되는 산업 구조가 결합되면서 완고한 보수 텃밭을 형성한 것이다.

그 결과 와이오밍에서는 1968년 대선 이래 늘 공화당 후보가 승리를 거머쥐어 왔다. 득표율 격차도 심해 민주당 쪽은 40%를 넘겨본 적이 없을 정도다. 이처럼 보수 일색이지만 와이오밍은 의외로 자유주의적 사고방식이 뚜렷해 1869년 미국 최초로 여성 참정권을 허용하기도했다.

카우보이들의 동성애를 다룬 영화 '브로크백 마운틴'의 배경이 된 곳이 바로 와이오밍이다. 몬태나 등과 마찬가지로 거친 산세와 광활한 평원이 파노라마처럼 펼쳐지는 곳이다.

이처럼 인적이 드문 곳이지만 바로 그런 점 때문에 와이오밍에는 매우 중요한 군사 전략 시설이 있다. 미 공군의 제90미사일 비행단이 주둔하고 있는 '프랜시스 워렌 공군기지(Francis E. Warren Air Force Base)'가 그것이다.

미 공군에서 가장 오래된 이 기지는 여시 군부대와 다르다 미국 안보에 있어 최고의 민감한 전략 시설인 대륙간 탄도탄 핵미사일(ICBM)의 지상 발사 기지가 자리잡고 있기 때문이다.

미국은 핵전쟁에 대비, 세 종류의 핵무기를 보유하고 있다. 제1격(First Strke), 즉 선제 공격용인 지상발사 ICBM과 전략핵 폭격기, 그리고 제2격, 보복 공격용으로 핵잠수함 발사 미사일(SLBM) 등을 갖추고 있다.

ICBM 지상 미사일 발사기지는 유사시 적의 우선 공격 대상이 되기 때문에 인적이 드문 산악 지대 등에 설비해 놓는 것이 보통이다. 이에 따라 미국의 지상 발사 ICBM기지는 와이오밍을 포함, 노스다코다, 몬태나 등 외진 곳에만 위치한다. 각 기지마다 미니트맨 핵미사일이 100기 이상씩 지하 사일로에 배치돼 있으며 대통령이 핵 버튼만 누르면 즉각 발사될 수 있도록 실전 모드 상태에 있다.

ICBM 발사 시설은 적에게 공격당하더라도 피해를 줄이기 위해 같은 기지 내라도 광대한 지역에 걸쳐 분산 배치돼 있다. 그래서 미국 최고(最古), 세계 최대 규모인 워렌 미사일 발사 기지는 그 넓이가 전라남북도를 합한 것보다 더 넓은, 무려 21,000km^{2}에 달한다.

In Depth Story 옐로스톤 국립공원

미국 내 최대, 최초의 국립공원

옐로스톤 국립공원은 와이오밍과 몬태나 및 아이다호에 걸쳐 있는 미국 최대, 최초의 국립공원이다. 면적은 8,983km^{2}로 서울시의 15배가량, 충청남도보다 약간 큰 규모다. 공원은 강력한 활화산 지대에 위치해 있는데 황 성분으로 인해 노랗게 변색된 돌들이 많아 옐로스톤이란 이름이 붙게 됐다.

일정 주기로 뜨거운 온천수를 분출해 내는 간헐천이 유명하며 이 가운데 가장 큰 것은 스팀보트 간헐천(Steamboat Geyser)으로 분출 높이가 91m에 달한다.

여기서 분출되는 온천수는 섭씨 90도에 가깝기 때문에 몸에 닿게 되면 최소한 3도 이상의 화상을 입게 되며 또 pH 8.5~9.0의 성분으로 인체에 해가

옐로스톤 공원 내의 그랜드 프리스마틱 스프링의 모습

된다. 2024년의 경우 450만 명가량이 다녀갔을 정도로 미국 최대 명소이기도 하다.

옐로스톤은 더 설명이 필요 없을 정도로 워낙 유명한 곳이지만 근래 들어 화산 폭발 가능성이 높다는 측면에서 관심과 우려의 대상이 되고 있다.

옐로스톤은 여느 화산대와 비슷하게 지하에 마그마가 고여있다. 그런데 관건은 이 규모가 엄청나다는 점이다. 옐로스톤은 약 64만 년 전에 대규모 분화가 발생했던 것으로 알려져 있는데, 당시 폭발 규모는 화산재 분출량이 약 1,000km³ 정도가 돼 1980년 워싱턴주의 세인트 헬렌스 화산 폭발에서 분출된 화산재의 약 2,500배나 됐던 것으로 추정되고 있다.

세인트 헬렌스 화산 폭발 시 피해는 산 북쪽의 1,100km² 정도 영역이 초토화됐으며, 산 정상부 400m가량이 통째로 날아간 바 있다. 또 이때 수반된 산사태로 인해 무너져 내린 토사량은 2.9km³로, 이는 여의도 전체를 대략

600m 높이로 덮을 수 있는 막대한 양이었다.

세인트 헬렌스 화산 폭발이 이 정도 피해를 입혔는데 옐로스톤 화산은 지하의 마그마 양이 헬렌스 화산의 1만 배쯤 된다는 분석이 있어 옐로스톤 화산 폭발시 피해 규모를 짐작케 하고 있다.

전문가 사이에서는 이 일대의 화산 폭발 주기가 60~70만 년이라는 설이 유력한데 지금이 분출 시기에 해당된다는 얘기도 있어 가슴을 서늘케 하고 있다. 만약 옐로스톤 화산이 폭발한다면 와이오밍과 몬태나, 아이다호 등에 걸쳐 수m 두께의 화산재가 퇴적되는 것을 비롯, 수백km 내 지역이 초토화되고 미 대륙 전체와 캐나다, 멕시코에 이르는 지역이 치명적 수준으로 피해를 입을 것이라고 전문가들은 지적하고 있다.

또 엄청난 양의 화산재가 주변을 뒤덮으면서 대기로 확산될 경우 햇빛을 가리는, 일종의 '핵 겨울' 상황을 맞게 돼 지구 평균 기온을 5~10℃ 떨어뜨려 그 피해가 지구 전체로 번져 나간다는 설명이다.

09 노스다코타
알래스카 다음으로 가장 추운 지역

주도 비스마크는 독일 철혈 재상 비스마르크 이름서 차용

암석과 단층 지형의 노스다코타 일대 전경 CC BY 4.0

   노스다코타와 사우스다코타는 이름에서 짐작되듯이 '뿌리'가 같다. '다코타' 준 주라는 지역이 남북으로 분리, 별개의 주로 승격되면서 각각 독립주가 됐다. 다코타 준 주는 지금의 몬태나 및 미네소타 등과 더불어 미시시피강 서쪽 중서부 중에서도 가장 북쪽에 위치, 캐나다와 국경을 맞대고 있다.

   당시 '루이지애나 지역'으로 불리던, 미 중서부를 종단하는 광대한 지역의 일부로, 주변 주들과 마찬가지로 1803년 미국이 프랑스로부터 매입하면서 최종적으로 미국 영토가 된 곳이다.

   다코타 지역에서도 북쪽에 위치한 노스다코타는 미국서 알래스카를 제외하고는 가장 추운 지역으로 꼽힌다. 전형적인 대륙성 기후 지대로 한겨울에는 섭씨 영하 30도대를 오르내릴 정도다. 반면 한여름에는 영상 30도를 웃돌기도 하는 등 연간 기온차가 가장 큰 곳 중의 하나다.

노스다코타 면적은 183,100km²로 남한 넓이의 1.8배에 달한다. 그런데 이 지역은 19세기 중엽까지 사람이 거의 살지 않던 곳이었다. 미국 영토로 편입된 지 70여 년 가까이 된 시점에도 정착민 수가 수천 명에 불과할 정도로 사실상 외면된 땅이었다.

말로는 프랑스령, 혹은 영국, 스페인 땅이라고 주장들 했으나 당시에는 극소수의 거주민들이 인디언들과 모피나 거래하며 살던 변방의 오지였다.

그러나 1870년대 후반 다코타 지역에서 금이 발견되면서 개척자들이 급증했다. 또 연방정부가 서부 개발을 위해 농민들의 이주를 권장하며 토지 공여의 각종 특혜를 제공하는 바람에 투기꾼, 농부 등이 쏟아져 들어왔다.

이 시기 유입된 사람들은 동부에서 온 미국민들 외에 유럽 출신 이민자들도 큰 비중을 차지했다. 특히 기후가 비슷해서인지 독일과 북유럽 출신자들이 많아 지금도 이들 북구 계통의 후손들이 노스다코타의 절반가량을 차지할 정도다. 노스다코타의 주도 비스마크(Bismark)는 독일의 철혈(鐵血) 재상 비스마르크에서 이름을 따오기도 했다.

북유럽 계통의 백인 주민들 비중이 매우 높아서인지 노스다코타는 요지부동의 '레드 스테이트' 기조를 유지하고 있다. 지난 수십 년래 대선에서 어김없이 공화당 후보를 선택했다. 다만 노스다코타의 경우 주지사나 주의회에서는 어느 정도 민주당도 명맥을 유지하고 있는 편이다.

석탄과 석유 외 셰일가스의 개발로 지역 활성화

노스다코타는 20세기 들면서 큰 성장세를 보였다. 석탄 외에 석유, 천연가스 등이 발견되면서 주의 개발과 인구 증가는 가속화됐다. 특히 근래 들어 셰일가스의 개발은 이 지역을 더욱 활성화시키고 있다. 노스다코타는 천연자원이 풍부하고 드넓은 초지 등을 토대로 한 방목, 육우 등 착실한 산업 기반을 갖추고 있다.

노스다코타의 2024년 기준 GDP는 약 2,100억 달러로 미국 내 45위, 다른 나라와 비교하면 2025년 기준으로 카타르나 우크라이나 수준의 58위 권에 해당한다.

노스다코타의 고민은 인구가 잘 늘지 않는다는 점이다. 2024년 기준으로 약 78만 명을 기록, 50개 주 가운데 꼴찌에서 네 번째를 차지하고 있다. 땅 넓이에 비해 사람 수는 '가물에 콩 나기'여서 인구 밀도가 몽고와 비슷한 수준이다.

셰일가스 붐과 함께 갑자기 젊은 남성 수가 증가하면서 부작용도 야기됐다. 워낙 사람이 드문 지역인 데다 특히 젊은 여성은 더욱 귀해 상가 및 유흥가 등에 대한 순찰이 다른 어느 곳보다 강화되는 등 이른바 '밤 문화'가 가장 썰렁한 곳이라는 평을 받고 있다.

노스다코타는 땅은 넓지만 인구가 많지 않은 탓에 도시가 발달돼 있지 못하고 주거 지역의 대중 교통 또한 매우 빈약한 편이다. 어딘가 가려면 어쩔 수 없이 직접 차를 몰고 갈 수밖에 없다. 그런 점을 감안해서인지 노스다코타는 운전면허 취득 시작 연령이 매우 낮다. 15세부터 운전 퍼밋 취득이 가능하며 16세부터 정식 면허증을 받을 수 있다.

주의 황막한 환경을 반영한 조치이긴 하지만 어쨌든 중학생 나이 또래 운전자들이 버젓이 활주하는, 약간 겁나는(?) 곳이 바로 노스다코타이다.

10 사우스다코타
4명의 대통령을 조각한 '큰바위 얼굴'

노스다코타와 사우스다코타로 분리해 미연방 동시 가입

사우스다코타는 그 태동에 있어 노스다코타와 '일란성 쌍둥이'라 할 수 있다. 1803년 미국의 루이지애나 매입으로 미국 영토가 된 뒤 '다코타' 준 주로 편제돼 한 몸으로 있다가 각각 개별 독립주로 분리됐기 때문이다.

사우스다코타 지역은 미동부나 미시시피강 동쪽보다 개척과 개발이 한참 뒤졌다. 미국 땅으로 된 이후 동부 지역에서 온 개척민들의 수효가 늘어나면서 비로서 정착지로서의 모습을 갖추게 됐다. 그러나 이 과정에서 적지 않은 불상사가 일어났다.

미국 내 대부분의 주에서 정착민 혹은 군대가 원주민 인디언들과 충돌하지 않은 데가 없지만, 특히 사우스다코타 지역은 서부 개척 열기가 더해지면서 토착 인디언 부족들과 미국인 정착자들 간에 무력 대결이 잦았던 곳이었다. 미시시피강 동안에서부터 시작해 계속 서쪽으로 밀려나던 인디언들 대다수가 종착역처럼 최종적으로 자리를 잡은 곳이 사우스다코타 지역이기 때문이다.

사우스다코타에 개발의 붐이 인 것은 1874년 전후로 블랙힐스에서 금이 발견되고부터였다. 노다지 소식이 전해지자 갑자기 수천 명 이상이 몰려들었다. 이들은 서부 개척을 권장하는 조치에 따라 정착의 댓가로 막대한 토지를 제공받았다. 1880년대 들어 사우스다코타 지역에 동부와 연결되는 철도선이 들어서면서 개발은 더욱 가속화됐다. 이렇게 개발이 확대되고 인구가 증가하게 되자 다코타 준 주를 2개로 나누자는 움직임이 본격화됐다.

노스다코타와 사우스다코타의 분리는 경제적, 정치적인 요인들이 함께 작

서부 개척 시대 사우스다코타의 정착촌 모습

용된 결과였다. 일단 경제의 중심이 되는 인구 집중지역이 북동쪽 끝과 남동쪽 끝으로, 서로 뚝 떨어져 있었다. 한반도로 비유하자면 신의주와 부산처럼, 다코타 지역의 대처(大處)라 할만한 곳이 수천 리 이상 거리를 두고 있는 식이었다. 자연스럽게 남북 간에 서로 독자적으로 가자는 기류가 강했다.

정치적인 이해 관계도 맞아떨어졌다. 노스다코타나 사우스다코타 지역의 주민들은 백인이 압도적으로 많았다. 게다가 광활한 록키산맥 동부 평원을 기반으로 한 대규모 농장, 목축업을 주도하는 계층 역시 백인 자본가 비중이 절대적이었다. 이들의 정치 성향은 더 말할 나위 없는 강경 보수 일색이었다.

다코타가 2개 주로 분리되면 연방 상원의원도 각 2명씩 4명으로 늘어난다. 연방하원 역시 단일 주보다는 독립주일 때 증가하므로 공화당 입장에서는 주를 쪼갬으로써 자파 세력을 배가시킬 수 있게 되는 것이다. 결국 1889년 11월 2일 노스다코타와 사우스다코타는 한날 한시에 미연방에 가입해 각각 39번째와 40번째 주가 됐다.

미국 내에서 가장 큰 규모의 인디언 보호구역들

노스다코타의 경우 특별한 볼거리가 없는 편이지만 사우스다코타에는 유명한 '큰 바위 얼굴'이 있다. 링컨 대통령을 포함, 역대 대통령 4명의 얼굴을 조각해 놓은 러시모어산의 이 거대한 바위는 수많은 관광객들을 끌어들이고 있다. 사우스다코타에는 또 미국 내에서 가장 큰 규모의 인디언 보호구역들이 소재하고 있다.

사우스다코타의 정치 성향은 노스다코타와 마찬가지로 강경 보수다. 히스패닉을 포함한 백인 비율이 85%로 인디언이나 흑인은 상대적으로 훨씬 적다. 마이너리티의 위상이 미약한 탓이어서인지 인종차별 문제도 의외로 심각하다. 지난 1988년 부시 대통령 이래 지금까지 매번 대선에서 공화당 후보만 승리를 가져갔다. 득표율 차도 갈수록 벌어져 트럼프는 거의 더블 스코어 차로 힐러리와 바이든을 압도했다.

사우스다코타는 위도상으로는 노스다코타보다 남쪽에 위치해 있지만, 기후에 있어서는 별 차이를 못 느낄 만큼 추운 지역이다. 통상 10월 중순이면 눈이 내리기 시작해 다음 해 4월 중순까지 한파가 몰아치는, 노스다코타와 더불어 중서부의 '냉동고'로 불린다.

사우스다코타의 면적은 199,729km² 로 한반도보다 약간 작은 크기다. 하지만 이곳 역시 척박한 환경으로 인해 원래부터 정착민이 많지 않았는데 지금도 상황은 비슷해 노스다코타, 와이오밍, 몬태나 등과 함께 50개 주 가운데 인구가 가장 적은 주의 하나로 분류되고 있다.

사우스다코타의 2024년 GDP는 약 1,900억 달러로 '쌍둥이' 같은 노스다코타와 비슷한 수준이다.

11 미네소타
캐나다와 오대호 접한 '1만 개 호수의 땅'

미군과 함께 월맹에 대항했던 베트남 몽족 난민 수용

미네소타의 겨울은 혹독한 추위로 이름 높다

미국의 50개 주 모두의 위치를 정확히 짚어내기는 사실 쉽지 않다. 게다가 미네소타, 미주리, 미시간, 미시시피 등 이름도 비슷비슷해 뵈는 주들끼리는 특히 더 그렇다.

미네소타는 캐나다, 오대호와 접하는, 미 중북부의 국경 지대다. 미국과 캐나다 간 국경선이 대략 북아메리카 대륙의 허리를 지난다고 볼 때, 위도상으로는 알래스카를 제외하고는 가장 북쪽에 위치해 있는 것이 미네소타다.

미네소타는 주변의 여느 주들과 비슷한 경로를 통해 미국 영토로 편입됐다. 1803년 미국의 루이지애나 매입 때 포함됐던 지역이다. 그러나 미국 땅으로 된지 거의 반세기가 흐른 뒤 '준 주'로 격상됐을 때인 1850년에도 인구는 고작 6천여 명에 불과했다. 미네소타의 면적이 225,163km²로, 남북한을 합친 것보다 약간 큰 것을 감안해 본다면 당시 미네소타가 얼마나 허허벌판이었는지를 짐작케 해준다. 미네소타 역시 정착 과정에서 영국이나 프랑스 등 '외적'들보다는 인디언들과 적지 않은 충돌 과정을 거쳤다. 초기 주 교역 상품이라는 게 모피 정도라는 것도 주변 지역들과 크게 다르지 않다.

1858년 5월 11일 미네소타는 32번째 주로 연방에 가입했다. 미합중국의 '정식 회원'이 되는 과정에서 미네소타의 인구는 급증했다. 사우스다코타나 몬태나 같은 금 '노다지'가 발견되지는 않았지만 연방정부의 서부 이주 권장 정책으로 '넓은 내 땅'을 갖고자 하는 동부 출신의 개척민들, 그리고 유럽 지역의 이주민들이 이곳으로 몰려들었다. 하지만 미연방에 가입하자 곧 남북전쟁이 벌어졌다. 미네소타는 즉각 북부의 일원이 됐고 미네소타 출신 병력을 북군으로 복무케 한 첫 번째 주가 됐다. 자유, 평등과 같은 이념 관련 이슈에서 북동부 못지 않게 리버럴한 성향을 지닌 미네소타의 특성이 그대로 반영된 대응이었다.

미네소타의 이 같은 자유주의적 신념은 근래 들어서도 맥이 끊이지 않고 있다. 베트남이 공산화되면서 수많은 사람들이 '보트 피플'이 되어 국외 탈출을 모색한 바 있다. 이 같은 난민들 가운데 '몽족'이 있다. 몽족은 베트남을 포함, 라오스 등 인도차이나 반도 일대에 흩어져 있는 소수 민족으로, 이들은 베트남 전쟁 당시 암암리에 미군과 공조하면서 공산 월맹에 대항했다. 월남이 패망하게 되자 이들은 공산 정권의 표적이 될 수밖에 없었다. 이때 미네소타는 선도적으로 나서 몽족 난민들을 받아들였고 그 결과 2024년 현재 약 85,000명의 몽족이 미네소타에 거주하고 있다. 미네소타는 이들 외에도 소말리아계 난민들에 대해서도 호의적인 정책을 펼쳤다.

그러나 원주민 인디언들을 둘러싸고 어두운 '과거'도 있다. 1862년에 벌어진 '다코타 전쟁'에서 다코타 부족과 정착 이주민 간에 무력충돌이 벌어져 수백 명이 사망하는 참극이 일어난 곳이기도 하다.

혹한의 장진호 전투에 미네소타 출신 병사들 대거 투입돼

미네소타는 노스다코타와 더불어 알래스카를 제외한 미 대륙에서 가장 추운 지역으로 꼽히고 있다. 특히 캐나다 국경 지역은 겨울에 영하 섭씨 30도 밑으로 떨어지는 날이 자주 있어 남극보다도 더 춥다는 소리를 듣는다.

이런 추위와 관련해 미네소타는 6.25전쟁과도 각별한 인연을 갖고 있다. 한국전에 참여했던 미군들은 북한 지역의 혹독한 추위에 고전을 면치 못했다. 이에 극동 사령부는 특별히 추위에 강한 병력의 지원을 요청, 혹한 속의 혈전으로 유명한 장진호 전투 등에 미네소타 출신 병사들이 대거 투입됐던 것으로 전해지고 있다. 실제로 한국전에 파병된 미네소타 병사들은 33,000명을 넘었다. 추운 날씨는 또 이 지역의 인종 구성에도 작용하고 있다. 미네소타에는 특히 핀란드, 노르웨이, 스웨덴 등 스칸디나비아 출신 이민자들이 많이 있다. 하나같이 추위에 익숙한 지역 사람들이다.

미네소타의 2024년 GDP는 약 5,400억 달러로 미국 내 21위이자 2025년 기준으로 태국과 비슷한 세계 32위 권의 막강한 경제력을 갖추고 있다. 인구는 약 590만 명으로 미국 내 22위다. 미네소타의 백인 비율은 약 87%대로 미 전체 평균을 훨씬 웃돈다. 그러나 이러한 백인 절대 우위에도 불구, 높은 교육 수준과 진보적인 성향 등으로 인해 민주당 지지세가 월등히 높다. 지난 1960년 이래 대선에서 닉슨이 유일하게 공화당 후보로 한번 승리했을 뿐 지금까지 어김없이 민주낭 후보만을 선택해 왔다. 주변 주들이 대체로 공화당 지지의 '레드 스테이트'인 데 반해 미네소타만은 꿋꿋이 블루 컬러를 견지하고 있는 것이다.

미네소타의 또 하나 특색은 호수가 많다는 점이다. 공식적으로 집계한 결과 미네소타 내 호수 숫자가 실제로 11,842개 이상에 달하는 것으로 알려져 있다. 그래서 미네소타는 '1만 개 호수의 땅'이라는 별칭을 갖고 있다.

제 4 부

플로리다 강점과 텍사스 합병

서문

　독립전쟁, 파리 조약에 이어 프랑스로부터 루이지애나를 매입하면서 미국의 영토는 괄목할 만한 규모로 확장됐다. 지역적으로는 초기의 북동부에서 중부, 중서부 일원으로 뻗어 나갔다.
　시점상으로 다음 순서가 됐던 곳이 남부 지역이다. 1812년 스페인과의 전쟁을 통해 플로리다를 획득한 데 이어 1845년에는 멕시코로부터 독립했던 텍사스가 합중국에 가세함으로써 남부지역에 대한 평정이 이뤄졌다.
　물론 지금의 남부는 이 2개 주만이 아니라 미국의 중동(Central East), 중남(Central South) 및, 동남부에 걸쳐 훨씬 더 많은 주와 지역을 포괄하고 있다. 그러나 이 지역들은 이미 미국의 영토에 편입돼 있었고 여기에 텍사스와 플로리다가 더해짐으로써 미국은 대서양에 이어 걸프만도 연안으로 삼을 수 있는 광대한 해양 국가의 기틀을 갖추게 됐다.
　플로리다와 텍사스의 편입은 그동안 전개됐던 미국의 영토 확대와는 다른 패턴을 보였다. 플로리다의 경우 실력 행사를 통한 명백한 강점이었으며, 텍사스는 외형적으로는 자진 합병이었으나 이 역시 미국의 '쇠주먹'이 뒷받침된, 힘을 통한 획득과 다름없는 것이었다.
　미국은 이제 더 이상 '식민지 출신'의 소극적, 수동적 국가가 아니었다. 강력한 군사력과 국력을 토대로 거침없이 영토 확장에 나서는 제국주의 속성을 드러내고 있었다.

제 1 장

스페인·멕시코 압박해 플로리다-텍사스 획득

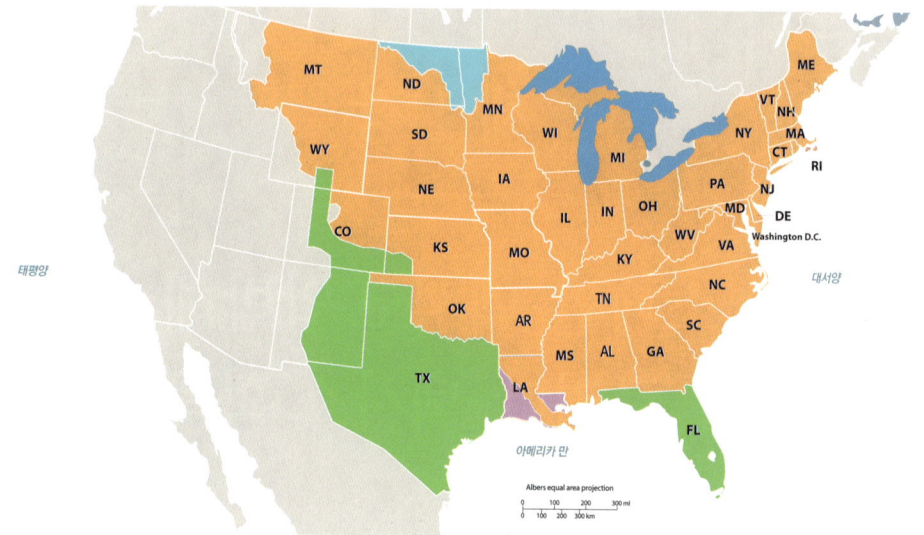

19세기 들어 날로 팽창하고 있는 미국 영토를 보여주는 지도.
주황색 지역이 기존의 영토이고 추가된 플로리다와 텍사스는 녹색을 띄고있다

잭슨 장군, 스페인 압박해
플로리다를 손에 넣었다

플로리다는 남부에서 도망친 노예들의 '해방구'

식민지 시대에 일반화돼 있던 경매 형태의 노예 거래 모습을 담은 그림

17~18세기에 전 세계를 휘저었던 유럽 제국주의의 최강 트리오는 영국과 프랑스, 스페인 3국이었다.

플로리다'는 그러나 이 '3총사'의 종주권 다툼 속에서 '뒤웅박' 신세나 다름 없었다. 가장 먼저 플로리다를 차지한 것은 스페인이었다. 1521년, 콜럼버스가 미 대륙을 발견한 뒤를 이어 손 빠르게 식민지 개척에 나섰다. 스페인은 인디언들의 거센 반발, 폭풍 등으로 고전했으나 비슷한 시기에 달라붙은 프랑스를 제압하고 결국 플로리다 동부에 정착지 '세인트 오거스틴'을 세웠다.

이 무렵 영국과 프랑스는 아메리카 북동부, 내륙 및 주변 카리브 섬나라들

차지에 혈안이었다.

플로리다를 선점한 스페인은 그러나 안이했다. 이후 200년 가까이 원주민 인디언들의 '스페인화'에만 주력했을 뿐 완벽한 식민 영토 '굳히기'는 소홀했다. 1762년 영국이 쿠바 점령에 이어 플로리다를 넘보기 시작했다. 스페인은 방어에 자신이 없자 이듬해 플로리다와 쿠바를 맞바꾸면서 플로리다는 영국의 손아귀에 들어갔다.

하지만 영국의 점령도 오래가지는 못했다. 독립전쟁 때 미국을 편들었던 스페인은 미국과의 전쟁으로 진이 빠진 영국을 압박, 1783년 영국으로부터 플로리다를 돼 빼앗았다. 그 이후, 스페인령 플로리다는 플로리다반도 동쪽을 포함하는 '동플로리다'와 멕시코만 연안 지역의 '서플로리다'로 나뉘어 있었다.

플로리다는 이렇게 스페인 땅으로 돼 있었지만 현지에서 스페인의 존재감은 미미했다. 이런 가운데 양쪽 지역 모두 미국 개척민들이 대거 이주해 오면서 스페인 당국과 갈등이 빚어졌고, 급기야는 반란으로 번져 스페인에 저항하는 독립 공화국을 세우기도 했다. 이에 대한 스페인의 대응은 무기력하기 짝이 없었다. 나폴레옹 전쟁으로 본국의 통치력이 약화된 상태였기에 미국 정착민들의 이 같은 도발(?)들에 대해 사실상 손을 놓고 있는 형편이었다.

이와는 별개로 플로리다는 미국에게 있어 '눈엣 가시' 같은 존재가 됐다. 미국의 신경을 가장 거슬리게 했던 것이 플로리다가 도망 노예들의 '해방구' 같은 곳으로 변모하고 있다는 점이었다. 스페인 당국은 켄터키, 테네시 등 인접 남부 주에서 탈주한 흑인 노예들을 적극 받아들였다. 카톨릭으로 개종할 경우 노예가 아닌 버젓한 주민으로 살게 해줬다. 스페인은 이들에게 노예의 신분을 벗어나게 해주는 한편 플로리다, 카리브해, 혹은 중남미의 스페인 세력권 쪽으로 이주도 허용했다. 일찍이부터 노예제가 뿌리내렸던 미국 남부 주들 입장에서는 좌시할 수 없는 행태였다.

플로리다는 또 이 일대에 자리 잡은 막강 인디언 부족 세미놀족의 근거지이기도 했다. 세미놀 부족은 영토 연고권을 내세우며 인근 조지아나 앨라배마 등 주변의 미국인 정착촌을 수시로 습격, 미 당국의 골머리를 앓게 했다. 남부의 안정을 위해서 인디언 문제 해결은 미룰 수 없는 현안 과제가 됐다.

잭슨은 연방정부 승인도 없이 스페인 공격을 강행

'청년' 미국과 '장년' 스페인간에 노예-인디언 문제 등을 둘러싸고 점점 골이 깊어졌다. 욱일승천(旭日昇天)의 기세로 영토를 늘려 나가고 있던 미국으로서 플로리다는 놓칠 수 없는 전략적 요충지였다. 북동부에서 걸프만에 이르는 이스트 코스트(East Coast)를 제어, 미국의 해상 방위를 극대화하는 한편 카리브해, 중남미와 연결되는 최대의 통상로 확보가 걸려 있는 곳이었기 때문이다. 때마침 선점자(先占者) 스페인은 눈에 띄게 약해져 있었다. 라틴 아메리카를 감당하기도 버거워할 정도였기에 플로리다에서 스페인의 장악력은 현저히 떨어져 있었다.

1817년 미국은 마침내 앤드루 잭슨 장군의 주도 하에 플로리다 공략에 나서 북부에 거점을 둔 세미놀족과 교전을 벌였다. 미국은 이 과정에서 스페인의 방어력이 매우 취약하다는 것을 간파했다. 그러자 잭슨은 연방정부의 공식 승인도 안 받은 채 스페인 주둔군에 대한 공격을 강행, 플로리다 내 방어 진지들을 함락시키는 등 일방적으로 몰아붙였다. 1818년에는 아예 서플로리다의 스페인군 주둔지인 펜사콜라와 세인트마크 요새를 점령해 버렸다.

지휘관 잭슨은 흡사 징기스칸군 같은 면모로 거칠게 전쟁에 임했다. 스페인 주둔군은 무기력했다. 변변히 대항도 못하고 무너졌다. 잭슨의 이같은 '월권'은 미국 내에서도 논란을 야기시켰으나 결과적으로 스페인의 대응 의지를 약화시키는 데 기여했다.

미국 정부의 강경 대응에 직면한 스페인은 고민했다. 미국과 일전(一戰)을 불사하고 플로리다 방어에 나설 것인가, 아니면 포기해야 하는가에 대한 양자택일의 기로에 놓인 것이다. 스페인은 결국 후퇴를 택했다.

애덤스-오니스 조약, 스페인이 미국에 굴복한 '항복 문서'

애덤스-오니스 조약으로 확정된 미국의 플로리다 영토

1819년 미국의 존 퀸시 애덤스(John Quincy Adams) 국무장관과 스페인의 루이스 데 오니스(Luis de Onis) 외무장관 간에 합의가 이루어졌다. 이른바 '애덤스-오니스 조약'이다. 말이 조약이지 스페인의 일방적인 굴복이었다.

골자는 스페인은 플로리다 전체를 미국에 할양하고 댓가로 500만 달러를 책정하되 이 돈도 미국이 스페인에 직접 지불하지 않고 미국인들이 스페인에 대해 갖고 있던 500만 달러 상당의 배상 청구권을 미국 정부가 떠 맡는 조건이었다. 미국으로서는 제 주머니에서 한 푼도 축 안 내고 플로리다 땅덩이를 통째로 얻는, 거저먹기나 다름없는 호조건이었다.

미국에 또 한반도의 80%만한 땅덩이가 더해졌다. 나아가 북대서양에서부터 걸프만에 이르는 대륙 동안(東岸)을 모두 장악하는 대양국가로 한 걸음 더 다가섰다.

애덤스-오니스 조약은 또 서부 지역의 경계를 확정지으면서 스페인은 오레곤, 미국은 스페인령 텍사스에 대한 영유권 주장을 각각 포기 또는 철회토록 규정했다. 미국의 루이지애나 매입 이후 어정쩡했던 미국-스페인 간 경계선을 명확히 한 것이다. 1821년 7월 동플로리다의 세인트오거스틴과 서플로리다의 펜사콜라에서 스페인 국기가 내려지고 미국의 성조기가 올라갔다. 미국은 플로리다를 군정 지역으로 정하고 잭슨 사령관에 통치를 맡겼다.

대서양과 카리브해 장악
해양 강국으로 우뚝 서다

미국은 플로리다 강점으로 교역과 해상 패권 장악

플로리다는 땅도 크지만 대서양과 멕시코만을 연결하는 요충지로서 전략적인 가치가 매우 높은 곳이었다. 플로리다가 대서양은 물론 멕시코만을 통해 카리브해와 중남미까지 연결시킬 수 있는 '길목'이었기에 교역이나 해상 통로로서 각별한 중요성을 갖고 있기 때문이었다.

플로리다는 또 미국의 남쪽 해안선 방어에 있어 필수적인 곳이기도 했다.

만약 적대 세력이 플로리다를 장악하고 있을 경우 남방 해상 통로가 막히는 것은 물론 미국 산업의 '젖줄'이라 할 수 있는 미시시피강 하구와 뉴올리언스 항구도 위협을 받게 된다. 이런 전략적 중요성 때문에 플로리다의 획득은 미국에게 통상·교역이나 안보 및 해상 패권 확립 측면에서 지대한 기여를 하게 된 것이다. 플로리다의 확보는 나아가 미 정부나 국민들에게 영토 확장의 의지를 더욱 가열시켰다. 그 결과 아직 정리가 되지 않은 서부 땅들에 대한 미국 조야의 관심과 공세가 더욱 거세지게 됐다.

플로리다의 합병은 또한 미국의 경제 확장과, 특히 농업 분야의 생산을 급속히 증대시켰다. 열대성 기후에다 넓고 비옥한 토양은 플로리다를 면화와 사탕수수 생산의 최적지로 부상케 만들었다.

1821년 플로리다가 미국 땅으로 된 직후부터 각지에서 수천 명이 넘는 플랜테이션 소유주들이 플로리다로 몰려들었다. 이들은 노예 노동력을 기초로 대규모 면화 재배 농장을 만들었다. 1860년대 중부 플로리다 지역의 경우 인구의 절반 이상이 흑인 노예에 달할 정도였다. 노예제에 기반한 대규모 농업 구조가 형성되면서 플로리다는 '면화 벨트'의 중심으로 자리잡았고 이 같은 농업 개발은 인구의 급속한 유입을 가져왔다. 그 결과 1830년 3만 4천여 명이었던 플로리다의 인구는 30년 뒤인 1860년 14만 명을 넘어설 정도로 폭증했다.

노예주 플로리다의 급부상으로 남북 갈등 전국으로 확산

플로리다는 미국의 해상 교역 확대에도 중요한 역할을 했다. 대서양과 멕시코만을 잇는 지정학적 요지로서, 플로리다 연안에는 여러 항구와 해항 도시들이 들어섰다. 플로리다 최남단의 키 웨스트(Key West), 동북부 세인트 존스 강 하구의 잭슨빌(Jacksonville), 펜사콜라(Pensacola) 등은 면화 및 목재 수출, 조선소와 군항으로서 미국의 해상 교역과 해양 안보의 허브(Hub)가 됐다.

플로리다가 농업 생산과 통상 확대 및 안보 측면에서 미국에 '대박'을 가져다준 것에 비해 국내 정치적으로는 남북 간 갈등을 심화시키는 '역기능'도 가져왔다.

플로리다는 1845년 연방에 참여할 때부터 '노예주(Slave State)'로 가입했다. 이에 따라 플로리다의 번창과 경제력 및 영향력의 확대는 반 노예제를 주창하던 북부 자유주 및 정치세력들에 큰 부담을 갖게 만들었다.

'남부 파워'의 확대가 연방 정치에서 남북 간 세력 균형을 깨뜨릴 수 있다는 우려에서였다. 플로리다는 이렇게 노예제를 둘러싼 남북 갈등을 전국적으로 확산시키는 '불씨' 중의 하나로 작용했고 이 같은 대립은 종국적으로 남북전쟁이라는 비극을 낳게 만든다.

플로리다가 미국의 수중에 떨어지면서 '폭망'한 것은 스페인뿐만이 아니었다. 이 지역을 근거로 오랫동안 뿌리를 내려온 원주민 인디언들은 졸지에 '낙동강 오리알'이 되고 말았다.

더구나 군정(軍政) 플로리다의 지배자는 인디언들 사이에서 야차(夜叉) 같다는 평을 들을 만큼 거칠었던 잭슨이었다. 실제로 잭슨은 이를 기점으로 대대적인 인디언 추방에 나선다. 1783년 미-영 간 파리 조약에서 완전히 '팽(烹)' 당했던 인디언들은 이번에는 플로리다에서 쫓겨 나면서 '눈물의 길'이라는 험난한 서부로의 추방길에 올라야 했다.

플로리다 포기한 스페인, 멕시코의 독립으로 몰락

플로리다가 미국에 넘어가면서 북아메리카 대륙의 식민지 판도는 다시 한번 출렁거렸다. 한때 중미, 북미에 걸쳐 최대 규모의 식민지를 가졌었던 스페인은 1819년 플로리다 포기를 계기로 영향력이 급속히 쇠퇴했다.

나아가 2년 뒤인 1821년에는 스페인령이었던 멕시코가 독립함에 따라 스페인은 북미 대륙 본토에서 거의 모든 거점을 상실하게 됐다. 이제 스페인에 남은 것은 카리브해의 쿠바, 푸에르토리코 등 일부 섬들로, 한때 대서양과 태평양을 호령했던 스페인 제국은 몰락의 길로 접어들게 된다.

미국은 플로리다를 획득하는 과정에서 이해 관계가 있었던 주변 열강들로부터 견제나 간섭을 받지 않았다는 점에서 시운(時運)이 맞았다는 분석을 낳게 하기도 했다. 영국은 이미 1783년 플로리다를 스페인에 넘긴 뒤인 데다 캐나다 및 세계 다른 지역 식민지 경영에 집중하고 있는 탓에 플로리다 이슈에 관해 깊이 관여할 입장이 아니었다.

오히려 미국이 플로리다를 점유할 경우 카리브해 지역의 해적 행위들에 대해 강력한 통제에 나설 수 있다는 점에 주목, 자국 무역선 및 상선들 보호 차

잭슨 장군이 주도했던 뉴올리언스 전투 장면. 잭슨은 이 전투에서의 승리를 계기로 전국적인 인물로 부상한다

원에서 플로리다가 미국 관리에 들어가는 것을 은근히 반기기도 했다. 프랑스 역시 나폴레옹 전쟁 뒤치다꺼리에 급급한 처지였기에 미국의 플로리다 확보에 이의를 달 형편이 안됐다. 이처럼 영국과 프랑스가 제 앞가림에 분주, 미처 신경쓰지 못하고 있는 바람에 미국은 별다른 잡음(?) 없이 플로리다를 장악하는 행운을 가질 수 있었다.

플로리다를 손에 넣음으로써 미국은 대서양은 물론 남동쪽 해양에 대한 제해권 확보가 가능해졌고 향후 중미와 카리브해, 그리고 남미 쪽으로도 영향력을 확대해 나갈 수 있는 발판을 마련하게 됐다.

이처럼 플로리다 획득은 미국으로 하여금 북미 대륙을 넘어 대서양과 카리브해를 아우르는 해양 강국으로 부상시키는 데 결정적인 기여를 했다. 나아가 그동안 유럽 열강 중심으로 짜여졌던 국제 질서를 재편시켜, 서반구에 유럽 제국들 외에 미국이라는 또 하나의 맹주를 등장케 하는 전환점이 됐다.

멕시코에서 독립한 텍사스
미국과의 합병 원했다

'알라모 요새 전투'서 승리해 텍사스 공화국으로 독립

텍사스의 알라모(Alamo) 요새는 '미국 정신'의 성지 같은 곳이다.

1836년 2월 23일부터 3월 6일까지, 알라모 요새 수비병들이 멕시코 공격에 맞서 13일간의 항전 끝에 최후의 일인까지 목숨을 바친 격전지다.

알라모 전투는 비록 패했지만 그 정신은 '뼈대'로 남았다. 이순신 장군의 '마지막 열두 척'처럼 '알라모'는 미국민들에게 '마지막 보루'의 상징으로 자리잡았다. '알라모 스피릿'의 텍사스는 도전과 응전, 개척과 희생을 밑알 삼아 미국 땅의 일원이 됐다.

18세기 스페인이 선점했던 텍사스는 1821년 멕시코로 그 주인이 바뀌었다. 넓디 넓은 텍사스 개척을 위해 멕시코는 미국 정착민들을 받아들였다. 1836년까지 그 수효는 무려 3만 명 가까이로 늘어났다.

미국인들의 이 같은 급증에 멕시코 관리들은 화들짝 놀랐다. '굴러온 돌'이 '박힌 돌'을 밀어내면서 주민 수가 역전됐기 때문이다. 앵글로 색슨 계통의 미 정착자들은 단순 뜨내기가 아니었다. 상당수가 노예까지 소유한, 탄탄한 기반을 갖춘 중농(重農)들이었다. 중압감을 느낀 멕시코는 미국인들의 이주를 정지시켰다. 이에 분노한 미국인 개척민들은 1835년 11월 텍사스 임시 정부를 결성, 멕시코에 대항하고 나섰다.

그러자 산타 안나 장군이 이끄는 6천여 명의 멕시코 군단이 텍사스 정벌에 나섰다. 이 과정에서 유명한 '알라모 요새 전투'가 벌어졌다. 서전(緖戰)에서는 알라모가 함락당했지만 한 달 뒤 텍사스인들은 멕시코를 격퇴했다.

멕시코의 산타 안나 장군은 사로잡혔고 텍사스는 승리 끝에 1836년 '텍사스 공화국(Republic of Texas)'으로 독립했다.

1836년 텍사스 공화국, 미국에 병합 신청

독립 공화국 텍사스는 신흥 강국 미합중국의 일원이 되기를 희망했다. 텍사스 공화국은 덩치는 크지만 재정도, 인력도 턱없이 부족했다. 시도 때도 없이 습격해 오는 인디언, 멕시코 무장세력들에 대처할 역량을 갖추지 못했다. '홀로 서기'가 여의치 않았던 텍사스에게는 미국이라는 '큰 울타리'가 필요했다.

1836년 텍사스 공화국은 미국에 병합 신청을 했다. 그러나 미국의 마틴 밴 뷰런 대통령은 주저했다. 텍사스의 획득이 '대박'임에는 틀림없지만 고심 끝에 병합을 보류했다.

이유는 두 가지였다. 첫째, 멕시코와의 전쟁 우려였다. 독립은 허용했지만 여전히 스스로를 텍사스의 종주국이라 여기고 있는 멕시코는 텍사스가 미국에 넘어가는 것을 용납하려 들지 않았다. 그래서 합병 문제에 대해 미국에도 계속 전쟁 가능성을 흘리며 견제구를 넣고 있었다.

또 하나는 노예제를 둘러싼 미합중국 내의 분열상이었다. 당시 미국은 노예제도 문제를 두고 남부와 북부 주들 간에 헤게모니 다툼이 격심했다. 북동부 '자유주'들은 텍사스가 거대한 친 노예주 세력으로써, 텍사스의 합류가 힘의 균형을 남부 쪽으로 기울게 할 수 있다는 우려와 반발이 거세지면서 1837년 텍사스의 1차 합류 시도는 무산됐다. 대신 텍사스를 독립국으로 승인, 일단 멕시코로부터 분리시키면서 차후를 도모하는 식으로 여지를 남겼다.

주변 관계국들의 입김도 영향을 미쳤다. 어쩔 수 없이 텍사스를 떼줬던 멕시코는 '텍사스 공화국'이 완충지대로 남기 바랬다. 제국주의 경쟁자 영국과 프랑스도 같은 입장이었다. 욱일승천(旭日昇天)의 기세를 보이는 미국이 텍사스

텍사스의 독립을 가져왔던 알라모 요새의 전투 장면.

까지 '먹는 것'을 꺼려했기 때문이다.

이 같은 요인들을 감안, 좌고우면(左顧右眄) 해오던 미국의 '머뭇거림'은 1844년 대선을 기점으로 확 바뀌었다. 이른바 '명백한 숙명론(Manifest Destiny)'을 주창하면서 텍사스 병합과 오레곤 영유를 공약으로 내건 민주당의 제임스 K 포크가 대통령으로 당선된 것이다.

마침 전임자인 타일러 대통령 역시 텍사스 문제에 관해서는 같은 입장이었다. 타일러 대통령은 텍사스 병합이 비준되기 위해서는 상원 3분의 2의 동의를 요하는 것이기에 통과가 난망하다고 판단되자 '묘수'를 동원했다. 상하원 합동 결의에서 과반수만 넘으면 통과된다는 간소한(?) 절차를 통해 의회의 인준을 얻어내는, '우회로(迂廻路)' 전략을 시도한 것이다. 포크 대통령 당선인은 당연히 이를 지원했고 텍사스 역시 수락함으로써 텍사스의 미국 편입은 관철됐다. 이듬해 12월 29일, 텍사스는 28번째 주로 연방에 가입하면서 미합중국의 일원이 됐다.

미국, 텍사스 합병 후
노예제 놓고 남북 갈등 증폭

텍사스는 서부 개척의 교두보이자 남부의 강자로 부상

그 무렵의 텍사스는 지금보다 훨씬 더 컸다. 현재의 뉴멕시코 동부와 콜로라도 및 오클라호마 일부까지 권역에 포함되는, 넓이가 한국의 10배가 넘는 107만km² 에 달할 정도의 광대한 영토였다.

텍사스가 병합됨으로써 미국과 멕시코 간의 국경은 미시피강 서쪽까지 확대됐다. 동시에 미국은 멕시코만 해안의 상당 부분을 확보, 군사 전력 및 안보 측면에서 지대한 잇점을 안게 됐다.

텍사스라는 선물이 가져다 준 경제적 가치 또한 엄청났다. 텍사스의 지천으로 넓은 옥토와 온화한 기후는 텍사스를 남부 농경제의 중심축으로 부상시켰다. 특히 면화 재배에 최적화된 토지를 활용, 자본과 노예 인력의 유입이 급증하면서 면화 생산량이 폭발적으로 늘어 텍사스는 미국 남부의 '면화 왕국' 확장에 결정적인 기여를 했다.

텍사스는 나아가 서부로 향하는 '길목' 역할을 했다. 텍사스가 확보됨으로써 개척민들은 록키산맥 남쪽을 통해 캘리포니아에 이를 수 있는 중요한 육상 교통로를 갖게 됐다. 또 텍사스를 경유하는 대륙횡단철도 남부 노선의 개통은 개척민들의 이동과 물산의 수송 등을 크게 확대시켰다.

육상, 철도 같은 교통 인프라의 구축은 노예를 포함한 정착민들의 유입을 극대화시켰다. 텍사스 인구는 1840년 독립 공화국 당시에는 7만여 명에 불과했으나 미국으로 편입된 뒤부터 유입 인구가 늘어나 1850년 21만 명 이상, 그리고 1860년에는 60만 명을 돌파하면서 텍사스는 명실공히 서부 개척의 교두

보이자 남부 경제의 대표주자로 떠오르게 됐다.

그러나 호사다마(好事多魔)라고, 텍사스의 병합은 플로리다 합병 때와 마찬가지로 미국의 남북(南北) 갈등을 한층 심화시키는 불씨로 작용했다. 북부의 자유주들과 반노예 세력은 텍사스 편입이 노예제를 확장시키려는 남부의 음모라고 강력 반발했다. 반면 남부 노예주들은 영토 확대와 경제 발전을 위해 텍사스 병합이 필요하다고 적극 옹호했다. 결과적으로 텍사스는 미국 연방의 일원이 됐지만 노예제를 둘러싼 정치세력 간 대결은 갈수록 첨예화됐고 나중에 뉴멕시코나 캘리포니아 등을 획득할 때도 어김없이 제기되면서 사실상 미국 정치를 양분시키고 말았다.

노예제 이슈는 끝내 접점을 찾지 못하고 진영 간 대립으로 번지면서 골이 깊어지다가 결국 1861년 남북전쟁으로 비화되는 결과를 가져왔다.

미국계 텍사스 주민들, 독립국 세워 연방정부에 편입

플로리다에 이어 텍사스가 미국에 넘어가는 것에 대해 영국과 프랑스 등 유럽 열강들은 복잡한 심기를 보였다. 멕시코와 텍사스 사이에 중재를 통해 텍사스 독립을 성립시키는데 일조했던 영국은 미국이 텍사스를 합병하지 못하도록 외교적 관여를 시도했다. 영국의 이 같은 '몽니'는 그러나 미국 포크 대통령의 강경 대응에 주춤했고, 이후 오레곤 조약을 통해 미국과 국경 분쟁을 마무리 짓는 것으로 사실상 손을 뗐다. 영국은 미국-멕시코 전쟁에도 개입하지 않았다.

프랑스 역시 텍사스의 '홀로 서기'를 지지했으나 만만치 않은 상대로 변모해 가는 미국과의 충돌을 우려, 소극적인 대응에 그쳐 미국은 거침없이 텍사스를 품에 넣을 수 있었다.

텍사스의 미국 영토화 과정은 여느 패턴과는 다소 차이가 난다. 미국에 의

한 침공, 점령도 아니고 돈을 주고 매입한 것도 아니며, 협상에 의해 주고받은 것 또한 아니다. 미국계 식민지 주민들이, 선점했던 멕시코와 전쟁을 통해 독립을 쟁취한 뒤 미합중국에 스스로 편입해 온, 복합 '하이브리드' 방식이다. 물론 미국 입장에서는 '박이 넝쿨 채' 굴러든 것이나 다름없었다.

이런 역사로 인해 텍사스는 연방 50개 주의 하나지만 여느 주와는 다르다는 자부심이 각별하다. 투쟁 끝에 독립국가를 세우고, 스스로 미연방에 참여했기에, 합중국과 거의 '동격'이라는 자긍심을 감추지 않는다. 텍사스의 별칭은 'Lone Star State'다. 주 깃발 도안에는 작은 별 여럿 위에 큰 별 하나가 중심을 잡고 있다. 텍사스는 스스로를 이 '왕별'이라 여긴다.

텍사스를 가세시킨 미국은 미 대륙에서 명백한 강자로 부상했다. 앞서 루이지애나의 획득이 서부에 눈을 뜨게 했다면, 텍사스 병합은 서부 확장과 개척을 실행케 하는 모멘텀이 됐다. 텍사스를 얻음으로써 미국은 서(西)로는 태평양을 넘보고, 남(南)으로는 걸프만을 아우르는 대륙국가로 발돋움하게 됐다.

In Depth Story | 가센(Gadsden) 매입

대륙횡단철도 건설 위해 멕시코 땅 매입

미국은 다양한 방식으로 영토를 확장해 왔는데 그 중에서 가센 지역은 순수하게(?) 돈을 주고 사들인 땅이었다.

텍사스 남단에서 멕시코와 인접해 있는 이 지역은 멕시코 입장에서는 '돌 사막' 지대에 불과했지만 힐러강 남쪽과 리오그란데강 서쪽의 산악 지대로써 미국으로서는 꼭 필요한 '요지(要地)'였다.

가센 매입은 1854년으로 미-멕시코 전쟁이 끝난 지 6년여쯤이 지난 시점이

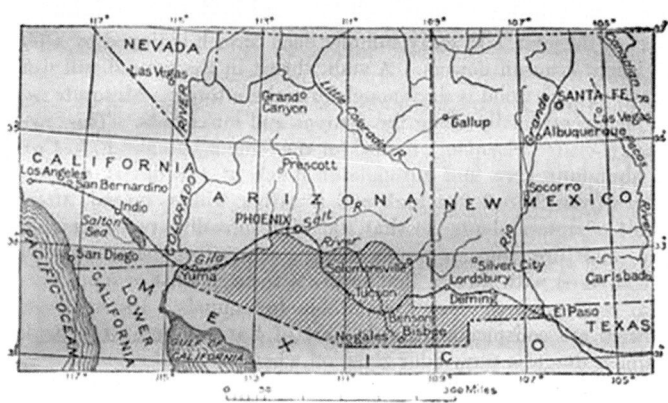
미국이 대륙횡단철도 건설을 위해 멕시코로부터 매입한 가센 지역을 나타내는 지도

었다. 당시 미국은 서부 개척 붐이 한참 열기를 띠고 있었고, 그 일환으로 대륙횡단철도 건설이 진행 중이었다.

그러나 북부선 철도가 지나게 돼 있는 록키마운틴 지역이 너무 험준해 난관에 봉착해 있었고 남부선의 경우도 최적의 코스는 멕시코 북부 지역을 통과하는 노선이었다.

궁리 끝에 미국은 멕시코 측과 교섭에 나섰다. 협상 책임자는 당시 플랭클린 피어드 대통령이 멕시코 특사로 임명한 제임스 가센(James Gadsden)이었다. 가센은 사우스캐롤라이나 출신의 정치인, 군인, 외교관이자 철도 경영자였다. 대륙횡단철도 회사인 'South Pacific Railroad'를 기획한 당사자다. 가센은 북부의 시카고 경유 노선과는 달리 뉴올리언스와 샌디에이고를 잇는 남부선 건설을 강력히 추진하고 있었다.

가센의 상대는 산타 안나 멕시코 대통령이었다. 산타 안나는 그러나 내부 반란과 극심한 재정난 등으로 인해 궁지에 몰려 있는 상태였다. 산타 안나의 취약점을 간파한 가센은 더 큰 욕심을 냈다. 당초 계획했던 철도 건설용 부지를 훨씬 초과, 멕시코 북부까지를 포함하는 45만km²를 요구하고 나선 것이다.

멕시코 사정이 찬밥 더운밥 가릴 처지가 아닌 것을 감안해 치고 나간 가센의 '빅딜'은 그러나 복병을 만나 제동이 걸렸다.

'딴지'를 건 쪽은 아이러니칼 하게도 멕시코가 아닌 미국 내 연방주의자들이었다. 북부의 언론과 정치권은 가센을 두고 "남부의 대리인", "노예제 로비스트"로 폄하하면서 멕시코로부터의 또 다른 대 영토 매입은 노예주 세력을 확장시키려는 음모라며 결사반대를 외치고 나온 것이다. 물론 이에 대해 남부지역 주들은 쌍수를 들어 환영하는 입장이었다.

이런 논란 끝에 이 멕시코 땅은 결국 미국에 팔렸다. 협상자인 가센을 본 따 '가센 매입'으로 불리는 이 새 영토는 넓이가 76,844km²로 남한 땅보다 약간 작은 규모였다. 땅값은 당시 1,000만 달러로, 지금 시세로 환산하면 대략 3억 5천만 달러 정도에 달하는 금액이다.

불과 몇 년 전 영토의 반 이상을 뭉텅이로 떼였을 때 받은 금액이 1,500만 달러였던 것에 비해 이 '가센' 땅 매각은 비교적 제 값을 쳐 받은 것으로 평가됐으나, 산타 안나는 후폭풍을 맞게 된다. 국민들로부터 "캘리포니아 등을 뺏긴 데 이어 또 국토를 팔아 넘겼다"는 비난이 고조되면서 끝내 대통령직에서 물러나고 만 것이다.

'가센' 땅은 아리조나와 뉴멕시코 지역 일부가 포함된 곳으로 대륙횡단철도는 이 지역을 통과하는 것으로 건설됐다. 한편 매입 과정에서 제기됐던 '자유주'와 '노예주', 즉 남북 간의 헤게모니 다툼은 가센 매입을 계기로 더욱 골이 깊어졌다. 이 같은 대립은 갈수록 심화돼 남부와 북부는 결국 남북전쟁이라는 내전으로 치닫게 되고 만다.

제 2 장

남부 2개 주 획득의 주요 인물과 비화

인물 **앤드루 잭슨**

'백인의 영웅'인 20달러 지폐의 주인공

20달러짜리 지폐에 그려져 있는 잭슨의 초상

플로리다를 미국 땅으로 만드는 데 일등 공신으로 기여한 사람이 앤드루 잭슨이다. 현재 미국 20달러짜리 지폐에 나온 인물이다. 나중에 백악관에 입성, 제7대 대통령이 된 앤드루 잭슨은 미국 건국사의 영웅 가운데 하나로 꼽힌다. 그러나 이는 백인의 관점일 뿐, 피해자-패배자 시각에서 잭슨은 '야차(夜叉)'와 다름없었다.

미국의 영토 확장은 여러 유형으로 분류된다. 그 가운데 플로리다는 '뺏은' 땅의 전형이다. 그 주역을 담당했던 잭슨은 말 그대로 '흙수저' 출신이었다. 스코틀랜드계 후손으로 유년·청년 시절을 영국 식민 치하에서 보냈다. '찢어지게' 가난했고, 점령군 영국군의 횡포에 앵거(Anger)를 키웠다. 1780년 독립전쟁 당시 13세의 잭슨은 사우스캐롤라이나 민병대에 가담했다. 다음해 영국군에게 포로로 잡혔을 때 영국 장교가 그에게 군화를 닦으라고 하자 이에 반항하다가 장교가 휘두른 칼로 손과 머리에 흉터가 남을 정도로 베이기도 했다.

잭슨의 성정은 거칠고, 모질고, 끈질기기로 이름이 났다. 하지만 능력은 탁월했다. 생전에 20회 이상이나 결투를 했고 그 중에서 실제로 상대방을 쏘아 죽인 적도 있었다. 본인도 결투로 총상을 입어, 평생 심장 근처에 총탄을 남긴 채 살았다.

잭슨은 거친 세파 속에서 자수성가의 길을 닦아갔다. 법을 공부해 법률가를 거쳐 민병대 대령으로 활약했고 나중에 미 연방군에서 별을 달았다. 뉴올리언스 전투 등에서 강력한 리더십으로 '늙은 히코리 나무(Old Hickory)'라는 별명도 얻었다. 이는 히코리 나무처럼 단단하고 강인하다는 의미로, 병사들과 침식을 같이하는 소탈한 지도자로 존경을 받았다.

이후 대 플랜테이션 농장주로, 거느린 노예만도 100명이 넘을 만큼 부도 축적했다. 역대 미국 대통령 가운데 다섯 번째 재산가로 꼽히는 그다.

미국의 플로리다 강점 과정에서 스페인에 동조, 잭슨군에 저항했던 인디안 크레크족 무장세력 '레드 스틱스'는 가혹하게 당했다. 영국과 스페인으로부터 무기 지원을 받고 있던 '레드 스틱스'족은 1813년 앨라배마 포트 밈스를 급습, 250명 이상의 백인 정착민 등을 숨지게 했다. 그러자 잭슨은 그해 10월 주방위군 및 민병대를 지휘, 여러 달에 걸쳐 레드 스틱스족 거점들을 공격해 800명 이상을 사살했다. 그는 레드 스틱스의 것이라면 땅이든 재물이든 뺏는 자에게 소유권을 인정해 줬다는 얘기도 있다. 잭슨은 크레크족에 약 93,000km²에 달하는 앨라배마, 조지아 일대의 땅을 미국에 할양토록 압박하기도 했다.

잭슨이 '전국구'급으로 주목받게 된 것이 1815년 영국군과 벌인 뉴올리언스 전투였다. 영국군은 우세한 병력에도 불구, 지휘관 팩커버그 장군을 포함해 291명 사망에, 부상 1,200여명 등 '박살'이 나면서 잭슨의 미국군에 무릎을 꿇었다. 잭슨 측 피해는 고작 전사 13명, 부상 39명에 불과했다.

잭슨은 인종차별 성향이 강했고 노예제 신봉자였다. 점령군 영국에 깊은 증오심을 품은, 냉철하고 탁월한 능력을 지녔지만 폭력적 성향이 높은 한 인물이 미국의 플로리다 획득에 결정적인 기여를 한 것이다. 잭슨은 점령 초기 플로리다 군정 장관을 맡기도 했다.

'백인의 영웅' 잭슨은 21세기에 다시 소환된다. 20달러짜리 지폐에 들어있던 그의 얼굴을 빼 버리려는 시도 때문이다. 잭슨은 역대 대통령 가운데 인기 순위가 10위 권 안에 든다. 하지만 플로리다 점령시 엿보였던 '철의 주먹'과 인종차별, 노예제 옹호 성향이 '주홍 글씨'로 남았다.

최초의 흑인 대통령 오바마가 이를 짚고 나왔다. 잭슨 대신 남부 노예들의 탈출을 도왔던, 역시 노예 출신의 흑인 여성 '해리엇 터브맨(Harriet Tubman)'이 교체 대상으로 선정됐다. 그러나 뒤이어 백악관을 차지한 트럼프 대통령이 제동을 걸었다. 트럼프는 열렬한 잭슨 팬이었다. 집무실에 잭슨의 초상화를 걸어 놓을 정도였다. 백인 우월, 힘을 통한 지배에 푸틴, 김정은 같은 '스트롱맨'을 좋아하는 트럼프 입맛에 딱 맞을 인물이었다. 트럼프 덕에 잭슨은 20달러 '그린 백' 속에서 여전히 자리를 지키고 있다.

인물 샘 휴스턴

텍사스 독립과 알라모 전투의 영웅

'텍사스의 조지 워싱턴'이라 불리는 인물이 있다. 텍사스 공화국의 초대 및 3대 대통령인 샘 휴스턴(Sam Houston)이 바로 그 주인공이다.

휴스턴은 버지니아에서 태어나 테네시로 이주한, 전형적인 남부 출신의 군인이자 정치인이었다. 1835년 텍사스로 이주해 온 앵글로계 미국 이민자들이 멕시코에 대항, 독립전쟁을 일으켰을 당시 그는 텍사스 민병대 지휘관을 맡고 있었다.

휴스턴은 1836년의 유명한 알라모 전투 때는 참전하지 않았지만 한 달여

샘 휴스턴 텍사스 공화국 대통령

뒤 그가 지휘한 산하신토 전투에서는 멕시코군에 대승을 거두고 산타 안나 장군을 생포했다. 휴스턴은 포로로 잡힌 산타 안나와 비밀 협정을 체결, 텍사스 독립을 인정하는 조건으로 그의 석방을 보장했다. 하지만 멕시코 정부는 이를 받아들이지 않았으며 외교적으로도 승인을 거부했다.

그러나 결과적으로 텍사스는 사실상 독립을 이뤄 1836년 3월 '텍사스 공화국'이 수립됐다. 휴스턴은 텍사스 공화국의 독립 선언을 주도한 건국 영웅으로 이후에 초대 및 3대 대통령으로 당선됐다.

비록 독립국임을 선언했지만 휴스턴의 복안은 미국과 합치는 것이었다. 그는 텍사스 공화국의 미국 병합을 외교적인 최우선 목표로 삼아 추진했다.

초기에는 미국이 노예주 문제를 둘러싸고 남북 양 진영으로 갈려 텍사스의 합류가 무산됐지만 결국 1845년 미국과의 합병이 달성됐다. 휴스턴은 합병 후 연방 상원의원 및 텍사스 주지사를 역임한, 명실공히 텍사스 민족주의의 대표자였다.

휴스턴의 출신지나 전력은 '뼛속까지 남부인(南部人)'이었지만 그의 정치적인 스탠스는 여느 남부 정치인과는 달랐다. 그는 연방주의를 중시, 남북전쟁 당시 텍사스의 연방 탈퇴에 "나는 연방에 충성한다"는 선언과 함께 이를 반대했다. 이와 관련해 주지사직의 사임을 거부하기도 했다.

휴스턴은 또 체로키족 등 원주민 인디언 부족들과 평화 협정을 시도하는 등 주변에서 "인디언 편"이라는 비난을 받을 정도로 인디언 중시 정책을 폈다.

휴스턴은 이후에도 연방 내에서 남북 간 대결과 갈등을 중재하는 보기 드문 남부 정치인으로 텍사스 민족주의의 아버지로 꼽히고 있다.

> 비화 **플로리다 강점**

'총과 외교'로 버무린 관군 합작 드라마

　미국의 플로리다 획득은 미국 정부와 공격군 사령관 앤드루 잭슨 장군 간의, 고도의 '짜고 치는' 전략이 가동된 결과였다. 전력(前歷)이나 성향상 잭슨 장군은 스페인령 플로리다를 침공하는 데 있어 무모할 정도로 오버할 여지가 충분한 인물이었다. 그러나 미 정부는 현장 지휘관의 이 같은 과격한 스타일을 알고도 '못 이기는 척' 활용한 것 같은 냄새(?)를 풍기게 한 것이다.

　1818년 잭슨 장군은 의회의 승인 없이 플로리다로 치고 들어갔다. 그는 단순히 미국의 골치를 썩여 왔던 원주민 세미놀 부족만 공격하는 것이 아니라 아예 스페인 요새까지 점령해 버렸다. 잭슨은 영국인 간첩 2명을 체포, 처형한 뒤 현지 스페인 지사와 군관들을 일방적으로 쫓아냈다. 사실상 무력 점령을 감행한 것이다.

　그러나 이에 대한 미 당국의 입장은 애매모호했다. 당시 존 퀸시 애덤스 국무장관은 "잭슨의 행동은 미국의 공식 정책이 아니다"라고 선을 그었다. 현장 지휘관의 일탈(逸脫)일 뿐 미국 정부의 공식 입장은 평화적인 접근이라는 것이다. 전형적인 외교 수사(修辭)였다. 물론 의회, 언론이나 외교가 등 일각에서 잭슨의 행동에 대한 비판이 일기도 했으나 미 정부는 두리뭉실 넘어갈 뿐 눈에 띄는 상응한 조치를 취하지 않았다.

　반면 잭슨에 대한 인기는 급상승했다. 국민 여론은 잭슨을 영웅시하면서 적극 두둔하고 나섰다. 특히 남부의 노예주들이 쌍수 들어 잭슨 지지를 표방했다. 흑인 노예들이 '해방구'로 삼아 도피하는 플로리다를 확보하기 위해서는 불가피한 측면이 있다고 잭슨을 옹호했다.

미국은 결국 잭슨의 침공 행위는 정부의 공식 입장이 아니라고 하면서도 잭슨 군(軍)의 플로리다 점령은 철회시키지 않고 기정사실화 했다. 악역은 잭슨이 맡고 미국 정부는 외교적으로 '쉴드(shield)'를 치는 전형적인 '더블 플레이' 행태를 펼친 것이다. 잭슨의 '무리수'는 결국 성공을 거뒀다. 외교와 '총칼'이 교묘하게 배합된 관군(官軍) 합작 드라마였다. 잭슨은 일등 공신임을 인정받아 훗날 7대 대통령으로 당선됐다.

1819년 미국과 스페인 간에 애덤스-오니스 조약이 체결돼 플로리다는 미국 영토로 귀속됐다. 퀸시 장관의 노림수는 여기에서도 기능했다. 미국이 플로리다를 얻는 댓가로 당시 스페인령이었으나 미국이 계속 문제를 제기해 온 텍사스 영유권 주장을 포기하기로 약조한 것이다.

그러나 이 조항 역시 공수표가 됐다. 당장은 텍사스를 포기한 듯했지만 이는 플로리다를 확보키 위한 '꼼수'에 불과했다. 실제로 미국은 스페인이 기력을 잃자 26년 뒤인 1845년 언제 그랬냐는 듯이 이를 무효화하고 텍사스를 손에 넣었다. '텍사스 포기'는 다음을 기약한 잠시 동안의 '쉐도우 모션'에 불과한 것이었다.

플로리다 양도 대가로 책정한 500만 달러에 대해서도 미국 일각에서는 돈을 줄 필요가 없다는 거부론이 공공연히 제기되기도 했다. 그러나 만약 보상금 없이 끝낼 경우 미국이 대외적으로 플로리다를 "무력으로 강점했다"라는 비판을 받을 수 있다는 우려의 목소리가 더 컸다.

미국으로서는 어디까지나 "평화와 외교적인 수단으로, 그리고 땅값도 다 치르면서" 플로리다를 넘겨받은 것으로 마무리하려 든 것이다.

플로리다 획득은 무력 개입 뒤에 외교적 합의로 정당성을 확보하는 '눈 가리고 아웅'하는 식의, 전형적인 제국주의적 팽창 행태가 드러난 미국 제국주의의 첫 '작품'이었다.

비화 알라모 요새 함락

멕시코, '본 때' 보이려 무지막지하게 제압

텍사스 공화국의 태동은 여러 요소가 작용했지만 '알라모 요새 전투'가 가장 상징적이며 결정적인 불쏘시개 역할을 했다고 볼 수 있다.

미국의 성지(聖地)이자 저항 정신의 상징으로 꼽히는 알라모 요새는 샌 안토니오 중심부에 위치하고 있다. 하지만 1836년 텍사스 독립전쟁으로 멕시코와 무력 대결 당시에는 멕시코군의 북진을 저지할 수 있는 전략적인 요충지였다.

1836년 2월 23일 '텍사스 반란'을 진압하기 위해 출동한 멕시코군은 안토니오 로페스 데 산타 아나 장군 지휘 하에 알라모 요새에 대한 공격에 들어갔다. 원래 스페인 선교소였으나 요새로 개조된 알라모의 방어에 나선 텍사스군 수비병은 약 180~250여 명. 약 2천 명으로 추산됐던 멕시코군 병력과 비교하면 상대가 되기 어려운 싸움이었다.

3월 6일까지 총 13일간 공방이 이어지다 알라모 요새는 끝내 함락됐다. 수비군은 한 명도 빠짐없이 전원 전사였다. 수비대 지휘관 윌리엄 B 트래비는 "죽을 때까지 싸운다"는 유명한 서한을 남기기도 했다.

비록 방어군 전원 옥쇄(玉碎)라는 완패를 당했지만 알라모 요새는 다시금 부활했다. 불리한 전투에서도 끝까지 물러서지 않는, 미국인의 불굴과 저항 및 희생 정신의 상징으로 되살아난 것이다. '알라모를 기억하라(Remember the Alamo)'는 바로 이를 웅변하는 슬로건이었다.

알라모 전투의 패배에도 불구하고 수비대의 희생은 텍사스인들의 투쟁의지를 달궜다. 이후 한 달여 뒤에 전개된 산하신토 전투에서 텍사스군은 멕시코군을 초토화시키며 압승을 거뒀고 이는 독립 쟁취로 이어졌다.

1844년 제작된 알라모 요새의 공방을 그린 그림.

그러나 이 알라모 요새 전투에도 숨겨진 이면(裏面)들이 전언되고 있다.

알라모는 원래 알려진 것만큼 전략적 가치가 지대한 곳은 아니었다. 하지만 멕시코군은 반란 세력에 '본 때'를 보이기 위해 총력을 다한 무자비한 공격을 감행했다. 그래서 수비 측으로부터 항복 시도가 있었음에도 산타 안나 장군은 이를 거부하고 밀어붙였다. 전투 후 생존했던 병사들까지도 대부분 처형했던 것으로 알려졌다.

반면 텍사스군은 '전략적 철수'를 선택, 알라모 수비대가 지속적으로 지원 요청을 했지만 군사 실리적 차원에서 구조군의 파견을 미뤘다. 알라모의 희생으로 '순교자 효과'를 유도했다는 지적이 나올 만한 대목이다.

실제로 요새 함락 후 텍사스군 총사령관 샘 휴스턴은 '알라모를 기억하라'를 대대적으로 띄워 텍사스인들의 복수심을 고조시키며 '군심(軍心)'을 결집시켰다. 이렇게 알라모는 일제 때 유관순의 3.1운동처럼 텍사스인들을 분발시켜 일어나게 했고 한 달 뒤 산하신토 전투 승리의 원동력이 됐다. 작은 전투의 패배를 대대적인 심리전 확산, 정치적 반전의 계기로 삼아 최후의 승리를 일궈내는 대하 드라마를 연출해낸 것이다.

알라모 요새는 국립 기념지로 보존돼 매년 수백만 명의 사람들이 찾는 성지가 돼 있다. 또 미국 정신을 상징하는 신화이자 영웅 서사시로 남아 교육, 정치, 대중문화 등지에서 지속적으로 조명되고 있다.

In Depth Story 딥 사우스

노예제를 옹호한 패자의 '뒤 끝'

독립전쟁 승리와 미시시피강 동서부 지역 획득 등을 통해 미합중국이 날로 확장돼 가고 있었지만 지역적으로 남부에는 북동부 지역과는 결이 다른 마인드들이 자리하고 있었다. '딥 사우스(Deep South)'라 불리는 남부 특유의 정서가 그것이다. 이 '딥 사우스'는 미국이 영토 확장으로 외연(外延)을 확대해 가고 있는 것과는 달리 안으로는 갈등과 내분을 야기시키는 미합중국 '균열의 씨'로 작용했다.

딥 사우스는 전통적인 남부의 정체성, 백인 우월주의, 인종 편견 및 노예제 중심의 농업 경제 등을 핵심으로 하고 있다. 지역적으로는 남부를 모태로 하지만 단순히 지리적 구분을 넘어 역사, 정치, 문화, 사회 구조적 측면에서 살펴봐야 하는 이데올로기와 같은 속성을 띄고 있다.

'딥 사우스'는 복합적인 의미를 담은 표현이다. 남부 지역, 남부 사람들의 전통과 자부심이 배어 있는 것 외에 남부인들의 고집, 저항의식 등도 두루 포괄하고 있다.

남북전쟁 이후 재편된 미합중국은 어쨌든 패자 남부보다는 승자 북부가 헤게모니를 쥐고 주도해 왔음을 부인키 어렵다. '딥 사우스'는 한마디로 주류에서 빗겨난 비주류들의 거부감과 반발 등이 녹아 있는 남부인들의 '속내'라 할

백인우월주의 KKK단의 워싱턴 시가행진 모습

수 있는 것이다. 딥 사우스 지역은 '핵심'과 '방계'로 구분된다. 이른바 '원조 딥 사우스'는 조지아, 사우스캐롤라이나, 루이지애나. 미시피, 앨라배마 등 5개 주가 꼽힌다.

조지아의 주도(州都) 애틀랜타는 남부 경제의 중심지이자 노예제, 목화 생산의 중심지였다. 앨라배마 역시 주도인 몽고메리가 남북전쟁 때 남부동맹의 수도였을 만큼 핵심 '파이브(5 State)' 일원이다. 사우스캐롤라이나는 남북 갈등 상황에서 최초로 연방을 탈퇴, 남북전쟁의 불씨가 된 곳이다. 나머지 2개 주들 모두 전형적인 백인 농장 지주, 지극히 보수적인 종교 색채 및 흑인 노예의 비중이 높은 곳들이다.

딥 사우스의 '방계' 지역은 플로리다 북부, 아칸소, 노스캐롤라이나 동남부,

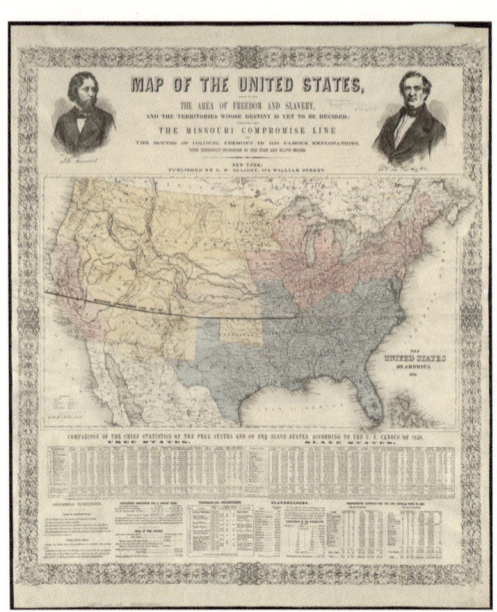

1856년에 제작된 미국의 노예주와 자유주 세력 분포 지도
남부의 푸른색 지역이 딥 사우스의 근거지가 된 노예주, 붉은색이 자유주를 나타내고 있다.

텍사스 동부 등을 포함하고 있다.

딥 사우스 지역의 공통점은 한결같이 노예제 중심 경제가 뿌리 깊게 자리잡은 곳이라는 점이다. 대규모 플랜테이션에서 흑인 노예들을 부리며 면화, 담배, 사탕수수 등을 재배했다. 그 결과 흑인 인구의 비중이 20~40%로 전국 평균에 비해 매우 높다. 남북전쟁 발발 시에는 최대 40% 가까이가 흑인 노예인 곳도 있었다.

노예제를 옹호했던 남부는 남북전쟁의 패자(敗者)로서 어쩔 수 없이 노예들을 모두 해방시켜야 했다. 당시 남부는 지역별로 다소 차이가 있지만 대략 전체 인구의 30%가량이 노예로 구성돼 있었다. 이렇게 '등 떠밀려' 방면시킨 노예 수가 무려 400여만 명에 달했다. 싸움에 패한 데다 '프로퍼티'로 여겼던 노예들을 모두 빼앗긴 것과 진배없게 되니 이들의 심기가 편할 리 없었다.

자부심과 피해의식, 그리고 백인 우월감 등이 복합돼 있는 이른바 '남부 기질'은 이후에도 다양한 형태로 이어져 왔다. 흑인들에 대해 무차별 린치, 테러를 가하는 'KKK단'의 근거지가 남부였고, 흑백 차별이 가장 집요하고 적나라하게 자행된 곳도 남부였다. 그 결과 딥 사우스 지역은 1950~60년대 민권운동의 중심이자 진앙(震央)이 됐다.

'딥 사우스'는 또 보수적인 개신교도들이 주류를 이루는 이른바 '바이블 벨트(Bible Belt)'와 합쳐져 지금의 남부를 대변하는, 가장 전형적인 남부의 속성으로 규정되고 있다. '딥 사우스' 가치관이 지배하고 있는 남부는 정치적으로도 진보색이 강한 북부와 선명히 구별된다. 남부는 한 마디로 보수 공화당의 텃밭이나 다름없는 '레드 스테이트'들로 빼곡히 차 있다.

현시점에서 볼 때 남부가 옛날처럼 다시금 연방에서 튕겨 나가거나, 갈라설 가능성은 사실상 전무하다. 그럼에도 의식, 관점, 가치관, 정서상으로 남부는 분명 북부와 다른 '결'을 가지고 있는, '한 지붕 두 가족' 같은 존재임을 전면 부인키 어려운 것이다.

지금 플로리다, 텍사스는…

플로리다와 텍사스는 20여 년 터울을 두고 미국 땅이 됐다.

두 주의 미국 땅 편입 과정은 서로 다르지만 플로리다나 텍사스의 획득 모두가 미국의 '쇠주먹'이 뒷받침됐다는 점은 부인키 어렵다.

플로리다가 미국에 넘어오기 한 해 전인 1818년, 미국과 영국 간 북위 49도선 경계 확정에 따라 레드 리버 분지 등 일부 지역이 미국에 할양됐다.

이때 늘어난 면적이 약 11만 7천km²에 달한다. 이어 1819년 아담스-오니스 조약을 통해 동서플로리다 18만 6천km²가 더해졌고 이후 26년 뒤인 1845년 텍사스 합병을 통해 100만 7천km²가 영토로 추가됐다.

이렇게 되면서 미국 영토는 동부-중부의 445만km²에 남부 2개 주 등 131만km²가 새롭게 더해져 총 578만km²로 늘어났다. 이로써 미국 영토 미터기의 바늘은 현재의 59%대를 가리키게 됐다.

텍사스와 플로리다는 땅덩이도 크지만 엄청난 지하자원, 농업, 무역과 해상 방어상의 전략 요충지 등 미국에 기여하는 바가 지대하기 짝이 없다.

텍사스와 플로리다는 미국 50개 주 가운데 GDP 2위와 4위를 기록하고 있고, 합칠 경우 4조 4천억 달러로 미국 전체 GDP의 14%가량에 해당한다는 점에서 웬만한 주와는 비교가 안 되는 횡재급(橫財級) 획득이라 할 수 있다.

제 3 장

미 대륙 남부 2개 주의 모든 것

01 플로리다
신과 인간이 합작한 '지상의 낙원'

구릉조차 없는 대평원이 펼쳐지는 '숲과 늪의 바다'

플로리다의 닉 네임은 '선샤인 스테이트'다.

같은 햇빛이지만 건조하고 따가운 서부 사막 쪽과는 다르다. 아열대 특유의 습기와 열기, 생(生)과 기(氣)를 담뿍 품은 햇살이다. 그 태양을 받으며 밀감이 자란다. 귤밭은 지천이다. 제주도만한 땅이 온통 다 밀감 농장이다. 미국서 먹는 오렌지 10개 가운데 4개는 플로리다산이다.

플로리다는 게다가 완전 평지다. 주 전체 면적이 170,312km² 로 한반도의 85%쯤 된다. 그럼에도 주내 '최고봉(?)'인 브린튼 힐(Britton Hill)의 고도는 고작 105m, 서울 남산의 중턱에도 못 미치는 높이다. 주 전체 해발 고도도 평균 30m다. 남한 면적의 두 배쯤 되는 땅이, 구릉조차 찾기 어려운 대평원을 이루며 '숲과 늪의 바다'가 펼쳐지는 곳이다.

플로리다는 또한 헤밍웨이의 고장이기도 하다. 반도 남부 끝자락의 산호초 섬들을 연결하면서 해안 절경 도로 240여km를 달리면 '키 웨스트'가 나온다. 쿠바가 지척인 이곳이 '바다와 노인'의 산실이다.

미국의 남북 간은 동토(凍土)에서 아열대 지대까지 펼쳐져 있다. 알래스카에 만년설과 빙하가 있다면 플로리다에는 야자수와 열대 악어가 득실거린다. 겨울이 없는 서핑 천국, 디즈니랜드의 동화·마법의 나라, 달 탐사 아폴로 우주선의 모항(母港)....낙원 플로리다를 일컫는 상징들이다.

플로리다는 관심과 눈길을 끌만한 요소들이 많은 곳이다.

우선 아열대에 가까운 기후가 미국 속의 이국(異國) 같은 생경감을 준다.

플로리다 마이애미시 전경

카리브 연안을 방불케 하는 상하(常夏)의 날씨, 따뜻한 바닷물, 너른 백사장들이 일찍이부터 플로리다를 최고의 피한(皮寒)지, 휴양지로 자리매김케 했다. 실제로 플로리다의 핫 시즌은 겨울이다. 호텔, 리조트, 온갖 테마 파크들은 엄동설한 때 오히려 흥청거린다. 북부, 북동부의 한설을 피해 노년층들이 이주하면서 은퇴촌의 대명사가 됐다.

플로리다는 '인종의 샐러드 보울' 같은 곳이다. 일찍이 식민 시대부터 각양각색의 인종들이 몰려들었고 섞였다. 2024년 기준 백인 51%, 히스패닉 27%, 흑인이 16%를 차지하고 있다. 히스패닉이나 흑인 등 소수계의 비율이 미국 어디보다 높다.

플로리다에는 특히 쿠바계 주민들이 많다. 공산 카스트로 정권을 탈출한 '뗏목 피플'들이 바로 그들이다. 플라스틱 통 등으로 엮은 부유물에 몸을 실은 탈출 난민들이 목표점으로 삼은 곳이 '키 웨스트'다. 쿠바에서 90km쯤 떨어진 이곳은 삶과 죽음의 경계점이었다.

정착한 이들 난민들은 키웨스트를 중심으로 '고국이 보이는 곳'에 정착했고 강한 보수 성향을 띄고 있다. 1.4 후퇴 때 북에서 넘어온 실향민들 중 상당수가 고향 가까운 강원도 해안가에 자리잡고 투철한 반공 의식을 보였던 것과 같은 맥락이다.

공화도 민주도 아닌, '스윙 스테이트'로 변신한 고속 성장주

플로리다의 경제력은 탄탄하다. 주(州)의 GDP는 2024년 약 1조 7천억 달러로 미국 내 4위다. 세계와 비교하면 2025년 기준으로 호주에 뒤지고 튀르키예에 앞선 세계 16위 권에 랭크돼 있다.

인구가 2,260만 명으로 미국 내에서는 캘리포니아, 뉴욕에 이어 세 번째인데다 매년 평균 30~40만 명 이상이 증가하는 고속 성장주다.

머릿수가 많은 만큼 정치적 비중도 크다. 인구 비례로 할당되는 미 대통령 선거인단 수가 전체 538명 가운데 30명으로, 역시 캘리포니아 54명, 텍사스 40명에 이어 3위다.

플로리다는 정치적 성향으로 인해 특히 미 대선에서의 비중이 크다. 캘리포니아, 뉴욕은 전형적인 민주당 성향의 주다. 민주당 적을 지녔다면 '말뚝'이 출마해도 당선된다는 원조 '블루 스테이트'다.

반면 플로리다는 원래 뼛속부터 '레드 스테이트'였던 곳이다. 남북전쟁 때도 당연히 남군에 가담했고, 해군력과 해상 수송로 측면에서 남군의 주축이었다. 당연히 전형적인 '노예주'며, 대규모 사탕수수, 옥수수, 감귤 농장주들이 주류를 이루는, '올드 머니' 공화당의 전형이었다.

하지만 플로리다는 이제 붙박이 공화도 민주도 아닌, '스윙 스테이트'로 변모하고 있다. 공화당의 텃밭 '레드'에서 '블루'가 혼재된 '퍼플'로 바뀐 것은 주민 구성의 변화 때문이다. 마이애미, 올란도, 탐파, 잭슨빌 같은 대도시들에 몰려든 젊은 층들에다, 은퇴지로 삼아 새로 둥지를 트는 북동부의 고학력 고소득 '실버 세대'들이 민주당 색깔을 더한 결과다.

2000년 대선 때는 이곳에서 미국 초유의 정치 드라마도 전개됐다. 당시 공화당의 조지 W 부시 후보는 민주당의 알 고어 후보에 불과 537표를 앞섰다. 말이 수백 표지 당시 플로리다 선거인단 25명을 독식할 수 있는, 결과적으로 대권을 가르는 천금 같은 한 표들이었다. 당연히 재검표 시비가 일었다.

법정공방 끝에 대법원의 재검표 중단 결정, 고어 후보가 이를 받아들이기까지 6주간여, 미국은 혼돈에 빠졌다. 주식은 12% 넘게 빠지고 금값은 폭등했으며 금융시장이 출렁거렸다. 고어 후보의 '뼈저린', 그러나 깨끗한 승복은 미국 정치의 귀감으로 남았다.

세계 관광객이 테마파크에 뿌리는 돈만 연간 350억 달러

미국에게 있어 플로리다는 '복덩이' 그 자체다.

오렌지는 미국 전체 생산량의 43%, 오렌지 쥬스는 90% 이상을 담당한다. 파인애플, 사탕수수, 토마토 등도 최대 공급처 역할을 하고 쇠고기 수출량은 세계 상위권을 다툰다.

농산물로만 돈을 버는 것이 아니다.

올란도의 디즈니월드, 시월드 등 테마파크들은 동심(童心) 노심(老心)을 가리지 않고 플로리다를 찾게 만드는, 세계적인 명소다. 1971년에 개장한 디즈니월드의 '매직 킹덤' 한 곳 입장객만 2024년 기준 1,750만 명으로 추정되고 있다. 코로나가 창궐하기 전인 2019년에는 2,016만 명을 기록하기도 했다. 이런 테마 파크들은 미국 내는 물론 세계 각국의 관광객들을 빨아들이는 '엔터테인먼트 블랙홀' 역할을 하고 있다. 2024년 기준 플로리다 테마 파크들을 찾은 전체 방문객 수는 약 8천만 명에 이르고 세계 관광객들이 이곳서 뿌리는 돈만 연간 350억 달러가 넘는다.

　마이애미를 비롯한 플로리다 주요 항구들은 북미와 라틴 아메리카, 카리브해를 잇는 관문이다. 미국의 대 라틴 아메리카, 카리브 지역 수출의 20%가량이 플로리다에서 나간다.

　플로리다 케이프 캐나발에 자리잡은 NASA 또한 플로리다의 심벌이자 경제의 중추 역할을 하고 있다. 인류 최초의 달 착륙선 아폴로 11호의 산실이자 미 항공우주산업의 허브가 여기다. 플로리다 북서부 지역에만 2천 개 이상의 항공우주산업 관련 회사들이 모여있다. 이들이 창출해 내는 부는 연간 200억 달러에 육박한다.

　플로리다는 창조와 개발이라는 측면에서 롤 모델로 꼽히는 곳이기도 하다. 상하의 기후, 옥토를 밑거름으로 과일, 농작물, 육우를 주력 상품으로 만들어 냈고 테마파크, 항공우주단지의 개발로 무(無)에서 거대한 유(有)를 창출해 냈다. 하늘이 내린 것에 인간의 창의와 노력을 결합, 최고·최강을 이룩해 낸 것이다.

　플로리다는 미국 땅이 되는 과정에서 '꽃길' 아닌 '핏길'을 거쳤다. 일찍이 이곳서 터전을 삼고 있었던 30여만 명이 넘는, 원래 '땅 주인' 인디언들은 스러지고 소멸돼 갔다.

　'강자'에 의해 씌어지는 역사 속에서 '약자'의 운명이 어떻게 되는 지, 플로리다는 생생히 증명해 보이고 있다.

02 텍사스
크기, 인구, 경제력은 미국 내 종합 2위

엑슨모빌, 텍사코 등 석유업계 메이저들의 본거지

텍사스는 크고 넓다. 영어로 Texaize는 광대하다는 뜻으로 통용된다.

면적 695,662km² 로 남한의 약 7배, 영국의 2.8배이며 프랑스보다도 10% 쯤 더 크다. 50개 주 가운데서도 알래스카 다음으로 크고, 인구는 캘리포니아에 이어 2위다. 크기, 인구, 경제력 등에 있어 모두 미국 내 '종합 2위'를 자랑하는 막강 주(州)다.

텍사스는 외관으로는 대평원, 황량한 점도 있지만 땅 밑에 값진 자원들이 무진장하다. 가장 괄목할 만한 것이 '검은 황금' 석유다. 텍사스의 평원과 걸프만 연안에는 막대한 원유, 천연가스가 묻혀 있다. 원유는 확인된 것만 160억 배럴 이상으로 미국 전체 매장량의 42%를 차지하고, 석유 생산량도 미국 전체의 42%, 천연가스 생산량 역시 미국 전체의 30% 정도를 담당한다. 또 근래에 개발된 셰일가스는 미국을 세계 최대 산유 국가 중의 하나로 부상시켰다.

세계 최대 규모의 정유 시설 또한 텍사스의 자랑이다. 간혹 찾아 드는 불청객 허리케인이 걸프만을 때리면 세계의 휘발유값이 출렁거린다고 할 정도로 텍사스의 정유업계 위상은 독보적이다. 엑슨모빌, 텍사코 등 석유업계 메이저들의 본거지이기도 하다.

텍사스는 땅 위도 복 받은 곳이다. 위도 25도에서 36도에 걸쳐 있는 기후대가 다양한 작물의 연중 생산을 가능케 해준다. 텍사스의 따스한 겨울은 비육우들을 1년 내내 살찌게 하고 있다. 옥수수, 면화, 쌀, 밀, 그레이프루가 지평선을 넘어설 정도의 대규모 농장에서 쉬지 않고 자란다.

걸프만 쪽은 굴, 새우, 게 등의 주산지다. 또 항공우주산업의 허브인 휴스턴, 오스틴을 중심으로 자리잡은 반도체 단지 등도 텍사스 부(富) 창출의 주춧돌이 되는 산업들이다.

텍사스에는 세계 유수의 기업들이 총 망라돼 있다. 텍사코, 오라클, 삼성전자, 테슬라 등 쟁쟁한 거대 기업들이 자리하고 있다. 초 대기업들의 텍사스 집중은 세제 지원 등 텍사스의 적극적인 기업 유치 정책에 따른 결과이기도 하다. 2024년 기준 텍사스에는 '포춘 500'에 드는 기업 본사가 55개로, 미국 내에서 대기업을 가장 많이 보유한 주로 랭크됐다.

석유, 천연가스에서 농작물, 축산, 해산물, 그리고 여기에 첨단 신소재 산업, 반도체 등 모든 분야의 최신 기술, 최고 기업들이 둥지를 틀고 있어 미국 전체에서 가장 성공적이고 번창하는 주로 자리매김되고 있다. 주도(州都) 오스틴은 미국 내 최고 살기 좋은 도시 1위, 경제·사회·문화 분야에 걸쳐 최고 우수한 도시로 꼽히고 있다.

텍사스의 2024년 GDP는 약 2조 7천억 달러로 캘리포니아에 이어 미국 내 2위다. 국가별로 비교해 보면 이탈리아, 캐나다, 러시아보다 더 많은, 나라로 치면 세계 8위의 당당한 경제 강국 수준이다.

멕시코 땅이었던 탓에 히스패닉계 인구 비율 40% 초과

텍사스는 남부의 대표 주자이자 보수의 본산(本山)으로 자임하는 곳이다. 민주당의 아성 캘리포니아에 대비되는 텍사스는 공화당 보수의 기수(旗手)로서, 미국 정치의 양강(兩强)을 이루고 있다.

텍사스의 이런 '색깔'은 일찍이 남북전쟁 때부터 굳어졌다. 남북전쟁 개전 두 달 전인 1861년 2월 텍사스는 합중국에서 탈퇴하고 3월에 남부연합에 가입했다. 덩치가 큰 텍사스는 버지니아와 더불어 남부, 남군의 중추적인 역할을 했다. 5만여 명 이상의 텍사스 출신들이 전쟁 중 남군에 복무했다. 또 많은 전쟁물자 조달 등 보급에 기여를 했다.

　남북전쟁이 종식되고도 인종 폭력 사태가 빚어지고 KKK 같은 흑인 차별 조직들이 텍사스 곳곳에서 발호(跋扈)했다. 남부 여러 주들과 마찬가지로 텍사스에서도 1960년대 무렵까지 흑백 차별은 이어졌다. 연방정부나 대법원의 방침, 판결과 배치되는 이 같은 행태들은 어쩌면 남북전쟁의 패자라는 데서 비롯된 자괴감, '삐딱함' 같은 데서 비롯된 것일 수도 있다.

　1963년 남북전쟁 이래 처음으로 남부 출신 린든 B 존슨이 대통령이 됐다. 케네디 대통령의 암살에 따른 대통령직 승계지만 그래도 존슨의 등장으로 인해 남부의 열등감이 다소간 해소됐다는 분석도 나왔다.

　텍사스인들은 흔히 '카우보이'를 자신들의 캐릭터로 삼는다. 활달하고 호방한, 사내다움을 뜻하는 것으로 한국의 '경상도 싸나이'와 비슷한 맥락이다.

　인종별로는 한때 멕시코가 지배하던 곳이었기에 히스패닉의 인구 비율이 매우 높다. 이들은 2024년 기준으로 주 전체의 41% 이상을 차지, 39% 정도인 백인들을 '마이너리티'로 격하시켰다. 근래 들어 아시안들의 텍사스 이주도 크게 늘고 있는 편이다.

제 5 부

오레곤 조약과 태평양 북부 4개 주

서문

　미국의 서부는 미 대륙 본토 가운데 가장 늦게 영토로 확정됐다. 서부는 식민지 개척이나 정착민 이주에 있어 동부나 남부보다 거의 100년 가까이 뒤졌다. 가장 큰 요인으로는 훨씬 더 척박한 자연환경이 꼽힐 만했다. 특히 캘리포니아와 그 이동(以東) 지역은 고온과 열사의 돌 사막지대였기에 영토로서의 가치가 많이 떨어지는 편이었다.
　서부 지역은 북부와 남부로 나뉘어 차례로 미국 땅으로 됐다. 북쪽에 위치한 워싱턴과 오레곤 일대가 먼저 영국과의 타협을 통해 1846년 북위 49도 선으로 국경선을 확정하면서 합중국의 일원이 됐다. 영국은 미국 본토에서 사실상 손을 떼면서 캐나다 쪽으로 주력했다.
　바로 2년 뒤 캘리포니아 지역도 미국의 손으로 넘어왔다. 이번에는 전쟁이라는 수단을 통해서였다. 미국은 약체 멕시코를 거세게 밀어붙인 끝에 외형은 매입이었지만 사실은 무력을 동원, 빼앗는 식으로 캘리포니아와 주변 지역들을 거머쥐었다.
　서부 지역의 확보는 미국으로 하여금 대서양, 걸프만 및 태평양을 동시에 아우를 수 있는 초유의 양대양(兩大洋) 국가로 발돋움하게 했다. 나아가 국가와 국민 모두에게 서부 개척의 열기를 불어넣어, 잠자고 있던 서부의 광활한 대지를 흔들어 깨우는 기폭제로 작용했다.

제 1 장

오레곤 조약과 북위 49도 국경선 확정

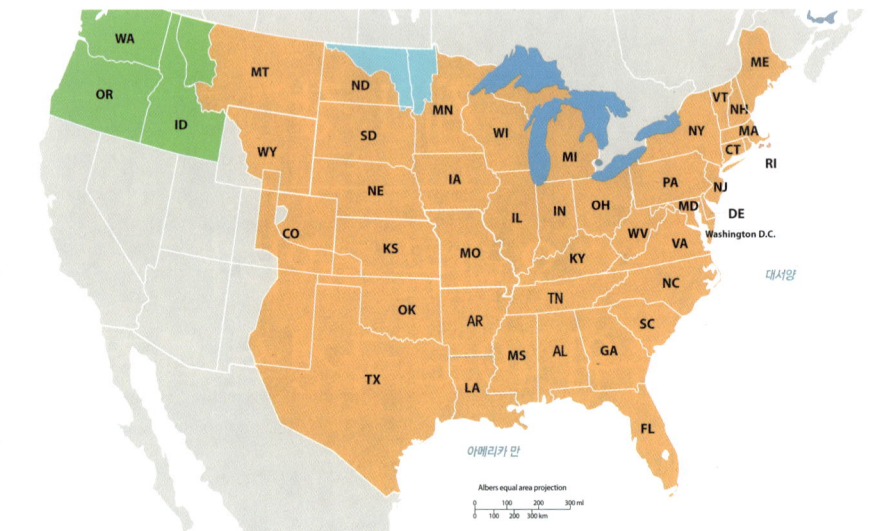

1846년 오레곤 조약으로 넓혀진 미국 영토를 표시하는 지도. 주황색 지역이 기존의 영토이고 오레곤 조약으로 추가된 곳이 녹색으로 나타나있다

오레곤 지역 북쪽 국경선
"54도 40분 아니면 전쟁이다!"

1840년대에 '오레곤 트레일' 통해 미국 정착민들 유입

캘리포니아와 텍사스를 둘러싸고 미국과 멕시코 간 신경전이 벌어지고 있는 상황에서 미국에는 또 하나의 '미완의 과제'가 남아있었다. 지금의 워싱턴, 오레곤, 아이다호, 몬태나 및 캐나다 브리티시 콜럼비아 남부 등을 포괄하는 '오레곤 지역'의 땅 소유권과 그에 따른 경계 문제였다.

당시 오레곤 지역은 미국과 영국의 정착촌들이 혼재하고 러시아와 스페인까지 연고권을 내세우는 등, 식민지 영토권이 아직 정리되지 않은, 일종의 '국제 분규 지역'이었다. 하지만 러시아가 북위 54도 이남의, 그리고 스페인이 40도 이북을 포기함에 따라 당사자는 미국과 영국으로 좁혀졌다.

그 무렵, 미국은 한참 '뜨는' 분위기였다. 영토는 속속 늘어나고 있고 중부와 동부는 운하와, 철도 등이 연결되면서 국토 곳곳에 개발 붐이 일고 있었다.

이런 출렁거림을 반영한 것이 'Manifest Destiny', 이른바 '명백한 숙명론'이었다. 캐나다의 태평양 쪽 해안 지대를 포함, 차제에 캐나다 전체도 미국의 영토로 삼자는 것이 국가 확장론의 골자였다. 오레곤 일대는 특히 영국과 미국이 1818년 이래 공동 점유를 통해 양측 정착민들이 섞여 살아오던, 즉 소유권이 애매하던 곳이었다.

그러나 1840년대에 들어서면서 '오레곤 트레일'을 통해 많은 미국 정착민들이 이 지역으로 유입되기 시작했다. 이렇게 분위기가 바뀌자, 미국 내에서 영국과의 경계를 확실히 할 것을 요구하는 목소리가 커졌다.

그래서 나온 것이 제임스 포크 당시 미 대통령이 주창한 "54° 40' or Fight"

미국과 영국이 서로 주장하는
오레곤 지역의 경계선을 나타내는 지도

라는 슬로건이었다. "54도 40분 아니면 전쟁"이라는 정치적 프로파간다는 오레곤 지역 북쪽 경계를 북위 54도까지 끌어올려야 하며 이게 여의치 않을 경우 영국과 전쟁도 불사하겠다는 '협박'이었다. 이 54° 40′ 경계선은 일찍이 미국과 러시아 사이에 맺어진 '러시아-아메리카 조약'에 근거를 두고 있었다.

당시 알래스카를 차지하고 있던 러시아는 슬금슬금 태평양 연안을 남하해 영역을 확대해 왔다. 그러나 당시 그 지역 일대는 확실한 경계가 그어져 있지 않아 미국과 영국, 그리고 러시아가 서로 얽혀 티격태격하는 상태였다.

1825년 1월 12일 발효된 '러시아-아메리카 조약'은 미국과 영국이 영유권을 주장하는 지역과 러시아령 아메리카의 경계선을 위도상 54° 40′ (54도 40분)으로 정했다. 미국은 이 위도 경계 이북으로 넘어가지 않고, 러시아 또한 이 선 이남으로 진출하지 않겠다는 약조였다.

54° 40′의 위치는 알래스카의 내륙 쪽 '꼬리'가 태평양 연안을 따라 남쪽으로 길게 뻗은 남단(南端)에 해당하는 곳으로 밴쿠버를 넘어 현재의 미-캐나다 국경보다 훨씬 북쪽까지 치고 올라간 지역이다. 이에 대해 영국은 42도 선을 주장했는데, 이는 현재 오레곤과 캘리포니아주 경계선에 해당한다.

미국이 내세우는 북위 54도는 한마디로 캐나다의 서부 해안선 전부를 미국 땅으로 하자는 것으로 이를 거부하면 영국과 전쟁도 불사하겠다는 압박이었다. 그러나 말은 이래도 실제 미국의 속내는 복잡했다. 가장 부담되는 것이 캘리포니아 일대로, 이 일대의 영유권을 두고 멕시코와 일전을 피하기 어려운 '전쟁 불가피론'이 팽배한 상태였다.

하지만 미국은 영국과 멕시코 두 나라를 상대로 무력 충돌을 벌이기는 어렵다고 결론지었다. 무엇보다 영국의 강력한 해군력이 부담됐다.

멕시코와의 전쟁은 이미 피할 수 없는 국면이었다. 미국은 영국과 멕시코 두 나라를 동시에 상대할 만한 역량은 갖추지 못한 상태였다. 결국 영국과는 타협을 통한 마무리로 '후방'을 안정시킨 뒤 멕시코와의 분쟁에 국가 총력을 기울이는 식으로 방향을 잡았다.

영국 역시 오레곤 지역에 집착하는 것은 최선이 아니라고 생각했다. 해군력을 통해 미국을 압박할 수도 있으나 멀리 북미 북서부에서 미국과 또 다른 전쟁이 벌어지는 것을 원치 않았다. 영국령으로 돼 있는 캐나다를 보다 탄탄히 하고 동시에 여력을 유럽과 아시아로 집중하는 것이 낫다는 판단을 내렸다.

미 대륙 가로지른 북위 49도 선 훗날 캐나다와 국경선 됐다

13개 식민지에서 시작된 미국 땅이 태평양 연안까지 도달

1846년 6월 15일, 워싱턴 D.C.에서 미영 양국 간에 오레곤 조약이 체결됐다. 골자는 양 측 긴 분할, 국경선을 북위 49도로 삼자는 것이었다.

이 조약에 따라 북위 49도 선이 미 대륙을 가로지르며 그어졌다. 밴쿠버섬

미국과 영국이 영토 분규 끝에 오레곤 조약을 거쳐 최종 합의된 오레곤 일원 지역을 나타내는 지도

을 포함한 49도 선 이북은 영국령으로, 나중에 캐나다의 영토가 됐다. 내륙 쪽으로는 중간에 약간 돌출 부분이 있고 오대호 등도 있어 완전 평행선은 아니지만 어쨌든 그 이후 49도 선은 미국과 캐나다 간의 국경선으로 확정됐다.

이 조약으로 서북부 지역에 위치한 워싱턴, 오레곤, 아이다호와 몬태나 일부를 포함한 약 74만km² 가 미국 영토로 더해졌다. 현재 미국 면적의 약 7.5%로 한반도의 3배 반 가량에 달하는 넓이다.

오레곤 일대의 영토화로 태평양에 대한 접근성이 확보됐다. 13개 식민지에서 시작된 미국 본토가 태평양 연안까지 도달한 것이다.

국가 통합 측면에서는 '해안에서 해안까지(Sea to shining sea)'라는 국민적인 염원을 이루면서 전국적인 통일성 또한 실현됐다. 또 콜롬비아강은 내륙 수로를 연결시켜 주었고 통상과 교역, 군사, 전략 측면에서 큰 기여를 했다.

무엇보다 1818년 공동 점유 이래 늘 껄끄러웠던 영국과의 경계선이 확정되고 양국 간 관계 개선이 이루어지면서 미국은 배후의 걱정을 덜고 서부 개척

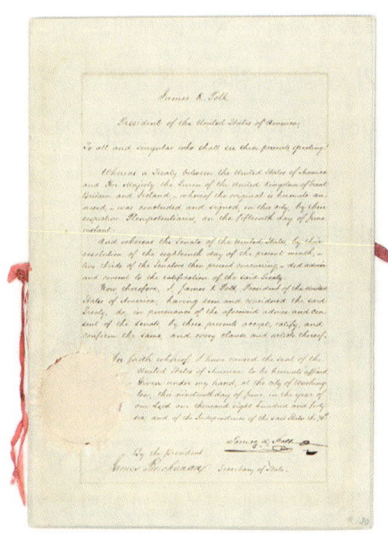
미국과 영국 간에 체결된 오레곤 조약 문서 원본 모습

에 본격적으로 나설 수 있게 됐다.

오레곤 지역 획득은 미국의 영토 확장 유형 가운데 가장 평화적인(?) 방식 중 하나로 분류된다.

당시 미국 조야는 말 그대로 들뜬 분위기였다. 텍사스가 제 발로 걸어 들어오고 오레곤을 확보한 데다, 이 기회에 '약체' 멕시코를 압박하면 드넓은 서부를 손아귀에 쥘 수 있다는 자신감이 팽배해 있었다.

무엇보다 '국가 확장 숙명론'이 현실에서 통하고 있다는 것이 이들을 고무시켰다. 루이지애나 매입, 텍사스 병합에 이어 오레곤 지역의 획득은 미국의 영토 대망론에 주마가편(走馬加鞭)의 격으로 작용했다.

미 정부와 국민 모두의 시선을 '서부'로 향하게 만들었다. 동부와 중부의 수많은 개척민들이 '대박'의 꿈을 갖고 서쪽으로 밀려들었다. 이제 미국인들의 서진(西進)을 막을 세력은 아무도 없었다.

이 과정에서 토착 인디언들과 개척민 간의 무력 충돌도 빈번해졌다. 미국과 영국 간 영토 합의 과정에서 인디언들에 대한 배려는 없었다. '전(前) 주인'은 그냥 손을 털어버렸고 '새 주인'은 '인디언 몫'을 인정치 않았다. 인디언들은 기병대와 정착촌에 눌려 변방(邊方)과 오지(奧地)로 계속 밀려났다.

오레곤 지역 일대는 땅도 넓었지만 비옥하기 이를 데 없는 옥토가 많았다. 위도상 북부이면서도 해양성 기후로 인해 겨울도 춥지 않고 강우량이 많은 천혜의 경작지였다. 이 같은 기후 환경은 많은 정착민들을 끌어들여 급속한 발전을 가능케 했다.

또 수해(樹海)나 다름없을 만큼 지천으로 펼쳐지는 삼림을 토대로 한 모피 교역, 목재 생산의 보고(寶庫)였다. 나아가 콜롬비아강과 태평양 연안은 풍부한 어족이 넘치는 '황금 어장'이었고 아시아, 태평양을 향한 관문이자 통상·무역의 요지였다.

오레곤 조약을 통해 경계를 확정 지으며 영국은 독립전쟁 이래 쌓여 왔던 미국에 대한 앙금을 비로서 풀었다. 그 땅을 프랑스나 스페인이 차지하기보다는 미국이 갖는 것이 더 낫다고 결론지었다. 더 이상 미국을 투쟁 대상이 아닌, 교역과 외교에서의 상생(相生) 관계로 전환키로 패러다임을 바꿨다.

이후 영국과 미국은 거칠었던 '과거'를 접고 상호 간 가장 호혜적인 우방으로 변모한다. 영국의 그늘에서 벗어남은 물론 북미 대륙 '몸통'의 태반을 차지한 미국은 동부의 대서양에 이어 태평양까지 아우르는 양대양(兩大洋) 국가로 거듭나면서 19세기 국제 무대의 신예 '다크 호스'로 떠올랐다.

제 2 장

오레곤 조약의 주요 인물과 비화

> 인물 **제임스 뷰캐넌**

'명백한 숙명론' 실현하고 대통령 예약

제임스 뷰캐넌 국무장관

미국의 영토를 태평양까지 닿게 한 오레곤 조약을 이끌어 낸 인물들은 여럿이 있다. 그 가운데 으뜸은 물론 제임스 포크 대통령이지만 실무 외교 총책임을 맡았던 당시 제임스 뷰캐넌(James Buchanan) 국무장관의 숨은 공로 역시 적지 않았다. 오레곤 조약을 앞두고 미국은 이른바 '명백한 숙명론'에 고무돼 조야가 온통 들떠 있는 분위기였다. 특히 1845년 텍사스가 미국 땅으로 더해지면서 팽창 의지, 국가적 자신감은 더 고조됐다.

"54° 40' or Fight"라는, 즉 "북위 54도까지 다 내주지 않으면 전쟁"이라는 대중 선동이 난무했다. 당연히 대외적으로는 영국과의 일전불사라는 강경론이 여론을 주도하고 있었다.

그러나 뷰캐넌은 냉정한 실리 외교주의자였다. 이 시점에서 다시 한번 영국과 전쟁을 벌인다는 것은 득보다 실이 많다고 판단했다.

뷰캐넌은 영국 측과 물 밑 조율에 들어갔다. 팽창주의의 향도(嚮導)이자 최강경 '매파'를 자임했던 포크 대통령 역시 내심으로 잡고 있는 목표는 49도 선 확보였다. 서북부보다는 서남부, 즉 멕시코와 얽혀있는 캘리포니아 쪽에 주력하는 것이 더 낫다는 결론 하에 두사람은 역할 분담을 했다.

포크 대통령은 전쟁 불사의 '주전파(主戰派)', 뷰캐넌은 '주화파(主和派)' 역을 맡아 '밀당'을 시작했다.

　영국도 비슷한 전략으로 임했다. 겉으로는 콜럼비아강 이남까지 영국 영유권을 주장하면서 각을 세웠다. 하지만 영국 측 실무 총괄인 리처드 패큰햄 특사는 뷰캐넌과 '결'을 같이하는 입장이었다.

　영국의 강경 '애드벌룬' 역시 허허실실(虛虛實實) 전략의 일환에 불과했다. 불안한 유럽 정세에다 당시 혹심했던 아일랜드의 기근 사태 등으로 인해 미국과 또 다른 전쟁을 벌일 처지가 못됐다.

　나아가 미국의 "54° 40' or Fight" 구호가 '뻥'일 것으로 짐작은 하면서도 행여 실제 군사 행동으로 이어질 가능성에 대한 우려도 적지 않았다. 이참에 영국의 국익과 연관성이 큰 '허드슨만 회사(HBC)'의 상업적 이익을 지켜내면서, 논란이 되고 있는 밴쿠버섬과 접근 항로 유지 등 실리 확보가 더 긴요하다고 내심 판단하고 있었다.

　양측은 이렇게 국가는 강경 블러핑(bluffing)을, 실무 당사자는 '현실'을 감안한 절충을 추구하면서 접점을 찾아갔다. 각자 체면과 이익을 유지하되 전쟁은 피하자는 의중이 맞아떨어진 것이다. 이렇게 만들어진 타협안이 북위 49도 선으로 현재의 국경선이다.

　뷰캐넌과 영국 쪽 파트너 패큰햄은 결국 무력 충돌 없이 서북부 국경선을 확정 지었다. 1818년에 체결된 미국과 영국 간의 오레곤 공동 점유가 28년만에 막을 내리고 양측 간 명료한 금 긋기가 마무리된 것이다. 뷰캐넌은 나중에 15대 미국 대통령으로 당선됐다. 뷰캐넌의 유연함과 타협 능력은 미국 실리 외교의 대표적 사례로 평가되고 있다.

In Depth Story 　**오레곤 트레일**

미주리에서 오레곤까지 3,500km의 험로

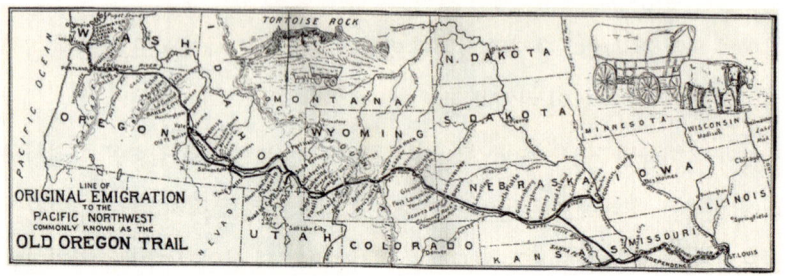

3천km가 넘는 오레곤 트레일을 나타내는 지도

　오레곤 지역 등 서부가 확보되자 많은 사람들이 밀려들기 시작했다. 이른바 '서부 개척 시대'가 열린 것이다.

　이미 정착돼 있던 동부, 중부 등지서 자리를 못 잡고 겉돌던 '흙수저' 계층에게 서부는 새로운 출발을 기약해 볼 수 있는 도전의 무대가 됐다. 미국 정부 또한 '홈스테드 법'을 통해 개척자들에게 엄청난 규모의 토지를 무상 제공, 누구라도 대지주(大地主)가 될 수 있다는 꿈을 심어줬다. 이런 '당근' 정책은 유럽에도 전파됐다. 유럽 곳곳에서 '아메리칸 드림'을 찾아 대서양을 건너는 행렬이 줄을 이었다.

　오레곤 트레일은 1830년대 초기 탐험대 및 선교사 휘트먼 부부 등의 개척에 의해 시작됐다. 존 프리몬트 미 정부 탐험 대장은 지형 조사 및 미국판 서부 '대동여지도'를 제작, 미국의 서부 개척에 지대한 기여를 했다. 프리몬트는 나중에 캘리포니아 공화국 수립과 함께 캘리포니아를 미국 영토로 만드는 데 결정적으로 공헌한 인물이기도 하다.

　1840년대 들어 서부의 비옥한 땅, 금광 등의 소식이 전해지면서 '오레곤 붐'

오레곤 트레일의 여정을 담은 그림

은 본격화됐다. 이주자들은 수백 명, 혹은 그 이상이 넘는 규모로 마차의 행렬을 이뤄 멀고 먼 서부를 향해 떠났다. 1843년에는 'Great Migration'이라 불린 대규모 이주단 1천여 명 이상이 서부 정착길에 나서기도 했다.

오레곤 트레일은 동부 미주리주 인디펜던스에서 시작해 서부 오레곤의 스네이크강, 콜럼비아강 강가까지 이어진 길을 뜻한다. 전장 3,500km 정도로 그냥 '산 넘고 물 건너는' 수준이 아니라 깎아 지른 산맥, 열사의 사막, 소용돌이치는 대하(大河)에, 끝없는 황야(荒野)를 지나야 하는 고난의 행군길이었다.

서부의 노다지와 대농장을 꿈꾸며 출발한 이주민들은 대부분이 먼 여정을 내내 걸어서 가야 했다. 마차는 가재도구와 식량 등을 실어야 했기 때문이다. 특별히 넓은 가도가 조성돼 있는 것도 아니었다. 원래 사냥꾼이나 모피 상인, 선교사들이 지났던 험로(險路)를, 그냥 앞사람들이 지나간 흔적을 쫓아가는 식이었다.

이 고달픈 행로에 소요되는 시일은 최소 4개월에서 6개월. 밤이 되면 마차를 둥그렇게 배치해 사람과 가축을 들짐승 등으로부터 보호했다. 식량은 그렇다 치고 무엇보다 땔감이 부족했다. 나무를 구하기 어려운 곳이 많아 들소인 버팔로 똥을 태워야 했다. 산길을 오르고 강을 건너다 많은 사람이 죽어갔다.

알프레드 밀러가 묘사한 오레곤 트레일 광경. 이주자들이 추위속에서 이동하고 있다

위생과 의료는 엄두도 못 냈다. 멀쩡했던 사람도 병에 걸리면 변변한 치료조차 못 받고 병사하기 일쑤였다. 콜레라 같은 질병에 사고사, 과로, 익사, 분만 중 사망 등으로 수많은 이주자가 중도에서 목숨을 잃었다.

오레곤 트레일로 이주를 시도한 사람들 가운데 약 10분의 1가량인 2만 명 이상이 숨진 것으로 추산됐다. 오레곤 트레일을 통한 이주자 수는 1845년 이후 연간 2천~5천 명 사이를 기록했다.

1850년대 중반에는 그 수효가 연간 1만 명 이상에 달하기도 했다. 오레곤 트레일은 민간인 이주자들에 의한 단순 서부 개척 행로인 듯 보이지만 미국 영토 확장에 숨은 기여를 하기도 했다. 당시 오레곤 지역은 영국과의 경계를 확정짓지 못하고 공동 소유라는 어정쩡한 상태에 있었기에 실효 거주, 즉 실제로 거주하는 정착민들의 존재가 갖는 의미는 컸다. 무인도에 먼저 깃발을 꽂은 사람이 임자로 간주되 듯 오레곤 지역 땅에 진짜 살고 있는 사람이 누군가에 의해 어느 나라 땅인지 여부가 결정될 수 있는 것이기 때문이다.

오레곤 트레일의 열기로 인해 미국 정착민들의 수효가 크게 늘자 미국 정부는 이를 토대로 협상에서 영국을 압박했다. '사실상 점유'라는 외교 논리를 들어 미국은 오레곤 영유권 주장을 강력하게 펼칠 수 있었다.

그 결과 미국은 1846년 오레곤 조약을 통해 이 지역을 손에 넣게 됐다. 오레곤 트레일은 정부 개입이 아닌 민간인 개인들의 자발적인 이주 길이었지만 민간 정착을 통한 국가 확장 전략이 제대로 먹힌, 성공적인 민관 합작 드라마가 됐다.

하지만 오레곤 트레일의 피해자도 적지 않다. 이 일대에 살고 있던 시유스족, 카유스족 및 쇼쇼니족들은 밀려 들어오는 미국인 정착자들과 거세게 충돌했다. 일부 인디언들은 초기 개척민들에게는 사냥법이나 수로, 모피, 약초 등에 관한 것을 알려 생존을 돕기도 했으나 나중에 이주민이 폭발적으로 늘어나자 결국 무력 충돌을 피할 수 없게 됐다. 인디언들과의 전쟁은 미국 정부의 인디언 통제를 강화하는 계기가 됐다.

'오레곤 트레일'은 1869년 대륙횡단열차가 개통되면서 한산해졌다. 지금 이 길을 따라 오레곤-아이다호 간 84번, 네브래스카 80번 고속도로 등이 지나고 있다.

지금 오레곤 조약 4개 주는…

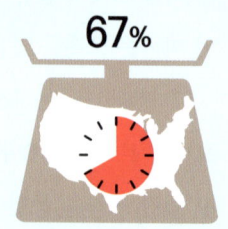

오레곤 조약을 통해 미국 땅이 된 워싱턴, 오레곤, 아이다호 및 몬태나 등 서북부 핵심 4개 주는 전체 면적이 74만km²를 넘는 광대한 영토다.

오레곤이란 새 땅이 불어나면서 미국 영토는 대망의 653만km²를 돌파했다. 날로 몸피를 더해가면서 미국 '영토 미터기' 바늘은 현재의 67%대로 치솟았다.

새로 더해진 오레곤 4개 주 지역을 다른 나라 크기와 비교해 본다면 프랑스 본토에 영국을 합친 것과 비슷한 넓이다. 그러나 인구는 유럽의 소국 네덜란드보다 200만 명가량 적은 1,540만명 규모다.

GDP로 보면 4개 주 총합은 1조 7,900억 달러로 스페인이나 호주 등에 약간 못 미치는, 세계 중상위권의 경제력을 보유하고 있다. 이 지역의 대표 주자라 할 수 있는 워싱턴주는 대만과 비슷한 수준에 해당한다.

서부 북부 지역은 워싱턴주를 필두로 반도체와 AI 등 미국 IT 산업을 이끄는 곳이다. 안보상으로는 퓨젯사운드 해군기지, 브렘턴의 해군 조선소 및 핵잠수함 기지 등이 자리잡고 있어 미국의 태평양 제해권(制海權)을 공고히 하는 데 기여하고 있다.

오레곤에도 태평양 연안을 따라 공군과 미사일 기지 등이 배치돼 있다. 또 몬태나 및 주 일부가 포함되는 아이다호를 포함한 북서부 일대에는 우주 방공 및 감시 시스템이 구축돼 있다. 이들 서북부 일대 지역은 알래스카와 더불어 미국의 영공·해상 방어망의 중요한 일익을 담당하는 안보의 요충지인 셈이다.

제 3 장

태평양 서북부 4개 주의 모든 것

01 워싱턴
보잉사의 본사, 스타벅스의 고향

개인 소득세와 주 법인세 없어 미국 대기업의 둥지 역할

워싱턴주는 서북부의 가장 북단으로 위도 45도에서 49도 사이에 위치해 있다. 한반도의 서북단 신의주의 위도가 40도, 백두산이 42도쯤 되는 것을 감안하면 몹시 추울 것 같지만 의외로 온화한 날씨에 비가 많은 전형적인 해양성 기후를 보이고 있다.

동부 사면 일부를 제외하고는 주 전체가 울창한 원시림 같은 숲이 많은 곳으로, 미 본토에서 유일하게 대규모 우림(雨林)을 볼 수 있는 곳이다.

서부의 주들은 대부분 덩치들이 커 웬만하면 면적이 20만km^{2}를 넘는다. 워싱턴은 그런 서부에서 가장 작은(?) 편에 속하는 데 그럼에도 그 크기가 184,827km^{2}로 남한의 1.8배에 달한다.

항공사 보잉, 마이크로소프트, 아마존닷컴, UPS, 코스코(Costco) 등의 헤드쿼터가 있고 스타벅스의 고향이라 할 수 있는 곳이 바로 워싱턴이다. 서부에서 캘리포니아 다음의 위상을 자랑하고 있고 가장 살기 좋은 지역 중의 하나로 꼽히는 워싱턴주는 그러나 1850년쯤 만해도 정착민 수가 1천 명이 될까 말까 할 벽지(僻地)에 불과한 곳이었다.

워싱턴주는 태동 과정이 약간 복잡하다. 16~19세기 중엽까지 인적이 드물었던 이 지역을 두고 스페인과 영국, 프랑스 등이 '침을 발라 놓는'식으로 각자 소유권을 주장했지만 결국 1846년 오레곤 조약을 통해 미국 땅으로 정리됐다. 그러나 미국 영토가 됐음에도 개발이 거의 안되다가 1860년 전후 인근 아이다호, 영국령 브리티쉬 콜롬비아 등지에서 금이 발견되자 '길목'이라고 할

세인트 헬렌스산의 화산폭발 때 화산재가 분출되는 모습

수 있는 워싱턴으로 사람들이 많이 몰려들었다. 이후 1883년 대륙횡단열차의 진입과 함께 개발 및 인구 증가가 본격화됐다.

　워싱턴주의 번영은 1960년대 후반부터 두드러졌다. 2차 세계 대전 종전 후 보잉이 시애틀 및 다른 지역에 대규모 항공기 제작 시설들을 확장하면서 주의 경제발전에 크게 이바지했다.

　상업용 제트기 보잉 시리즈에서 우주선 산업 등, 비행기 제작에 있어서 가히 독보적인 존재로 군림했던 것이 보잉사였다. 보잉이 한참 잘 나갔을 때는 워싱턴주의 노동력 가운데 10% 가량이 보잉사와 관련된 산업에 종사했을 정도였다. 하나의 거내 기업이 주나 국가를 먹여 살릴 수 있음을 잘 보여주고 있는 예다.

　워싱턴에는 보잉 외에도 금융, 유통, IT, 제조, 조선, 서비스업 등 분야에서 국내 굴지의 대기업들이 둥지를 틀고 있다. 이렇게 많은 기업들이 워싱턴을 본거지로 삼게 된 데는 지극히 기업 친화적인 환경이 큰 몫을 차지한다. 워싱턴은 주에서 부과하는 개인 소득세와 주 법인세가 없다. 워싱턴처럼 주 법인세를 물리지 않는 곳은 텍사스, 네바다 등 6개 주나 된다. 한결같이 기업 성장세가 강한 곳들이다.

워싱턴주의 2024년 GDP는 약 8,300억 달러로 미국 내 10위 권을 차지하고 있다. 이는 2025년 기준으로 벨기에보다 많고 대만에 조금 뒤지는 세계 23위 수준이다. 인구는 약 810만 명으로 미국 내 13위를 기록하고 있다.

캘리포니아와 더불어 미국 내 IT 산업의 양대 거점

워싱턴은 미국 내에서도 가장 진보적인 성향을 띈 곳이라는 평에 걸맞게 정치적인 색깔도 민주당 세가 압도적인 대표적인 '블루 스테이트'의 하나다. 1980년대에 레이건 이후 지난 2020년 대선 때까지 줄곧 민주당 후보가 승리해 선거인단을 독차지했었다. 주지사 역시 '묻지마' 식으로 늘 민주당 차지였다. 워싱턴의 인종 구성비를 보면 백인이 61%가 조금 넘는 곳이다. 이 정도면 보수 일색으로 갈 만하지만 자유주의적 성향의 백인들이 많은 데다 소수계들이 절대적으로 민주당 지지층이기 때문에 주 전체의 성향이 민주당 쪽으로 기울어져 있는 것이다.

주정부와 주의회 역시 민주당 세가 절대적이어서 미국 내에서 가장 진보적인 정책이 등장하는 곳도 워싱턴이다. 2009년 안락사의 허용, 2012년 동성결혼과 마리화나 합법화 등이 대표적인 예이고, 최저 임금도 전국 평균의 2배가 넘는 등 미국 사회의 진보화에 기수 역할을 맡고 있다.

워싱턴주의 이 같은 스탠스는 경제적인 측면에서도 설명되고 있다. 캘리포니아와 더불어 미국 내 IT 산업의 양대 거점으로서 인적 자원과 해외자본 투자의 확보가 과제이기 때문에 반이민이나 보호 무역 정책을 내세우는 공화당과는 '결'을 달리할 수밖에 없는 것이다.

워싱턴은 위도상으로도 북쪽이지만 고도가 높은 산악 지대이자 화산 지대이기도 하다. 주의 가운데를 관통하고 있는 케스케이드산맥은 장대한 경관을 제공하는 것과 함께 많은 활화산들을 품고 있다. 시애틀 근처에는 워싱턴주의 최고봉인 해발 4,392m의 레이니어산(Mountain Rainier)이 있고 1980년 5월 18일의 대폭발로 많은 사망자와 엄청난 재산 피해를 가져왔던 세인트 헬렌스산을 비롯, 유명한 화산들이 많다.

고위도 지역임에도 온화한 기후에 연간 강수량이 1,000mm~3,500mm에 달할 정도로 비가 많다. 이 때문에 울창한 수림 및 밀, 감자, 호프 등 농작물과 과일, 그리고 육우와 낙농 제품 생산 비중이 높다. 또 와인은 미국서 캘리포니아 다음을 차지하고 있다.

또 봄밀과 가을밀 등 이모작도 가능한 지역이 많아 밀 생산 증대에 큰 기여를 하고 있는데 서부 지역의 최대 밀 생산지이기도 하다. 나아가 태평양 해안을 길게 끼고 있어 연어, 게, 굴, 은대구 등 수산물이 매우 풍부한 곳이다.

온대 우림 지역이라고 불리는 워싱턴이기에 목재 생산량도 월등히 많다. 워싱턴의 나무만 팔아도 미국이 한동안 먹고 살 수 있다는 우스개 소리가 나올 정도다. 특히 신문 용지 및 각종 목제 제품의 경우 캐나다와 더불어 가장 중요한 생산지가 되고 있다.

In Depth Story 시애틀

4차 테크 혁명을 선도하는 최첨단 도시

30년쯤 전에 개봉한 영화 '시애틀의 잠 못 이루는 밤'은 운명적인 사랑과 시애틀의 그림 같은 서정(抒情)이 흐르는 애정물 명화다. 자욱한 안개와 분무(噴霧)처럼 흩어지는 가랑비, 점점이 이어지는 호수에 시간을 되돌린 듯한 시가(市街)의 트램 전차 등, 낭만적이고 정겨운 시애틀의 모습이 담겨있다.

19세기 당시 시애틀의 전경을 묘사한 그림

시애틀은 백인들의 정착이 시작되기 수천 년 전부터 아메리카 인디언들이 살고 있던 곳이었다. 1854년, 이미 오레곤 조약으로 워싱턴주는 미국의 영토가 돼 있었지만 주 내 곳곳에는 여전히 원주민들이 점유하고 있는 '인디언 땅'들이 많았던 때였다. 이에 당시 프랭클린 피어스(Franklin Pierce) 대통령이 임명한 아이작 스티븐스 총독은 이 지역의 토박이 부족인 '수코미시'와 '두와미시'족의 대 추장 시애틀(Chief Seattle)에게 땅을 팔라는 제안을 담은 서한을 보냈다.

이에 대한 추장의 답변은 " …땅, 동물, 물과 공기는 모두 신성하고, 인간이 그것을 소유할 수 없다"며 "백인이 자신을 창조한 신에게서 예외라고 생각한다면 그것은 잘못이다…."라는 내용을 담고 있었던 것으로 전해진다. 감명을 받는 피어스 대통령은 나중에 이 지역을 '시애틀'시로 명명했다. 워싱턴의 간판 도시 시애틀의 이름에 얽힌 일화다,

지금은 LA, 샌프란시스코에 이어 서부 제3의 도시지만 시애틀은 매우 뒤늦게 정착과 개발이 이루어진 곳이었다. 1860년 기준 정착민들의 수효가 고작 300여 명, 10년 뒤에도 인구수는 1,100여 명에 불과했다. 그러나 19세기 말

쯤 알래스카에 골드 러시가 일자, 노다지 채굴에 나서는 사람들이 거쳐가는 관문같이 되면서 인구가 늘기 시작했다.

시애틀은 이후 미국 내에서 가장 드라마틱한 산업의 변모 현장이 된다. 초창기 농업과 수산업, 제재 등 전형적인 1차 산업으로 출발했다가 광업, 석탄, 석유 및 에너지, 해운업, 항공기 제작 등 2차 산업으로 바톤이 이어졌다. 그러나 중공업형의 2차 산업은 에너지난과 경제 침체에 직면하면서 사양길에 들어섰고 이에 로컬 언론에 "시애틀이 간판을 내리고 있다"는 진단이 횡행할 정도로 비관적인 상황을 맞기도 했다.

이처럼 휘청거리던 시애틀은 그러나 다시금 반전을 한다. 1979년 빌 게이츠의 마이크로소프트가 시애틀로 이전해 온 것을 필두로, 90년대에 아마존이 가세하면서 3차 산업인 정보 통신 산업의 본산(本山)으로 거듭나게 된 것이다. 시애틀의 변신은 이에 그치지 않았고, 지금은 구글과 애플이 주요 거점으로 삼고 있는 4차 테크 혁명을 선도하는 최첨단 도시로 명성을 높이고 있다. 시애틀이 LA, 샌프란시스코와 더불어 서부 3총사로 자리매김을 하게 된 배경이다.

서부 지역이 대체로 진보 성향이 강한 곳이지만 시애틀은 이 중에서도 특출나다 할 정도로 뚜렷한 진보 색채를 보이고 있다. 또 진보주의자들답게 성 소수자, 대마초, 동성 결혼에 개방적이다. 미 본토 대도시 가운데서는 동북 아시아에서 가장 가까워 한인을 포함한 아시안들이 많고 정치적인 입김도 강한 곳이다

시애틀을 두고 미국의 커피 수도(首都)라는 별칭을 갖게 만든 스타벅스도 이곳서 태동됐다. 시애틀에는 실제로 스타벅스의 본고장답게 너무 많아 시애틀 해변의 물고기들이 카페인 중독에 걸려있다는 우스개 소리가 나올 정도다.

시애틀은 미국 내 최고 살기 좋은 곳 선정 때 항상 상위권에 들면서도 런던과 비슷한 안개와 잦은 비 때문에 우울증 환자도 가장 많은 곳이라는 부정평가도 뒤따르는 곳이기도 하다.

02 오레곤
주의 절반이 산림을 이루는 '숲의 바다'

남북전쟁 끝난 후에도 원주민 인디언과 '땅 싸움' 지속

오레곤은 같은 서부지만 캘리포니아나 워싱턴주 만큼 지명도가 높은 주는 아니다. 주 면적이 약 255,000km²라는, 한반도 전체보다 15% 정도 큰 땅이지만 뚜렷한 특징이나 특색을 찾기 어려운 곳이기도 하다.

오레곤이 더러 스산한 영화의 무대로 나올 때 빼놓지 않고 등장하는 장면이 끝없이 이어지는 깊고 깊은 숲이다. 주의 절반 가량이 삼림이라는 데가 바로 오레곤이다.

독립주로서 오레곤의 출범은 이웃 워싱턴이나 아이다호와 비슷한 경로를 밟았다. 오레곤 지역은 영국, 미국, 러시아 등이 서로 연고권을 주장하는 곳이었으나 최종적으로 미국과 영국이 1846년 '오레곤 조약'을 통해 국경선을 정리하면서 미국 영토로 편입됐다. 그 이후 오레곤 준 주를 거쳐 1853년 워싱턴과 다시 경계가 만들어지면서 지금의 오레곤주가 태동됐다.

이처럼 외관으로는 주의 형태를 갖췄어도 인구나 산업 측면에서는 황량한 오지(奧地) 수준을 넘지 못했다. 1850년 기록에 나타난 오레곤의 정착민 수는 12,000명이 조금 넘는 정도였다.

인근의 여느 주들처럼 오레곤 준 주 당국도 인구수 늘이는 데 심혈을 기울였다. 1850년 12월부터 5년 기한을 정해 오레곤에 정착하는 21세 이상의 성인들에게 160에이커, 즉 19만 2천 평씩을 제공하는 법이 시행됐다. 정착자의 부인에게도 같은 혜택이 주어졌다. 이 법에 의거, 부부가 합쳐 받을 수 있는 땅은 38만 4천 평으로 이는 서울 여의도 넓이의 7분의 1에 해당된다.

오레곤의 후드 마운틴 모습

이런 유인책을 통해 주민 수를 늘린 결과 오레곤이 33번째로 합중국에 가입했던 1859년에는 인구가 5만 명대에 이르게 됐다.

미합중국의 일원이 됐지만 오레곤의 정착자들은 원주민 인디언들과 크고 작은 분쟁에서 벗어나지 못했다. 현지 인디언들과의 '땅 싸움'은 남북전쟁이 끝나고도 15년여나 지속됐다. 이 과정에서 연방정부는 오레곤 인디언들과 여러 조약들을 맺었고 인디언들이 소유했던 땅 수백만 에이커가 미국 정부로 넘어갔다.

오레곤은 단지 개발과 정착이 늦어졌을 뿐 환경이나 생활 여건은 어느 곳에 뒤지지 않을 만큼 양호한 곳이다. 북위 42도에서 46도 사이로 한반도 개마고원보다 더 북쪽이지만, 워싱턴주와 마찬가지로 서안해양성 기후의 영향으로 온화하고 특히 겨울 기온도 동북부 지방의 혹한과는 거리가 먼, 제주도와 비슷한 날씨가 많다.

연간 평균 700mm, 서부 해안 지역의 경우 연간 2,000 mm를 넘는 강우량이 겨울철에 집중될 정도로 푸근한 편이다. 이런 기후는 농작물 생산이나 수목 생육에 최적의 여건을 제공해 '숲의 바다' 오레곤을 가능케 했다.

온통 숲 천지인 이런 환경은 혹서와 혹한이 겹치는 중서부 사막지대를 건너온 초기 개척자들에게 오레곤을 천국과 같은 곳으로 여기게 만들기도 했다.

멀리 동부에서 출발한 남부여대(男負女戴)의 개척민들이 록키산맥을 넘어 '오레곤 트레일(The Oregon Trail)'이라 불리는 험로를 거쳐 도착한 뒤, 오레곤을 '약속의 땅' 등으로 불렀다는 기록들이 남아있는 것이 그 증좌다. 실제로 오레곤은 최고의 은퇴지이기도 하다.

인종차별의 흑역사 벗어나 강경 '블루 스테이트로' 로 변신

오레곤은 이웃 워싱턴 등과 더불어 미국 내에서 가장 진보적인 주로 평가된다. 이에 따라 환경 문제 등에서도 관심이 높고 대마초 합법화 등에 있어서도 미국서 가장 앞서가는 행보를 취해 왔다.

인종 비율에 있어 백인이 절대 우위를 보이고 있는 오레곤은 그래서 흔히 백인들의 '유토피아'로 불리는 곳이다. 그러나 유유자적하는 라이프스타일, 상냥하고 친절한 곳으로 널리 알려진 오레곤이지만 내막을 들여다보면 인종차별의 흑역사를 지니고 있기도 하다.

1920년대 미국에서는 이른바 우생학이라는 관점에서 일부 산모들에 대해 강제로 난소 제거 수술을 시행하는 패악이 저질러진 사례가 있는데, 문제의 '우생학 및 사회적 퇴보자 강제 단종 법안 (Eugenics and the Socially Unfit Sterilization Act)이 1983년에야 폐지될 정도로 뿌리 깊은 인종차별 의식이 남아있던 곳이 바로 오레곤이었다.

이로 인해 약 2,600명 이상이 강제 단종 당한 것으로 추정되고 있다. 또 KKK의 경우 남부에서나 득세한 것으로 알려져 있지만, 실제로 오레곤에서는 이들이 1920년대까지도 대규모 행진에 나설 정도였다.

　이런 행태는 통상 완고한 보수 지역에서 나타나기 마련이지만 오레곤은 1984년 레이건 대통령 이후 매 대선에서 민주당 후보만을 당선시켜 온 강경 '블루 스테이트'로 굳어져 있다. 통상 백인들이 공화당을 지지하는 경향이 높지만 오레곤은 주변 백인 주(州)들과는 확연히 다른 리버럴 성향을 보이고 있는 것이다.

　오레곤의 산업은 온화한 해양성 기후에 힘입어 남유럽형 작물이 많이 재배된다. 프랑스의 브르고뉴 지역과 비슷한 환경을 가지고 있어 수많은 와이너리에서 고급 와인들을 생산하고 있다. 오레곤의 2024년 GDP는 약 4,700억 달러로 미국 내 26위이며 다른 나라와 비교하면 2025년 기준으로 말레이시아와 비슷한 세계 36위 권이다.

　오레곤 사람들을 두고 'Tree Hugger'라는 별칭이 있을 만큼 울창한 삼림을 가지고 있는 오레곤은 당연히 미국 최대의 목재 공급원생이기도 하다. 이처럼 빽빽히 우거진 숲으로 인해 오레곤은 '믿거나 말거나' 스토리인 털북숭이 유인원 '빅 풋(Big Foot)'이 출몰하는 곳으로도 알려져 있다.

03 아이다호
록키산맥 품은 서북부의 '개마고원'

주도 보이시 분지에서 금 발견된 후 이주민 행렬

북한의 개마고원은 흔히 '한반도의 지붕'이라고 불린다.

평균 고도 1,000~1,500m에 넓이 약 14,000km²에 달하는 고산 지대의 평원 구조다. 미 서부의 아이다호도 미 서북부의 '개마고원'이라고 부를 만하다. 북미의 등줄기 록키산맥에 연해 있는 아이다호의 최고봉인 '보라 피크(Bora Peak)'는 높이가 3,859m에, 주 전체 평균 고도가 1,500m이며, 넓이는 개마고원의 15배가 넘는 216,443km²다.

아이다호의 간판 작물은 감자다. 보통 '러셋 감자'라고 부르는 이 아이다호산 감자는 바삭바삭한 식감에 전분이 많아 미국 소비량의 30%가량을 차지할 만큼 유명하다. 강원도를 '감자 바위'라고 하듯 북미 대륙의 감자 바위 같은 곳이 바로 아이다호다.

아이다호는 이웃한 워싱턴, 오레곤 등과 함께 미국과 영국 간의 오레곤 조약을 통해 미국에 편입된 '오레곤 동기'다. 다만 서로 인접해 있지만 해안이 없는 내륙 주에다 고산지대인 탓에 기후나 환경 등에 있어 다소 차이가 있다.

아이다호 역시 인적이 드문 곳이었다.

미국이 영국, 캐나다 같은 행정 주체들과는 조약을 통해 경계를 정했지만, 토착 인디언들 입장에서는 '굴러 온 돌'들의 '남의 땅 잔치'에 불과했다. 결국 자신들의 고토(故土)를 지키려는 인디언들과 미 정착민들과의 무력 충돌이 끊이지 않았다. 이 같은 분쟁은 1890년 7월 아이다호가 43번째로 합중국에 가입한 이후까지도 이어졌다. 아이다호에 본격적으로 인구가 늘기 시작한 것은

아이다호의 광대한 밀밭 전경

1862년 지금의 주도(州都)인 보이시 분지에서 금이 발견되고부터였다. 서부 일대에서 광범위하게 펼쳐진 '노다지' 사태로 금 발견지 인근에서는 잠깐 새에 금광 개척촌이 생기는 일도 비일비재했다.

그러나 좀 더 체계적으로 개발이 본격화된 것은 대륙횡단열차의 착공과 개통 이후였다. 횡단열차 노선이 직접적으로 아이다호를 통과하지는 않았지만, 철도 건설을 위한 많은 노동력들이 유입되고 그 뒤 지선들이 연결되면서 '깡촌'이었던 아이다호에는 사람과 물자, 돈 및 개발이 찾아들게 됐다.

아이다호는 이후 1900년도 초반 대규모 댐 공사 및 관개 시설 구축을 통한 경작지 확대로 산업 발전의 토대가 마련됐다. 스네이크강에 댐 완공과 함께 확보된 농업용수는 이 일대 황무지 1억 2천만 평가량을 경작 가능지로 탈바꿈시켰다. 나아가 철로에 이은 1930년 중반의 주 관통 포장 고속도로의 개통은 농축산물 판매 확장과 물류비 절감을 가져다줘 아이다호의 번창에 큰 기여를 했다.

공화당 후보가 더블 스코어로 승리하는 '서부 속의 남부'

아이다호는 2차 대전 시 적국이었던 일본과 묘한 인연을 갖는다. 진주만 피습 이후 일본과 본격 전쟁에 들어간 미 정부는 전쟁 전만 해도 미국 주민이었던 일본계 미국인들을 한곳으로 모아 집단 수용시키는 조치를 취했다.

그 수용소가 마련됐던 곳 중의 하나가 아이다호로, 이곳으로 오레곤과 워싱턴 등 서부 해안 및 남부 아리조나 등지에 살던 일본계 주민들이 옮겨졌다. 이들은 감자, 사탕무우 농장 등에서 일했는데 가뜩이나 부족한 인구에다 전쟁으로 인해 일손이 부족했던 아이다호의 노동력 부족을 메우는 데 도움이 됐다. 아이다호는 또 고산 지역에 광활한 자연 경관을 갖고 있어 스키 같은 겨울 스포츠의 최적지이며 이와 수반된 관광 산업도 활발하다.

아이다호의 2024년 GDP는 약 2,900억 달러로 미국 내 39위의 하위권에 속한다. 그러나 세계적으로는 2025년 기준으로 핀란드에 약간 뒤지는 세계 51위 권이다.

유명한 옐로스톤 국립공원은 대부분이 와이오밍에 속해 있지만 아이다호도 몬태나와 더불어 일부를 점하고 있다. 만화 같은 얘기지만 이 옐로스톤의 아이다호 지역 관할 내에서는 형사 범죄를 저질러도 처벌을 받을 수 없다는 유권 해석이 있다. 2005년 미시간 주립대 브라이언 클라프펜드 교수가 지적한 옐로스톤의 '법의 구멍(Zone of Death)' 이론이다.

이에 따르면 옐로스톤 국립공원에서 발생하는 모든 형사 사건은 연방법원에서 처리하도록 하는 규정에 의거, 사건 관할지는 행정상 와이오밍 연방법원에 속한다. 그러나 미 수정 헌법 6조에는 모든 형사재판의 피고인은 소속 주 출신의 배심원과 법관에 의해 평결 및 판결을 받도록 돼있다.

그러나 약 130km^{2}에 달하는 이 아이다호 구역에 살고 있는 아이다호 주민은 한 명도 없다. 따라서 아이다호 판사나 배심원도 없기에 공판 자체가 성립

아이다호의 대표적 작물인 감자를 수확하는 모습을 담은 그림

안 된다는 것이다.

말장난 같은 법리 다툼이지만 아직까지 해당지역에서 범죄 발생이나 선례가 없기에 실제 상황이 일어날 경우 어떻게 처리될 지는 미지수다.

아이다호 역시 백인 비율이 높은 곳이지만 주변 주들과는 달리 공화당 지지세가 확고한 곳이다. 지난 대선 결과를 살펴보면 1964년 존슨 대통령을 제외하고 모든 공화당 후보들이 승리를 가져갔다.

대통령 후보 외에도 주지사나 연방 상원도 완전히 공화당판이다. 득표율도 공화 후보가 거의 더블 스코어 이상으로 이기는 경우가 많은 등 '서부 속의 남부' 같은 곳이 아이다호다. 이러한 성향을 뒷받침해주는 요인 중의 하나가 몰몬 교도들인데, 이들은 유타와 더불어 아이다호에서도 전체 주민 195만 명 가운데 약 50만 명으로, 26%가량을 차지할 만큼의 막강세를 구축하고 있어 '몰몬=공화당 지지'라는 등식을 재삼 확인시켜 주고 있다.

04 몬태나
록키산맥 동부의 광활한 대평원

몬태나 땅은 루이지애나 매입과 오레곤 조약으로 분리 편입

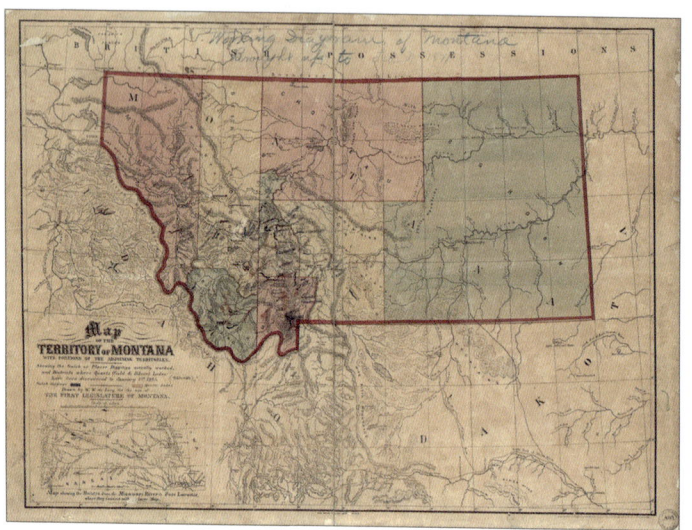

몬태나의 위치를 나타내는 고지도

저 멀리 높다랗게 치솟은 준령 사이로 광활하게 펼쳐진 대평원. 그 속에서 소떼 무리를 모는 카우보이들. 미국 서부 영화에 단골로 등장하는 장면들이다. 그런 한 폭의 그림 같은 경관이 전개되는 곳이 바로 몬태나다.

18세기 중반에 이르기까지 몬태나는 인적을 찾기 어려운 버려진 황야였다. 프랑스계 탐사대가 이 일대를 거쳐간 뒤 점유권을 주장했지만 동부의 정착촌 같은 거주지는 자리잡지 못한 채 '말뚝'만 세워놓은 식이었다. 몬태나의 40% 가량은 1803년 미국이 프랑스로부터 루이지애나를 매입할 때 미국 영토로 편입됐다. 나머지는 1846년 오레곤 조약 때 비로서 완전한 미국 땅이 됐다. 당시 연방정부나 동부의 주정부들이 서부 개척을 적극 지원했음에도 '변방'인 몬태나까지는 여전히 발길이 뜸했다.

몬태나에 본격적인 개발 붐이 일기 시작한 것은 1862년 남서부의 그래스호퍼 지류에서 금이 발견된 이후부터였다. 이어 20여 년 뒤 동서를 잇는 노턴퍼시픽 철도가 뚫리면서 물류의 증가와 함께 인구도 급속한 증가세를 탔다. 1880년 이후 10년 사이에 몬태나 인구는 39,000명대에서 3배 이상인 14만 명대로 폭증하기도 했다.

몬태나는 전쟁보다는 '조약'을 통한 양도 등을 통해 미국 영토가 된 곳이기에 이 지역에서는 국가 간 군사력 대결은 벌어지지 않았다. 다만 백인 개척민들이 정착하는 과정에서 원주민인 인디언들과 크고 작은 무력 충돌이 끊이지 않았다. 1876년 6월, 인디언 수족과 샤이엔족이 커스터 중령 휘하 7연대의 일부 병력을 전멸시킨 것이 그 예다.

몬태나에 다시금 붐이 인 것은 1950년대 중반 석유와 천연가스 등이 발견되면서다. 또 록키산맥의 정기를 받은 듯 석탄 매장량도 엄청났다. 이 석탄들은 특히 노천광에서 채취 가능한 것들이 많아 개발을 용이하게 했다. 1970년대 전 세계적으로 석유 파동이 일 때 몬태나의 에너지 사업은 급격히 팽창했다. 석탄의 경우 생산량이 연 317만 톤대에서 3천만 톤 이상으로 10배 정도 늘기도 했다.

영화 '흐르는 강물처럼'에 나오는 그림 같은 경치의 무대

1850년대부터 본격화된 대규모 방목과 육우도 몬태나의 주력 산업 가운데 하나가 됐다. 특히 록키산맥 동쪽의 프레리(Prairie)라 불리는 광대한 구릉 지대는 농경지와 함께 축산에 최고의 환경을 제공했다.

미 중북부의 끝자락으로 캐나다와 국경을 접하고 있는 몬태나의 면적은

380,831km². 남한 땅의 3.8배 정도이며 미국 50개 주 가운데서는 알래스카, 텍사스와 캘리포니아 다음의 네 번째로 큰 주다.

반면 주민수는 약 115만 명 정도로, 땅덩어리가 비슷한 일본의 인구가 1억 2,200만 명인 것에 비해 1%가 채 안 된다. 몬태나의 2024년 GDP는 약 2,000억 달러로 미국 46위의 바닥권이다.

몬태나는 땅은 드넓고 사람은 드문 환경이라 모든 것의 스케일이 크다. 남부의 플랜테이션 농장도 규모가 대단하지만 몬태나의 목장들은 산이나 평원 전체를 경계로 할 정도로 크기가 엄청나다.

점점이 흩어져 사는 몬태나 사람들은 정치, 사회적으로 전형적인 '레드 스테이트' 성향을 띠고 있다. 지난 1960년 이래 60여 년 동안의 대선에서 존슨과 클린턴을 제외하고 모두 공화당 후보를 승자로 택했다. 하지만 인구가 워낙 적어 대통령 선거인단 배정 수는 4명이기 때문에 정치적인 영향력은 떨어지는 편이다.

주도(州都)인 헬레나는 겨울에 걸핏하면 기온이 영하 30도를 밑돌 정도로 날씨가 거친 편이며 10월만 넘어서면 두터운 외투를 걸치기 시작한다. 하지만 봄, 여름, 가을 겨울, 절기 절기마다 색다른 광대한 자연 경관, 그리고 독특한 풍치는 고즈넉한 삶을 추구하는 사람들에게 최고의 터전이 되고 있다.

'브래드 피트' 주연의, 잔잔하면서도 서정미 넘치는 영화 '흐르는 강물처럼'에 나오는 그림 같은 경치의 무대가 바로 몬태나. 또 주 곳곳에 공룡 화석이 많이 발견되고 있어 영화 '쥬라기 공원'의 고고학 발굴 현장으로 등장하기도 했다.

In Depth Story — 록키 산맥

서부와 중서부를 구분하는 자연 방벽

록키산맥 지대에 자리 잡고 있는 모레인 레이크의 설경

록키산맥은 캐나다 브리티시 콜럼비아에서 미 서부의 뉴멕시코까지 남북으로 뻗어 있는 산맥이다. 길이가 약 4,800km로 부산과 신의주 간의 7배 정도 된다. 북부 록키는 높이 4,000m 정도의 험준한 산봉우리들에다 3,000m 이상의 고원이 이어지고 있고 빙하로 인해 형성된 거대한 U자곡(谷)이 형성돼 있다. 록키산맥이 관통하거나 접해있는 주들은 몬태나, 아이다호, 콜로라도, 와이오밍, 유타, 뉴멕시코 등 6개 주에 달한다.

록키산맥은 또 미 서부와 중부로 흘러드는 콜로라도강, 미주리강, 아칸소강, 리오그란데강, 유콘강 등 20여개에 달하는 주요 하천들의 발원지이기도 하다.

콜로라도강 유역에는 유명한 그랜드 캐년이 있다.

　록키산맥은 미국의 영토 형성과 개발에 지대한 영향을 미치기도 했다. 아직 미 대륙이 유럽 여러 나라의 식민지로 분할돼 있을 때 록키산맥이 경계선이 됐다. 또 캘리포니아를 비롯, 서부가 미국 땅으로 된 이후에 서부 개척의 행렬이 이어졌을 때 장벽으로 막아섰던 것이 록키산맥이었다. 대륙횡단열차 공사 때도 역시 가장 큰 자연의 장애물이 됐었다.

　록키산맥은 미국의 서부와 중서부를 구분하는 자연 방벽이다. 미국이 루이지애나를 매입할 때, 또 오레곤 조약 때도 서부 국경을 확정짓는 과정에서 중요한 지리적 경계가 됐다.

　록키산맥 지대는 지형적으로, 또 기후 등에 있어 주거지로서는 적절치 않으나 금, 구리, 은, 텅스텐, 석탄, 철광, 천연개스, 석유 등 천연자원이 풍부해 미국의 주요 광업 지대가 되고 있다. 또 록키산맥의 깊은 수림(樹林)은 미국의 목재와 펄프 등 생산에 있어 최대 공급원 역할을 하고 있다.

　이와 함께 인적이 드문 데 소재해야 하는 미사일과 공군 기지 등의 핵심 안보 요충지들이 많고, 또 대협곡을 중심으로 관광지가 개발되는 등 다양한 측면에서 미국에 기여하고 있는 곳이기도 하다.

캘리포니아 등 서부 지역에 골드 러시가 일어나면서 수많은 사람들이 이 지역으로 몰려들었다. 사진은 1897년 금 노다지를 찾아 떠나는 사람들을 실은 배가 샌프란시스코 항을 떠나는 장면을 담은 것

제 6 부

미-멕시코 전쟁과 태평양 남부 6개 주

서문

　미국이 영국과 오레곤, 워싱턴 등 서부 북부 일대의 영토 경계를 확정지은 오레곤 조약이 맺어지기 딱 하루 전인 1846년 6월 14일 일요일 새벽, 캘리포니아에서는 '캘리포니아 공화국'의 독립을 선언하는 이른바 '베어 플래그 반란'이 일어났다.

　우연인지 기획(?)이었는 지는 불분명하지만 오레곤 지역 정리가 끝나는 것과 동시에 캘리포니아 일대를 손보는 작업이 시작된 것이다. 이후 불과 1년 반이 채 안 돼 캘리포니아를 포함, 네바다, 뉴멕시코 등 서부 남부의 광활한 영토가 다시금 미국의 수중에 떨어진다.

　미국의 서남부 일대 장악은 협상이나 매입이 아닌 무력을 통한 강점과 다름없다. 이미 영국과의 두차례 전쟁에서 '1승 1무'를 기록, 어느 덧 '대영제국'과 비슷한 반열로 격상된 미국의 제국주의적 팽창이 구현된 결과였다.

　새롭게 더해진 서부 남부는 규모로도 컸지만 오레곤 등 서부 북부 획득과는 비교가 안 될 정도로 미국에 중요한 의미를 가져다준 영토 확장이었다.

　미국을 명실상부한 대륙국가로 완성시키는 것과 함께 대서양과 태평양을 아우르는 양대양(兩大洋) 제국으로 부상시켰다.

　미국의 서부 남부일대 '땅 따먹기'는 허우대만 컸던 '속 빈 강정' 멕시코를 휘젓는 것에서 시작됐다.

제 1 장

멕시코 전쟁과 과달루페 이달고 조약

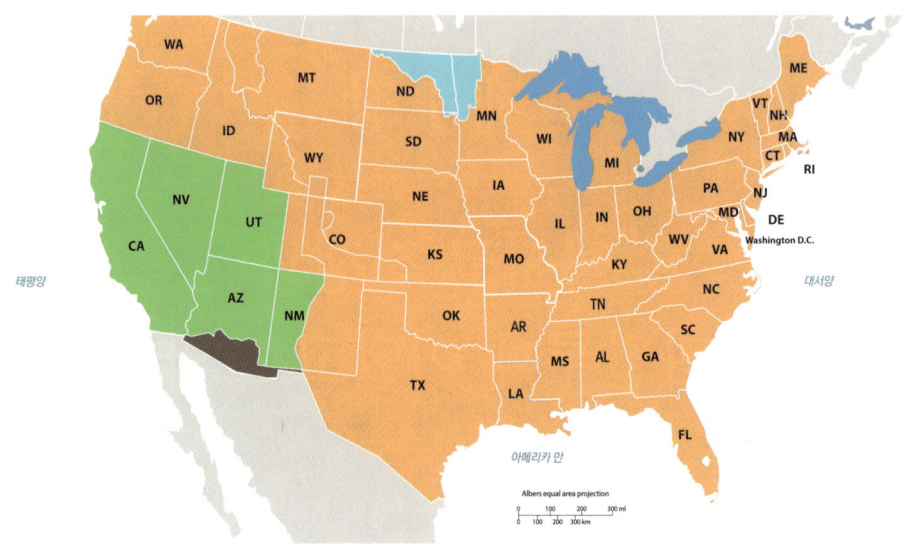

미-멕시코 전쟁 승리 후 미국이 멕시코로부터 할양받은 캘리포니아, 네바다 등 서부 남부 일대가 녹색 부분으로 표시돼 있다

"텍사스 찍고 캘리포니아로!", 미국-멕시코 전쟁이 시작됐다

멕시코 영토인 캘리포니아서 전운 감돌기 시작

캘리포니아 독립을 표방한 베어 플래그 반란을 담은 장면

텍사스가 멕시코령에서 벗어나 미국으로 병합될 시점인 1845년 즈음, 또 하나의 멕시코 영토인 캘리포니아 일원에서도 심상치 않은 상황이 전개되고 있었다. 지금은 미국 최대 주(州)이자 서부의 '맏형'이지만 당시만 해도 캘리포니아는 모피 사냥꾼이나 드나드는, 불모지(不毛地)와 다름없는 벽촌이었다. 이런 곳에 하나 둘씩 미국인 정착민들이 이주해 들어왔다.

캘리포니아를 포함, 뉴멕시코, 네바다 등 일원은 멕시코가 스페인으로부터 독립할 때 획득한 명백한 멕시코령이었지만 멕시코의 통치권은 미약하기 짝이 없었다. 그나마 다른 지역에 비해 다소간 사람이 드나드는 편인 캘리포니아 역시 멕시코 중앙정부의 영향력이 취약하고 총독이 수시로 교체되는 등 정치적으로 불안정한 상태였다.

이런 곳에 미국인들이 꾸역꾸역 밀려 들어오자, 멕시코 당국은 이들의 이주를 경계하기 시작했다. 멕시코는 외국인들, 특히 미국인의 토지 소유를 엄격히 규제해 미국인들의 세력이 확산되는 것을 막았다. 앞서 텍사스에서 어떤 일이 벌어져 '알토란' 같았던 멕시코 땅이 미국으로 넘어갔는지 익히 알고 있었기 때문이다.

그러나 멕시코 당국은 결과적으로 캘리포니아의 '텍사스화(化)'를 막지 못했다. 미국인 정착민들이 서서히 고개를 쳐들고 나선 것이다.

이 무렵 캘리포니아의 인구 구성을 보면 멕시코가 얼마나 황당하게(?) 미국 땅으로 넘어갔는지 짐작된다. 당시 캘리포니아의 총 인구는 11만 4천여 명 정도로 집계됐다. 이 가운데 절대 다수인 10만 명 가량이 원주민 인디언들이었고 지배자라 할 수 있는 멕시코계 주민 '칼리포르니오(Californio)'의 수효는 약 8천~1만 명 정도였다. 반면 미국인 정착민은 1천여 명 남짓, 최대로 잡아도 2천 명 밑으로 추산됐다. 이들 외에 유럽계 외국인들이 400명 안팎이었다.

그런데 바로 이 '한 줌' 밖에 안 되는 미국인들이 들고 일어난 것이다.

미군 장교가 멕시코 총독 체포하고 '캘리포니아 공화국' 선포

1846년 6월14일, '윌리엄 B. 아이데(William B. Ide)'와 미군장교인 '존 C. 프리몬트(John C. Fre'mont)' 등이 주축이 된 이른바 '베어 플래그 반란(Bear Flag Revolt)'이 일어났다. 이들은 대담하게도 멕시코 총독인 '마리아노 발레호(Mariano Vallejo)'를 체포하고 행정권을 장악했다. 곰 그림이 그려져 있는 깃발을 사용한 데서 유래한 '베어 플래그 반란' 주도자들은 캘리포니아 북부의 소노마(Sonoma)를 거점으로 아예 '캘리포니아 공화국(Republic of California)'을 선포했다.

미-멕시코 전쟁 때 미군의 캘리포니아 점령을 묘사하고 있다

그러나 이들의 '거사'는 한 달도 채 안 돼 무위로 돌아갔다. 멕시코의 진압에 의해서가 아니라 미 해군이 캘리포니아 해안에 상륙, 이들을 퇴치(?) 한 것이다. 베어 플래그 반란은 물론 공식적으로는 미국 정부의 개입 없이 현지 미국인 정착민들에 의해 발생한 것으로 돼 있다. 그러나 내막적으로는 주도자 중의 하나인 존 프리몬트 대위 등이 직접 지원을 하거나 '뒷배'를 봐줌으로써 야기된, 사실상 '민관 합작(民官 合作)'의 공모성 쿠데타라는 의혹이 제기되기도 했다. 즉 이들 반도 세력은 미군이 직접 개입, 캘리포니아로 진입하자 곧장 '캘리포니아 공화국'을 접고 미군에 동조하고 나섬에 따라 결국 미국이 암묵적으로 개입한, '짜고 친' 반란이라는 평가를 낳게 한 것이다.

'캘리포니아 공화국' 사태는 향후 전개되는 미국-멕시코 전쟁의 발발과 전개에 많은 영향을 미쳤다. 미국의 서부 팽창 전략은 이 사건을 계기로 더욱 가속화됐다. 신흥 강국 미국은 허우대만 큰 멕시코에 대해 본격적인 무력행사에 나선다.

미국-멕시코 전쟁 전개도

10년 전의 '텍사스 악몽', 캘리포니아서도 그대로 재연

미국-멕시코 전쟁 1년 전, 멕시코 땅이었던 텍사스가 분리 독립했지만, 멕시코는 여전히 이를 용납 않고 텍사스가 자국의 영향권 하에 있다는 인식을 갖고 있었다. 그러나 텍사스가 이 같은 '종주국'의 뜻에 반해 미국의 일부로서 자진 병합되는 길을 택하자 이를 전쟁 행위로 간주, 강경 대응에 나섰다. 멕시코는 미국과 외교 관계를 끊었고, 양국 간 리오그란데강을 둘러싼 국경 분규는 더욱 가열됐다.

텍사스를 '접수'한 포크 대통령은 미국 영토의 팽창을 추구하는 열렬한 '숙명론' 옹호자였다. 1846년 영국과의 오레곤 조약을 통해 서해안 북부 지역을 손에 넣은 미국은 다음 '먹이'를 노리고 있었다. 이 가운데 미국이 가장 눈독 들인 것은 서부 남부 일대의 중추(中樞)라 할 수 있는 캘리포니아 일대였다.

캘리포니아 태평양 연안은 아시아와의 통상과 해상 교역에 절대 중요한 요충지였다. 특히 샌프란시스코만은 접근성이 용이하고 수심이 깊어 해군 함정 기지와 군함, 화물선 모항(母港)으로 적격이었다. 또한 캘리포니아 일원의 광대한 경작지와 양질의 토지는 농작물 생산과 목축에 적합해 반드시 수중에 넣어야 할 옥토(沃土)였다.

"텍사스 찍고 캘리포니아로!"는 포크 대통령 정부의 화두(話頭)가 됐다.

그는 멕시코 전쟁 발발 한 해 전인 1845년 멕시코 측에 캘리포니아와 뉴멕시코 지역 매입을 타진했다. 포크 대통령이 제시한 땅값은 2,500만 달러. 그러나 멕시코가 이 오퍼를 거절하자 마침내 행동을 개시했다.

핵심 전략 목표인 캘리포니아 일대는 이미 판세가 미국 쪽으로 기울어 있었다. 멕시코 입장에서는 10년 전의 '텍사스 악몽'이 캘리포니아에서도 그대로 재연되고 있었다. 말로는 멕시코 땅이었지만 멕시코의 군사·행정 장악력은 이미 바닥 상태였다. 캘리포니아의 동요(動搖)를 지켜보며 때가 무르익기를 기다리고 있던 미국은 '베어 플래그' 반란 사태가 터지기 직전인 1846년 4월, 테일러 장군(Zachary Taylor) 지휘 하에 일단의 미 병력을 텍사스-멕시코 국경의 분규 지역에 투입시켰다.

멕시코는 '미끼'를 덥석 물었다. 멕시코군이 이들 미군을 공격하고 나선 것이다. 이는 호시탐탐 기회만을 엿보고 있던 미국에 멕시코가 스스로 불을 질러 준, 한마디로 '울고 싶던 차에 뺨 때려준 격'이 됐다. 포크 대통령은 5월 13일 멕시코에 대해 공식으로 선전포고를 했다.

당시 멕시코는 사실 선생을 벌일 처지가 아니었다. 스페인으로부터 독립하는 과정에서 이미 재정적, 군사적으로 피폐해져 있었다. 이런 상태에서 멀리 떨어져 있는 캘리포니아 방어를 위한 원정전(遠征戰)을 감당하기에는 역부족이었다.

미국은 즉각 대응에 들어갔다. 1846년 7월 '몬트레이 전투(Battle of Monterey)'에서 미 해군은 몬트레이시를 장악했다. 개전 이후 첫 대규모 접전이 된 '팔로 알토(Palo Alto)' 전투에서도 미군은 대승을 거뒀다. 미국은 최초로 육·해군에 해병대 및 전함까지 동원한 합동 상륙전까지 펴면서 무기력한 멕시코군을 강타했다.

멕시코는 같은 해 12월 전개된 '산 파스쿠알 전투'에서 반격을 가하는 등 다소간 버티기는 했지만 1847년 1월 '로스앤젤레스 전투(Battle of Los Angeles)'에서 대패하면서 대세는 미국 쪽으로 완전히 기울고 말았다. 1847년 초반 무렵에 미군은 캘리포니아 전 지역을 장악했다.

젊은 미국에 맞선 멕시코는 노쇠한 거한(巨漢)에 불과했다. 병력은 미국이 7만 8천여 명이 넘는 데 반해 멕시코군은 3만 명 남짓이었다. 미국군이 멕시코로 진주해 가는 과정에서는 저항다운 저항조차 찾기 어려웠다.

파죽지세(破竹之勢)로 밀고 들어오는 미군에 의해 1847년 9월 마침내 수도 멕시코 시티까지 함락되자 멕시코는 결국 1년 4개월여 만에 손을 들었다. 70여 년 전 대영제국에 맞설 때만 해도 식민지 연합에 불과했던 미국이 어느덧 '미 제국(帝國)'으로 변해 주변국을 군사력으로 제압해 버린 것이다.

과달루페 이달고 조약으로
멕시코 영토 55%를 미국에 할양

명목상 매입이었지만 패전국 멕시코의 손목 비튼 강점

종전과 함께 1848년 2월 미-멕시코 간에 '과달루페 이달고(Treaty of Guadalupe Hidalgo)' 조약이 맺어졌다.

패전국 멕시코는 지금의 캘리포니아, 애리조나, 네바다, 뉴멕시코, 유타주 전체를 비롯해, 콜로라도 및 와이오밍, 오클라호마, 텍사스의 일부를 포함하는 약 137만km²를 미국에 할양했다. 이는 한국의 13배쯤 크기로, 당시 멕시코 전체 영토의 55% 정도가 뚝 잘려 나간 것이다. 외견상으로는 매수·양도였지만 사실은 약체 멕시코의 손목을 비틀어 뺏은 강점(强占)이었다.

미국은 그 댓가로 멕시코에 당시 화폐로 1,500만 달러(현재 가치 5억 달러 이상)를 지급했다. 멕시코의 대미 부채 325만 달러도 탕감됐다. 미국이 치른 '땅값' 1,825만 달러는 1845년 포크 대통령이 캘리포니아를 매각하라고 제안했던 오퍼 금액 2,500만 달러에도 미치지 못하는 것은 물론, 1년 반여의 멕시코 전쟁 전비 9,000만 달러의 5분의 1에 불과한 헐값이었다.

조약에서는 또 분규가 일었던 미국-멕시코 국경선으로 리오그란데강을 확정했다. 이 역시 미국 입장에서 유리하게 그어진 금이었다. 미국은 6년 뒤인 1854년 대륙횡단철도 건설을 위해 멕시코로부터 가센 지역의 땅 약 7만 6천km²를 추가로 사들였다.

결국 미국이 영토를 확정 짓는 과정에서 멕시코로부터 뺏거나 돈을 주고 매입한 땅은 모두 144만km² 가량으로 이는 현재 미국 영토 전체의 14%에 달할 만큼 큰 비중을 차지하고 있다.

오레곤 조약에서 확보한 워싱턴 일대 북서부 지역을 합쳐 210만km²가 넘는 서부 영토 확장을 완성시킴으로써 미합중국은 마침내 알래스카와 캐나다를 제외한 북미 대륙 전체를 통일하면서 대국으로서의 위용을 굳혔다.

캘리포니아 지역, 천연자원의 보고이자 안보 요충지

미국이 멕시코의 손목을 비틀어 뺏은 캘리포니아 등 서부 남부 지역은 크기에 못지 않게 농경, 자원, 무역로, 군사, 운송 등에 있어 최고의 요충지가 된 곳이다. 특히 캘리포니아는 1949년 골드 러시와 함께 서부 개발의 본격화 및 태평양 핵심 경제권으로의 부상에 결정적인 기여를 했다는 점에서 신생 미국에 또 하나의 축복이 됐다.

　신경을 거슬리게 했던 멕시코와의 국경선도 리오그란데강을 기점으로 확정되면서 국경 안정화의 기반이 마련됐다. 장대한 태평양 연안이 확보되면서 곳곳에 미 해군·공군 기지가 들어서 미국의 서부 방어선이 구축됐다.

　캘리포니아 지역이 미국에 안겨준 무엇보다 큰 선물은 천연자원이다. 외관상으로는 척박한 돌사막에 열사의 황무지로 보였으나 그 밑에는 석유와 천연가스 등이 무진장 매장돼 있었다. 또 노다지 사태를 불러온 금에다 은과 구리 등도 풍부한 자원 보고(寶庫)였다. 내륙인 네바다, 애리조나, 뉴멕시코 등 역시 풍부한 지하자원 외에 지정학적 위치나 기후 조건 등이 잘 부합돼 원자력 연구 시설 및 군사 시험장, 대규모 공군 및 미사일 기지 등이 들어서는, 안보상의 요지가 됐다.

　미국의 캘리포니아 일원 획득은 한마디로 미국의 국가 정체성을 지역국가에서 '대륙 국가'로 격상시켰다. 그동안 미국 조야에 풍미해 오던 '명백한 숙명론(Manifest Destiny)'은 바야흐로 정점을 찍었다.

　이는 또 19세기 후반 국제 질서에도 적지 않은 파문을 던졌다. 영국을 비롯한 유럽 열강들은 이제 아메리카 대륙 최강국으로 떠 오른 미국을 다른 눈으로 보게 됐다. 또 유럽에 시달렸던 라틴아메리카 국가들은 미국을 또 하나의 팽창주의 제국으로 인식하며 새로운 강자 출현에 움츠려 들었다.

　당사자인 멕시코는 거센 '후폭풍'에 휘말렸다. 국토의 절반 이상을 상실한 데 대해 국민적인 분노가 치솟았고 정부에 대한 불신이 확대되면서 정치적으로 혼란이 가중됐다. 이후 수십 년간 내전과 쿠데타가 반복되면서 내정이 극도로 불안해졌다. 멕시코는 미국과의 전쟁에 패하면서 땅 잃고 나라까지 망가지는 최악의 피해자가 됐다.

제 2 장

멕시코 전쟁의 주요 인물과 비화

인물 제임스 포크

영토 팽창의 '명백한 숙명론'을 실현

제임스 포크 대통령

미국 대통령에 대한 평가, 인기도는 '바깥'에서 보는 시각과 '안'에서 보는, 이른바 '내재적 관점' 간에 차이가 크다. 제임스 포크(James K Polk) 제11대 대통령이 전형적으로 이런 유형에 속한다. 그는 외부 사람들은 외면하지만 미국민들 간에는 역대 대통령 선호도에서 10~15위에 드는 인기 대통령이다.

포크 대통령은 미국 대통령들 중에서 미국 땅을 가장 넓힌 사람이다. 1844년 대선 당시 그의 1,2호 공약이 오레곤 지역과 캘리포니아를 포함한 서부 남부 획득이었다. 그는 실제로 이를 100% 실현시켰다.

우선 1845년 텍사스를 합병했다. 포크 대통령이 직접 성사시킨 것은 아니지만 어쨌든 그의 주도하에 당시 약 107만km^2에 달했던 텍사스 땅이 미국 땅으로 확보됐다. 1846년에는 오레곤 협정을 통해 오레곤, 워싱턴, 아이다호를 획득했다. 여기서 741,000km^2의 미국 영토가 더해졌다.

하이라이트는 멕시코로부터 캘리포니아를 포함, 서부 대영토를 뺏은 미국-멕시코 전쟁이다. 과달루페-이달고 조약으로 캘리포니아, 뉴멕시코, 네바다, 애리조나 등 약 137만km^2가 미국 영토에 추가됐다. 세 군데를 합산하면 새로 늘어난 영토는 무려 315만여km^2. 현재 미국 땅의 약 32%가 그의 주도하에 더해진 것이다.

역사학자들은 알렉산더 대왕이 정복한 영토 면적을 520만km² 정도로 추정하고 있다. 또 한국의 경우 역사상 최대의 영토를 가졌던 때가 고구려 광개토대왕 재위 시절로, 당시 한반도를 포함, 중국 동북부 일대까지 약 100만km² 안팎의 영토를 호령했던 것으로 보고 있다. 포크 대통령은 면적상으로는 알렉산더의 60% 정도, 광개토대왕보다는 3배 이상의 영토를 확장한 것으로 볼 수 있는 것이다.

1795년 노스캐롤라이나에서 출생, 1845년에서 1849년까지 민주당 대통령으로서 1기만 재임한 그는 한마디로 영토 확장에 '필(feel)'이 꽂힌 인물이었다. 그의 별명 자체가 '명백한 숙명론(Manifest Destiny)' 대통령이었다.

포크 대통령의 야심은 이뤄졌지만, 그 과정 속에는 의혹과 음모의 냄새가 배어있는 곳도 있다. 포크 대통령은 미국-멕시코 전쟁을 불러온 국경 분쟁에서 리오그란데강을 양국 경계선이라고 극구 주장했다. 나아가 문제의 분규 지역에 군을 투입, 멕시코를 자극했다. 전쟁을 유도하려는 포석에서 나온 의도적인 도발로 볼 수 있는 대목이다. 실제로 멕시코는 이 '프레임'에 걸려들었다. 또 타국과 전쟁을 하려면 의회의 승인이 필요한 데 포크 대통령은 승인 절차도 거치지 않고 교전을 개시했다. 어떤 무리수를 두든 멕시코와 일전을 벌여 보겠다는 속내가 엿보이는 대목이다.

그는 노예제와 관련해서도 적극적으로 확장의 입장에 섰다. 텍사스의 합병도 영토 외에 노예제 확대를 위해 절대 긴요하다는 측면에서 강력 추진한 것이었다.

포크 대통령의 공격적이며 강력한 밀어붙이기는 미국의 영토 확장에 지대한 기여를 했다. 오늘의 미국 지리(地理)가 만들어지는 데 있어 그는 가장 성공한 대통령의 역할을 했다고 평가되고 있다. 그러나 그는 동시에 멕시코 전쟁을 유도하고 원주민 인디언들을 탄압하는 '또 다른' 얼굴을 가졌다는, 부정적인 평가도 뒤따랐다.

포크 대통령은 강력하고 독선적이며 철저하게 성과에 집착하는 스타일이었다고 후세 사가들은 전한다. 그는 '워크 홀릭'으로 불릴 만큼 업무에 집중했다. 하루 12시간 이상 일에 매달리며 식사와 회의, 업무 보고 등으로 사무실을 떠나지 않는 대통령이었다고 전해지고 있다.

인물 존 C 프리몬트

'베어 플래그 리볼트'라는 반란의 주역

존 프리몬트의 선거 캠페인 포스터

미국이 캘리포니아를 '건식(乾食)'하는 데 있어 결정적인 기여를 한 사람은 포크 대통령이지만 그에 못지않게 공을 세운 숨은 주역이 또 하나 있다. 존 프리몬트 소령이 바로 그 당사자다.

1813년 조지아에서 출생한 프리몬트는 군인이자 정치가로 나중에 대통령 후보까지 나선 인물이지만 원래는 탐험가였다. 그는 1840년대 초 록키, 시에라 네바다산맥과 오레곤 트레일을 두루 탐사한 뒤 이를 보고서와 함께 지도로 제작, 미국 사회에 서부 개척 바람을 일으키는 데 일조했다. 서부 개척 신화의 핵심 인물이 된 그는 민병대 조직을 통해 군에 입문, 캘리포니아 지역에서 활동했다.

탐험 등을 통해 "미국의 경계는 태평양까지 이어진다"는 신념을 갖고 있던 프리몬트는 1846년 현지 미국인 정착민들과 협력, '베어 플래그 리볼트'라는 무장 반란을 선도했다. 이는 군 당국의 허가도 받지 않은, 프리몬트의 독자적인 행동이었다.

프리몬트는 미국-멕시코 전쟁 발발 직후에는 자신이 지휘하는 부대를 이끌어 캘리포니아 지역을 사실상 무력 점령했다. 최종 결과는 그의 뜻대로 됐다. 투입된 미 해군과 합세해 결국 캘리포니아를 미국에 공식으로 귀속시킨 것이다. 그는 스스로를 캘리포니아 총독이라고 불렀지만, 명령 불복종과 무단 개입 등으로 군사 재판에 회부돼 유죄 판결을 받기도 했다. 이후 사면된 프리몬트는 정치인으로 변신, 1850년 캘리포니아주 초대 상원의원이 됐다. 또 1856년에는 미국 공화당의 첫번째 대통령 후보가 되기도 했다.

프리몬트에 대한 평가는 명암이 뚜렷하다. 그는 누가 뭐라해도 캘리포니아를 포함한 서부 개척과 서부 땅 확보에 있어 지대한 공을 세운 인물로 꼽힌다. 정치적으로도 반노예 입장을 선도한 진보적이며 이상주의자로 불린다.

그러나 무단 군사행동 및 독단적인 야심에 정치적인 유연성 부족으로 갈등을 유발했다는 지적도 나온다. 하지만 미국이라는 국가 입장에서 볼 때 프리몬트는 백지와 같았던, 서부라는 오지(奧地) 개척의 청사진을 제시해 준 선각자이자 행동가였다.

비화 미국-멕시코 전쟁

'영토 확장' vs '도둑질 전쟁'의 이중 평가

미국-멕시코 전쟁은 총칼이 맞붙기 전에 고도의 공작 정치가 가동된 미국의 '작품'이었다.

미국은 멕시코와 전쟁 전에 사전 정지 작업에 착수했다. 멕시코 내부에 친미계 정치인들을 심어놓고 이들의 뒤를 봐주며 활용했다. 멕시코 각지에서는 정부군과 친미 반군 사이에 내전이 발생하기도 했다. 멕시코는 군사 점령 이전에 이미 무너지고 있었던 것이다.

한국의 5공 때 "성공한 쿠데타는 벌하지 않는다"는 말이 있었듯 멕시코 전쟁에 관한 미국의 일반적 시각은 '승리한 전쟁은 탓하지 않는다'와 같은 승자 무오류(無誤謬), 당위(當爲)적 평가가 지배적이었다.

하지만 내부적으로는 미국-멕시코 전쟁의 도덕적인 흠결을 두고 자성(自省)의 목소리도 제기됐다. 링컨 대통령은 하원의원 시절 "멕시코 전쟁은 불법적인 침략"이라고 비판했고 나중에 대통령이 된 그랜트 장군도 멕시코 전쟁을 "도둑질 같은 전쟁"이라고 자서전에 기록하기도 했다. 훗날 미국 대통령이 된 사람들조차 멕시코 전쟁의 정당성 및 도덕성에 문제가 있음을 지적한 것이다. 심지어는 군 내부에서도 이 같은 시각이 표출됐다. 전쟁에 임하고 있던 미군 공격군 가운데서 반란이 일어난 것이다. '세인트 패트릭 대대(Saint Patrick's Battalion)'라는 캐톨릭 아일랜드계 병사들이 주축이 된 이 부대는 총을 '거꾸로 들고' 멕시코 편에 가담하는 사태도 발생했다. 멕시코 전쟁을 두고 도덕적인 균열이 컸음을 짐작할 수 있는 사례다.

미국-멕시코 전쟁의 결과로 맺어진 과달루페-이달고 조약에서도 이면(裏

面)이 적지 않다. 가장 주목할 사항은 미국이 멕시코 땅을 뭉텅이로 떼 오는 과정에서 그나마 '적정선'을 유지키로 했다는 점이다.

즉 미국 일각에서는, 특히 남부 노예주 쪽을 대표하는 세력들 가운데는 아예 멕시코 전체를 합병해 버리자는 주장도 있었다. 멕시코의 군사력이 사실상 와해된 상태였기에 실상은 미국 마음먹기에 따라 멕시코 전체를 거머쥐는 것도 불가능한 바는 아니었다. 그러나 역설적으로 백인 우월주의가 이를 막는 제동 장치 역할을 했다. 멕시코인이 비(非)백인이라는 인종 정체성이 브레이크로 작용한 것이다. 이들 반대론자들은 "멕시코가 인종적으로 수용이 어려운 국가"이기 때문에 "섞이는 것은 바람직하지 않다"는 반론을 제기했다.

그 결과 멕시코를 다 접수하기(?) 보다는 현재의 캘리포니아, 네바다, 뉴멕시코, 유타, 애리조나 등 미 남서부까지 정도를 백인 정착이 가능한 '적정선'으로 정하고, 나머지는 멕시코로 그냥 남겨두는 '핸디 조절'을 했다는 후문이다. 멕시코 땅은 탐나지만 인종차별과 편견의식이 역설적으로 멕시코의 소멸을 막아준 아이러니가 아닐 수 없다.

전쟁 보상금으로 지급한 1,500만 달러도 당시 기준으로 적은 돈은 아니지만 사실상 '헐값'에 불과했다. 이는 실제로 전쟁에서 뺏은 것을 보상금 형태로 둔갑, 평화로운 땅 거래처럼 보이게 하려는 일종의 '분식(粉飾) 외교'였다. 실제로 일부 정치권에서는 돈을 줄 필요가 없다는 주장까지 나왔으나 대외적인 이미지를 고려, '면피'용으로 지급한 것이라는 해석도 있다.

결국 과달루페-이날고 조약은 평화적인 합의라기보다는 미국의 군사적 강압에 의해 무기력화된 멕시코의 백기(白旗)에 불과했다. 당시 멕시코 의회 내 강경 반대파들은 이 조약을 두고 "국가를 분열시키는 매국 행위"라고 극렬 비난했다.

캘리포니아 일원까지 미국에 넘어가자 서부는 무서운 속도로 변신했다. 금광 주변에는 잠깐 새에 대규모 개척촌이 들어서고 방대한 평원에는 거대 목장들이 자리잡기 시작했다. 이렇게 사람이 몰리고 돈이 흥청거리면서 폭력과 사기, 살인, 약탈 등 범죄들도 폭증했다. 너무 넓은 지역에 걸쳐 갑자기 늘어난 정착민, 비대해진 커뮤니티를 효과적으로 관리할 수 있는 인프라는 턱없이 부족했다.

당연히 법보다 주먹이 앞서는 치안 부재 상황이 곳곳서 벌어지기도 했다. 서부 영화의 단골 소재인 카우보이, 은행 갱, 무뢰한, 주점(酒店) 내 총질, 열차 강도, 보안관 등이 실재(實在)했고 스토리나 장면들은 엄연한 실상(實像)이기도 했다.

그러나 이 같은 무법 시대를 거쳐 점차 체계가 갖춰지고 안정되면서 서부의 엄청난 잠재력은 진가를 발휘하기 시작했다. 막대한 천연자원이 개발되고 풍부한 물산, 천혜의 기후를 기반으로 태평양 해안 지대를 따라 새 거점 도시들이 속속 들어서면서 서부는 동부와 더불어 미국을 뒷받침하는 양대 기둥으로 자리잡아 갔다.

비화 캘리포니아 금 노다지

서부 개척 이끈 캘리포니아 '골드 러시'

1848년 1월 24일 샌프란시스코 인근 아메리카강(江)가의 제재소 공사장. 목수로 일하던 제임스 마셜(James Marshall)은 강변에서 무언가 반짝이는 광물 부스러기가 눈에 띄자 이를 집어 들었다. 그는 이를 은밀히 제재소 주인에게 가져가 함께 성분 검사를 시도했다. 결과는 놀랍게도 순도 96%의 최고급 금이라는 것이 판명됐다.

전설 같은 캘리포니아의 금 노다지 스토리가 시작되는 순간이었다. 이들은

캘리포니아 금 노다지를 홍보하는 포스터

금 발견 사실을 꼭꼭 숨기려 했지만 소문은 즉시 퍼져 나갔다. 사람들이 물밀 듯이 밀려오기 시작했다. 근처 지역에서는 물론 멀리 동부, 중부에서 그리고 라틴 아메리카, 유럽, 오스트레일리아, 심지어는 아시아에서 중국인들도 노다지 찾기 행렬에 가세했다.

이런 흐름을 타면서 캘리포니아의 인구는 폭발적으로 늘기 시작했다. 1848년 초만 해도 14,000여 명에 불과했던 주민 수는 1850년에 9만 명 이상으로, 그리고 1855년에는 30만 명을 넘어설 정도로 급증했다.

샌프란시스코의 경우, 1848년 무렵 인구 200여 명의 작은 마을에서 두 해 사이에 3만 명에 육박하는 도시로 탈바꿈됐다. LA 역시 비슷한 시점부터 급성장 가도를 달렸다. 금 발견 이후 1855년까지 최소한 30만 명 이상이 금을 찾아 캘리포니아로 몰려들었다.

이렇게 이주한 사람들은 '포티나이너스(49ners)'로 불렸다. 금이 발견된 해는 1848년이지만 동부에서 캘리포니아까지 오는 데 거의 1년이 걸렸기에, 대거 유입된 시점이 1949년이었기 때문이다. 이 '49ners'는 수퍼 볼을 5차례나 거머쥔 샌프란시스코의 명문 미식축구팀 이름으로 남았다

미국 지질조사국 자료에 의하면 골드 러시 시작 이후 1855년까지 생산된 금

캘리포니아 금 노다지 시절의 금 채광 장면

은 무려 275톤에 달했던 것으로 나타났다. 당시 금 시세로 약 3억 달러 이상, 2020년대 기준 금값으로는 1,100억~1,500억 달러에 이르는 엄청난 규모다.

또 19세기 말 당시 추정 금 매장량은 2,000톤가량이었는 데 북 캘리포니아 일대에는 아직도 600~800톤 이상이 매장돼 있는 것으로 추정되고 있다.

캘리포니아의 금 노다지는 미국 전체 GDP 증가에도 획기적인 기여를 했다. 골드 러시로 인해 1849년 당시 미국 GDP의 약 10%에 해당하는 부가적 생산 효과가 창출됐다. 또 세계 경제에도 큰 영향을 줘 세계 금 유통량이 20%가량 증가하는 결과를 가져왔다. 나아가 캐나다, 호주 및 아프리카 등지에서 비슷한 골드 러시를 유발케 하는 촉매 역할도 했다.

캘리포니아의 금 노다지는 미국에는 대박이 됐지만 멕시코에게는 '뼈 아픈' 회한으로 남았다. 금 발견 때만 해도 멕시코 땅이었던 이곳이, 불과 11일 뒤에 '과달루페-이달고' 조약에 의해 미국 영토로 넘어가는, 기막힌 일이 벌어진 탓이었다. 이런 이유로 골드 러시 타이밍을 두고 음모설도 제기됐었다.

캘리포니아에서의 금 발견 시점은 1848년 1월로, 이는 미국-멕시코 전쟁이 끝나기 직전이다. 이 과정에서 '베어 플래그 반란'을 주도한 존 프레몬트가 다시 소환된다. 탐험가이자 캘리포니아 군정 지배자였던 그는 전쟁 직후 금광 발견 소식을 정부에 보고했다.

그러나 미국 정부가 금 노다지 사실을 공식적으로 밝힌 것은 그해 12월 대통령 연두교서에서였다. 금이 나왔음에도 한참 뜸을 들이다가 공개한 것이다. 미국 정부가 이를 여러 달 동안 덮어둔 것은 금광 발견 시점을 두고 나중에 국제 분쟁이 야기될 가능성을 염두에 둔 것이라는 해석이 가능하다. 한마디로 전쟁을 끝내고 완전히 미국 영토로 확정될 때까지 일부러 꽁꽁 숨겨두었다는 '은폐론'도 여기에 근거를 두고 있다.

노다지 현장에 먼저 도착했던 사람들은 꽤 많은 돈을 벌기도 했다. 하루에 수천 달러씩을 챙겼다는 얘기들이 곳곳서 떠돌았다. 이렇게 금 채취자들 가운데 더러 부자도 생겨났지만 정작 짭짤하게 재미를 본 사람들은 금 탐사 관련 장비나 도구, 비품들을 파는 조달업자들이었다.

이들은 맨손으로 뛰어든 수많은 금 채취자들을 대상으로 바가지를 씌어가며 실리를 챙겼다. 청바지의 대명사가 된 리바이스(Levi's)는 노다지 붐이 열기를 더해 가던 1853년 리바이 스트라우스(Levi Strauss)가 만들어 판 광산 작업복에서 유래된 것이었다.

미-멕시코 전쟁은 미국에게는 '대박'이 됐지만, 현지 멕시코인들은 '쪽박' 신세가 됐다. 양국 간에 체결된 '과달루페-이달고' 조약은 당초 캘리포니아에 살고 있던 멕시코인들의 시민권과 토지 및 재산권 등을 보전하도록 돼 있었다. 그러나 주인이 바뀌면서 현실은 냉혹해졌다. 멕시코인들은 행정적 불이익, 법적 분쟁 등을 통해 많은 토박이 재산을 잃었고 백인 지배층으로부터 인종적 차별에 직면하게 됐다.

전쟁에 패한 후 멕시코의 정정은 혼란과 불안정에서 벗어나지 못했다. 미-멕시코 간 교류와 교역은 증대했지만 멕시코인들의 '앙금'은 오래 이어졌고 지금도 불법 이민, 마약 유입 문제로 양국 간에는 신경전이 가시지 않고 있다.

지금 서남부 6개 주는…

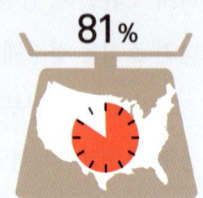

　미국-멕시코 전쟁 승리로 미국이 획득한 캘리포니아 등 서부 남부 4개 주와 3개 주 일부의 크기는 약 137만km²로 미국 본토 면적의 6분의 1에 해당하는 넓이다. 캘리포니아 등 새롭게 획득된 6개 주 넓이는 독일, 영국, 프랑스에 포르투칼과 오스트리아를 합친 것과 비슷한 광대한 땅덩어리다.

　당시 멕시코 전체 영토의 55%의 태반을 차지했던 이 6개 주의 경제력은 2024년 기준으로 도합 6조 4천억 달러가 약간 넘는다. 이는 2025년 기준으로 세계 3위인 독일의 5조 100억 달러보다 많고 4위인 일본(4조 2,800억 달러), 영국(3조 9천억 달러), 프랑스(3조 3천억 달러)를 모두 앞서는 규모다.

　또 2024년 멕시코의 GDP가 1조 8,400억 달러인 것을 감안하면 멕시코는 180여 년 전 고작 1,500만 달러를 받고 자신보다 3배가 넘는 경제 규모의 땅을 뭉텅이로 미국에 떼 준 셈이다.

　뉴욕을 중심으로 하는 동부 축(軸)이 대서양을 기반으로 하고 있다면 캘리포니아 등 서부 남부 지역 일원은 태평양을 모태로 하는 서부 축(軸)의 뼈대로서, 오늘날 미국이 두 대양을 아우르는 초강대 국가로 군림하는 데 있어 결정적인 기여를 하고 있다고 할 수 있다.

　오레곤 지역에 이어 캘리포니아 일원이 합해지면서 미국 '영토 미터기'의 바늘은 다시 치솟았다. 영토 총계는 약 789만 5천km²로 불어났다. 여기에 6년 뒤 멕시코 접경 가센 지역 7만 6천km²를 매입하면서 전체 영토는 797만 2천km²를 넘어서게 됐다. 현재의 미국 영토 기준으로 약 81%가 달성된 것이다. 이제 캐나다와 알래스카를 제외한 북미 대륙 전체가 'USA'라는 카펫으로 뒤덮였다.

제 3 장

태평양 서남부 6개 주의 모든 것

01 캘리포니아
50개 주 가운데 단연 '대장주'

GDP는 일본과 비슷한 세계 서열 5위 국가급

면적 한반도의 약 2배. GDP 2024년 기준 4조 1천억 달러로 독립 국가 기준으로는 세계 5위.

미국 50개 주 가운데 '대장주(大將州)'라 할 수 있는 캘리포니아주의 위용이다. 캘리포니아주의 GDP는 인도, 영국과 프랑스를 능가하며, 아프리카 54개국을 모두 합친 것보다 1.5배가량 더 많다. 캘리포니아가 미국서 떨어져 나가 독립한다면 당연직으로 G7의 일원, 그것도 세계 서열 4위의 국가가 될 수 있을 정도다.

이처럼 미국의 간판 주(州)이자 세계 최정상급의 경제 역량을 지닌 캘리포니아지만 상전벽해(桑田碧海)나 다름없는 그 번영의 역사는 200년이 채 안 된다. 1840년대 전후 이 광활한 캘리포니아 지역은 미국인 정착민 수가 500명 남짓인, 사실상 개척자들의 발길이 닿지 않던 황무지였다. 그 무렵 주 면적이 100분의 1도 채 안 되는 동부의 로드아일랜드의 주민 수가 10만 명 이상이고 버지니아는 무려 100만 명이 넘었던 것을 감안하면 당시의 캘리포니아라는 곳이 어떤 곳이었을지 짐작이 갈 일이다.

미-멕시코 전쟁의 승리로 미국 땅이 된 캘리포니아는 신생 미합중국에 영토와 자원 측면에서 양 날개를 달아준, 미 영토 확장사에 있어 최고의 '대박' 중의 하나로 불릴 만했다.

16세기 중엽, 스페인 탐험가 일부가 멕시코를 거쳐 대륙 서해안을 따라 북상하며 캘리포니아를 처음으로 접했다. 그러나 이들 눈에 비친 캘리포니아

캘리포니아의 오렌지 농장 전경

는 쓸모없는 궁지(窮地)였다. 해안가의 좁은 평지, 그 뒤를 가로막고 있는 높은 산줄기, 풀 한 포기 없어 뵈는 돌사막 지대는 경작과 수렵의 불가능함을 확인시켰다.

　초기 탐사대의 이러한 낙담은 캘리포니아를 계속 버려진 땅으로 남게 만들었다. 그로부터 200여 년간 유럽인에 의한 탐사나 본격적인 개척 활동은 미미했다. 황량한 외관이 역설적으로 캘리포니아를 유럽 열강의 식민지 탐욕으로부터 지켜준 격이 됐다.

　선발자 스페인이 캘리포니아에 시큰둥해 하는 동안 알래스카 쪽에 거점을 두고 있던 러시아가 해안을 따라 샌프란시스코 근처까지 진출하기도 했다. 이들 역시 스페인과 마찬가지로 모피 교역 정도만 관심을 뒀을 뿐 개척이나 정착촌 설립에는 열의를 보이지 않았다.

　그러나 한참 뻗어 나가고 있던 미합중국은 다른 관점에서 캘리포니아 일원을 바라보고 있었다. 이미 루이지애나 매입 등을 통해 착실히 영토를 키워 나가고 있던 승승장구(乘勝長驅)의 미국은 궁극적으로 북미 대륙 전체를 차지하고자 하는 야망을 은연 중에 키우고 있었다.

미 연방정부는 물론 각 주정부들도 갖가지 정책을 마련, 서부 이주를 적극 독려했다. 서부 개척은 국가적인 화두가 됐고 멀리 동부 연안서부터 중남부에 이르기까지 수많은 사람들이 '기회의 땅'을 찾아 서부행 역마차 대열에 합류했다.

캘리포니아의 인구는 급증하기 시작했다. 1850년 31번째 주로 미합중국에 가입할 시점만 해도 9만여 명에 불과했던 주민 수가 10년 뒤인 1860년 37만 9천 명, 1870년에는 56만 명, 1880년 86만 4천 명 등 매 10년마다 절반씩 증가하는 추세가 이어졌다. 지금의 LA, 샌프란시스코, 샌디에이고 등이 모두 이렇게 만들어진 타운들이었다.

천혜의 자연환경과 천연자원으로 인간의 문명을 꽃피우다

캘리포니아는 그 자체가 크기도 하지만 다양한 지형과 기후가 혼재된 곳이다. 서남부 해안은 좁은 평야, 그 뒤로 캐스케이드산맥이 뻗어 있고 내륙은 센트럴 밸리로 불리는 저지대 분지에 이어, 동쪽으로는 험준한 시에라 네바다 산맥이 가로막고 있다.

이에 따라 기후 또한 각양각색이다. 서부 해안 평야 지대는 지중해성 해양성 기후로 위도에 비해 온화하고 강수량이 많지만, 센트럴 밸리는 전형적인 대륙성 기후 및 사막 기후를 볼 수 있고, 시에라 네바다 산간지방은 폭설에 혹한 등, 지구상의 주요 기후들을 다 포함하고 있는 특징을 지니고 있다.

게다가 고도 차이도 커 시에라 네바다산맥에는 북미 최고봉인 휘트니산(4,421m)이 버티고 있는 데 반해 지척이나 다름없는 130여km 떨어진 곳에

캘리포니아 모하비 사막에 설치돼 있는 거대한 태양광 발전 시설

는 북미 대륙의 최저점인 해발 -86m의 '데스 밸리'가 있다.

이처럼 거칠고 척박해 보이지만 캘리포니아 일대는 인간의 손을 통해 천혜의 땅으로 다시 태어났다. 홍수로 인해 수시로 범람하던 콜로라도강 유역들은 1935년에 완공된 후버 댐 등을 통해 최대 규모의 식수원으로 바뀌는 한편 막대한 전력까지 생산해 냈다. 중부의 광활한 밸리 지역은 대규모 관개 시설을 통해 옥토로 바뀌었다.

캘리포니아에서 농작물들이 생산되는 곳을 보면 그 규모가 상상을 초월한다. 오렌지 농장의 경우 차로 한참을 달려도 오렌지 수림(樹林)의 끝이 안보이는 곳이 많다. 밀밭이나 각종 야채밭도 평원과 구릉으로 한없이 이어져, 밭이라기보다는 '밀 바다', '야채 바다'라고 불러야 할 정도다.

따뜻한 기후 속에서 잘 정비된 관개 시설을 통해 상추, 토마토, 당근, 양파, 시금치, 브로콜리 등 각종 야채에 포도, 딸기, 복숭아, 레몬, 아보카도 등 온갖 과일들이 무지막지한 규모로 생산되고 있다. 캘리포니아 자체 밀 생산량 만으로도 미국 인구의 3분의 1을 먹일 수 있다는 얘기가 나올 만큼 그 역량은 엄청나다. 이 외에 면화, 쌀, 꿀, 우유, 달걀, 육우 등에서, 그리고 연어, 정어리, 바닷가재, 새우, 게, 다랑어 등 수산물에 이르기까지 어느 품목 하나 생산 및 수확 규모에 있어 미국 내 상위권을 다투지 않는 것이 없다.

그러나 캘리포니아에 주어진 가장 큰 자연의 선물은 에너지 자원이다. 캘리포니아의 최대 도시 LA의 경우 외곽은 물론 주택지 근처에서도 거대 사마귀 모양을 한 원유 생산 펌프가 가동되는 것을 볼 수 있다.

가뭄에 바싹 마른 잡풀, 잿빛의 관목 덤불투성이 언덕 등 도무지 쓸모없어 뵈는 곳곳에서 '검은 황금' 석유가 밤낮을 가리지 않고 생산되고 있는 것이다. 석유 외에도 천연가스, 그리고 근래 들어 셰일가스 등도 지천으로 묻혀 있어 부러움을 더하게 하고 있다.

캘리포니아는 이 같은 천연자원 외에 '실리콘 밸리'로 일컬어지는 IT 산업의 허브, 항공 산업의 지배자 보잉, 엔터테인먼트 산업의 본산 할리우드, 미국의 대외 교역 물동량의 태반을 커버하는 해운 유통의 중심지 롱 비치 등 미국 경제는 물론 세계 경제에 있어서도 가장 중요한 중심축이 되고 있다.

캘리포니아가 1개 주임에도 불구하고 세계 4~5위 권의 GDP를 창출해 낼 수 있게 된 것도 바로 이런 요소들이 두루 갖추어져 있기 때문이다.

인종 비율은 히스패닉계 40%, 백인계 35%, 아시아계 16%

캘리포니아는 1960년대 초반까지 인구수에 있어 뉴욕주 다음이었다. 그러나 이후 뉴욕을 넘어 50개 주 가운데 인구수 최대 주로 등극했고 지금은 2위인 텍사스보다도 1천 3백여만 명이 더 많은, 부동의 1위다.

이 같은 인구 파워는 캘리포니아의 정치, 경제적 위상을 그대로 반영한다. 인구수를 기준으로 2024년 배정된 대통령 선거인단 수가 54명으로 역시 최대

이고, 연방 하원의원 수도 캘리포니아 출신이 전체의 8분의 1에 해당한다. 한마디로 캘리포니아를 뺀 미국은 미국으로 존재키 어렵다는 평이 나올 정도다.

동부의 식민지, 그리고 초기 주들이 영국을 주축으로 하는 유럽계 이주자들이 주축이 된 반면 캘리포니아는 스페인, 멕시코 혈통의 라티노들이 주류를 이루는 곳이다. 미국 주들 가운데 드물게 백인 비율이 2024년 기준 35%로, 40%대인 히스패닉에 뒤지는 소수계로 밀려 있다.

태평양에 연해 아시아가 가깝기에 아시안들의 비율도 미국 평균보다 3배 이상 높은 16%대를 기록하고 있다. 캘리포니아에서 만큼은 이른바 소수계들이 인종차별에서 자유롭다는 얘기가 나오는 이유다. 미국 내에 4백여만 명으로 추산되는 한인들도 거의 절반가량이 이 캘리포니아에 둥지를 틀고 있다.

이런 인종 지형을 반영하듯 캘리포니아의 정치 색깔은 말 그대로 '올 블루'다. 철저하게 민주당이 지배하는 '블루 스테이트'의 아성이다. 1988년 대선 이후 캘리포니아는 늘 민주당 후보를 선택했다. 득표율도 민주당 후보가 더블스코어를 차지할 만큼 몰표를 얻어왔다.

주지사, 주의회 등까지 민주당 일색이다 보니 미국 내 정치적 위상이 덩치만큼은 못하다는 역설도 지적된다. 백악관 주인을 결정하는 것이 최대 선거인단을 가진 '골리앗' 캘리포니아가 아니라 '일곱 난장이' 같은 7개 '스윙 스테이트'에 달려있기 때문이다. 그럼에도 캘리포니아의 존재감은 타의 추종을 불허한다. 불과 250여년 사이에 '맨땅'에서 세계 유일의 초강국으로 부상한 미국의 건국 신화는 캘리포니아에서 그대로 새현됐다.

어느 지역보다 늦게 문명의 발길이 닿았던, 그리고 어느 곳보다 더 척박하고 거친 곳이었던 캘리포니아는 움튼 지 150여 년 만에 미국 최고, 최대의 간판 주(州)이자 미국 50개 주의 대표주자로 자리매김되고 있다.

02 네바다
사막 한가운데 꽃 피운 '도박의 성지'

주 전체 인구 80% 이상이 라스베가스 일원 거주

네바다는 스페인어 'nevada'에서 유래된 것으로 '눈이 내린, 눈으로 덮인'이라는 뜻이다. 흔히 네바다주 하면 온통 열사(熱砂)에 불모의 사막지대라 생각하지만 고산지역에는 눈 덮인 데가 많은 곳이다.

면적이 286,380km²로 남한 땅의 2.8배, 일본의 75%에 달한다. 그런데 2024년을 기준으로 하면 네바다의 인구는 360만 명, 한국은 5,163만 명, 그리고 일본이 1억 2,510만 명이다. 면적 대비 인구를 네바다 기준으로 단순 비교해 보자면 한국에 126만 명, 일본 땅에 460만 명이 살고 있는 것과 비슷한 셈이다. 네바다의 크기에 비해 인구가 얼마나 희박한지 짐작이 된다.

미국의 서부, 캘리포니아 바로 옆에 붙어있는 네바다는 3천m가 넘는 험산에 고산 지대가 많은 산악 지방이다. 주 평균 해발 고도가 설악산과 비슷한 1,675m에 달한다.

네바다는 주변 캘리포니아, 뉴멕시코 등과 더불어 1848년 미-멕시코 전쟁 종결 후 미국 땅으로 넘어왔다. 네바다는 그러나 미국 영토가 됐음에도 불구하고 19세기 후반까지도 개발과는 거리가 먼 버려진 황무지 같은 곳이었다. 미합중국이 독립을 선언한 지 거의 100년이 다 돼가는 1870년 무렵에도 인구가 4만 2천여 명에 불과했다.

네바다에 본격적인 개발의 붐이 인 것은 1859년 은광들이 발견되고부터였다. 급작스럽게 탄광촌이 들어섰고 외지에서 개척자들이 속속 몰려들었다. 그러나 '은 노다지' 열기는 반짝하다가 금방 시들어버렸다. 미 정부가 금융 체

네바다와 캘리포니아를 담은 고지도 모습

제에서 은의 사용을 제한시켰기 때문이다. 그렇게 되자 번창하던 은광들이 잇달아 문을 닫게 됐고 실업자들이 속속 네바다를 떠나기 시작했다. 1880년 6만 2천여 명에 달했던 네바다 인구는 10년 새 오히려 30% 이상이 줄어 4만 명대로 감소했다. 그러나 1900년대 초반 대규모 매장량을 가진 은광과 금, 그리고 구리 등이 발견되면서 네바다는 다시 활기가 돌게 됐다. 네바다의 진가가 빛을 발한 것은 1차 대전 중에 무기 생산에 필요한 구리, 텅스텐, 아연과 같은 유용 광물들이 본격 수요를 맞았을 때였다. 네바다는 이 같은 '전쟁 물자용' 지하자원들의 주요 공급원으로서 확실한 기여를 했다.

네바다는 실제로 미국 내에서 금 생산량이 가장 많은 곳이다. 서부 개척 시대 노다지 붐으로 인해 금하면 캘리포니아를 떠올리지만, 진짜 금이 많이 나는 곳은 네바다인 것이다. 네바다는 미국 내 금 생산량의 80%를 점하는 최대 금 산지임은 물론 세계적으로도 전체 금 산출량의 5% 가량을 차지하고 있다. 그럼에도 캘리포니아는 '골든 스테이트(Golden State), 네바다는 '실버 스테

라스베가스 중심가에 자리잡은 대형 카지노들의 화려한 야경 모습

이트(Silver State)'라는 별칭으로 불리고 있다.

네바다는 대공황을 맞아 여느 지역과 마찬가지로 극심한 침체의 고통을 겪었다. 1935년 후버 댐의 완공으로 전력과 막대한 관개용수를 확보, 공업 및 농업 생산을 증가시키는 등 산업 재건의 동력을 마련했지만, 여전히 부흥(復興)의 전기는 잡아내지 못하고 있었다. 섭씨 50도 안팎까지 치솟는 혹독한 자연환경, 온통 돌 사막투성이의 대지, 몇몇 지하자원은 있지만, 재정 기반의 부족, 열악한 인력 자원 등 하나같이 네바다의 발목을 잡는, 풀기 쉽지 않은 난제들이 그득했다.

네바다가 라스베가스고, 라스베가스가 곧 네바다

이러한 네바다가 '신의 한 수'를 찾아냈다. 다름 아닌 도박(賭博) 사업이었다. 네바다의 발전사를 돌아보면 명백히 그어지는 한 획이 있다. 라스베가스 이전(以前)과 이후(以後)가 그것이다.

네바다는 사실 일찍부터 도박에 눈을 떴다(?). 1869년, 인구가 고작 6만여 명 남짓이었던 시절부터 주에서 도박장을 운영할 수 있도록 했다. 1931년에는 아예 도박을 합법화시켰다. 그러나 이 시절 네바다의 도박장들은 '동네 노름방' 수준을 넘지 못했다. 또 유흥업소라는 게 으레 그렇듯 카지노 주변에는 범죄, 마약, 윤락을 업으로 삼는 '꾼'들이 꾀어들었다.

네바다주 당국은 1950년대 후반 도박법을 보완, 카지노가 범죄와 부패의 온상이 되는 것을 막는 각종 입법·행정 조치들을 마련했다. 여기에 '하워드 휴즈' 같은 거부의 투자가 더해져 라스베가스라는 '신기루'를 만들어 내는 대업을 본격화하기 시작했다.

라스베가스의 카지노들은 단순 도박을 넘어 가족 단위의 관광객들을 끌어들일 수 있는 종합 엔터테인먼트 타운의 건설을 기본 컨셉으로 잡았다. 카지노 시설들은 최고로 멋지고 호화롭게, 쇼와 쇼핑 천국에, 먹거리와 볼거리가 넘치면서도 안락한 '범죄 안전 지대(Crime Free Zone)' 확립을 모토로 삼았다.

황량하기만 하던 사막 한가운데 마침내 불야성(不夜城)이 만들어졌다. 라스베가스는 전국, 전 세계의 명물이 됐다. 무수한 관광객, 방문자들을 끌어들였고 어느 산업, 어떤 제조업에서도 만들어 내지 못했던 엄청난 고용 창출을 가져왔다. 돈과 사람이 몰려들면서 부동산, 식당, 판매, 유통, 관광 등 온갖 유형의 비즈니스들이 번창하기 시작했다. 1960년대 후반에 이미 라스베가스는 당시 기준으로 연 5억 달러의 GDP를 창출해 내는 '마이다스의 손'으로 등극했다.

지금 라스베가스시는 자체 인구만 67만 명이 넘고 주변 지역을 포함한 라스베가스 메트로폴리탄 선체로는 295만 명 이상의 사람들이 살고 있는, 거대 생활권의 중심이 돼 있다. 또 매년 600~700만 명이 이 곳을 찾는다.

한반도보다 더 큰 주 전체 인구의 5분의 4 이상이 라스베가스 일원에 몰려 있고, 주 전체의 고용 및 GDP의 6분의 5가 라스베가스를 기반으로 하는 서비스업에서 나온다.

네바다가 라스베가스고 라스베가스가 곧 네바나인 셈이다.

네바다의 혹독한 자연환경, 핵실험에 최적의 장소

네바다는 카지노에 이어 열악한 자연환경 덕에 또 하나의 '돈 줄'을 잡았다. 고객은 다름 아닌 연방정부다.

미국 원자력 위원회는 1950년 라스베가스에서 북서부로 95km쯤 떨어진 지역에 핵실험소를 마련, 이듬해부터 본격적으로 핵무기 시험에 들어갔다. 인적이 닿지 않는 광활한 외진 곳들이 오히려 핵실험에 있어 최적의 장소가 됐다. 이후 이곳서 시행된 지하 핵실험은 30년 이상 지속되면서 1,000회 이상이 진행된 것으로 알려지고 있다.

연방정부 관할인 이 핵실험소, 무지막지한 크기의 넬리스 공군기지 등 네바다 곳곳에 자리잡은 방위산업 관련 시설들은 네바다로 하여금 엄청난 고용 창출 효과를 누리게 해주고 있다. 화(禍)를 복(福)으로 바꾸듯, 불모지대 사막이 오히려 복덩어리가 된 셈이다.

네바다는 비록 사막지대가 주종을 이루지만 북서부의 강 유역에서는 대규모의 방목도 이루어지고 있다. 생산되는 작물도 감자, 밀, 보리, 양파 등 외에 기후를 활용, 대량의 건초가 재배되고 있다. 네바다의 2024년 GDP는 약 3,800억 달러로 미국 내 32위, 국가별로 비교할 경우 2025년 기준으로 체코와 비슷한 규모의 세계 43위 권이다.

네바다는 남북전쟁이 한창이었던 1864년 36번째 주로 합중국의 일원이 됐다. 당시 링컨 대통령은 네바다가 노예제에 반대하는 성향을 갖고 있음을 감안, 서둘러 네바다를 '자유주' 몫으로 받아들이는 데 역할을 했다.

네바다는 이 같은 역사에서 드러나듯 일찍이부터 리버럴한 성향을 지니고 있는 곳이었다. 네바다의 정치적 컬러는 그러나 어느 당에 치우치지 않는 독특한 스탠스를 취하는 것으로 유명하다.

한마디로 공화와 민주를 오가는 '스윙 스테이트' 특색을 보이지만 흥미로운 것은 네바다에서 승리하는 후보는 거의 대부분 대통령에 당선된다는 사실이다. 1964년 이래 15번의 대선 가운데 네바다에서 이긴 사람이 백악관 주인이 된 경우가 13번에 달한다. 대선에 있어 민주냐 공화냐며 당을 따지는 것이 아니라 대통령 될 후보만을 당선시키는, '족집게' 같은 안목을 보여주는 곳이 네바다다.

다만 지난 2016년 대선에서는 낙선한 민주당의 힐러리를 승자로 선택함으로써 오랜 '전통'에 다소 흠이 갔지만 2020년 바이든, 2024년 트럼프 등을 연달아 맞춤으로써 다시 한번 '족집게 주(Tweezer State)'로서의 명성을 이어가고 있다.

In Depth Story 에어리어 51

네바다 사막 한가운데 '금단의 구역'

네바다에는 핵실험장을 비롯, 광대한 항공기 시험 비행장을 갖고 있는 넬리스 공군기지 등 대외비에 속하는 민감한 방위 시설들이 많이 있다.

이 가운데서도 특히 베일에 쌓여 있는 것이 '에어리어 51(Area 51)'로 알려진 지역이다. 공식 명칭은 '그룸 레이크 공군 기지(Groom Lake Air Base)'인 이 시설은 말 그대로 미 정부의 특급 기밀에 속하는 '금지 구역'이다.

라스베가스에서 120km 정도 떨어진 이 곳은 전형적인 네바다의 사막 지대다. 외부인의 출입은 물론 사진 촬영 등 모든 형태의 접근이 금지돼 있다. 그렇다고 엄청난 시설이 있는 것도 아니다. 겉으로는 평범해 보이는 약간의 창고 같은 건물, 그리고 차량 및 활주로 등이 있을 뿐이다.

정확한 넓이나 규모 등도 밝혀진 것이 없다. 내략 서울시 면적의 6~7배 정

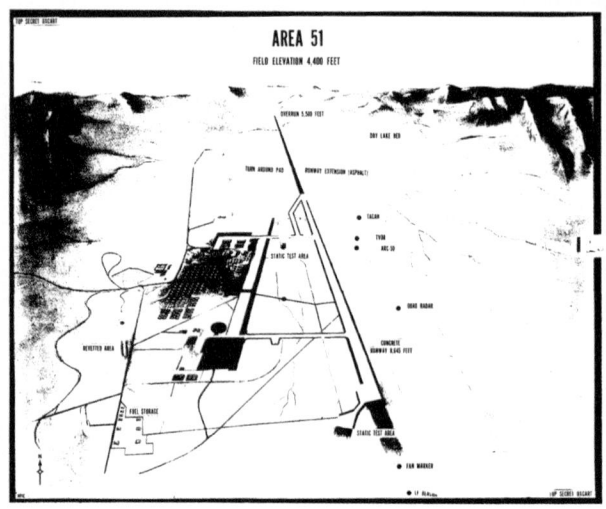
에어리어 51의 활주로를 나타내 주는 지도

도쯤 될 것이라는 추정만 나온다. 이 일대의 상공은 비행 금지 구역이다. 설령 위성으로 촬영해도 별로 알아낼 것이 없다. 모든 주요한 시설들은 전부 지하 기지 형태로 땅속에 들어가 있기 때문이다.

공식적으로 알려진 바에 의하면 이곳은 미소 간 냉전이 한참 격화돼 있을 무렵인 1950년대 중반, 당시 아이젠하워 대통령의 명령으로 특급 기밀 시설이 만들어졌다.

이 은밀한 기지의 용도는 비밀리에 제작되는 스텔스기, 무인기 및 극초음속 비행체 등 각종 용도의 항공기들의 실험 비행, 실전 훈련 장소였다. 여기서 실험 비행을 했던 대표적인 기종이 냉전시절 미국의 대 소련 정찰을 도맡았던 SR-71 초고공 정찰기다.

'블랙 버드'로 불리는 이 정찰기는 최대 고도 25km 상공에서 초고속으로 비행하며 고감도의 촬영이 가능하다. 나중에 존재가 드러났지만, 너무 높은 곳을 너무 빨리 날기에 전투기 등은 물론 미사일로도 격추가 어려웠던 미국의 비밀 병기였다. 이 외에 미국 정부가 대외에 알려지기를 꺼려하는 온갖 기종의 개발 항공기들이 실전 배치 전에 이곳서 은밀한 시험 비행을 하는 것으로 알려지고 있다.

하지만 이른바 '음모론자'들 사이에서는 이곳이 UFO 관련 비밀을 담고 있는 연방정부의 기밀 시설이라는 주장, 추측들이 무성하다. 실제로 외계인의 유체가 보관돼 있다는 얘기가 나돌기도 하며 무엇보다 이 지역 주변에서 UFO를 봤다는 목격자들도 적지 않다. 이들은 한결같이 정체불명의 발광체, 혹은 일반 비행기와는 다른 형태의 초고속 비행체, 의문의 굉음 등을 꼽고 있다.

물론 미 정부는 이에 대해 일체 공식적인 언급도 반응도 없다. '에어리어 51'의 존재 자체를 부인해 오다 2013년에야 비로소 CIA가 공식 인정한 것으로 알려지고 있다.

그럼에도 이곳은 여전히 '금단의 구역'이다. 민간 항공기들이 지날 수 없는 비행 금지 구역으로 설정돼 있고 위성 사진조차 희미하게만 처리된다. 외부인들은 30km 이내로 접근할 경우 경고와 함께 물리적으로 차단이 된다. 물론 카메라 등 무인 감시 장치와 도보 감시망 등이 겹겹이 쳐 있어 일반인의 접근을 막는 '의문의 시설'이 현재 네바다 사막 한가운데 존재하고 있는 것이다.

03 뉴멕시코
원자폭탄 개발 '맨하탄 프로젝트' 산실

주도 산타페 인근에 원폭 개발한 '로스 알라모스 연구소'

뉴멕시코는 멕시코와 국경을 맞대고 있고 텍사스, 애리조나, 콜로라도 등과 경계를 접하고 있는 남서부의 주다. 크기는 314,917km²로 한반도 크기의 1.4배가량이며 인구는 2024년 기준 약 220만 명으로 미국 내 36번째에 해당한다.

뉴멕시코는 이름에서 짐작할 수 있듯이 원래 멕시코 땅이었다. 그러다 1848년 미-멕시코 전쟁의 종료와 함께 주변 캘리포니아, 네바다 등과 더불어 미합중국의 일원이 됐다. 뉴멕시코가 미합중국에 47번째 주로 가입한 해는 1912년 1월로, 미국 영토로 된 지 62년 만이다.

뉴멕시코의 지리적 환경은 남서부 지역의 다른 주들과 비슷하다. 고산 지대에다 끝없는 돌 사막, 건조하고 메마르며 광활한 대지 등이 그것이다. 주의 평균 고도가 1,740m로, 한국서 세 번째 높은 산인 설악산 대청봉보다 조금 더 높은 서부의 '개마고원' 지대다.

뉴멕시코는 석유, 천연가스, 석탄 등과 같은 천연자원이 풍부하고, 주의 면적 또한 50개 주 가운데 다섯 번째를 차지할 만큼 큰 곳이지만 미국의 여러 주들 가운데 '메이저 그룹'에 들만한 강점이나 특색은 갖고 있지 못하다. 주의 GDP도 2024년 기준 약 3,100억 달러로 50개 주 중 37위로 밀리는, 덩치에 비해 경제력은 부실한 편이다.

그러나 뉴멕시코는 현대사에 있어 세계의 운명을 바꾸게 한 '역사의 현장'이 됐던 곳이다. 미 정부가 2차 대전 중에 비밀리에 추진했던, 원자폭탄 개발

뉴멕시코에 위치한 핵연구소 '로스 알라모스'의 전경을 나타내는 공중 촬영 사진

을 목적으로 한 '맨하탄 프로젝트'에 의거, 원폭을 제조하고 실험한 '로스 알라모스' 연구소가 자리잡은 곳이 바로 뉴멕시코이기 때문이다. 미 정부는 맨하탄 프로젝트에 의해 개발된 원자폭탄의 실제 폭발 실험을 1945년 7월 16일 뉴멕시코의 '트리니티 실험장'에서 실시했으며 성공이 확인되자 20일 뒤에 일본 히로시마에 사상 첫 원자폭탄을 터뜨렸고 이어 2차로 나가사키 원폭 투하로 일본의 항복을 끌어내 2차 대전을 마무리 지었다.

미국의 핵개발 연구소, 실험 현장 및 주요 공군 기지 등이 뉴멕시코, 네바다 등과 같은 곳에 몰려 있는 것은 지형적인 이유가 가장 크다. 우선 광대한 사막지대인 탓에 인적이 드물고 사막 기후의 전형인, 쨍쨍한 날이 많기 때문이다.

뉴멕시코의 연중 비가 내리는 날은 실제로 손꼽을 정도다. 강우량이라고 해봤자 12월~4월 사이는 월 12mm 안팎에 불과하고 우기(雨期)라 할 수 있는 7~8월에도 월 30mm 정도다. 특히 남서부 사막 지역은 '비 한 방울'조차 접하기 어려운 '땡볕'이 이어진다.

이런 건조한 날씨와 드넓은 평원은 항공기의 운용, 이착륙 및 시험비행에 유리할 뿐 아니라 습기에 의한 부식을 막는 등 기체와 장비 보존에 최적합한 상태를 제공하고 있다. 그래서 각 기종의 전투기, 전폭기, 정찰기 등의 시험 비행이나 온갖 정밀 미사일들에 대한 실험에 최적의 환경이 된다. 그 결과 겉보기에는 혹서의 황량하기 짝이 없는 사막이지만 곳곳에 특급 기밀의 공군 기지, 비행 실험 시설, 미사일 실험장 등이 뉴멕시코나 네바다 등에 많이 자리잡고 있는 것이다.

미국 원자폭탄 개발의 산실이었던 로스 알라모스 시험소는 여전히 뉴멕시코에 소재해 있으며 지금도 많은 오펜하이머의 후예들에 의한 핵개발 작업이 은밀하게 진행 중에 있다.

빌 게이츠와 아마존 제프 베이조스의 출생지로 유명

뉴멕시코는 스페인과 멕시코의 땅이었던 탓에 히스패닉계 주민 비율이 미국 내에서 가장 높은 주다. 2024년 기준 49.3%로, 35%인 백인을 제치고 메이저 인종 그룹으로 자리하고 있다. 주도인 산타페도 1610년 스페인 사람들이 설립한 거주지로 미국서 제일 오래된 수도(首都)로 꼽히고 있다.

뉴멕시코 역시 사막지대지만 미국 천연가스 매장량의 7%를 차지, 상위 10개 주에 들어가며 미국 내 석유 생산의 3.4%, 천연가스 생산의 7% 이상을 차지할 만큼 천연자원 알부자이기도 하다.

또 단순히 사막만 있는 것이 아니라 숲이 울창한 높은 산이 있고, 다양한 단층대가 오랜 침식과 풍화작용 끝에 마치 외계의 지형을 연상케 해 주는 경관으로 인해 관광 명소가 되기도 한다. '칼즈배드 동굴' 국립공원, 이름 그대로 장대한 흰 모래 언덕이 장관을 이루고 있는 '화이트 샌즈' 국립공원, '반델리어 내셔널 모뉴멘트' 등이 전국적인 명성을 갖고 있는 관광지로 꼽힌다.

서부 개척시대의 무법천지 상황을 얘기할 때 금 노다지와 함께 캘리포니아가 주 무대로 등장하지만 실제로는 뉴멕시코가 치안 측면에서 가장 열악했던 곳으로 알려지고 있다.

카우보이, 철도 노동자, 광부, 투기꾼 및 노름꾼, 건달 등에다 부패한 보안관과 판사 등이 얽혀 범죄의 온상지가 됐는데, 이 중에 유명한 서부의 무법자 '빌리 더 키드(Billy the Kid)'가 대표적인 인물이다. 그는 비상한 총 솜씨를 바탕으로 20명 이상을 죽인 전형적인 서부의 총잡이로 1870년대 후반 당시 뉴멕시코 준 주 지역에서 가장 악명을 떨친 악당이었다가 22세로 생을 마감했으며 많은 소설과 영화, 노래 등에 등장하고 있다.

뉴멕시코 일대가 얼마나 골치를 썩인 '개판'이었는지 당시 연방정부 일부 조야에서는 뉴멕시코를 차라리 멕시코에 돌려주는 것이 낫다는 푸념이 나돌 정도였다는 뒷얘기도 있다.

그러나 뉴멕시코는 과거에 악인들이 판쳤던 것과는 달리 근래 들어서는 세계적으로 위업을 달성한 인물들도 많이 배출했다. 유명한 빌 게이츠가 1975년 뉴멕시코 애러버키에서 마이크로소프트를 설립했고, 아마존닷컴의 설립자인 제프 베이조스도 이곳 출신이다. 또 전 세계에 500개가 넘는 힐튼 호텔 체인을 세운 호텔 왕 콘래드 힐튼, 컨트리풍의 서정적인 노래로 사랑받았던 가수 존 덴버도 이곳 출생이다.

뉴멕시코는 주 GDP나 소득 수준은 상대적으로 낮은 곳이지만 정치적으로는 진보 성향이 강하다.

1980년대 레이건과 부시까지는 공화당 후보가 승리했으나 이후에는 2004년 아들 부시가 간발의 차로 이겼을 뿐 나머지는 모두 10% 포인트 이상 격차로 민주당 후보들을 선택해 왔다. 주지사나 연방 상원 선거에서도 민주당이 강세를 보이는 '블루 스테이트'로 분류되고 있다.

04 애리조나
콜로라도강의 후버 댐과 그랜드캐년

미국 전체 구리 생산량의 3분의 2 차지하는 '구리 주'

애리조나의 별칭은 '구리 주(Copper State)'다. 지하는 물론 노천 광산에서 대규모의 구리가 채굴된다. 미국 전체 구리 생산량의 3분의 2를 차지할 정도다. 애리조나 경제를 좌지우지하는 또 다른 C들이 있다. 면화(Cotton), 가축(Cattle), 감귤류(Citrus) 및 기후(Climate) 등이 바로 그것이다. 이들 5개 C는 모두 애리조나의 먹거리를 만들어 주는 효자 상품들이다. 맨 끝의 기후는 애리조나가 특산품이라고 부를 정도로 사시사철 쨍쨍한 날들을 말하는 데, 이렇게 맑은 날씨 덕에 애리조나의 관광사업이 번창한다는 의미다.

서부 영화 속의 한 장면 같은 경관을 가진 애리조나는 주변 캘리포니아, 뉴멕시코, 네바다 등 7개 이웃 주들과 같은 경로로 미국 땅이 됐다.

미국 영토 이전의 역사들도 비슷하다. 17세기 중엽 스페인계 탐사대가 이 지역을 먼저 '찜'했기에 스페인 영토로 간주돼 오다가 소유권이 1821년 멕시코로 넘어갔고, 다시 미-멕시코 전쟁 끝에 최종적으로 미국이 주인이 됐다.

애리조나는 미국 영토로 된 뒤 62년 만인 1912년 미 본토에서는 가장 늦둥이라 할 수 있는 48번째 주로 합중국에 가입했다. 원래 한 몸이었다가 분리된, 이웃 뉴멕시코주는 한 달 전에 47번째로 가입한 바 있다.

애리조나는 사실 더 일찍부터 준 주 건립을 추진했지만 이 요청이 연방의회에서 묵살되자 이에 불만을 품고 남북전쟁 때 남부연합에 가담했었다. 그러자 남부연합의 제퍼슨 데이비스 대통령이 신속히 '애리조나 준 주' 설립을 추진, 법안 서명까지 마쳤으나 결과적으로 남군이 패해 무산됨으로써 북부에

자연이 빚어낸 최고의 걸작 가운데 하나로 평가되고 있는 그랜드캐년의 장엄한 협곡 모습

'미운 털'만 박히는 격이 됐다. 당시 연방의회는 새로운 주에 대한 가입을 심사하는 과정에서 '노예주'와 '자유주' 간 세력 균형을 맞추는 것에 목을 맬 지경이었는 데, 애리조나가 노예주 성향을 지니고 있다는 점에서 연방가입에 제동이 걸리곤 했다.

콜로라도강 수자원 관리로 서부 지역 '물 전쟁' 주도권

알래스카와 하와이를 제외하곤 제일 꼴찌로 미합중국의 정식 멤버가 됐지만 애리조나는 곧장 진가를 발휘했다. 인디언 나바호족, 아파치족 등과 장기간에 걸쳐 충돌도 있었지만 1880년대 초반 주 관내에서 금, 은 등이 발견되면서 채굴꾼을 포함한 유입자들이 크게 늘어 주의 발전 속도가 빨라진 것이다.

이어 1936년 후버댐이 세워지면서 콜로라도강 수자원에 대한 강력한 연고권을 쥐게 돼 주의 입지가 더욱 강화됐다. 늘상 물 부족에 시달리는 서부 지역 각 주들 간에 전개되는 이른바 '물 전쟁'에서 확고한 이니셔티브를 쥐게 된 것이다.

애리조나의 보물은 지하자원뿐 아니라 지상에도 있다. 세계 최고 경관 중의 하나로 꼽히는 그랜드 캐년(Grand Canyon)이 바로 그것이다.

전장 약 2,300km에 달하는 콜로라도강이 흐르면서 형성한 협곡 가운데 가장 압권인 446km정도 구간이 바로 그랜드 캐년이다. 그랜드캐년은 약 7천만 년 전 지반이 융기하면서 형성된 3,000m 정도 높이의 고원이 콜로라도 급류에 깎이면서 만들어졌다. 협곡은 가장 좁은 곳이 약 180m, 가장 넓은 곳이 29km에 달하며 협곡의 깊이는 1.8km 정도다. 그랜드 캐년은 지금도 매년 더 깊고 넓게 파이고 있다. 워낙 물살이 세기 때문에 휩쓸려 내려가는 돌들이 협곡 바닥을 훑으면서 바닥을 깎고 있기 때문이다.

그랜드 캐년은 1903년 시어도어 루스벨트 대통령이 현장을 직접 방문한 후 경관에 감격해서 국립공원 지정을 서둘렀다는 일화가 있다. 그랜드캐년은 4월에도 눈이 내릴 때가 있지만, 한여름에는 섭씨 48도 안팎을 오르내리는 혹서 지대이기도 하다. 라스베가스에서 160km 정도 떨어져 있는 이곳은 해마다 많은 관광객이 찾는 서부 최고 명소 중의 하나다. 2024년 한 해 동안 이곳을 찾은 관광객 수는 492만 명이 넘었고 이를 통해 주변 경제에 수천 개의 일자리, 그리고 10억 달러에 가까운 경제 효과를 가져다준 것으로 분석됐다.

애리조나는 대선에서 1952년 이래 40년 동안 단 한 차례도 민주당 후보가 승리하지 못했던 '찐 보수' 주였다. 그러다가 1996년 클린턴이 한번, 2020년 바이든이 처음으로 애리조나에서 신승을 거뒀다. 이렇게 되자 애리조나의 확실한 '레드 아성'이 흔들리기 시작했다. 다만 낙태나 이민법 등 사회적인 이슈들에 관해서는 여전히 강경 보수 기조를 고수하고 있다.

애리조나의 면적은 295,234km²로 50개 주 가운데 6위, 한국보다는 거의 3배가량 크다. 반면 2024년 기준 인구는 약 770만 명으로 같은 해 5,100여만 명을 기록했던 한국 인구의 14.8%가량에 불과하다. 애리조나의 GDP는 2024년 약 6,600억 달러로 미국 내 17위, 그리고 세계 다른 국가와 비교해서는 2025년 기준으로 이스라엘보다 많고 스웨덴과 비슷한 세계 26위에 랭크되는 규모다.

주도 피닉스와 유마는 세계서 일조량이 가장 많은 도시

애리조나 전반이 그렇지만 특히 남부 지역의 경우 세계에서 일조량이 가장 많은 지역으로 꼽히고 있다. 주도(州都) 피닉스(Phoenix)를 포함, 평균 일조량이 연간 3,800시간 대가 넘고 특히 유마(Yuma)는 4,000시간 이상으로 명실공히 세계 1위다. 이러한 기후 조건은 농작물 생산에 기여하는 것 외에 국방 분야의 '고객'도 유치할 수 있는 좋은 장점이 됐다.

애리조나에는 2차 대전 중에 많은 공군 기지가 들어섰다. '햇볕'을 특산품이라고 여길 만큼 연중 맑은 날이 많아 공군 기지 운용에 적합하기 때문이다. 이후에도 데이비스-몬선 공군기지, 루크 공군기지 등 주요한 공군 시설들이 곳곳서 가동되고 있다. 대규모 기지에 주둔하는 병력의 가족들이 이주, 정착하면서 사막 지역의 인구 증가 및 경제 성장도 뒤따랐다.

애리조나 역시 멕시코 접경 지역의 다른 주와 마찬가지로 히스패닉 인종 비율이 높다. 대략 주민의 4분의 1 정도를 차지한다. 특히 미국 내 최대 규모에 속하는 인디언 보호구역들이 주 내에 자리잡고 있다. 나바호족 보호구역의 경우 애리조나주 북동부의 상당 부분을 차지하고 있다.

애리조나에서 두 번째로 큰 도시인 투손(Tucson)은 주 내 다른 지역과는 다른 방식으로 미국 영토가 된 곳이다. 미-멕시코 전쟁 종료 5년 뒤인 1854년에 이루어진 가센 매입(Gadsden Purchase)에 따라 새롭게 미국 땅이 됐다.

이 지역은 당시에는 멕시코 북부 산간 지대에 불과했으나 지금은 상전벽해가 돼 투손, 유마 등과 같은 애리조나의 핵심 도시가 자리 잡고 있는 곳이다. 멕시코 입장에서는 또 한 번 땅을 칠 일이기도 하다.

05 유타
연방정부와 대립했던 몰몬교의 본산

호숫가에는 소금층이 얼음처럼 덮여 있는 솔트레이크

유타주를 찾게 되면 느껴지는 첫 인상은 '붉다'는 것이다. 광야가 온통 황토보다 더 짙은 황적색 대지로 펼쳐져 있다. 평원 멀리에는 멋대로 휘고 굽어진 적갈색 단층 구릉들이 휑하니 자리하고 있다. 마치 외계 행성에 와있는 것 같은 착각을 들게 하는, 이질적인 경관(景觀)들이다.

유타의 명소 솔트레이크(Salt Lake)도 그 경이로움에 경탄을 자아내게 한다. 염도(鹽度)가 가장 높은 거니슨 베이(Gunnison Bay) 구간의 경우 보통 바닷물의 3.5~8배 수준인 27% 안팎을 기록하고 있다. 이 진저리 치게 짠 소금 호수에서 물론 어류는 찾아볼 수 없고 호숫가에는 두툼한 소금층이 얼음처럼 덮여 있다.

유타의 또 다른 생경감은 이곳이 몰몬 교도들의 본산이라는 데서 더해진다. 유달리 눈에 많이 띄는 젊은 층 백인들, 그들의 매무새, 복색 등이 뭔가 다른 것 같은 곳이라는 느낌을 갖게 한다.

유타는 주변 네바다, 애리조나 등과 같이 산악 지대가 주류를 이루고 있다. 주 최고봉인 킹스 피크(Kings Peak)는 해발 4,124m로 꼭대기에는 만년설이 덮여 있다. 주도인 솔트레이크 시티를 포함, 도시들이 한결같이 해발 고도가 높고, 브라이언 헤드라는 도시는 무려 2,978m에 달할 정도로 고산지대가 많다.

한반도보다 약간 작은 219,890km^{2}의 면적을 가진 유타는 1848년 미-멕시코 전쟁 후 미국 영토가 됐다. 이후 준 주 등을 거치는 과정을 밟아 1896년 1

오랜 세월에 걸쳐 풍화된 황적색 구릉, 기암들이 갖가지 형태로 자리잡고 있는 유타주의 풍경

월에 45번째로 연방에 가입했다.

1863년 유타에서 금과 은이 발견되자 본격적인 개발 붐이 일었다. 정부 측에서는 광산 개발을 통해 많은 개척자들을 끌어들였다. 1860년대 후반의 대륙횡단철도 개통, 주 내 금·은 및 구리 광산 개발, 그리고 금속 제련업 활성화에 힘입어 유타는 광업주로 부상했다. 1차 대전 때는 주요 비철금속 공급처로 중요한 몫을 담당했다.

유타는 1930년대 대공황 때 큰 타격을 입었으나 2차 대전이 일어나면서 다시금 회복의 길로 들어섰다. 공군 기지 등 많은 군사 시설과 금속 제련 기술 등이 활용되는 무기 제조, 특히 미사일 생산 중심지로 탈바꿈됐기 때문이다. 실제로 유타주의 경제 기반은 1940년대 이후 농업에서 공업주로 변모됐다. 1952년에는 유타에서 우라늄 광이 발견되고 이어 원유와 천연가스 자원들이 개발되기 시작했다.

철강 제조와 함께 중공업 주로의 전환을 가속화시킨 산업들이다. 그렇다고 유타에 농작물이 없는 것은 아니다. 농장 지대는 유타의 20% 정도를 차지하고 있다. 건조한 기후에서 다량 생산되는 건초를 토대로 육우와 낙농 등이 활발하다. 보리나 밀, 옥수수 같은 건조 기후형 작물 및 사과, 복숭아, 체리 등의 생산 비중도 크다.

유타의 2024년 GDP는 약 4,200억 달러로 미국 내 30위, 국가별 비교로는 2025년 기준으로 루마니아와 비슷한 세계 41위 권이다. 하지만 인구는 약 350만 명으로 한산하기 그지없는 주다.

주둔 연방군과 무력 충돌로 많은 희생자 발생한 '몰몬 전쟁'

유타는 여러가지 주목할 만한 특징을 갖고 있으나 이 중에서 뺄 수 없는 것이 몰몬교다. 유타는 정식 독립주로 승격하는 과정에서 다른 곳에서는 찾아볼 수 없었던 종교 분쟁을 겪기도 했다. 당시 연방정부와 대립했던 주역이 바로 몰몬교다.

몰몬 교도들은 19세기 중엽 종교적 안식처를 찾기 위해 미국 내 여러 곳을 방황해야 했다. 이들은 오하이오, 미주리와 일리노이 등으로 계속 이동을 하다가 교회 리더인 브리검 영의 주도로 1847년 유타에 정착했다.

이후 몰몬교는 교세 확충을 위해 잉글랜드, 덴마크 및 북구 여러 곳에서 새 성도들을 유타로 데려왔다. 최종적으로 그 수효는 8만여 명에 달했다. 1870년 유타의 공식 인구 집계가 86,300여 명이었던 것을 감안하면 유타에서 몰몬교가 얼마나 막강한 위상을 갖고 있었을지가 짐작된다.

나중에 후기 성도교회로 이름을 바꾼 이들은, 종교 지도자 브리검 영을 총독으로 삼아 '데저렛' 주라는 이름의 독자 정부를 추진했다. 그러면서 미합중국에 편입되는 것에는 부정적 인식을 보였다. 하지만 1849년 이후 여러 차례 연방 가입을 추진했으나 연방의회는 이를 거부했다.

당시 제임스 뷰캐넌 대통령도 유타가 종교 단체가 주도하는 주가 돼서는 안 된다는 입장이었다. 결국, 연방정부는 총독을 임명, 부임시켰고 이 총독의 행정 집행을 위해 연방군이 파병돼 1858년 봄 이후 3년간 유타에 주둔했다. 이 과정에서 무력 충돌도 발생, 어린이를 포함한 많은 희생자가 나왔다. 이른바 '몰몬 전쟁'이 그것이다.

유타에서는 1880년대 들어 전에 통과됐던 일부다처제 금지법을 집행하는 과정에서 1천여 명에 달하는 몰몬 교도들이 징역형 또는 벌금형 처분을 받았고 정부는 교회 재산 차압, 교회 법인 등록 무효 조치 등을 내리기도 했다.

이렇듯 진통을 겪어왔음에도 유타에는 여전히 몰몬교를 주축으로 하는 종교적 색채가 짙게 남아있다. 주도인 솔트레이크 시티의 경우 몰몬교 신도 비율이 현재도 34~40%에 이를 정도로 막강한 영향력을 지니고 있다.

유타는 유독 백인의 비율이 높은 곳이다. 한때는 95% 이상을 차지한 적도 있으나 점차 낮아져 현재는 대략 80% 정도를 보이고 있다. 그러나 이 역시 전국 평균에 비한다면 훨씬 높은 편이다.

이 같은 백인 인구 집중에 몰몬교라는 특성이 가미돼 유타의 정치적 성향은 거의 완전 '레드 스테이트'에 가깝다. 1964년 존슨 대통령 이후 한 번도 민주당 후보가 대선에서 승리한 적이 없다. 지지율 차이도 더블 아니면 최소 20%포인트 이상이 벌어질 정도다.

대통령 외에 주지사, 연방 상원 선거에서도 공화당이 모조리 휩쓰는, 보수의 철옹성 같은 곳이다. 유타의 이같은 스탠스는 몰몬교가 큰 영향을 끼쳤다는 것에 이의를 달지 않는다. 몰몬교를 빼고 유타를 얘기할 수 없다는 말이 과한 표현은 아닌 것이다. 몰몬교가 지배하는 곳이어선지 유타에서는 주법이 엄격해 술을 구하기가 쉽지 않다. 알코올 도수가 높은 주류에 대한 판매 제한, 주점 영업 제한, 일요일 주류 판매 금지 등 주당(酒黨)들 입장에서는 삭막하기 짝이 없는 곳이 바로 절경(絕景)을 자랑하는 유타주다.

In Depth Story 대륙횡단철도

동서를 연결한 미합중국 통합의 상징

1869년 5월10일 유타주 프로몬트리 서밋에서 거행된 대륙횡단열차를 연결 짓는 완공 기념식 장면

    1869년 5월 10일 오후 2시가 넘은 시각. 유타주 프로몬트리 서밋(Promontry Summit) 선로 변에 수천 명이 운집해 있었다. 1861년부터 시작된 미 대륙횡단철도 완공식이 벌어지는 현장이었다.

    지난 8년여간 무려 3,077km에 걸쳐 철로를 깔아 온 동서부 양 철도회사의 대표들이 마지막 연결 대못을 박는 순간 군중들은 환호했고 대기 중이던 기관차들은 기적을 높이 울렸다. 대망의 대륙철도 개통 소식은 미국 전역으로 급 타전됐다.

    남북전쟁에서 승기를 잡아가고 있던 링컨 대통령은 다음 과제로 철도를 통한 동서부의 연결을 계획하고 있었다. 남부에 대한 군사적 승리보다는 연방 수호가 더 중요하다는 인식을 가졌던 그였기에 남북전쟁 승리를 전제로 철로를 통한 합중국 통합에 나선 것이다.

1863년 1월, 남북군이 한참 전장에서 맞닥뜨리고 있는 것과는 별개로 동서를 잇는 철도 공사가 시작됐다. 대역사(大役事)는 동서 양쪽에서 철로를 놓는 공사를 동시에 시작, 중간 지점으로 정해진 곳에서 두 철도를 연결짓는 것이었다.

공사는 동부에서는 유니온 퍼시픽(Union Pacific), 서부 쪽은 센트럴 퍼시픽(Central Pacific)이 각각 맡았다. 이미 동부와 중부 간에는 철도 노선이 가동되고 있었기에 동쪽 기점(起點)은 네브라스카주의 오마하(Omaha), 서부 쪽 출발점은 캘리포니아의 새크라멘토(Sacramento)였다. 사업에 소요될 엄청난 비용은 연방정부의 지원과 시공사들이 채권을 발행, 자금을 조달하는 방식을 택했다.

연방정부는 시공사에 상당한 메릿(merit)을 제공했다. 공사비 지급 지원은 물론 철로가 깔릴 때마다 매 1마일당 철로 연변 대지 25~52㎢씩을 불하해 주는 조건이었다. 구간별 난이도에 따라 공사비도 차등 산정됐다. 평지와 경사진 곳이 다르고 또 시에라 네바다산맥과 같은 고지대에 터널을 뚫거나 교량을 건설하는 경우에 대해서도 별도 기준을 적용했다.

두 회사는 치열한 세기의 경쟁을 시작했다. 캘리포니아에서 출발하는 센트럴 퍼시픽은 1,100km 이상을 완성 목표로 했고, 동에서 서로 향하는 유니언 퍼시픽 역시 1,700km 이상을 목표로 잡았다. 철도 공사비 외에 덧붙여 주는 철도 연변 토지들은 나중에 역세권(驛勢圈)으로 개발될 이점을 갖고 있기에 행여라도 계획 구간을 상대방에 넘겨줘서는 안 됐다. 양측은 서로 더 긴 구간을 건설해 내기 위해 올인에 나섰다.

시작은 서부 쪽이 빨랐다. 1863년 1월, 발빠르게 기공식과 함께 공사를 개

대륙철도 공사 데일 크리크 브리지 건설 모습

시했고 동부 쪽은 10개월쯤 뒤에 출범했다. 그러나 서부 쪽 공사를 맡은 퍼시픽은 네바다산맥 구간에 부닥치면서 공정이 지연됐고 또 자금난에 봉착, 어려움을 겪었다. 반면 후발주자인 동부 출발 노선은 착실한 진전을 이어갔다.

연방정부 지원금은 완공 후 지급되는 것이었기에 막대한 규모의 사업 자금 조달과 노동력 확보가 관건이 됐다. 레일이 깔리는 곳은 허허벌판 사막에서부터 고산 지대 험준한 협곡 등 거칠기 짝이 없는 환경이었다. 곳곳이 난공사 구간이기에 안전사고가 다발했고 많은 인부들이 목숨을 잃거나 부상을 당했다.

또 하나의 복병은 인디언과의 충돌이었다. 연방정부가 철로 시공사에 제공키로 한 철도 변 토지의 상당 부분은 인디언 영토로 돼 있는 곳이었다. 정부가 수용 결정을 통해 땅을 임의로 확보한 뒤 이를 건설사에 내주는 것이었기에 현지 인디언들의 불만이 폭발했다.

철도 건설 구간 곳곳에서 인디언들의 습격에 따른 피해자가 속출했다. 공사 현장 인부는 물론 연결선에 타고 있던 기차 승객들도 희생자가 됐다. 경찰력이 공사장마다 투입돼 지켜줄 여력이 없었기에 인부들은 총으로 무장한 채 공사에 임했다.

인디언과의 싸움보다 더 고질적인 난제는 공사 인력 확보였다. 철로를 놓는 것이 워낙 중노동인 데다 임금이 주변 광산 갱도 작업보다 낮은 편이었기에 백인 노동자들은 대체로 기피했다. 어렵게 인부를 조달하더라도 대부분 다른 데로 빠져나가는 경우가 많았다.

유니언 퍼시픽은 주로 아일랜드계 이민자와 퇴역 군인들을 많이 쓴 데 반해 센트럴 퍼시픽은 중국인 노동자 비율이 90% 이상이었다. 당시 서부 지역에는 금광 노다지 바람을 타고 이주한 중국인들이 많았다. 쿠리(Coolie)라고 불린 이들은 백인들이 기피하는 열악한 조건과 험난한 공사 현장을 가리지 않고 작업에 임했다.

교량을 놓거나 험준한 산악 지대에서 터널 굴착을 위해 다이너마이트를 폭발시키는 등 난공사 구간에서 무수한 희생자가 발생했다. 센트럴 퍼시픽의 대주주 중의 하나이자 캘리포니아 주지사였던 릴런드 스탠포드(Leland Stanford)는 나중에 이들 중국인 노동자들의 기여에 답하는 취지에서 샌프란시스코에 중국인 거주지를 기부, 오늘의 차이나타운을 만들게 했다. 또 막대한 수익의 일부로 스탠포드 대학을 설립, 일정 비율의 중국인 학생들의 입학을 허용했다

6년여에 걸친 속도 경쟁, 열사와 혹한 속의 작업 끝에 1869년 5월 마침내 동서 철도가 연결됐다. 공사에 투입된 재정 규모는 당시 기준으로 6천만~1억 달러로 2024년 가치로 환산하면 170억~220억 달러에 달하는 큰 돈이었다. 공사에 투입된 인원은 공사 초기에는 약 10만 명이, 이후 연 평균 8만 명 이상이었고, 공사 중에 각종 사고 등으로 사망한 사람만 1천 명 이상으로 추정됐다.

대륙횡단열차의 개통은 신생 미합중국의 산업 및 경제 패러다임을 바꾸는 또 하나의 천지개벽이 됐다.

우선 안보 측면에서 대륙횡단철도는 국가 통합과 서부 방위에 핵심적인 기여를 했다. 연방정부의 서부 지역 통제력도 더욱 공고해졌다. 대서양과 미시시

피강 서쪽을 연결해 줬던 이리 운하 등 내륙 수로망 연결이 획기적인 것이었다면 철도의 개통은 운송 측면에서 말 그대로 혁명에 비견됐다.

동부와 서부 간 화물 운송 시간은 과거 6개월 정도에서 7~10일로 단축됐다. 당연히 운송 비용도 최대 90%까지 절감됐다. 더 이상 삐걱거리는 역마차도, 인디언의 습격도 걱정할 필요가 없게 됐다.

첫 동서 횡단 노선이 열린 이후에도 권역(圈域) 간, 지역을 잇는 많은 본선, 지선 철로들이 건설됐다. 그러자 동서 간에, 전에는 상상할 수 없었던 막대한 상품, 물자, 승객이 교류되기 시작했다. 동부의 공업 제품, 서부의 농작물이 상호 생산자와 소비자로 연결되면서 산업 생산, 교역량, 경제 규모, 지역 발전, 기업 확대, 소득 증대 등을 가져왔다. 특히 철강이나 석탄, 목재 산업 등은 폭발적인 성장을 구가하게 됐다.

대륙횡단철도는 궁극적으로 미국의 산업 발전 레벨을 서너 단계 부상시키는 역할을 했다. 철도 건설에 쓰이는 막대한 철강 수요가 미국을 철강 대국으로 만들었고, 그리고 '철강 왕' 카네기를 낳게 했다. 산업 자본 개념을 금융 자본으로 업그레이드시킨 JP 모건도 이때 나왔다.

19세기 중후반 자칫 국가를 반쪽 낼 수도 있었던 남북전쟁이 결과적으로 정치적 화합의 모멘텀으로 작용했다면, 동서 대륙횡단철도의 개통은 미국을 경제·사회적으로 통합시키고 산업 발전과 함께 대륙국가로 발돋움시켜 준 '세기의 대박(大博)'이었다.

06 콜로라도
록키산맥 품고 있는 '미국의 지붕'

콜로라도 경제 살찌우는 '큰 손'은 연방정부 군사시설들

온통 산투성이라 '미국의 지붕'이라 할 수 있는 콜로라도에 첫 발을 디딘 유럽인은 1541년에 이곳을 탐사한 코로나도(Coronado)였다. 이런 연고로 스페인이 '찜'해 놓은 땅이 됐다. 콜로라도는 두 차례로 나뉘어 미국 땅이 됐다. 1803년 프랑스의 루이지애나 지역 매각 당시 콜로라도 전체 면적 40%가량에 해당하는 동부 지역이 미국에 편입됐다. 나머지 서부 땅은 스페인령으로 남았다가 1848년 미국-멕시코 전쟁 후 미국 영토로 넘어왔다.

넓이가 269,837km²로 한반도보다 훨씬 큰 곳이지만 주 대부분이 산악 지역이기에 중부 등지에서 볼 수 있는 넓은 평원이 눈에 잘 안 띈다.

콜로라도의 이 같은 자연 환경은 콜로라도의 생활과 경제에 그대로 반영되고 있다. 산이 많기에 지하자원도 풍부해 곳곳에 광산이 개발됐다. 금, 은, 구리에다 석탄, 석유, 천연가스, 우라늄 등 '영양가' 있는 자원들은 모두 망라돼 있다.

농축산 부문의 경우 산간지방에 널린 광활한 목초 지대가 많은 탓에 방목을 통한 육우가 큰 비중을 차지하고 있으며 젖소와 양, 옥수수, 밀, 건초 등의 중요한 생산지이기도 하다. 또 산이 높고 물이 좋아서인지 단일 규모로는 미국 최대를 자랑하는 쿠어스 맥주 제조 공장도 덴버 근처에 있다.

1870년대 대륙횡단열차가 연결되면서 개발과 인구가 탄력을 받았고 2차 대전 기간 중 각종 전쟁 물자용 금속과 석유 등의 주요 조달처 역할을 한 것이 주 경제 발전에 큰 기여가 됐다.

콜로라도 화이트리버 국립 수림 지대의 전경

콜로라도 경제를 살찌우는 또 다른 '큰 손'은 연방정부 군사 시설들이다. 1958년 미 공군사관학교가 콜로라도 스프링스에 캠퍼스를 열었고, 북아메리카 공중방어사령부도 역시 이 지역에 광대한 시설과 함께 자리 잡고 있다. 각종 제원의 미사일에서 핵탄두까지 고 정밀도의 방산 무기들이 많이 생산되는 곳도 이곳이다. 콜로라도의 산악 지형을 활용한 수력 댐들도 다수 건설돼 전력 생산이 많고 록키산맥을 관통하는 대형 수로 터널을 이용해 8억 6천만 평 이상의 농장 지대와 저수지에 용수를 공급하는 '콜로라도-빅 톰슨 프로젝트'도 가동되고 있다.

콜로라도의 2024년 GDP는 약 5,300억 달러로 미국 내 22위이며 세계적으로는 2025년 기준으로 노르웨이보다 많은 세계 32위 권에 해당한다.

평균 고도 1마일 넘는 주도 덴버의 별칭은 '1마일 높이 도시'

콜로라도는 미국에서 지대가 가장 높은 최고(最高)의 산악 주다.

서부의 등뼈 록키산맥이 주의 남북을 관통하면서 고지대를 형성하고 있다. 가장 높은 앨버트산(Mount Elbert) 높이가 4,401m인데 이 외에도 일본 후지산보다 훨씬 더 높은 4천m 이상급 봉우리만 무려 100개가 넘는다. 이런 록키산맥 고봉들을 '콜로라도 포티너스(Colorado Fourteeners)'라는 별칭으로 부르기도 한다. 주에서 가장 낮은 지대가 속리산 천왕봉에 약간 못 미치는 1,011m에, 주 전체 해발 고도 평균이 한라산보다 더 높은 2,073m나 되는 곳이라 실제로 고산병을 느끼게 되는 곳이기도 하다.

주도(州都)이자 콜로라도 최대 도시인 덴버도 역시 고지대인데 도시의 평균 고도가 1마일, 즉 1,609m를 넘나드는 바람에 '1마일 높이 도시(Mile High City)'로 부른다.

고도와 관련된 표지석도 곳곳에 있다. 주 의사당 계단에도 해발 1마일의 마커(marker)가 있다. 재미있는 것은 야구나 풋볼 모두 공기가 희박하면 공이 더 멀리 날아가기 때문에 프로팀들이 이곳서 경기를 할 때는 평소와는 다른 전략을 짠다는 얘기도 있다.

콜로라도는 미국 독립 100주년이 되는 해인 1876년 8월, 38번째 주로 미연방에 가입했다. 식민지 전쟁이나 남북전쟁 등을 겪은 바 없이 순탄하게(?) 미국 땅이 된 탓인지 콜로라도는 이념 문제니 인종차별 같은 사회적 이슈에서 비교적 자유로운, 리버럴한 성향을 가지고 있다.

콜로라도는 2008년 이후 대선에서는 항상 민주당 후보에 승리를 안겨줬고 주지사 역시 민주당이 강세를 보이는 '블루 스테이트'로 분류된다. 험준한 바위산을 무대로 하는 실버스터 스텔론 주연의 영화 '클리프 행어'의 산악 장면들이 대부분 콜로라도에서 촬영됐다. 콜로라도의 주가(州歌)도 이러한 산세를 소재로 한 존 덴버의 'Rocky Mountain High'다.

영화 속의 경관처럼 산세가 험해 연중 강설량이 많으며 지역에 따라서는 6개월에 걸쳐 눈이 내리기 때문에 미국 내 최고 스키 리조트로 정평이 높다. 흥미로운 사실 하나는 콜로라도 사람들의 비만율이 20% 중반대로 전국에서 가장 낮은 편에 속한다는 점이다.

콜로라도는 항상 최저 비만율을 유지한다는 것인데, 아마도 산이 높아 운동량도 많기 때문이 아닐까라는 관측들이다. 참고로 미국서 비만율이 제일 높은 주는 웨스트버지니아 등으로 40%가 넘는다.

In Depth Story — NORAD

핵전쟁의 '둠스데이'에 대비한 지하 벙커 시설

외계인에 의해 지구가 공격당하는 상황을 그린 영화 '인디펜던스 데이'에서 미국 대통령 등을 비롯한 비상 지휘부가 대피하는 곳이 있다. 인류 최후의 피난처라 할 수 있는 콜로라도 샤이엔산에 있는 북미 항공 우주사령부 지하기지다. 보통 NORAD라 불리는 곳으로 핵전쟁 발발로 인해 지구 멸망과 같은 이른바 '둠스데이(Doomsday)'에 직면할 때를 대비한 최고 지하 벙커 시설이다.

미-소 냉전 때인 1958년 5월 만들어진 것으로 콜로라도 스프링스 근처의 해발 2,000m 샤이엔(Cheyenne)산 화강암반 지하 600m에 약 5만 4천 평 규모의 거대한 지하 공간을 판 뒤 1,300여개의 초대형 스프링을 박아 정지 작업을 한 기반 위에 지하 기지를 건설했다.

방어 능력은 30 메가톤급 핵폭발이나 리히터 규모 8.3의 지진에도 견딜 수 있게 설계됐다. 핵폭탄이 기지를 직격하더라도 충격이 스프링에 의해 분산 흡

노라드 방공사령부의 강철 출입문

수되면서 건물 진동이 1인치 이내로 그치게 돼 내부 피해를 최소화할 수 있다.

기지의 외부 출입구는 3피트 두께에 하중 25톤의 강철문 2개로 보호되는데 이 지하기지에는 최대로 약 1,000명까지 생활이 가능하도록 설비가 갖춰져 있다.

내부에는 비상 발전기에 공기정화 및 정수시설을 비롯, 1만 5천 톤 이상의 용수가 저장돼 있으며 지하 천연 수맥으로부터 공급을 받을 수 있도록 돼 있다. 또 병원, 체육관에 약국, 교회 등 각종 복지 시설까지 완비돼 있다.

NORAD는 러시아 등과 같은 적국의 핵미사일 공격을 탐지하고 이에 대응하는 것을 목적으로 삼고 있다. 지금은 미국에 우주 방공군이 만들어지면서 관할도 우주방공사령부 예하로 편제돼 있다. NORAD는 냉전 때 최고조에 달했던 핵전쟁의 위험이 완화되는 듯하면서 존재 가치가 다소 떨어졌었다.

하지만 근래 들어 다시금 신냉전이 도래하고, 러시아에 더해 중국, 북한 등과 같은 가상 적국들에 의한 핵위협이 고조되면서 중요성이 더해지고 있다.

In Depth Story **콜로라도강**

록키산맥서 발원한 서부 7개 주의 젖줄

콜로라도강 후버 댐의 위용

　미국의 영토 확정과 국가 개발에 있어 미 대륙의 강(江)들은 지대한 역할을 했다. 그 가운데서도 중부의 미시시피강 못지않게 중요한 기여를 하고 있는 것이 서부의 콜로라도강이다.

　록키산맥에서 발원, 콜로라도와 유타, 네바다, 애리조나 등 서부 7개 주를 거쳐 캘리포니아만으로 흘러드는 콜로라도강은 전장 약 2,330km의 서부 최대의 강이다. 콜로라도강은 단순히 길이나 폭, 유량, 유역 등이 대단해서가 아니라 강의 기능과 역할 측면에서 세계의 어느 강에서도 찾을 수 없는 독보적인 존재감을 지니고 있다.

콜로라도강은 '그랜드캐년'을 만들어냈고 '후버 댐'을 태동케 했으며 라스베가스, 피닉스, 샌디에고, LA 같은 서부 대도시들의 용수원(用水源)이자 약 637,000km²에 달하는 강 유역의 젖줄이 되고 있다.

콜로라도강은 콜로라도 고원을 가로지르면서 침식 작용을 통해 1,600km 이상의 깊은 협곡을 깎아냈다. 그 가운데 가장 장관을 이루는 것이 애리조나에 위치한 길이 약 446km의 '그랜드캐년'이다. 그랜드캐년 협곡의 폭은 최대 29km에 깊이는 1,800m에 달한다. 이런 식으로 콜로라도강이 만들어 낸 유명 협곡만 18개소 이상이다.

1935년 콜로라도 강을 막아 건설된 후버 댐은 높이 221m, 기저부(基底部) 댐 두께 201m의 다목적 댐으로 막대한 전력 생산을 통해 주변 거대 도시들을 밝히는 한편 홍수 방지와 최대 규모의 용수 공급원으로 기능하고 있다.

콜로라도강은 이미 1920년대부터 록키산맥을 가로지르는 대규모 수로 터널이 뚫려 강물을 대평원 동쪽으로 공급케 하는 등 일찍이부터 치수(治水)의 롤 모델이 되기도 했다.

이런 방식으로 콜로라도강 하류를 따라 많은 자(子)댐 들이 만들어져 유량 및 유로 변경 등을 통해 식수원이나 농업 용수로 활용하고 있다. 콜로라도강 본류 및 지류에 걸쳐 구축된 댐 네트웍은 댐 공사 전에 강물이 매년 토해냈던 엄청난 규모의 토사 퇴적을 방지, 하류 지역의 홍수를 막고 방대한 농경지를 조성케 해줬다.

콜로라도강은 단순히 흐르는 물로 운송을 담당하는 수로(水路)에 그치는 것이 아니라 위대한 경관을 창조해 내고 가파른 낙차를 이용해 막대한 전력을 생산해 내며, 그 물길을 바꿔 홍수를 막고 용수로 활용하는 '일강사역(一江四役)'을 통해 미국 서부를 살찌우고 있는 것이다.

제 7 부

미국과 러시아의 담판
알래스카 매입

서문

　20년 전 멕시코 전쟁 승리를 통해 대륙국가를 실현하고, 자칫 나라가 깨질 뻔했던 남북전쟁까지 원만히 수습한 미국은 바야흐로 '제국(帝國)' 다지기에 들어간다.
　독립 이래 한 세기도 채 안 돼 일궈낸 눈부신 성취로 국가나 국민 모두 자부심이 넘쳤고 분위기는 한껏 고양돼 있었다.
　국가 팽창을 위한 화두로 삼았던 '명백한 숙명론(Manifest Destiny)'은 명백하게 실현돼 나가는 듯했다. 여기에 금상첨화(錦上添花)로 더해진 것이 알래스카 매입이다.
　이제까지의 역정과는 달리 알래스카는 스스로 굴러들어 온 땅이기에 의미가 더 각별했다. 물론 매입을 둘러싸고 일부 시큰둥한 시각도 있었지만 알래스카 획득이 미국의 운명까지 바꿔줄 만한 '수퍼 초 대박'이었음을 부정할 사람은 없었다. 마치 100여 년 뒤 냉전(冷戰) 상황을 예견한 듯, 알래스카는 미국에게 러시아의 숨통을 죌 수 있게 하는 천혜의 요충지가 됐다.
　러시아가 모피 사냥터 정도로 여기다 '땡처리' 해버린 알래스카는 돌이켜 보자면 어처구니없는 전말 끝에 미국의 품으로 안겨 들어왔다.

제1장

알래스카 획득과 미국의 영토 확장

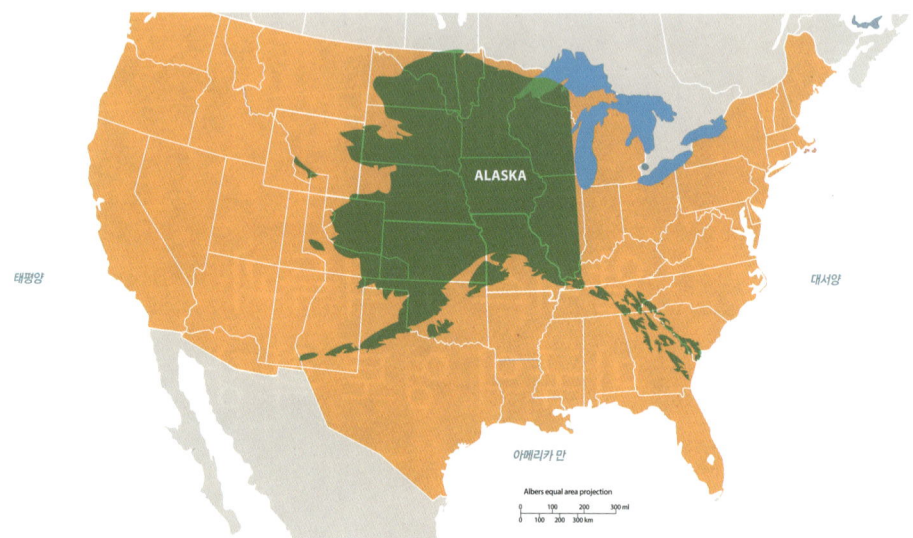

미국이 러시아로부터 매입한 알래스카는 미 본토의 약 15%에 달하는 엄청난 규모였다. 주황색인 미 본토와 녹색으로 칠해진 알래스카의 크기를 비교해 보면 알래스카가 얼마나 큰 땅인지 알 수 있다

알래스카 땅을 720만 달러에 얻은 수어드 장관과 스퇴클 공사의 빅딜

알래스카의 구입 당시 면적은 텍사스의 두 배 정도

미 국무장관과 러시아 공사가 알래스카 매각 관련 서류에 서명하고 있다

1867년 3월 30일, 토요일 새벽 3시 무렵. 워싱턴 D.C. 라파예트 광장 근처에 있는 윌리엄 수어드(William H. Seward) 미 국무장관 저택의 서재는 숨이 막힐 듯한 긴장감으로 가득 차 있었다.

책상을 두고 마주한 두 사람은 수어드 장관과 에두아르드 드 스퇴클(Edward de Stoeckl) 제정(帝政) 러시아 공사. 이들은 통역관, 서기관 등의 지원을 받으며 여러 페이지에 달하는 문서에 차례로 서명해 나갔다. 이윽고 새벽 4시 무렵, 양측은 서명이 완료된 최종 문서들을 주고받았다. 알래스카가 미국에 넘어오는 역사적인 순간이었다.

전날 저녁 스퇴클 공사는 미 국무장관 측에 메시지를 넣었다. 토요일이지만 내일 시간을 정해 만나자는 연락이었다. 수어드 장관의 답은 "차라리 오늘 밤이 어떠냐"는 역제안이었다. 공사는 이날 러시아 황제로부터 알래스카 매각에 관한 승인 통보를 받은 터였다. 오랫동안 밀고 당겨 온 중대 사안이었기에 서둘러 마무리하고 싶었다.

두 사람은 가격부터 종결을 졌다. 광대한 땅 알래스카, 그러나 동토의 얼음 땅이었기에 러시아 측은 '세게' 받을 생각을 못했다. 600~650만 달러. 스퇴클 공사가 본국과 상의해 정해 놓은 마지노선이었다.

미국 측 역시 600만 달러 안팎을 협상안으로 제시해 왔지만 장관은 내심 그 이상도 기꺼이 감당할 용의가 있었다. 그래서 최종 마무리된 액수가 720만 달러. 알래스카의 구입 당시 면적은 151만 8,800km^2, 텍사스의 두 배 정도 크기다. 가격은 1km^2당 4달러 74센트에 산 것이 된다. 서울 여의도의 면적은 제방 안쪽 기준으로 2.9km^2, 제주도는 1,846km^2다. 이를 대입해 보면 여의도를 13달러 74센트, 제주도를 약 8,750달러에 사들인 것이나 마찬가지다.

화폐 가치의 변화를 감안하면 158년 전 720만 달러가 2025년 기준으로 약 1억 9천만 달러가 되는 것으로 추정해 볼 때 지금 시세로 여의도를 326달러, 제주도를 23만 9백 달러 정도에 구입한 격이니 미국으로서는 알래스카를 거저 줏은 것과 다름없는 것이다.

"영국에 그냥 뺏기느니 적절한 값 받고 팔아 치우자"

러시아가 지금은 금싸라기가 된 알래스카를 미국에 헐값으로 안긴 데는 사정이 있었다. 1860년대 당시 유럽과 아프리카, 북아메리카 등 곳곳은 식민지 '땅 따먹기' 전쟁이 한창이었던 시절이었다.

미국은 멕시코를 거세게 밀어붙여 캘리포니아, 텍사스 등을 거머쥐면서 만만치 않은 상대로 부상했다. 또 영국은 캐나다를 속령으로 갖고 있는 것 외에 역시 러시아령으로 돼 있던 알래스카를 넘보고 있었다. 러시아는 특히 영국의 막강한 해군력을 우려했다. 이 같은 주변 정세를 감안할 때 알래스카를 잘 지켜낼 지 확신이 안 섰다.

또 러시아는 재정적으로도 어려움을 겪고 있었다. 유라시아의 크림 반도를 두고 터어키, 영국, 프랑스 등과 맞붙은 이른바 '크림전쟁'을 치뤘었다. 러시아의 남진을 막기 위해 영국과 프랑스가 강력하게 막아서는 상황이었다. 1853년에서 1856년까지 진행된 크림 전쟁의 여파로 러시아는 사실상 재정 파탄 상태였다. 제국주의 전쟁 와중에서 유럽과 아시아 대륙에 걸쳐 차지했던 광대한 영토를 감당하기에 역부족이었던 러시아에 있어 외진 땅 알래스카는 일종의 '계륵(鷄肋)'이었다. 한 마디로 버리자니 아깝고 지키자니 버거웠다.

무엇보다 영국령 캐나다와 바로 인접해 있다는 것이 신경을 쓰이게 했다. 만약 영국이 침공에 들어온다면 방어할 병력도 없었고 베링해를 건너 지원에 나선다는 것도 현실적으로 불가능했다. 러시아는 그래서 내부적으로 알래스카 포기도 감안하고 있었다.

이런 상황에서 등장한 것이 황제의 동생과 스퇴클 공사였다. 이들은 "영국에 그냥 뺏기느니 적절한 값을 받고 팔아 치우자"는 쪽으로 의견을 모았다. 북미에서 영국 견제를 위해 미국과의 우호를 유지하는 것이 필요하다는 점도 고려됐다. 주저하던 러시아 황제 알렉산드르 2세도 마침내 동의했다.

러시아는 그래서 은밀히 미국과 영국 등에 오피를 내봤다. 알래스카를 팔 용의가 있다는 제안이었다. 그러나 영국 총리는 일언지하에 거절했다. 영국 역시 곳곳에 벌려 놓은 전쟁, 전투에 휘둘려 새 땅을 사들일 여력과 관심이 없었다.

미국도 선뜻 응하지는 않았다. 내부적으로는 영토 팽창의 욕구가 충만해 있었지만 남북전쟁 뒷마무리와 국가 정비가 시급했기에 황량한 북방의 얼음 땅에 큰 매력을 느끼지 못하는 분위기였다.

알래스카는 태평양과 북극 잇는 해상 무역과 어업 전진기지

미국과 영국에 퇴짜를 맞자 유럽 몇 나라까지 선을 대 보던 러시아는 다시 한번 미국 쪽으로 집중했다. 그때 러시아가 점 찍은 인물이 수어드 국무장관이었다. 수어드 장관은 뉴욕 주지사와 연방 상원의원을 역임하고 이후 대통령 후보 경선에서 링컨에 패했지만 링컨 대통령의 요청으로 국무장관을 맡은 유력한 정치 거물이었다.

그는 멕시코 영토를 포함, 미국의 영토 팽창을 강력하게 추구하던 인물이기도 했다. 수어드는 이미 1860년대 초부터 러시아 측과 이 문제를 두고 조용히 협의를 진행해 온 바 있었다.

막바지 협상은 신속하게 진행됐다. 양측 간에 전격적으로 합의가 된 1867년 3월 30일은 토요일이었고 발표 역시 새벽에 이뤄졌다. 의회는 물론 언론조차 '아닌 밤중에 홍두깨 맞는 격'으로 철저히 배제됐다. 정치적으로 그리고 여론의 반대를 피하기 위해 속전속결을 단행한 것이다.

일단 일을 벌인 이후 절차는 다소 늦어져 약 6개월 만에 상원 비준을 거쳐 미국 땅으로 못을 박았다.

알래스카는 사실 미국이 관심을 가질 만한 경제, 산업적 잠재력을 충분히 지니고 있었다. 무엇보다 지금의 베링해, 북빙양 조업이 활성화되던 시점이었기에 미국으로서는 대규모 어선 선단이 거점으로 삼을 수 있는 중간 보급기지가 절실했다. 나아가 알래스카는 태평양과 북극을 잇는 전략적 요충지로, 향후 미국의 태평양 진출을 위한 중요한 거점이 될 수 있었다.

또 당시에는 잠재력만 평가하고 있었지만, 미개발 지하자원에 대한 기대를 가질 만 했고 엄청난 규모의 삼림 자원 또한 미국이 내심으로 알래스카를 탐낼 수밖에 없는 요소들이었다.

알래스카가 주는 상징적인 의미도 컸다. 미국은 당시 불 붙듯 영토를 팽창

알래스카 매각 이전 러시아가 주장했던
러시아령 표기 지도

시켜가는 상황이었다. 이런 분위기 속에서 광대한 알래스카 땅덩이를 더한다는 것은 국가 전체를 고무시킬 만한 '대박'이었다. 특히 남북전쟁이 끝난 직후였기에 내전의 상처를 보듬고 국가적인 단합, 국민 통합의 전기로 삼을 수 있다는 점에서 알래스카 획득은 긴요했다.

1867년 10월 18일. 당시 러시아령 알래스카의 수도였던 시트카에서 러시아와 미국 간에 영토 할양 인수 인계식이 거행됐다. 러시아 깃발이 내려지고 성조기가 올랐다. 땅값 720만 불은 워싱턴에서 금으로 결제키로 약조를 했지만 아직 잔금도 치러지지 않은 상태에서 땅 주인이 바뀌는 영토 이양 행사가 거행된 것이다.

1천여 명 남짓 남아있던 러시아인들에게는 본국 귀한 또는, 원할 경우 미국 시민권 신청을 통해 잔류도 허용됐지만 이들은 거의 대부분 알래스카를 떠났다. 이날, 이 시각을 기점으로 알래스카는 명실공히 미국 영토가 됐다.

러시아 · 태평양 · 북극 통제해
본토를 방어하는 전략적 요충지

러시아의 극동 지역 코 앞에 알래스카의 미군 군사기지

러시아가 150여년 전에 720만 달러에 팔아 버린 알래스카는 미국에 어떤 의미와 가치를 가져다줬을까. 무엇보다 가장 우선적으로 꼽아 볼 수 있는 것이 알래스카의 지리적 위치에서 나오는 군사, 안보 및 전략적 가치다.

알래스카는 러시아와 가장 인접한 미 영토다. 폭이 80여km쯤 되는 베링해 바로 건너에 러시아가 있다. 알래스카 디오미드제도 같은 곳은 러시아와 불과 3.8km 떨어져 있다. 한국식으로 치면 10리가 채 안 되는, 말 그대로 '엎어지면 코 닿을' 거리다. 이런 지리적 초 인접성은 러시아에 극도로 부담을 안긴다. 러시아의 안보상 요충지인 북태평양 극동 지역의 바로 코 앞에 미국의 군사기지들이 떡 버티고 있기 때문이다. 이 미군 기지들은 특히 러시아의 극동 전략 기지가 자리잡고 있는 캄차카 반도를 견제할 수 있기에 러시아의 북극 군사화와 해상 진출, 공수 전략 수립을 억제하는 쐐기 같은 역할을 하는 것이다.

알래스카가 대 러시아 방공체계 가동에 있어 얼마나 효과적인 요충지 역할을 하는 지는 시나리오별 군사 대응 시간을 살펴보면 분명해진다.

가령 러시아가 대륙간 탄도미사일(ICBM)로 미국 공격에 나섰다고 할 경우 미국 본토 타격을 위해서는 최단 경로인 북극 알래스카 일원을 지나게 된다. 러시아의 미사일이 발사됐다고 했을 때 미국의 조기 경보 감지시간은 약 30~60초 이내로 알려져 있다. 이럴 경우 알래스카는 러시아 ICBM의 공격 루트의 '길목'에 자리잡은 방어막으로서, 일반적으로 5~7분이 소요되는 탐지, 요격 판단 및 실행 시간을 더욱 단축시켜주는 역할을 해 주는 것이다.

알래스카에 위치해 있는 미국의 공군기지

또 Tu-95MS 등과 같은 러시아 장거리 전폭기가 미국에 대한 공격을 감행할 경우에도 베링해로 진입하는 러시아 전폭기들을 사전 감지하고 격추시키는 데 있어 20~30분 정도의 요격 가능시간을 갖게 해 준다. 알래스카의 지상 기반 미사일 요격체와 조기 경보 레이더 및 사전 배치돼 있는 F-22 랩터와 같은 요격 전투기 등은 러시아의 도발을 조기에 막아내는 가장 중요한 억지력으로 기능하고 있다.

러시아가 공중이 아닌 해상 침투를 시도할 때도 알래스카는 효율적인 감시와 방어망 구축을 가능케 해 준다. 러시아 쪽으로 뻗어 있는 알류우산 열도와 북태평양 해상을 커버하는 미국의 감시 자산들은 러시아 함대나 잠수함 등의 침투를 사전 파악하고 차단하는 데 지대한 기여를 하고 있다.

미국 본토의 1차 방위선으로 안보 수호의 선봉장 역할

한마디로 알래스카는 북극과 러시아 및 태평양을 동시에 견제할 수 있는 요지이자 미국 본토의 1차 방위선으로 미국 안보 수호에 최고로 중요한 역할을 맡고 있는 것이다. 만약 알래스카가 아닌 본토 내륙의 미 중서부 지역에 레이다나 미사일 등 방공망이 구축돼 있다고 가정할 경우 러시아의 공격을 사전에 탐지하고 대응 시간을 확보하는 데 있어 알래스카가 주는 전략적 잇점이 얼마나 큰 지 짐작할 수 있다.

러시아와 미국 간 국경선 변화를 가정해 보면 알래스카의 전략적 중요성을 더욱 실감할 수 있다. 알래스카가 러시아령이었을 당시 러시아인들의 모피 교역 무대는 샌프란시스코 북방 140여km 지역까지 뻗쳐 있었다. 만약 러시아가 알래스카를 포기하지 않고 샌프란시스코 근처까지를 거점 삼아 주저 앉았다면, 지금의 미국 지도는 크게 달라질 수밖에 없었다. 태평양 연안에서 캐나다 대신 러시아와 남북으로 국경을 맞대고 있을 수 있는 것이다.

그 국경선 역시 현재의 북위 49도가 아니라 북위 38도인 샌프란시스코 북방 어딘가에, 즉 캘리포니아의 허리쯤에 한반도처럼 '38선'이 그어져 있을 지 모를 일이다. 이렇게 될 경우 워싱턴이나 오레곤은 물론, 캘리포니아 주도(州都)인 새크라멘토 인근에까지 러시아의 핵미사일, 전차, 전략폭격기 기지와 장거리 포대가 즐비하게 배치돼 있을 상황을 가정해 본다면, 알래스카가 미국에 얼마나 긴요한 요충지이며, 상대적으로 러시아는 뼈에 사무칠 역사적인 패착을 둔 것임을 짐작할 수 있다.

러시아는 알래스카 땅을 판지 150여 년이 지났음에도 불구하고 아직도 미련을 버리지 못하고 있다. 일부 러시아 사람들의 경우 헛된 일인지 잘 알면서도 여전히 알래스카 반환을 도모하는 시도를 하고 있다.

알래스카 구입에 반대했던 일부 여론은 알래스카를 '수어드의 냉장고'로 빗대면서 이 세기의 대박의 주역 수어드 장관을 비난했다. 그러나 알래스카 획득은 루이지애나와 더불어 미국의 운명을 바꾸는 가장 성공적인 역작이었다는 평가를 받고 있다.

제 2 장

알래스카 매입의 주요 인물과 비화

> 인물 **윌리엄 수어드**

'얼음덩이'를 '금덩이'로 만든 마이다스의 손

알래스카 매입을 주도한 윌리엄 수어드 장관

알래스카 매입을 주도하고 성사시켜 미국 영토 확장에 있어 최대 공신으로 꼽히는 윌리엄 수어드 당시 미 국무장관(William Henry Seward)은 이 같은 위업을 이루었음에도 불구하고 생전에는 말 그대로 '국민 구박덩이'였다.

미국 영토의 6분의 1 정도를, 그것도 1,000평에 1.56센트라는 헐값에 성사시킨 이 역사적 빅딜에 대해 정치권과 여론은 끊임없이 비난과 조소를 퍼부었다.

이들은 알래스카 매입을 두고 '수어드의 바보 짓(Seward's Folly)', '북극 냉장고', "곰과 얼음만 사는 땅" 등으로 조롱했다. 남북전쟁으로 인해 나라 금고가 텅 비어 있는 상황인데 쓸모없는 동토(凍土) 구입에 거금을 낭비했다는 비판이 가시질 않았다.

이 같은 세간의 혹평 외에도 미국 당국 역시 알래스카 매입 이후 상당 기간이 지날 때까지도 '전략적 실패'라는 인식이 일부 잔존해 있었다. 실제로 미국 정부는 매입 이후 제대로 된 현지 조사도 안 했고 이주자도 거의 없는 형편이었다. 알래스카를 사들인 것은 "괜한 짓거리"였다는 냉소적인 평가가 여전히 남아있었던 것이다.

그러나 수어드의 '혜안(慧眼)'은 시간이 지나면서 서서히 빛을 발하기 시작했다. 매입 20여 년이 지난 1890년대 들어 알래스카에서 금광이 발견된 것이다. 1896년의 알래스카 '클론다이크 골드 러시'는 캘리포니아에 이어 또 하나의 '금 노다지' 사태를 불러왔다. 이곳이 '눈덩이 땅'이 아니라 '복덩이 땅'임을 일깨워 주는, 알래스카 매입의 전략적 가치를 실질적으로 증명해 주는 계기가 된 것이다.

알래스카가 미국에 '대박'이 됐다면 러시아는 '쪽박'을 찼다. 천연자원의 보고(寶庫)이자 안보의 핵심 요충지를 미국에 갖다 받치는 식으로 넘기면서 천추의 한을 남겼다. 당시 수어드의 러시아쪽 상대역들은 "최선의 전략적 선택"이라며 얼음 땅을 돈 받고 팔아 넘긴 것에 만족해했다. 하지만 일부 러시아 정치인 및 지식인들 사이에서는 알래스카 매각이 "국가 최대의 실수"라는 지적과 함께 비판을 제기하기도 했다.

러시아 귀족과 미국 로비스트 간의 뒷거래 의혹이 있다는 루머도 나돌았다. 특히 매각 대금과 관련, 러시아는 720만 달러를 영국 해운사를 통해 전달받은 것으로 알려졌으나 운송 도중 3분의 1가량이 분실 혹은 약탈당했다는 얘기가 떠돌기도 했다. 공식 확인은 안 되나 알래스카 땅 판 돈의 일부가 부패한 러시아 귀족 혹은 도난 등으로 사라졌다는 음모론이 바로 그것이다.

알래스카의 진가는 이후에도 계속 더해졌다. 20세기 중반의 석유 개발, 그리고 동서 냉전기에는 미국 안보에 있어 핵심 북극 전략기지로 부상하면서 수어드의 바보 짓(Folly)'은 '수어드의 비전(Vision)'으로 재평가됐다.

1801년 뉴욕에서 출생한 수어드는 뉴욕 주지사, 연방 상원의원, 국무장관 등 23년에 걸쳐 미 정부의 핵심 요직을 역임했다. 30대 후반의 약관의 나이에 뉴욕 주지사가 된 뒤 교육 개혁과 이민자들의 권리 보장 등 진보적인 사회 정책을 추진했다.

특히 노예제를 두고 "도덕적으로 용납할 수 없는 제도"라며 강력한 반 노예제 입장을 보였다. 수어드는 링컨 대통령의 두터운 신임을 받으면서 전국적으로 명성을 얻기 시작했다.

남북전쟁 중에는 링컨 행정부에서 외교 총괄 책임을 맡아 영국과 프랑스의 남부연합(Confederate) 승인 움직임을 효과적으로 차단했다. 그는 링컨 암살 이후 앤드루 존슨 행정부에서도 국무장관직을 유지하면서 알래스카 매입이라는 대역사를 만들어냈다.

수어드는 국내의 거친 반대 분위기를 무릅쓰고 러시아의 재정난과 군사력 약화를 간파한 뒤 이를 줄기차게 밀어붙여 대업을 성취시킨, 선각자이자 실용적 이상주의자로 평가되고 있다.

비화 클론다이크 골드 러시

알래스카 강변과 해변에서 금맥 노다지

1896년 8월, "알래스카를 잘 팔아버렸다"며 흐뭇해하고 있던 러시아에 '뼈를 시리게 하는' 소문이 전해졌다. 알래스카에서 금이 발견됐다는 소식이었다. 장소는 미국령 알래스카와 접경인 캐나다 유콘 준 주의 클론다이크강(Klondike River) 유역이었다.

캘리포니아에 이은 노다지 소식에 사람들이 몰려들기 시작했다.

"유콘으로 가라"는 '유콘 열풍'은 1898년까지 이어졌다. 약 10만여 명이 클론다이크를 향해 출발했다. 하지만 현지 도착자는 고작 3~4만 명으로 절반이 안 됐다. 극한의 추위와 눈보라 속에 고봉준령을 넘는 과정에서 수천 명 이상이 숨지고 상당수가 중도에 포기, 되돌아왔기 때문이다.

하지만 노다지 붐은 불모의 동토 지대를 바꾸어 놓았다. 그동안 사람 그림자가 얼씬도 안 하던 곳에 탄광촌이 들어서고 각종 상점에 술집까지 성행했다. 금 발견 지점 인근에 자리잡은 도슨 시티는 인구 3만 명이 넘는 캐나다 북서부 최대 도시로 성장했다. 알래스카 일대 금광에서 생산된 금 수출액은 수년 간에 걸쳐 1,200만 달러 이상이 됐다. 알래스카 전체 땅값 720만 달러의 배가 넘는 규모였다.

그러나 러시아의 속을 쓰리게 만드는 금 노다지 사태는 여기에서 그치지 않았다. 1899년 알래스카 서부 베링해 연안의 노움(Nome) 반도에서 해변 금맥이 발견된 것이다. 노움 금광은 독특하게 바닷가 모래사장에서 금 채취가 가능했다. 발견 초기에는 삽과 체를 치는 틀만 있으면 금을 수확할 수 있는 정도였다. 마치 강바닥에서 준설선이 모래를 채취하듯 금 채취선이 해안에서 준설기를 이용, 금을 생산해 냈다. 땅속 깊이 파고 들어가는 것이 아니라 매우 얕은 해변가에 금이 있기에 접근성과 효율성이 뛰어났다.

이곳으로 또 2만 명 이상의 사람들이 몰려들었다. 해안 및 연안 하천 일대에는 채굴 회사들이 속속 설립됐다. 산업형 금 채굴이 본격화된 것이다. 금 발견 이후 10년 사이에 1,000만 달러 이상 가치의 금이 생산됐다. 노움은 당시 알래스카 최대 도시로 급성장했다.

이 같은 노다지 사태는 단순히 금 생산 외에도 알래스카 개발과 발전이라는 부수 효과를 가져왔다. 알래스카와 캐나다 국경지대에 도로, 철도, 항구 및 통신망이 건설됐다. 또 금을 찾아 미국인은 물론 유럽이나 중국 등지에서까지 다양한 인종들이 유입되면서 서부 개발의 동력이 됐다. 미국 서부 경제는 오레곤, 워싱턴주를 넘어 알래스카까지 확대됐다.

베링해협의 디오미드제도와 러시아 간 최소 거리는 4km 안짝에 불과한 지척지간이다. 이곳은 당연히 미국의 전략적 전초기지가 됐다. 알래스카는 경제, 천연자원 등을 넘어 군사, 안보, 전략 측면에서 러시아의 '목엣 가시' 같은 존재로 변모됐다. 러시아 입장에서는 생각만 해도 뼈가 저리고 곡(哭)소리가 나게 만드는 곳, 그곳이 알래스카라 할 수 있다.

지금 알래스카는…

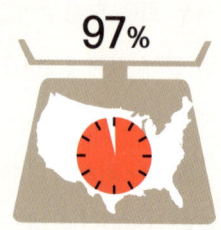

알래스카는 넓이가 151만 8,800km²로 미국에서 가장 큰 주로서 미국 전체 면적의 15.4%가량을 차지하고 있다.

알래스카의 인구는 룩셈부르크와 비슷한 약 73만 명, GDP는 2024년 기준으로 약 1,800억 달러 정도다. 면적으로 따지면 프랑스의 약 3배, 독일의 5배 및 영국의 7배가량 된다.

이런 엄청난 땅덩이가 더해지면서 미국 영토는 약 952만km²로 대폭 확장됐다. 북미 대륙 몸통에다 북서쪽으로 거대한 '왼쪽 날개'가 덧붙여진 결과다. 현재 영토를 기준으로 한 '달성율'은 97%에 이르렀다.

10여 개 덩어리가 차례로 더해져 오던 미국 영토 확장 단계에서 알래스카는 마지막 큰 덩어리이자 미국의 북미 대륙 영토를 확정짓는 '종결지'였다.

나아가 알래스카 땅의 가봉(加俸)은 미국에게 말 그대로 범에 날개를 달아준 격이 됐다. 불모의 동토(凍土)지대로 여겨졌던 곳이 안보의 요충이자 천연 자원의 보고로서 미국에 '수퍼 대박'을 안겨줬다

제 3 장

북극과 태평양 잇는 알래스카의 모든 것

01 알래스카
석유와 금 등 무한의 지하자원 보고

세계 최대 규모 자랑하는 연어, 대구, 게 등 천혜의 어장

알래스카는 일찍이 알려진 대로 동토(凍土) 지대다. 주 전체 면적의 대부분이 개발이 어려운 얼음 땅이다. 알래스카의 계절별 평균 기온은 섭씨 20도에서 영하 11도 사이. 겨울에는 영하 20도 이하를 기록할 정도로 추운 곳이다. 한국의 17배에 달하는 광대한 곳이지만 서울의 송파구보다 조금 많은 인구가 이 너른 땅에 흩어져 살고 있다.

알래스카에는 우선 무진장할 정도로 값진 천연자원이 묻혀 있다. 알래스카의 북극 국립야생동물 보호구역 내 매장된 석유는 최대 110억 배럴로 추정되고 있다. 그 잠재 가치는 보수적으로 봐도 9,000억~1조 달러에 달할 것으로 평가되고 있다. 프로도베이 유전에서 생산돼 알래스카 송유관을 통해 공급되는 양은 미국 내 석유생산의 10%가량을 차지하고 있다.

알래스카에서는 이미 금 노다지 사태가 있었듯 금 매장도 상당하다. 미국 내 금 생산량 2위로서 포트 녹스(Fort Knox), 포고(Pogo) 지역 등지에 수천 톤 이상의 금이 묻혀 있을 것으로 보고 있다. 또 구리는 수천만 톤 이상, 아연은 이미 세계 최대 광산으로 꼽히고 있으며 철, 몰리브덴, 납, 은 등도 풍부한 것으로 알려지고 잇다

이처럼 석유, 천연가스만 1조 2천억~1조 5천억 달러, 금이나 구리, 아연 등 광물들도 5천억 달러~1조 달러의 가치를 지닌 것으로 추정되고 있어 명실공히 미국의 지하 보고(地下 寶庫)라는 평가를 받고 있다. 특히 알래스카산 석유나 천연가스는 미국의 에너지 자립을 실현하는데 핵심적인 기여를 하고 있다.

북미 최고 높이를 자랑하는 알래스카의 드날리 마운틴 전경

　알래스카는 또 천혜의 어장을 갖고 있다. 세계 최대 규모의 연어, 대구, 게 어장이 알래스카에 있다. 연어, 대구, 알래스카 킹 크랩 등 미국서 생산되는 전체 수산 어획고의 3분의 1 이상이 알래스카산이다. 끝없이 펼쳐지는 침엽수림을 보유한 태평양 연안 최대 규모의 삼림지대이기도 하다. 나아가 수력과 풍력을 통한 에너지 개발 가능성 역시 무한한 잠재력을 갖고 있다.

　춥고 외진 곳이지만 때 묻지 않은 자연 경관, 오로라 등 북극권의 경관 등으로 인해 전 세계에서 관광객도 끊이지 않는다.

　알래스카는 부자 주다. 2024년 기준 1인당 GDP는 93,000~96,000달러로 세계 상위권이다. 부유한 천연자원의 개발, 특히 원유를 팔아 생기는 수입이 엄청나기에 주 재정은 탄탄하다. 주정부가 챙겨놓고 있는 원유 판매 펀드만 해도 600억 달러가 넘는다. 여기서 나오는 이자 수입들의 일부가 주민들에게 생활 보조금 형태로 지급된다. 알래스카에 살면 주정부가 돈을 준다는 것이 바로 이런 연유에서다.

알래스카에는 또 상품 판매세, 주 개인 소득세도 없다. 미국 각 주마다 평균 6~10%에 달하는 판매세가 알래스카에는 없기에 쇼핑 카트가 조금 더 풍성해진다. 원유가 지천으로 나는 곳이기에 휘발유세도 낮아 개스값 부담도 적다.

이렇게 주정부에 돈이 흔하지만 물가는 만만치 않다. 워낙 추운 곳인 데다 또 1년 중 절반은 낮에도 캄캄하거나 한밤중에도 해가 지지 않은 백야지대이다 보니 농산물 경작이 쉽지 않다. 그래서 대부분의 생활용품은 모두 외부에서 사온다.

게다가 워낙 산세가 험하고 삼림이 깊기에 도로 건설에 한계가 있어 상당수의 지역은 경비행기로만 출입이 가능하다. 자연 교통이 불편하고 생필품 값이 비쌀 수밖에 없다. 지역 주민들은 총괄적으로 물가가 미국 본토 평균에 비해 30% 이상 높다고 밝히고 있다. 주정부 살림은 넉넉하지만 주민들은 생활비 부담이 적지 않은 것이다.

알래스카의 땅덩이 크기는 미국 영토의 15% 규모

알래스카는 전통적으로 공화당 세가 강한 곳이다. 땅덩어리는 미국의 15% 이상이 되지만 국내 정치상으로는 별 힘이 없다. 인구가 적으니 하원의원 수도 적어, 의회나 대통령 선거인단과 같은 '머릿수 파워'에서 밀려 '별 볼일'이 없기 때문이다.

미국의 의회는 상원과 하원으로 구성된다. 상원의원은 각 주별로 크기에 관계없이 2명씩 배정돼 있다. 그러나 하원의원은 주민 인구수에 비례해 정해진다. 알래스카의 주민 70여만 명에 할당된 연방하원 의석은 달랑 1석. 그래서 알래스카는 상원의원 수보다 하원의원이 적은 신기한 곳이다.

주 전체가 지역구인 상원과 마찬가지로 연방하원 지역구 역시 주 전체가 된다. 선거 방식도 다른 곳과 다르다. 통상 민주-공화 양당이 프라이머리를 거쳐 후보자를 내고 이들이 본선에서 맞붙어 승리자가 해당 지역구의 하원의원에 당선되지만 알래스카에서는 정당에 관계없이 1차 경선에 4명을 추려 이들을 두고 과반수 득표자가 나올 때까지 투표를 거듭한다.

이 과정에서 특정 정파가 항상 다수를 기반으로 의석을 차지하기가 쉽지 않다. 비록 공화당 세가 강한 곳이면서도 민주당 의원이 나올 수 있는 이유다.

알래스카는 미국령, 즉 일종의 군 관할을 거쳐 1959년에 미국의 49번째 주가 됐다. 알래스카는 본토에서도 뚝 떨어져 있기에 여간해서는 가기가 쉽지 않은 곳이다.

미국 내 어디든 한인들이 없는 곳이 없지만 알래스카에도 여전히 한인 사회가 존재한다. 정확한 통계는 잡기 어렵지만 한인 커뮤니티 관계자들에 의하면 알래스카 내 한인들은 대략 6천~8천여 명 정도로 추산되고 있다.이들은 상대적으로 대처(大處)라 할 수 있는 앵커리지나 페어뱅크스 등에 주로 살고 있다.

앵커리지는 과거 미국을 오가던 한인들한테는 낯설지 않은 곳이다. 당시에는 항로상 항공기가 앵커리지에 중간 기착, 잠시 머무는 식으로 운항했기에 한인 여행객들은 잠깐이나마 앵커리지에 발을 디딜 수 있었다.

그 당시 인기 있었던 곳이 공항 내 매점에 있었던 우동집이다. 한인들은 과거 완행열차가 한밤중에 대전역에서 정차할 때 서둘러 맛보던 가락국수 맛을 앵커리지에서 즐기기도 했다.

제 8 부

미대륙 이외 해외 영토의 강점

서문

알래스카 매입을 끝으로 북미 대륙에 대영토를 확보한 미국은 이제 더 이상 식민지 출신의 신생 국가가 아니었다. 방대한 농경지와 지하·천연자원 및 산업 생산력과 군사력을 갖춘 '근육질'의 젊은 강대국이었다.

본토 정리가 끝나면서 미국의 눈은 밖으로, 해외로 돌려지게 된다. 유럽 열강들이 득실거리는 대서양은 더 이상 해볼 데가 없는 곳이었기에 촛점은 여전히 '먹이'가 널려 있는 태평양과 카리브해에 맞춰졌다.

먼저 부족 국가 수준의 하와이가 '요리' 됐다. 미국은 마치 '병정 놀이' 벌이듯 하와이 왕국을 간단히 접수했다.

다음 타겟은 곳곳에 널려 있는 스페인 식민지들이었다. 미국은 고작 4개월여에 걸쳐 태평양, 카리브해를 무대로 전개된 미-스페인 전쟁에서 노쇠한 사자(獅子) 스페인을 일방적으로 두드려 무릎 꿇린 끝에 필리핀, 쿠바, 괌, 푸에르토리코를 전리품으로 얻어냈다.

'식민지 미국'은 어느 듯 '미 제국(帝國)'으로 환골탈태(換骨奪胎)됐다.

최종적으로 필리핀과 쿠바는 개별 독립을 통해 미국의 점령 상태에서 벗어났지만, 괌과 푸에르토리코는 자치령으로서 미국 땅이 됐다

제 1 장

무력으로 밀어붙인 하와이 합병

미국은 스페인과의 전쟁을 통해 태평양과 카리브해에 있는 필리핀, 쿠바, 괌 및 푸에르토리코 등을 넘겨 받았다

01 하와이
1959년에 미국의 50번째 주로 편입

허약한 하와이 왕국, 무력으로 압박해 합병

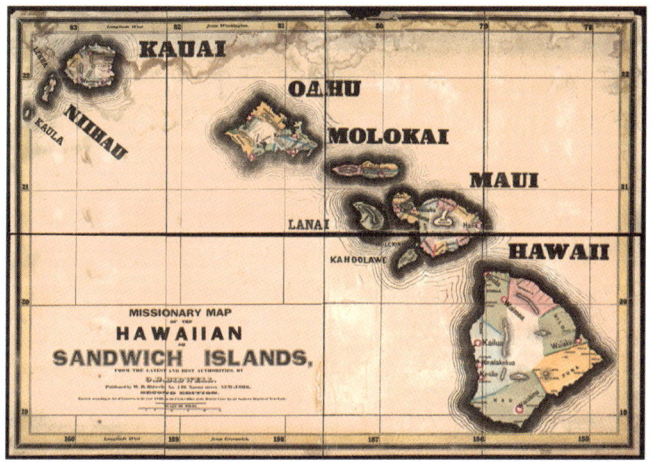

조선 말기였던 1902년 12월 22일 인천 제물포항 부둣가.

사상 최초의 한인 이민단 121명은 남루한 출영객들을 뒤로 하고 하와이행 이민선에 몸을 실었다.

인천을 떠난 지 20여 일 만인 1903년 1월 13일 하와이에 도착했다. 하지만 일행 중 일부가 질병 등으로 배제되면서 최종 상륙 허가를 받은 사람은 86명으로 줄었다. 하와이 사탕수수 농장 한인 이민의 첫걸음은 이렇게 시작됐다. 이후 약 3년 동안 하와이로 이주한 한인은 총 7,226명으로 늘어났다. 이들은 대부분 사탕수수 플랜테이션 노동자가 됐다.

한인들과 남다른 사연이 있는 하와이는 태평양상의 폴리네시아 하와이 제도에 위치해 있다. 1959년 8월 합중국에 맨 마지막으로 가입해 50번째 수가

하와이 왕국이 미국에 넘겨지면서 성조기가 게양되고 있다

됐다. 하와이주는 하와이, 마우이, 오하우 등 주요 8개 섬과 부속 도서 100여 개로 이루어졌다. 하와이의 전체 넓이는 28,311km²로 경상남북도를 합친 것보다 약간 작으며 미 본토에서 약 3,800km가량 떨어져 있는 유일한 해외 주(海外州)다.

18세기 후반 유럽인들이 처음으로 이 곳에 발을 디딜 무렵 하와이에는 원주민이 30여만 명 정도 살고 있었다. 그러나 유럽 무역선들이 드나들기 시작하면서 원주민 인구가 급감하기 시작했다. 세계 곳곳 출신의 선원들이 왕래를 하게 되자 각 지역의 전염병이 유입되면서 원주민들이 대거 사망한 것으로 추정되고 있다. 하와이 제도는 1810년 추장 중의 하나였던 '카레하메하'가 무력으로 여러 섬들을 제압하면서 하와이 왕국으로 통일됐다.

미국 선교 협회가 하와이에 개신교 선교사들을 보낸 것이 1827년. 이후에도 미국 무역선, 포경선들이 중간 기착지로서 하와이를 드나들었다. 1842년 미국은 하와이 왕국을 독립 정부로서 인정했다. 1849년에는 미국-하와이 통상조약도 체결됐다. 이때까지 미국과 하와이 사이에는 순수한(?) 선린관계가 유지됐다.

태평양의 은둔 왕국이었던 하와이가 급속히 변화의 물결을 타기 시작한 것은 19세기 중엽 사탕수수 농장이 본격 개발되면서부터였다. 그 전까지는 하와이 전체가 '왕의 땅'이었으나, 농장이 개발되면서 토지 사유화와 거래가 허용됐다. 하와이의 기후를 활용한 대규모 플랜테이션 조성을 위해서는 대자본과 많은 노동력이 필요했다. 거대 사탕수수 농장 가운데는 미국과 연계된 지주들도 생겨났다. 사탕수수 재배는 하와이의 주력 산업이 됐다. 지주들은 수확물 대부분을 주로 미국으로 수출했고 샌프란시스코가 허브가 됐다. 1875년 하와이산 사탕수수에 대한 무관세 수입이 허용됐다. 미국 기업의 하와이 경제 지배가 심화되기 시작했다.

그러자 미국 자본가들의 입김이 점점 거세졌다. 급기야는 1887년 미국인 농장주, 자본주, 상인 및 이민자들이 한 목소리로 하와이 왕에게 '바이요넷 헌법(Bayonet Constitution)'을 강요하는 지경에 이르렀다.

바이요넷 헌법은 국왕의 권한을 대폭 축소하고 유권자 요건에 소득, 재산 기준 및 영어 능력 등을 명시케 해 하와이 원주민과 아시아계 주민들의 투표권을 제한하는 한편, 미국과 유럽 출신 백인들은 하와이 시민이 아니어도 투표가 가능토록 했다. 또 상원의원 다수는 재산가인 외국계 백인들이 차지하도록 해 미국계 지주들의 지배권을 강화하는 내용이었다.

이 헌법은 하와이 왕정을 사실상 꼭두각시로 전락시키는 계기가 됐다. 1891년 칼라카우아 국왕이 사망하고 그의 누이인 릴리우오칼라니 여왕이 즉위했다. 여왕은 자신의 권력 기반을 공고히 하면서 정치적 세력 균형 변화를 도모하기 위해 문제의 헌법에 대한 개정을 시도했다. 또 왕권 회복을 위한 목적에서 대미 강경 조치를 내렸다. 하와이 경제의 가장 큰 '돈 줄'이자 권력이기도

하와이 왕국이 전복되면서 미 보스턴함의 병력이 출동, 호놀룰루의 알링턴 호텔 앞에 도열해 있다

했던 사탕수수 산업에 대한 국유화 조치를 단행한 것이다.

이미 이전부터 하와이 왕국 내에서는 미국에 대한 견제 기류가 고개를 들고 있었다. 미국에서 온 이민자들 가운데 상당수가 사탕수수 농장을 경영하고 있었는데, 이들의 파워가 커지면서 하와이 국정에도 영향을 미치는 일이 잦아졌기 때문이었다. 이에 위협을 느낀 역대 왕들은 은밀히 영국, 일본 등과도 접촉하면서 미국에 대한 견제 방안을 모색했고 실제로 일본의 보호령을 자청하는 움직임도 있었던 것으로 전해지고 있다.

여왕의 조치에 대해 미국계 농장주, 지주 및 상인들을 주축으로 반발이 제기됐다. 1893년 이들은 마침내 하와이 왕정 전복을 꾀하는 쿠데타를 감행했다. 근처에 기항하고 있던 미 해군은 즉각 기동, 진주만에 상륙한 뒤 수병(水兵) 백여 명이 출동하는 등 압박을 가해 여왕의 퇴위를 강요했다. 이 사태로 인해 하와이 왕국은 무너졌고 혁명 세력들은 다음 해인 1894년 7월 4일에 '하와이 공화국'을 공식 수립했다.

그러나 이는 외형상 독립국일 뿐 실질적으로는 하와이 원주민들의 정치 참여를 배제하는, 미국인들이 지배하는 체제였다. 하와이 공화국은 결국 4년 뒤 미 의회가 '뉴랜즈 결의안(Newlands Resolution)'을 통해 합병을 결의함으로써 미국 영토가 됐다. 하와이는 1900년 '하와이 준 주(Territory of Hawaii)'가 돼 50여 년 동안 준 주 체계로 머물다가 1959년에 미국의 50번째 주로 공식 편입됐다.

미국의 하와이 합병은 미국이 본격적으로 해외 팽창을 추구하는 제국주의 시대로 진입했음을 보여주는 증좌다. 루이지애나 매입과 플로리다-텍사스 병합, 그리고 오레곤 획득과 알래스카 매입 모두 북미 대륙의 '본토'를 대상으로 한 것이었으나 하와이는 해외 영토 공식 획득의 시발점(始發點)이 됐기 때문이다.

알래스카에 이어 손에 넣은 하와이는 미국으로 하여금 태평양을 내해(內海)로 만들게 해줬다. 영토 크기를 떠나 태평양 한가운데 위치함으로써, 미국은 태평양 전체를 아우를 수 있는 최고의 해상 전략 거점을 확보하게 됐다. 하와이는 미국령으로 되기 전인 19세기 후반에 이미 진주만에 미 해군기지가 설립됐고, 지금도 미국의 아시아-태평양 전략의 핵심 요충지가 되고 있다. 미 해군의 태평양 함대 본부, 인도-태평양 사령부가 모두 이곳에 위치해 있다.

1941년 12월 7일 일본의 진주만 공습도 결국은 태평양 제해권을 노린 도발이었다. 만약 하와이가 러시아나 중국 같은 나라의 수중에 들어가 있다고 가정해 본다면 태평양이 미국이나 서방세계에 얼마나 심대한 안보, 경제상의 부담을 주게 됐을 지 상상이 가능하다.

화산 용암으로 조성된 하와이는 섬인 데다 크기에도 한계가 있어 대규모의 경작이나 산업 기반이 들어서기 어려운 편이다. 19~20세기 무렵 하와이 경제의 기둥이 됐던 사탕수수나 파인애플 등과 같은 플랜테이션 산업은 지금은 사양길에 들어서 있는 상태다.

하와이는 대신 천혜의 자원, 관광사업을 주의 으뜸 먹거리 산업으로 발전시켜왔다. 적도에 가까운 날씨, 화산 지대의 경관, 맑고 깨끗한 바다와 공기 같은 자연환경이 하와이를 지구상 최고의 파라다이스의 하나로 꼽히게 만들었다. 하와이 GDP는 2024년 기준 약 3,000억 달러로 핀란드(2025년 기준)보다 약간 뒤지는 세계 49위 권에 해당된다. 전체 GDP의 25%가량이 관광산업에서 나온다.

하와이는 주 이름과 같은 하와이섬이 가장 크지만, 유명한 와이키키해변이 있는 오하우섬이 정치·경제·사회의 중심지다. 면적은 1,545km²로 하와이에서 세 번째로 큰 섬이지만 사실상 하와이 인구의 대부분이 여기에 살고 있다.

하와이는 모든 주변 환경이 낙원임에는 틀림없지만 흠을 잡는다면 비싼 물가다. 섬이라서 마땅한 제조업이 자리 잡을 수 있는 여건이 안 되기에 대부분의 생활용품, 공산품을 수입해 와야 하는 실정이기 때문이다.

하와이의 주민 구성은 미국 본토와 판이하다. 원주민 외에 일찍이부터 아시아 각국에서 많은 농업 이민자들이 이주해온 까닭에 백인보다 비(非)백인, 그리고 아시안 비율이 높다. 2024년 기준 최대 인종은 37.5%를 차지하는 아시안계며 이어 원주민과의 혼혈계 24.2%, 백인이 24%로 드물게 마이너리티로 밀려 있다. 그런 까닭에 주지사를 포함 연방 상원의원 등 주류 정치의 핵심 포스트에 아시안들의 진출이 활발하다.

제 2 장

미-스페인 전쟁 통해 태평양-카리브해 패권 장악

하바나항 미 함정 폭침, 미-스페인 전쟁 불씨
태평양-카리브해 곳곳서 전단 펼쳐져

미국, 일방 공격 끝에 필리핀-쿠바-괌-푸에르토리코 점령

미-스페인 전쟁의 단초가 됐던 미국 전함 USS메인 함이 폭침되기 전 쿠바의 하바나항에 정박해 있다

1898년 2월 15일 밤 9시 40분경 쿠바의 하바나항.

칠흑 같은 어둠을 가르고 부두에 정박해 있던 미 해군의 전함 'USS메인 함'에서 갑작스러운 폭음이 일어났다. 전장 98m에 배수량 6,682톤의 메인 함은 두 차례 원인 불명의 폭발이 발생하면서 끝내 침몰했다. 함에 타고 있던 승조원 354명 가운데 260명 이상이 숨지는 대참사였다.

20일 전에 윌리엄 매킨리 미 대통령의 명령에 따라 쿠바 주재 미국 거류민들의 보호를 위해 급파됐던 이 전함은 당시 미국이 보유하고 있던, 취역한 지 3년 밖에 안 된 최신예 전함 6척 가운데 하나였다.

미 해군 사상 초유의 주력 전함의 폭침 사태 여파는 컸다. 그로부터 두 달 뒤 발발한, 미국과 스페인 간 식민지 쟁탈 전쟁의 불씨가 되고 만 것이다.

당시 미합중국은 영국과 프랑스, 멕시코 등과 잇단 접전을 벌인 끝에 북미 대륙 절반을 장악하면서 바야흐로 국운 대 융성기(隆盛期)를 맞고 있었다.

대외적으로 '몬로 독트린'을 천명, 유럽국들에게 아메리카에서 손을 떼라는 경고를 발하는 한편 국내적으로는 이른바 '명백한 숙명론(Manifest Destiny)'을 토대로, 미국의 팽창을 화두 삼아 세계 곳곳을 넘보고 있었다.

이런 상황에서 쿠바의 독립 투쟁이 전개됐다. 400여년 이상 스페인이 지배해 오던, 카리브해 연안국들 가운데 가장 핵심이라 할 쿠바에서 스페인에 대항하는 무력 항쟁 사태가 발생한 것이다.

쿠바는 사실 일찍이부터 미국도 눈독을 들여왔던 전략 요충지였다. 경제적으로도 미국은 깊은 이해 관계를 갖고 있었다. 많은 미국 자본가들이 쿠바의 사탕수수 플랜테이션에 대규모 투자를 해오던 터였다. 스페인의 쿠바에 대한 식민 통제가 강화될 경우 미국의 이익이 침해당할 소지가 컸다. 이런 측면에서 쿠바의 대 스페인 항쟁은 미국 입장에서는 나쁘지 않은 사태 전개였다. 나아가 쿠바가 스페인의 손아귀에서 벗어나 독립할 경우 미국의 영향권 하에 둘 수 있다는 계산도 있었다.

미국 언론들도 분위기를 띄웠다. 스페인의 가혹한 쿠바 통치 행위들을 대서특필, 스페인과의 일전불사 분위기로 몰아갔다. 미국은 이런 사건이 발생하기 한참 전인 1853년, 이미 스페인 측에 쿠바를 1억 5천만 달러에 넘기라고 제안한 바도 있었다. 다소 시차는 있지만 루이지애나를 1,500만 달러에, 또 14년 뒤인 1867년 알래스카를 720만 달러에 매입했던 것을 감안하면 엄청난 오퍼였다. 그러나 스페인은 "쿠바는 제국의 보석"이라며 미국의 제의를 일언지하에 거절해버렸는데 이에 내킨 '앙금'도 남아있었다.

미국은 온 신경을 모아 사태의 추이를 지켜봤다. 쿠바 독립 세력과 스페인 방어군 간에 무장 대결이 격화되자 미국은 쿠바 내 미국인 안전을 내세워 군함을 보냈다. 여차하면 무력 개입도 불사하겠다는 메시지이기도 했다.

1898년 4월 25일, 미국은 스페인에 공식 선전 포고

그러던 차에 미국 최신예 주력 전함이 침몰되는 대 사건이 발생한 것이다.

전함 침몰 원인을 두고 조사가 진행됐다. 미국은 쿠바 주둔 스페인군의 도발로 간주했다. 반면 스페인은 자연 발화에 의한 자폭이라고 자국의 관여를 적극 부인했다. 결과는 전쟁으로 이어졌다. 스페인이 1898년 4월 23일 대미 선전 포고를 한 것이다.

미국 전함 폭침(爆沈)과 스페인의 선제 선전 포고는 미국에게 '울고 싶던 차에 뺨을 때려 준 격'이 됐다. 미국도 이틀 뒤인 4월 25일 스페인에 대해 공식으로 선전 포고를 했다. 쿠바의 독립을 지원한다는 명분을 내세웠지만, 사실은 제국주의 확장이라는 '속내'의 반영이기도 했다. 유럽의 식민제국 '간판 스타'와 '떠오르는 별' 신흥국가 미국 간의 진검 대결이 시작된 것이다.

양측의 군사력은 외형상으로는 엇비슷했다. 미국은 전쟁 전 육군 정규 병력이 2만 8천 명이었으나 동원 병력 규모는 최대 28만 명에 달했다. 스페인은 쿠바 및 필리핀 주둔 15만 명에 푸에르토리코까지 합쳐 20만 명 이상을 투입할 잠재력을 갖추고 있었다.

그러나 해군 전력에서는 차이가 났다. 미국은 순양함과 구축함을 포함해 90척 이상의 전함을 보유하고 있었지만 스페인 해군은 낡은 전함 2척에 순양함 등을 포함, 60여 척에 불과했고 그나마 절반 이상이 구형 함정들이었다.

또 미국 전함들이 강철 장갑을 구비하고 강력한 함포를 장착한 데 반해 스페인 함정들은 목재와 철을 복합한 선체에, 느린 속도 및 구식 무장에 머물러 있었다. 지휘 체계나 훈련 상태, 전술 및 작전 능력도 역시 신생 미 해군이 한 발

더 앞서 있었다.

국력 측면에서도 미국은 인구 7,300만 명이 넘는 신흥 공업국으로 부상하고 있는 데 반해, 스페인은 인구 1,800여만 명 정도의 쇠락한 제국으로 기울고 있었다. 그 결과 전쟁 수행의 기본인 보급 능력에도 큰 차이가 났다. 미국은 강력한 해상 수송망을 통해 조달이 가능

미-스페인 전쟁 당시 스페인을 압도했던 아이오와 함과 함포 모습

했지만 스페인의 병참선은 길고 열악했다. 이미 쿠바 주둔군의 경우 보급선이 차단돼 있는 상태였다. 이런 상황 하에서 전장(戰場)은 태평양과 카리브해에 있는 스페인령 식민지 곳곳에서 펼쳐졌다.

서전은 필리핀 전선에서 개시됐다. 선전포고 후 1주일 뒤 벌어진 필리핀 마닐라 해전에서 미 해군의 조이 듀이 제독은 스페인 함대를 불과 1시간여 만에 전멸시켰다. 10척의 스페인 함정이 침몰하는 것과 함께 380여 명이 숨졌지만 미국 측 전사자는 단 한 명도 없을 정도로 스페인의 '완패'였다. 스페인 함대의 궤멸로 미국의 태평양 지배 기반은 확고해졌다.

두 달여 뒤인 7월 3일에는 쿠바 산티아고만 해전이 벌어져 역시 미국이 스페인 함대에 결정적인 타격을 입혔다.

스페인은 도미노처럼 무너져 갔다. 6월 21일 괌이 무혈점령 당한 것을 필두로 7월 17일 쿠바 전선이 종결됐고, 8월 12일 푸에르토리코, 8월 13일 필리핀 항복 등 스페인은 네 달을 못 버티며 4개 전선에서 모두 백기를 들었다. 노쇠한 맹호(猛虎)가 혈기 넘치는 신예(新銳)에게 난타당한 것이다.

쿠바, 필리핀, 푸에르토리코, 괌 등 스페인령은 미국령으로 편입

미국의 일방적 승리는 피해 규모에서도 극명히 대비됐다. 우선 막강 스페인 해군은 주요 함대가 전멸됐다. 미군의 전함은 단 한 척도 격침된 것이 없었다. 전사자 수도 미국이 2,500여 명인데 비해 스페인군 전사자는 약 6만 명에 달했다. 이 가운데 절대다수가 실제 전투보다는 질병이나 굶주림으로 인한 사망자였다. 스페인군이 얼마나 열악한 환경에서 전투에 임했는지를 보여주는 증좌(證左)들이다.

1898년 12월 파리에서 맺어진 '파리 강화조약'에 따라 쿠바, 필리핀, 푸에르토리코, 괌 등 스페인령이었던 격전지들의 주인이 모두 미국으로 바뀌었다. 쿠바는 명목상 독립은 했지만 실제로는 미국의 보호국과 다름없게 됐다.

푸에르토리코와 괌은 미국령으로 편입됐고 필리핀은 미국이 2천만 달러를 지급하는 조건을 붙여 미국에 양도됐다. 40여년 전 스페인이 미국으로부터 쿠바 매입가로 제시 받았던 '오퍼' 금액 1억 5천만 달러의 7분의 1에도 못 미치는 헐값에 필리핀, 푸에르토리코, 괌까지 얹혀져 넘어가 버리고 만 것이다.

미-스페인 전쟁은 제국주의 각축전에서 한때 세계를 호령했던 스페인의 몰락을 가져왔다. 미국은 괌과 필리핀 확보로 태평양을 장악하게 됐고 아시아 시장 진출의 교두보를 마련했다. 대영제국에 맞설 때만 해도 변방의 일개 식민지에 불과했던 미국이 어느 듯 '올챙이' 시절을 넘어 제국주의 강대국으로 변모한 것이다.

크리스토퍼 콜럼버스의 미 대륙 발견 이래 400여 년간 이어져 오던 스페인의 존재는 아메리카에서 지워졌다. 그 빈자리는 연부역강(年富力强)한 미국으로 대체됐다. 스페인 제국은 종언(終焉)을 고했고 미국은 이제 본토를 넘어 태평양과 대서양을 아우르는 제국(帝國)의 반열로 들어서게 됐다.

01 필리핀 점령
스페인서 양도 받아 제국주의의 식민 통치

45년 이상 지배하다 2차 대전 이후 독립돼

미-스페인 전쟁의 일환으로 미군이 필리핀 공격에 나선 가운데 마닐라에서 스페인군이 방어에 나서고 있다

영국 식민지라는 '을(乙)'에서 북미 대륙 최강자로 부상한 미국은 어느 덧 그 마인드 역시 '갑(甲)'으로 변모해 있었다. 피식민지에서 제국주의 강국으로 변신해 버린 것이다. 미국의 제국주의적 팽창은 필리핀 점령에서 여실히 드러난다.

미국-스페인 전쟁 발발 당시 미국과 필리핀은 '한 배'를 탔었다. 스페인군과 대적하는 데 있어 미군은 필리핀 민족주의자 세력인 아기날도 장군의 혁명군과 공동 전투를 벌이기도 했다.

그러나 1898년 12월의 파리 조약에서 필리핀이 미국에 양도되고부터 얘기가 달라졌다. 스페인에 대항할 때는 미-필리핀이 공동전선을 펼쳤지만 정작 미국 지배가 현실화되자 필리핀 민족주의자들이 이에 반발, 무장 독립 항

미군과의 전투에서 패한 필리핀 저항세력 전투원들이 무기를 내려놓고 항복하고 있는 모습

쟁에 나선 것이다.

120여 년 전에 미 대륙에서 빚어졌던 독립 투쟁 사태가 필리핀에서 재연됐다. 달라진 것은 식민지 자리에 필리핀이 서고 종주국이라는 옥좌(玉座)에는 미국이 새롭게 등극해 있었다는 점이다.

초기에는 정규전이 전개됐으나 시간이 흐르면서 게릴라전으로 양상이 바뀌었다. 결과는 필리핀의 완패였다. 3년여 진행된 무력 충돌에서 필리핀 측 사망자는 20~30만 명에 달했다. 반면 미군 전사자는 4,300여 명에 부상자 2만여 명 수준이었다.

미국의 승리 이후 필리핀에서는 본격적으로 미국의 식민통치가 시작됐다. 정치적으로는 필리핀 입법부가 설립되는 등 제한적인 자치를 허용했으나 교육과 행정, 보건 등 각 부문에서 미국식 시스템과 영어가 도입됐다. 이른바 미국의 '문명화 사명' 정책의 결과였다.

경제, 사회적으로도 많은 변화가 일었다. 농업 개편이 진행돼 사탕수수나 담배 등과 같은 환금성 높은 단일 작물들 중심의 수출 농업 구조가 자리잡았다.

그러나 토지의 경우 미국인과 일부 엘리트 계층에 의한 독점이 심화됐다. 식민지에서 전형적으로 나타나는 지배 계급의 '독식(獨食)' 폐해가 심화된 것이다.

이같은 부의 독점화가 이루어지면서 절대 다수를 차지하는 필리핀 노동자, 농민들은 빈곤 상태에서 벗어나기 어려워졌다.

미국의 필리핀 지배는 45년 이상 계속되다가 2차 세계 대전 때 일본이 필리핀을 점령하면서 종식됐다. 일본은 진주만 공격 이후 동남아 장악에 나서면서 필리핀도 침공했다. 방어에 나섰던 미군은 바탄 반도에서 패퇴, 맥아더 장군의 "다시 돌아오겠다"는 말을 남기고 필리핀에서 퇴각했다.

그러나 일본의 잔악한 통치는 오래 못 버티고 1945년 3월 미군의 마닐라 재탈환과 함께 끝을 맺었다.

필리핀은 다시금 미국의 영향권으로 들어갔지만 이듬해 7월 4일 공화국으로 독립하면서 공식적으로 독립국가가 됐다. 태평양을 넘어 동남아까지 뻗쳤던 미국의 해외 영토 팽창은 필리핀이 '홀로 서기'로 떨어져 나가면서 종식을 고했다.

과거 미국이 점유했던 클라크 공군기지 및 수빅 만의 미 해군기지 등에 지금은 미군이 직접 상주하지는 않는다. 다만 훈련 및 전략 자산 전개 등을 위한 임시 주둔 및 미국 군함의 정박이나 보급, 수리 등은 허용되는 선에서 미-필리핀 안보 협력 관계가 유지되고 있다.

02 쿠바 점령
카스트로 공산 혁명 후 쿠바에서 철수

반미 노선 걸으며 '카리브해의 가시'로 남아

'카리브해의 진주'로 불리는 쿠바는 미-스페인 전쟁의 경로를 통해 미국의 손아귀에 들어왔다. 1898년 12월 쿠바에 있던 스페인 주둔군이 마지막으로 철수하면서 미국의 쿠바 점령이 시작됐다. 미국은 곧장 군정(軍政)을 수립한 이후 1902년까지 군사통치에 나섰다.

미국이 취한 쿠바 개혁 조치는 필리핀과 비슷한 미국식 질서 도입과 함께 학교와 경찰 제도 정비 및 황열병 퇴치를 위한 위생 조치 등이 골자를 이뤘다.

쿠바에 대한 군정은 3년 만에 종식되고 1902년 5월 30일 쿠바는 형식적으로 독립 공화국이 된다. 미국은 그러나 쿠바 독립 헌법에 쿠바의 주권을 제한할 수 있는 다양한 '견제 장치'들을 포함시킴으로써 쿠바를 정치·경제적 보호국으로 만들었다.

이 '플랫 수정조항(Platt Amendment)'은 핵심 4개 조항으로 구성되는 데, 우선 미국의 개입권을 규정해 놓고 있다. 쿠바 내 혼란한 상황이 조성되거나 외세가 침입할 경우 미국이 자동적으로 개입할 수 있도록 문을 열어놓은 것이다. 또 미국의 쿠바 내 군사기지 설치를 허용했다. 이에 따라 미국은 관타나모만에 영구적으로 기지를 설치할 수 있는 권리를 얻었고 현재까지도 이 기지는 존치하고 있다.

수정조항은 이어 쿠바는 미국의 동의 없이는 다른 나라와 조약을 맺을 수 없다는 '외교 제한'과 대외 부채와 관련된 결정 역시 미국의 승인 없이는 금지한다는 '채무 제한' 조항도 담고 있었다. 겉으로는 독립국이라는 지위를 가졌지

카스트로(왼쪽에서 네번째)가 주도하는 사회주의 혁명군 지휘관들의 모습. 왼쪽에서 두번째 보이는 사람이 체게바라

만 쿠바는 사실상 미국의 보호국이 된 것이다.

이 같은 상황은 1959년 1월 피델 카스트로가 사회주의 혁명 정권을 수립할 때까지 계속됐다. 50여 년 이상 이어진 보호국 체제하에서 미국은 쿠바 경제를 사실상 장악했다.

쿠바의 전체 경작지 가운데 4분의 3 이상이 미국을 포함한 외국 자본 소유로 넘어갔다. 광산과 철도 및 항만 등도 대부분 미국 투자에 의해 운영됐다. 특히 쿠바의 주력 산업이라 할 수 있는 설탕 농장 및 생산 공장들은 상당 부분이 미국 기업 소유였다.

카스트로 이전에 쿠바 군부가 중심이 된 바티스타 독재가 20여 년 지속됐었는 데, 이들은 미국의 정치, 경제적 지원을 받는 친미 정권으로, 부정과 부패 및 미국 예속성으로 인해 국민들로부터 불만을 사고 있었다.

카스트로 정권이 들어서면서 쿠바 내 미국 기업들에 대한 국유화가 선언되

쿠바 미사일 위기 당시 미 정보 당국이 공개한 쿠바 내 배치 소련 중거리 탄도 미사일 발사대 모습

고 이어 미국과의 단교 조치가 취해지면서 미국의 쿠바에 대한 실효적 지배는 종식됐다. 이어 1961년 미군의 피그만 침공, 이듬해 미-소 간 핵전쟁 발발 위기까지 치닫게 한 '쿠바 미사일 위기'를 거쳐 미국의 대 쿠바 전면 경제 봉쇄가 이어지면서 쿠바는 미국에게 있어 카리브해의 요충지가 아니라 '목구멍의 가시'로 남게 됐다.

미국의 쿠바 지배는 미국 제국주의 정책의 전형으로 남는 것과 함께 주변 라틴 아메리카국들에 경계심을 심어주었다. 나아가 쿠바의 혁명을 통한 탈미(脫美)는 이른바 '명백한 숙명론(Manifest Destiny)'에 의거했던 미국의 영토 팽창 욕구를 스러지게 만드는 전환점이 되기도 했다.

03 자치령 괌
미중 신냉전 시대의 전략 요충지

미국의 태평양 전수 방어 전초 기지화

괌 역시 미-스페인 전쟁을 통해 미국 영토가 됐다.

미국의 괌 점령은 한편의 코메디처럼 진행됐다. 마닐라행 화물 수송선 보호에 나섰던 미 해군 순양함 찰스턴함이 지나는 길에 '접수'하듯 간단히 무혈 점거해 버린 것이다.

1898년 6월 20일 찰스턴함은 괌에 있는 스페인군의 산타크루즈 요새를 향해 포탄 13발을 쐈으나 스페인 측은 이를 공격이 아닌 인사치레 예포(salute)로 여겨 "화약 부족으로 답례 포를 못 쏜다"고 사과까지 하는 촌극을 벌였다.

스페인 관리들은 아예 전쟁 발발 사실조차 모른 상태였고 하루 뒤인 21일 미군의 최후 통첩 30분 만에 항복, 피 한 방울 흘리지 않은 채 '깔끔하게(?)' 괌을 내줬다. 미군이 괌 전선에서 사용한 포탄은 개전 첫날 13발에 다음 날 괌을 인수받는 기념식에서 성조기 게양 때 21발의 예포를 발사한 것이 전부였다.

미국의 50번째 주로 편입된 하와이가 땅 크기 이상의 중요성을 지니고 있듯이, 태평양상에 덩그러니 떨어져 있는 작은 섬 '괌'도 지니고 있는 전략적 가치는 비할 데 없이 크다. 괌은 일찍이부터 아메리카와 동남아시아 지역 간을 잇는 무역로의 중개 기지였다. 17세기 이후 식민 개척에 나섰던 스페인이 선점한 것도 그 이유에서였다.

괌은 1941년 12월 일본의 침략을 받아 일시적으로 일본 영토로 바뀐다. 하지만 1944년 7월 '괌 전투'에서 미국이 승리하면서 2년 반여에 걸친 일본 식민지 지배를 종식하고 다시금 미국 영토로 복귀, 1899년 4월 11일 이후부터

미군이 일본군에 점령 당했던 괌을 되찾기 위해 공격에 나선 가운데 미전함 USS 뉴멕시코 함이 함포 사격을 가하고 있다

줄곧 미국의 자치령이 됐다.

자치령은 여러 측면에서 정식 주(州)와 구별된다. 괌 자치령은 연방정부로부터 외교, 국방, 이민 정책을 제외한 나머지 영역에서 광범위한 자치권을 갖는다. 예를 들어 어느 나라와 경제 통상 조약을 맺으려 한다면 대체로 폭 넓게 허용이 되는 것이다.

일단 괌의 국가원수는 미국 대통령이다. 이렇게 분명히 미국 영토이고 미 연방에 속하지만 정치적인 대표성은 갖지 못한다. 괌은 형식상으로 3권 분립 체제를 가지고 있다. 행정 총괄은 일반 주와 같이 괌 주민에 의해 선출된 '지사(Governor of Guam)'가 맡는다. 괌에는 입법부도 있고 사법부도 있다.

그러나 괌에는 연방 상원은 물론 연방 하원 의석도 배정이 안 돼 있다. 다른 주의 연방 하원 같은 자리가 1석 있지만, 이 대표자는 연방 하원에 출석해 입법 의견을 개진하고 토론 참여는 하더라도 표결권은 없다.

이렇게 연방 상원의원과 하원의원이 없기 때문에 대통령 선거인단도 존재치 않는다. 결국 괌의 주민은 미국 시민권을 갖고 있지만 대통령 투표권은 없는 것이다. 다만 괌의 시민권자가 미국 다른 지역으로 이주한다면 해당 지역에서 시민의 일원으로 투표권을 행사할 수 있다. 마찬가지로 본토 어느 주의 시민권자가 괌으로 이주할 경우 역시 대통령 투표권이 상실된다.

이렇게 정치적으로는 서자(庶子) 취급을 받지만 연방 차원에서의 보호나 지원, 경제적인 혜택은 큰 차등 없이 이행된다. 우선 국방에 있어서는 당연히 미 정부가 책임지며 그에 수반되는 비용 역시 연방정부의 몫이다.

면적 549km² 로 제주도의 3분의 1 정도 크기에 인구 약 17만 명, 2024년 GDP는 75~77억 달러 정도에 불과한 작은 섬이지만 현시점에서 괌이 미국에 제공하는 전략적 가치는 지대하다. 구 소련 시절 냉전 때도 그랬지만 근래 들어 전개되는 신 냉전기를 맞아 괌의 중요성은 배가되고 있다.

괌과 베이징 간 거리는 4,000km 정도, 괌-평양 간 거리는 대략 3,400km가 된다. 러시아 또한 조금 더 멀지만 충분히 타격 거리 내에 있다. 이렇게 신 냉전의 주축 3국을 B-52나 B-2 같은 장거리 폭격기 및 순항 미사일의 사정권에 둘 수 있는 최적의 위치가 바로 괌인 것이다.

이에 따라 괌에는 미 해군, 공군 및 해병대의 핵심 전력들이 배치돼 있다.

이 가운데 앤더슨 공군기지(U.S. Air Force Anderson Air Base)는 B-2 전폭기를 운용할 수 있는 몇 안 되는 주요 해외 기지 중의 하나다. 특히 북한의 대남 공격 등 유사시에는 주요 전략 자산들을 4~5시간 내에 한반도로 전개시킬 수 있어 한국의 안보에도 결정적으로 중요한 곳이다.

괌에서는 오래 전부터 독립주로서의 주 승격 추진 움직임이 있어왔다. 그러나 연방정부는 이에 대해 시큰둥한 반응이다. 괌이 독립주로 될 만큼 경제·사회적으로 안정적이지 못하다고 판단하고 있다.

또 괌이 별도의 주가 되기 위해서는 괌 하나로는 부족하고 북마리아나 제도를 이루고 있는 주변 10여 개의 섬과 함께 묶어 광역 행정권을 만들 수 있

인공위성에서 촬영한 괌의 전경

어야 하는 데 여기에도 어려움이 있다. 북마리아나 제도 주민들은 2차 대전 때 일본군에 점령됐을 당시 괌과의 악연 때문에 괌에 대한 인식이 우호적이지 않기 때문이다.

열대성 기후 지대인 괌은 태평양상에 자리한 천혜의 관광지로 꼽히고 있다. 미국령이기 때문에 치안이 탄탄하고 도로나 행정 시스템 등 사회 인프라가 잘 갖춰져 있는 것이 큰 장점이다. 또 한국과 일본이 미 본토에 비해 매우 가까워 접근성이 탁월하다. 이에 따라 괌은 한국이나 일본 관광객들에 있어 멀리 안 가고 미국 풍취를 느껴 볼 수 있는 최고의 휴양지 중의 하나로 꼽히고 있다.

괌은 좁은 섬이기에 농작물의 대량 재배가 쉽지 않다. 또 주거지도 부족하기에 전반적으로 생활비가 비싼 것이 흠이라면 흠이다.

04 자치령 푸에르토리코
스페인 식민지에서 미국 자치령으로

해상무역의 길목인 카리브해의 보초 역할

푸에르토리코는 괌과 더불어 1898년 미-스페인 전쟁 이후 미국 영토가 됐다. 1898년 7월 25일 과니카 상륙 작전으로 본격화된 푸에르토리코 점령 작전은 2주여 만에 종료, 8월 12일 워싱턴에서 미-스페인 간에 정전 의정서가 체결되면서 마무리됐다. 푸에르토리코는 이후 미군 군정을 거쳐 카리브해의 불침번으로 미국의 요긴한 자치령이 됐다

푸에르토리코는 면적이 9,104 km² 로 괌보다 훨씬 크고 인구 또한 20배가량 더 많다. 2024년 기준 약 320만 명으로 인구 자체만으로 보면 네바다나 아칸소보다 더 많은, 50개 주 가운데 35위 정도에 해당한다.

과거에 괌과 같은 스페인 속령이었지만 푸에르토리코는 말 그대로 '원조 스페인령'이라 할 수 있다. 4백여 년 이상 이어온 스페인 제국 통치 지역이기 때문이다. 그래서 지금 공용어는 영어와 스페인어이지만 스페인어가 더 많이 사용되는 곳이다.

스페인어로 '부유한 항구'를 뜻한다는 푸에르토리코는 일찍이부터 카리브해 해상 무역의 주요 거점지로서 교역과 물류의 중심지였다. 그래서 물산이 풍부하고 돈이 넘쳤던 곳이었다. 적도 지대에 위치해 있어 사탕수수 플랜테이션이 발달했고 대규모 농장에서 많은 노동력을 필요로 하기 때문에 대서양을 무대로 한 노예 무역이 성했다.

대서양 패권을 노리고 있던 미국은 해상 무역의 요충지인 쿠바와 푸에르토리코를 일찍부터 점 찍어 놓고 있었다. 카리브해를 장악하기 위한 해군기지나

미국과의 전쟁에서 패한 스페인 주둔군이 푸에르토리코에서 공식 퇴각하는 모습

보급기지로 적격이기 때문이다. 실제로 19세기 중반 당시 미 국무장관으로 알래스카 매입을 주도했던 윌리엄 수어드는 도미니카 공화국 합병과 푸에르토리코 및 쿠바의 매입도 제안했었다. 이때 스페인 측에 제시한 금액이 당시 연방정부 예산의 몇 배에 달하는 1억 5천만 달러였다.

미-스페인 전쟁 후 푸에르토리코는 미 군정을 거쳐 자치령으로 민간 정부가 들어섰다. 푸에르토리코의 정치 구조는 괌과 대동소이(大同小異)하다. 괌과 마찬가지로 국가원수는 미 대통령, 자치 행정의 수장은 선거로 뽑히는 주지사가 담당한다. 자체의 입법부, 사법부도 있다.

미연방과는 역시 괌과 동일한 정치적·법적 지위(status)를 유지하고 있다. 연방 상원의원이 없고 연방 하원 1명을 상주 대표격으로 보낸다. 이 하원의원은 입법 토론 참여권은 있지만 표결권이 없다. 푸에르토리코 시민들은 미국 시민권자이면서도 대통령 투표권이 없다. 물론 미국 내 다른 주로 옮겨 살면 그대로 시민권자로서 투표권 행사를 할 수 있다.

푸에르토리코의 방어는 미국이 담당하며 미 해병대가 주둔하고 있다. 푸에르토리코는 열대 우림 지대이기 때문에 '델타 포스' 같은 미 특수부대들이 정글 전투나 침투 공격 훈련지로 많이 활용되고 있다. 이들 본토 군 병력 외에 푸에르토리코는 주민으로 구성되는 독자적인 주 방위군을 갖고 있다.

푸에르토리코 역시 섬 규모도 있고 역사나 문화적 배경이 본토와는 판이하게 다르기에 독립국 혹은 독립주를 추구하는 시도가 여러 번 있었다. 그러나 분리 독립에 대해서는 미 정부가 허용할 리가 없다.

다만 독립주로서 미국의 51번째 주가 되고자 하는 노력은 계속돼 왔다.

몇 차례 주민 투표를 통해 연방 가입안을 통과시켜 왔는데 만약 연방의회가 이를 승인, 인준하고 법률을 제정해서 대통령이 서명하면 가능은 하지만 여기에는 정치적인 복병(hurdle)이 도사리고 있다. 다름 아닌 푸에르토리코의 '블루 스테이트' 성향 때문이다. 만약 푸에르토리코가 정식 주로 가입하면 인구가 만만치 않기 때문에 연방 하원의원으로 5~6석을 확보할 수 있다. 여기에 2명의 연방 상원을 합치면 대통령 선거인단 수는 7~8명이 될 수 있다.

이렇게 되면 현재 박빙의 균형세를 보이는 연방 상원의 밸런스에 영향을 줄 수 있다. 하원도 다수당 다툼이 치열한 상황에서 대여섯 석은 결코 적은 것이 아니다.

'푸에르토리코주(州)'의 태동은 따라서 민주당 입장에서는 환영할 일이다. 실제로 바이든 전 대봉녕은 2020년 9월 푸에르토리코의 주 승격을 지지한 바가 있다. 반면 공화당에는 받아들여질 여지가 거의 없다고 봐야 한다. 민주당 일색인 워싱턴 D.C.의 독립주 추진이 번번이 공화당에 의해 거부되는 것과 같은 이유에서다.

푸에르토리코의 핵심 산업 역시 관광업이다. 미국인들 입장에서는 플로리다에서 1,600km가량 떨어져 있긴 하지만 그래도 분명히 내 나라 땅이기에, 안방 같은 편안함을 주는 열대 휴양지가 되는 것이다.

수도인 '산 후안'은 이름에서 알 수 있듯 스페인풍이 가득한 도시다. 푸에르토리코의 소득 수준은 미국 내 50개 주 중에서 가장 낮은 편에 속한다. 그러나 주변 카리브해 국가들에 비하면 훨씬 높고 특히 사회 기반 시설 측면에서는 월등한 수준을 유지하고 있다.

푸에르토리코나 괌 모두 미국 본토에서는 찾기 어려운 자치령이라는 독특한 체제로 유지되고 있다. 미국이면서도 어딘가 미국이 아닌 것 같은, 미국 속의 비(非)미국 영토가 바로 푸에르토리코와 괌이다.

In Depth Story — 해외 영토들의 군사 전략적 가치

하와이 & 괌, 미국의 '불침 항모'로 태평양 방어 전초 기지

하와이와 괌, 푸에르토리코는 미 본토 바깥에 위치한, 해외의 전략적 영토라 할 수 있다. 이 3개 도서는 19세기 말에서 20세기 초에 걸쳐 미 제국주의의 팽창기에 확보됐다. 이 원양(遠洋) 영토들은 획득 당시에도 요충지였지만 그 가치와 비중은 현재에 이르러 더욱 중시되고 있다.

태평양과 대서양에 자리잡고 있는 도합 약 38,000km² 의 이 섬들은 크기와는 별개로 군사, 안보 측면에서 지대한 기여를 하고 있다.

우선 중부 태평양에 자리잡고 있는 하와이의 진주만에는 미 태평양함대 사령부가 위치하고 있으며 미 해군 태평양 전력의 핵심축이 되고 있다. 이를 통해 미국 국방의 최우선 전략 개념인 인도-태평양 관할을 위한 중심 거점의 역할을 하고 있으며 인도-태평양 미사일 방어 체계와 우주 감시 기지가 가동되고 있다. 하와이 내 히캄 공군기지, 카네오헤 해병대기지에도 태평양 방어를 위한 핵심 전력들이 배치돼 있다. 서태평양상에 위치한 괌에는 앤더슨 공군

하와이 진주만에 정박해 있는 미 해군 전함들의 위용

기지가 자리잡고 있다. 이곳에는 전략 장거리 폭격기와 드론 등이 전진 배치돼 있으며 중국과 북한에 대비하는 최전방 핵심 타격기지다. 또 아프라 해군기지는 항공모함과 잠수함 등의 보급기지로 서태평양 함대 작전의 중심이 되고 있다. 여기에는 사드(THAAD)나 이지스(Aegis)등 탄도 미사일 방어 체계가 배치돼 있다.

괌은 특히 대만 해협과 남중국해에 가장 가까운 미군기지로 중국의 대만 침공과 같은 노빌을 사전에 억제하고 유사시 중국의 해군력과 지상 기지를 타격할 수 있는 최전방 거점 역할을 하고 있다.

푸에르토리코는 과거 냉전 때 카리브해의 전진기지로 사용되던 곳이다. 현재는 군사상 요충지라기보다는 대서양과 카리브해 항로를 감시하고 마약 밀매 단속과 차단 역할을 수행하고 있다. 또 카리브해상의 허리케인과 같은 재난의 대응기지로 기능하고 있다. 이 해외(海外) 영토들은 미국 본토에서 멀리 떨어진 곳에 위치함으로써 미국의 대양 활동과 대양 방어망 전선 구축을 가능케하고 있다. 즉 하와이와 괌은 태평양을 미국의 내해(內海)처럼 기동할 수 있게 하고, 중국과의 무력 충돌 발생 시 중국의 해군, 공군력이 본토에 가할 수 있는 위협을 사전에 차단시켜 줄 수 있는 전초기지 역할을 해내는 것이다. 이른바 태평양상에 떠 있는 미국의 불침항모(不沈航母)와 같다고 할 수 있다.

3개 주요 해외 영토들은 또 경제적인 측면에서도 상당한 기여를 하고 있다. 하와이는 매년 1천만 명 가까이가 찾는 관광의 허브이자 미국과 아시아를 잇는 해상 무역의 중계 요소로 자리잡고 있다. 괌 또한 미 본토와 동아시아를 잇는 항공·해상의 물류 거점이자 관광지로 꼽히는 곳이다.

푸에르토리코는 섬유와 농산물의 주요 생산처로 무관세 혜택을 통해 미국 시장에 접근할 수 있는 이점을 제공하고 있다. 이 밖에도 해저케이블 통신망의 교차점으로써 '경제 안보'를 담보해 주는 통신망 요충지라 할 수 있다.

하와이의 인구는 현재 약 145만 명, 괌은 17만 명이며 푸에르토리코는 320만 명 가량 된다. 3개 섬 땅의 총 인구는 482만 명 정도로 세계 국가들 가운데 뉴질랜드나 노르웨이, 아일랜드와 비슷한 수준이다.

2024년 기준 GDP상으로는 하와이 3,000억 달러, 괌 75~77억 달러, 푸에르토리코 1,258억 달러 등 총 4,330억 달러 규모다. 이 역시 세계 다른 나라와 비교해 본다면 콜롬비아와 비슷한 세계 38위 권이다. 이렇게 미국의 3개 해외 도서(島嶼)를 모두 합칠 경우 인구나 경제 규모에 있어 작은 중진국 급에 해당한다고 볼 수 있다.

그러나 미국의 이 해외 영토들은 미국이 태평양과 카리브해를 아우르는데 있어 최적의 거점이자 미국의 방어선을 대양 밖으로 펼칠 수 있게 해준다는 점에서, 규모나 경제력과 관계없이 안보 및 지정학적 측면에서 비할 데 없는 가치를 안고 있다고 할 수 있다.

제국의 완성

건국 120여 년 만에 세계 3위의 영토 대국 이뤄

필리핀과 쿠바는 떨어져 나갔지만 하와이, 괌, 푸에르토리코가 추가되면서 미국의 영토 확장 120여년 대장정은 사실상 막을 내렸다. 이들 3개 섬 외에 2025년 현재 미국 영토로 돼 있는 태평양, 카리브해 상의 주요 섬들은 10여 개 정도가 된다.

이 가운데 서태평양 상의 북마리아나 제도(464km²), 카리브해의 미국령 버진아일랜드(346.4km²) 남태평양의 아메리칸 사모아(199km²) 등에 도합 20만 명가량이 거주하고 나머지 작은 섬들은 무인도들이다.

북미 대륙 몸통에 알래스카를 더하고 태평양, 카리브해 상의 도서(島嶼)들을 모두 합할 경우 미국 영토 규모는 약 952만km²에 달한다. 만약 쿠바와 필리핀이 계속 미국 땅으로 남아있었다면 한반도의 2배쯤 되는 45만km² 정도가 미 영토에 더해졌을 것이다.

현재 미국 연방통계청 및 지질조사국이 밝히는 미국 영토의 공식 총면적은 약 983만km²다. 합산된 영토(952만km²)와 공식 집계 영토 사이에 약 31만km²의 차이가 나는 이유는 내수면을 포함시키는 등 영토 규정 기준이 달라졌기 때문이다.

즉 19세기까지는 육지 면적만이 영토로 간주됐다. 그러나 20세기 중반 이후 지질 측량을 거쳐, 영토=육지면적+내수면(Total Area=Land+Inland Water)이라는 기준이 도입되면서 공식 국토 면적에 호수, 강, 내해(內海), 석호(潟湖:lagoon) 등이 모두 포함되기 시작했다. 그 결과 각 주의 내수면은 물론 알래스카나 플로리다, 루이지애나 등과 같은 연안 주들의 만(灣), 델타 등이 모두 영토로 새로 편입됐다.

예를 들어 알래스카의 경우 19세기 매각이 이루어질 당시 넓이는 러시아 기록 기준으로 약 1,518,000km²였으나 현대 GPS 기준(USGS)으로는 1,723,337km²로 바뀌었다. 알래스카에서만 약 20만 5천km²가 늘어난 것이다. 이런 식으로 나머지 연안 주들과 내수면 등을 보정하면서 미국의 영토는 과거 기준에 비해 약 31만km²가 증가해 공식적으로 983만 3,517km²로 규정됐다.

세계 3위로 랭크되는 미국 땅의 크기는 과거 로마 제국과 알렉산더 제국을 합친 것과 비슷하고 역사상 최대 규모라는 몽골 제국의 41% 정도 된다.

주요 제국들이 태동에서 전성기에 이르기까지 걸린 기간은 몽골 제국이 50~70년, 알렉산더 제국이 약 13년, 로마제국은 140~600년이 각각 소요된 것으로 학자들은 보고 있다.

이에 비해 미국이 '영(零)'에서 출발, 상전벽해(桑田碧海)와 같은 결과를 만들어 내는 데 걸린 시간은 1776년 독립전쟁 이래 1898년 미-스페인 전쟁 종료까지 약 120년 남짓이다.

알렉산더 제국은 알렉산더 대왕의 사망과 함께 사실상 11년만에 소멸의 길로 들어섰다. 단일 제국으로 역사상 최대였다는 몽골 제국도 1206년 징기스칸의 즉위에서 1294년 쿠빌라이 칸의 사망으로 88년간의 단일 제국 시대를 마무리했다. 다만 로마제국은 로마제국 전체로는 약 500년, 1453년 오스만 제국에 의해 동로마 제국이 멸망하기까지로 잡으면 1,100년가량 존속됐다고 볼 수 있다.

이제 태동된 지 고작 250년에 이른, 그러나 역사상 역대 어느 제국보다 강력한 존재로 자리잡은 '미 제국(帝國)'이 향후 어떤 행로를 걸어가게 될지 온 세계가 주목하고 있다

부록

남북전쟁과 인디언

서문

　미국은 건국과 영토를 확장해 나가는 과정에서 여러 유럽 제국주의 국가들, 이를테면 외세(外勢)이자 점령자들과 거친 대결을 벌여야 했다.
　그러나 이와 별도로 대내적으로도 여러 갈등과 저항에 직면했다.
　이 가운데 가장 큰 위기가 미합중국이 형성되는 와중에 야기됐던 남북전쟁이었다. 제 1,2차 세계 대전을 합친 것보다 더 많은 사망자를 냈던 이 처절한 동족상잔은 남북 간에 헤아리기 어려울 정도의 증오와 갈등, 그리고 깊은 골을 남겼다.
　서구 열강으로부터 어렵게 획득해 세운 나라를 자칫 반 토막 내버릴 수도 있었던 남북전쟁은 그러나 부러졌다 붙은 뼈가 더 단단해지듯, 결과적으로 명실상부한 '미합중국'을 낳게 하는 밑거름이 됐다.

제 1 장

노예제 두고 남북전쟁 발발

'노예주'와 '자유주' 충돌로
골육상쟁 남북전쟁 시작

섬터 요새 전투는 남북전쟁 발발을 알리는 서전

　동부 13개 식민지에서 출발, 남부를 평정하고 미시시피강과 록키산맥을 넘어 서부까지 다 거머쥐면서, 미국은 1848년을 기점으로 캐나다와 알래스카를 제외한 북미 대륙 전체를 영토로 삼게 됐다. 대영제국에 대항, 독립을 선언한 지 72년 만에 천지개벽(天地開闢)과 같은 위업을 이뤄낸 것이다.
　그러나 이때까지 약 797만km² 라는 광대한 영토를 거머쥔 미국이었지만 정작 내부에서는 심각한 균열이 싹 트고 있었다. 이 갈라짐은 갈수록 커지고 깊어지더니 급기야 남북 두 진영으로 갈려 내전으로 치닫는, 최악의 사태로까지 비화하기에 이르렀다.
　미국 건국사에 가장 큰 고통을 안기고, 자칫 나라를 두 쪽으로 갈라 놓을 수도 있었던 남북전쟁은 이렇게 시작됐다.

　1861년 4월 12일 새벽 4시 30분.
　여명이 트기도 전 어둠을 가르며 일발의 포성이 울렸다. 포탄이 날아간 곳은 사우스캐롤라이나 찰스턴항 북쪽의 섬터(Sumter) 요새. 남군 사령관 보우리가드 장군의 지시로 북군 수비대가 지키고 있던 해안 요새에 첫 포격이 가해졌다.
　개전 이틀 뒤인 14일 오후에 끝난 이 전투는 사상자가 서너 명에 불과한 미미한 충돌이었지만 여파는 컸다. 바야흐로 미국 남북전쟁의 발발을 알리는 서전(緖戰)이 된 것이다.

남북전쟁의 시발점이 된 섬터(Sumter) 요새 포격장면을 묘사한 그림

남북전쟁이 벌어지기 전까지 북미 대륙을 아우르는 영토를 확정 지은 미국에게, 이제 미 대륙에서 땅을 두고 대결을 벌여야 할 외적(外敵)은 더 이상 존재치 않는 듯 보였다. 대서양에서 태평양에 이르는 대륙 통일은 완성된 것과 다름없었다. 전쟁이 일어나기 전까지 미합중국에 정식으로 가입한 주의 숫자는 직전의 캔자스를 포함해 34개였다. 뒤늦게 미국 영토가 된 서부의 준 주들은 조만간 요건을 갖춰 합중국에 가세할 터였다. 전체 주를 아우르는 연방정부는 이미 16대 대통령까지 배출할 만큼 자리를 잡고 있었다.

미합중국이라는 어휘가 의미하듯 34개 주는 사실은 34개 국가나 다름없었다. 그 태동과 출범도 각양각색이었다. 동부 13개 주는 미합중국의 공동 '창업이사'이자 영국과 전쟁을 함께 한 '전우(戰友)'이기도 했다.

일리노이에서 테네시에 이르는 중부 13개 주는 전쟁은 치르지 않았지만, 영국으로부터 한날 한시에 할양된, 합중국 '입사 동기(同期)'였다. 이와 함께 루이지애나 매입을 통해 역시 함께 미국 땅으로 편입된 미시시피강 서쪽 주들도 모두 프랑스 식민지에서 벗어났다는 공통의 '연고(緣故)'를 갖고 있었다. 다만 플로리다와 텍사스만이 각자도생(各自圖生)식으로 합중국 일원이 된 '솔로' 출신일 뿐이었다.

제 1 장 | 노예제 두고 남북전쟁 발발 **525**

이렇듯 복잡한 태동 배경에도 불구하고 미합중국이라는 깃발 하에 단일 대오를 형성하고 있던 30여 개 주를 사분오열 시킨 핵심 이슈는 노예 문제였다.

북부 주들이 주도하는 노예 폐지론에 남부 주들이 반발

당시 합중국 주들은 노예제를 인정하는 '노예주'와 이를 불허하는 '자유주'로 나뉘어져 있었다. 양측 간의 세력 균형은 엇비슷했다. 이에 따라 새로운 주가 합중국에 가세할 때마다 어느 진영으로 편입시킬지를 두고 치열한 신경전이 벌어졌다.

이 같은 갈등 속에서 1820년 '미주리 합의(Missouri Compromise)', '1850 합의(Compromise of 1850)' 등이 마련됐지만 노예제 문제를 둘러싼 대립은 더욱 첨예화됐다. 그러다가 1854년에 성안된 '캔사스-네브래스카 법(The Kansas-Nebraska Act)'은 이른바 '유혈 캔사스(Bleeding Kansas)'로 불리는, 양측 간 무력 대결 사태로까지 비화시켰다.

노예제를 둘러싼 이념 차 외에 또 다른 요인이 된 것이 경제적 실리 문제였다. 당시 합중국 경제는 한마디로 '북공남농(北工南農)'으로 규정지을 만했다. 북동부 주들은 일찍이 산업화 단계에 들어가 막강한 공업 생산력과 대외 교역 역량을 갖추고 있었다. 반면 남부 지역의 주들은 대부분 노동집약적인 농업 생산 중심이었고, 이에 따라 대규모의 플랜테이션-농장들은 흑인 노예의 노동력에 대한 의존도가 절대적이었다. 이런 상황에서 북부를 중심으로 노예 해방 얘기가 나오자 남부 지역의 주들은 거세게 반발했다.

이 외에 연방 정부 파워를 장악하기 위한 양측 간의 주도권 다툼도 가미됐다. 북부 '자유주'들은 주보다는 연방 우위를 주창하며 강력한 연방정부 체제를 추구했다. 반면 남부 '노예주'들은 주법이 연방법에 우선한다는 인식하에 주의 독립성과 자율성을 우선시했다. 북부의 자유주들은 무임금 노동력인 노예를 기반으로 막강한 부를 구축해 가는 노예주들의 영향력 확대를 견제하고자 했다. 노예제를 해체할 경우 노예주들의 역량은 타격을 입을 것이라는 계산도 있었다.

남과 북의 충돌은 제16대 대통령 링컨이 등장하면서 시작

이같은 요소들이 얽히고 설키면서 미합중국은 결국 균열의 길로 접어들었다. 대영 독립전쟁, 영국으로부터의 할양, 프랑스-스페인 등으로부터의 매입과 전쟁, 자발적인 병합 등 다양한 경로를 밟아 미합중국의 일원이 됐지만 과거의 관계나 함께 했던 역사, 연고(緣故)는 일체 무시됐다.

경제적 실리, 연방정부 헤게모니 장악을 우선 삼아 새 진영이 구축됐다. 미합중국이 끝내 '북부'와 '남부'로 갈라지게 된 것이다.

남북 간의 충돌은 제16대 대통령 링컨이 등장하면서 시위가 당겨졌다. 평소 노예 해방론을 주창했던 링컨을 대통령으로 맞게 되자 남부는 즉각 행동에 들어갔다.

'총대'는 사우스캐롤라이나가 먼저 맸다.

1860년 11월 6일 링컨이 대통령으로 당선, 취임도 하기 전인 그 해 12월 20일 '노예주' 사우스캐롤라이나는 연방 탈퇴를 선언했다. 사우스캐롤라이나가 일을 벌이자 내심 동조하고 있던 남부의 다른 노예주들도 가세했다.

두 달여 뒤인 1861년 2월에는 마침내 앨라배마, 루이지애나, 텍사스, 미시시피, 조지아 등 7개 남부 주들이 모인 남부연합(CSA: Confederate States of

America)이 제퍼슨 데이빗 주도로 결성됐다. 미합중국을 이탈한 남부 세력이 아예 '딴 나라'를 차리며 갈라서자고 나온 것이다. 이들은 대통령과 독자 정부를 출범시켰다. 국기도 새로 만들고 앨라배마의 몽고메리를 수도로 삼았다.

링컨 대통령은 물론 남부연합의 국가 분리 시도를 거부했다. 링컨 대통령이 남부 측 영토 탈환을 위해 7만 5천 명 규모의 연방군 동원령을 선포하고 각 주마다 군대 징병을 요구하자 또 다른 이탈이 발생했다. 역시 노예주였던 버지니아, 노스캐롤라이나, 테네시, 아칸소 등 4개 주가 추가로 가세, 남부연합의 가담 주는 11개에 이르게 됐다.

이렇게 패가 갈리는 과정에서 메릴랜드는 연방 탈퇴를 시도하려다 링컨 대통령의 계엄령에 밀려 포기 했고, 델라웨어는 반반으로 갈라져 좌고우면(左顧右眄)한 끝에 북부로 주저앉았다. 또 버지니아 서부 지역의 경우 버지니아와 다른 입장을 견지하다가 결국 떨어져 나와 '웨스트버지니아'로 독립해 북부의 일원이 됐다. 이 외에 미주리는 연방 탈퇴 선언은 했으나 결국 북부에 잔류했고 켄터키는 공식적으로는 어느 쪽에도 가담하지 않았다.

남북전쟁의 서막이 된 그해 4월의 '섬터 요새' 전투는 바로 이런 배경 하에서 벌어진 첫 무력 충돌이었다. 마침내 남북 간에 공식적으로 전쟁이 시작됐다.

경제력과 군사력 우세한 북군 전력면에서 남군에 크게 앞서

북부 연합 23개 주는 남부 연합 11개 주에 압도적 우위

1861년 4월 12일에 시작된 남북전쟁은 1865년 4월 9일까지 4년여 간 이어졌다.

양측 간에는 우선 '덩치'에서부터 차이가 났다. 북부인 연방(Union) 군을 구성하는 주는 23개 주에 면적이 524만km²인데 반해 남부연합(Confederate)은 11개 주에 270만km²로 몸집에서부터 밀렸다.

인구 또한 북부는 약 2,230만 명 정도로 남부 910여만 명의 2배 이상이 됐다. 이에 따라 가용 병력은 북군이 연 400만 명 이상인데 반해 남군은 75만~100만 명으로 최대 3배 이상 차이가 났다.

나아가 북부에는 흑인 노예가 거의 없었지만 남부는 약 910만 명 가운데 노예 수가 360여만 명으로 남부 인구의 40% 가까이를 차지하고 있어 가용 병력 확충이 훨씬 더 제한적일 수밖에 없었다. 유럽계 이민자들도 북부에는 활발히 유입되고 있었으나 남부로 향하는 사람은 거의 없어 인구 잠재력에 있어 북부의 상대가 안 됐다.

남북 간 경제력 차이도 컸다. 북부 지역은 일찍이부터 산업화가 진행되고 있어 공장과 제조업이 성했다. 당시 북부 지역에 있던 공장 수는 약 11만 개로 이는 미국 전체의 85%에 해당되는 규모였다. 반면 남부의 가동 공장 수는 약 1만 8천 개 정도로 북부에 비해 빈약했다.

또 철강 생산량은 북부가 미국 전체의 94%를, 금융에 있어 은행 자산은 북부가 역시 미국 전체의 97% 이상을 점하고 있을 정도로 압도적이었다. 남부

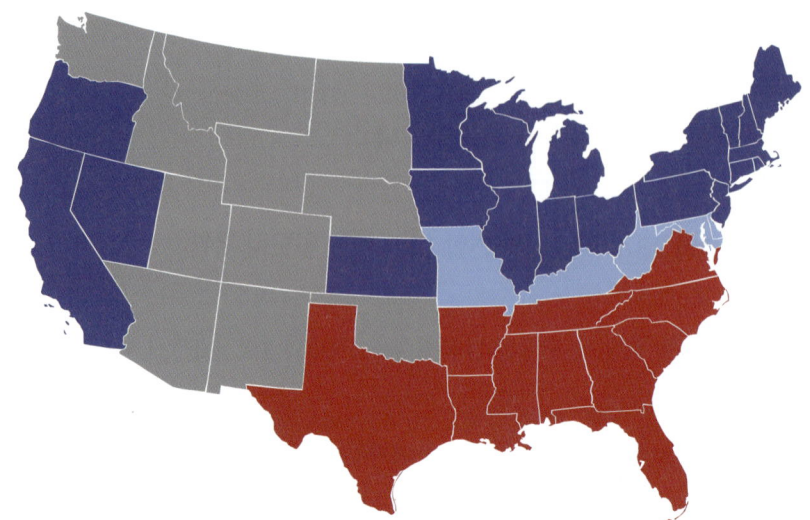

남북전쟁 당시 남군과 북군에 가담한 주를 나타낸 지도. 붉은 색이 남군 주, 짙은 청색이 북군 주를 나타내고 있다.
CC BY SA-3.0

는 농업 중심 지역이기에 금융 부문이 매우 취약한 상태였다.

이 밖에 경제의 '핏줄'이라 할 수 있는 철도 및 선박 등 운송 인프라에서도 격차가 커 북부의 철도망은 약 56,000km, 남부는 14,000km 정도였으며 도로 상태 역시 남부는 낙후된 곳이 많았다. 유통 화폐의 경우 북부는 금본위 화폐를 기반으로 하고 있는 데 반해 남부는 대외 신인도가 낮은 화폐를 발행, 심각한 인플레에 시달렸다.

대외 교역에 있어서도 북부는 독립전쟁 이전부터 유럽과의 해상 교역이 활발하고 많은 항구와 상용 선박 보유 및 그에 따른 조선업 등이 발달해 있었지만 남부는 면화나 담배 같은 일부 농작물 수출에 의존하고 있기에 대외 교역 능력이 북부에 비해 열악한 편이었다.

남군의 로버트 리 장군, 북군의 율리시스 그랜트 장군에 항복

군사력 역시 남북 간 차이가 컸다.

정규군 규모의 경우 북군은 최대 230만 명의 동원이 가능했지만 남군은 최대 100만 명이 고작이었다. 특히 해군은 북군이 전함 600여 척 이상을 보유하고 있는 데 반해 남군의 해군 전력은 미미한 수준에 불과했다.

북군은 이 같은 압도적 해군력을 이용, 남북전쟁 중 남측 항구들을 대대적으로 봉쇄, 병력과 군비의 조달을 막으면서 남군의 숨통을 쥐어 버릴 수 있었다.

각종 무기 조달에 있어서도 북군은 자체 공장들을 가동하는 한편 유럽으로부터의 수입을 병행할 수 있었는 데 남군은 제대로 된 무기 제조 시설이 없어 수입에 의존해야 했다.

단순 숫자 외에도 동원 역량, 전략 및 외교력 등에서도 남군은 북군에 한참 뒤졌다. 실질 군사력이나 '뒷심' 측면에서 남군은 북군의 상대가 안됐다.

그럼에도 불구하고 초기에는 남군이 우세를 보였다. 개전 후 석 달째인 1861년 7월에 벌어진 버지니아 '불런 전투(Battle of Bull Run)'에서 대승을 거둬 향후 전황이 녹록지 않을 것임을 예고했다. 남군은 그해 12월 역시 버지니아 '프레드릭스버그 전투(Battle of Fredericksburg)'에서도 북군에 결정타를 날려 기세를 올렸다.

그러나 1863년 9월, 북군은 미 역사상 가장 많은 피를 흘렸다는 '앤티탬 전투(Battle of Antietam)'에서 전세를 역전시키는 대승을 거뒀다. 이어 '빅스버그(Vicksburg)' 전투에서 승리함으로써 미시시피강을 장악, 남군을 양분시켰다.

북군은 수세에 몰린 남군을 밀어붙이기 시작했다. 북군의 윌리엄 셔먼 장군은 조지아를 훑고 다니면서 도로나 철도, 공장 및 농장 등을 철저히 파괴, 남군의 저항 의지를 약화시켰다.

하루 전투에서 22,000명 이상의 사상자를 낸 남북전쟁 전투 중 가장 치열했던 전투로 기록된 앤티탬 전투 장면

마침내 1865년 4월 9일, 남북전쟁이 발발한 지 거의 만 4년을 채우는 시점에 남군은 무릎을 꿇었다. 남군의 근거지였던 버지니아에서 로버트 리 장군은 북군의 율리시스 그랜트 장군이 제시한 항복 문서에 서명했다. 한 달 뒤인 5월 10일 남부연합 대통령 제퍼슨 데이비스가 조지아에서 체포되면서 남부 연합은 종언(終焉)을 고했다.

'노예제 폐지' 주창한 북군이 대의명분과 전쟁 주도권 확보

남북전쟁 시 군사력도 앞섰지만 북군의 전략에서 가장 주목할 부분은 해군력을 통한 남부 봉쇄 작전이었다. 북군은 북동부의 산업 기반을 토대로 군함 건조 등 막강한 해군력을 갖춘 뒤 남부 지역 중요 항구 봉쇄에 나섰다.

농업 부문이 주력을 차지했던 남부는 각종 공산품 공급을 대외 교역에 의존하고 있었다. 하지만 외부로 통하는 항구가 막히자 남군의 보급 체계는 흔들릴 수밖에 없었다.

전쟁을 시작하면서 남부 측은 영국과 프랑스 등 외세를 북부에 대한 견제 카드로 활용할 요량을 하고 있었다. 특히 식민지 시절 상대적으로 영국에 우호적이었던 남부의 정서 등을 활용, 영국 등이 북부에 압박을 가해 줄 것을 기대했다.

이런 맥락에서 남부연합은 면화를 전략 상품으로 삼기도 했다. 합중국의 남부 지역은 당시 최대 면화 생산 지대였다. 유럽에서 면직의 수요가 폭발적으로 늘고 있는 것을 감안, 면화 공급량 조절을 통해 영국 및 유럽국들을 움직이는 '레버리지'로 삼으려는 것이었다.

그러나 공교롭게도 아시아 쪽에서 면화 생산량이 급증하는 바람에 남부 연합의 '면화 전략'은 빛을 발하지 못했다. 나아가 북부는 주산품인 옥수수를 상당량 유럽에 수출했는 데 유럽국들에게는 '식량 카드'가 '면화 카드'보다 더 잘 먹혔기에 남부연합은 끝내 유럽으로부터 외면당하고 말았다.

북부와 남부는 기본적으로 전쟁 목표와 외교 역량, 대의 명분 등에 있어서도 우열이 분명했다. 북군의 목표는 연방 보존과 노예제 폐지였다. 이에 맞서는 남부연합, 즉 남군은 연방으로부터의 독립과 노예제 유지를 주장했다.

그러나 노예제 옹호는 인간의 존엄성, 도덕성 등을 포함, 여러 측면에서 정당성을 갖기 어려운 주장이었다. 당연히 북군은 당당하고 명분 있는 싸움을 할 수 있었다. 계몽주의가 한참 확산되고 있는 유럽에서도 노예제 주장은 호감을 얻을 수 없었다.

외교적 지위도 북군은 국제적으로 정통성을 인정받은 미국의 합법 정부를 대표하는 데 반해 남부연합은 국제적인 승인을 받지 못했기에 대외적으로도 '말발'이 서지 않았다.

이런저런 요소들 모두가 북군에 유리하고 이 같은 우열은 실제 상황으로 이어져 결국 남군의 패퇴는 불가피할 수밖에 없는 귀결이었다.

남북전쟁은 연방제 구축과
국가 정체성 확립에 기여

링컨 대통령, 남부 지역 흑인 노예 4백만 명 해방

　남북전쟁의 상흔(傷痕)은 컸다. 영국이나 프랑스 같은 외국군을 대상으로 한 것이 아니라 어제의 동료, 이웃들 간에 총칼을 마주한 이 사상 초유의 내전에서 양측은 무려 110만 명 이상의 인명 피해를 냈다. 사망자만도 제1,2차 세계대전 때보다 훨씬 많은 62~75만 명에 달했고 무수한 민간인이 희생됐다. 부상자는 더 말할 나위 없었다.

　이 전쟁으로 당시 20~45세 연령대 북부 남성의 6.5~7.5%가량이 목숨을 잃었다. 피해는 남부 쪽이 더 커, 같은 연령대 남성의 약 18~25%가 사망한 것으로 추정됐다. 양군 간에는 곳곳에서 1천여 개 전투가 전개됐으며 버지니아와 테네시에서 특히 많은 싸움이 벌어졌다.

　재산 및 물적 피해도 막심했다. 곳곳서 전개된 전투로 인해 파괴된 곳이 많았지만 특히 남부 지역이 그 정도가 심했다. 주요 도시는 물론 철로 및 도로 등 인프라와 농장, 공장 및 각종 산업시설 등이 심각한 손상을 입었다.

　나아가 링컨 대통령이 취한 노예 해방으로 인해 남부 일대에서는 약 4백만 명에 달하는 흑인 노예들이 방면됐다. 자연히 노예를 기반으로 한 남부의 플랜테이션 농업이 타격을 입으면서 남부 경제의 중추가 흔들렸다.

　반면 북부 지역은 상대적으로 적은 전장(戰場) 피해에다 전쟁 군수품 생산, 조달 확대와 철강 및 각종 제조업과 산업 기술 발전으로 탄탄한 경제 기반을 구축하게 됐다. 결과적으로 남북전쟁은 남부와 북부 간에 수십 년 이상의 경제력 차이를 가져다주었고 이 격차는 이후에도 오랫동안 좁혀지지 않았다.

남북전쟁은 미 전쟁 역사상 가장 많은 인명피해를 낸 혈전이었다. 안티탬 전투 후 사망자를 매장하는 광경

인적, 물적 피해 이상의 심각한 후유증으로 남은 것은 특히 패자 쪽인 남부의 뇌리에 깊이 쌓인 '앙금'이었다. 전쟁이 끝나자 강경 공화당 세력이 주축이 된 의회는 남부 지역에 대해 군정(軍政)을 시행케 했다. 1865년부터 1877년까지 12년 간에 걸쳐 진행된 이 조치는 '재건(Reconstruction)'으로 불렸는데, 한마디로 '삐딱한' 남부를 재교육시킨다는 의미를 담고 있었다.

재건 정책은 노예 해방이나 흑인들의 인권 보호 등과 관련해 강력한 법들을 마련한 뒤 남부 주들이 이를 이행토록 강제했다. 1865년 제정된 수정헌법 13조는 미국 전역에 대해 노예제를 금지시켰고, 이어 수정헌법 14조(1868년), 15조(1870년) 등 역시 흑인에 대한 시민권 및 평등권, 투표권 등을 보호하는 내용을 담고 있었다. 남부 주들은 종전 후 차례로 연방에 재가입하면서 수정헌법 14조와 15조를 받아들이는 것을 전제조선으로 했다.

미국의 인종차별 문제는 분열과 갈등의 원죄로 작용

남부에 대한 군정은 1877년으로 종식됐지만 남부의 '뒤 끝'은 스러들지 않았다. 남부의 백인 우월주의자 세력은 여전히 건재해 흑인들에 대한 각종 차별이 공공연히 가해졌고 KKK단과 같은 인종차별 조직들이 극성, 흑인들에 대한 폭력과 위협 등의 인권 유린 행위를 자행했다. 남북 간 피의 대결 이후 더 깊게 자리한 이 같은 인종차별 문제는 지금까지도 앙앙히 남아 미국 사회의 분열과 갈등을 깊게 만드는 원죄(原罪)로 작용하고 있다.

남북전쟁이 순기능으로 작용한 것도 있다. 미국의 연방 체계 구축과 안정에 결정적인 기여를 했다는 점이 그것이다. 주(州)와 연방이 대립될 경우 연방의 권한이 우선시되는 방향으로 절충이 됐고 자연스럽게 연방정부의 위상과 영향력도 제고됐다.

남북전쟁은 비록 '피의 댓가'는 치렀지만 미국을 '두 나라'로 쪼갤 여지가 있는 여러 위험 요소들을 제거시킴으로써, 비로서 미국이 명실공히 '한 나라'가 되게 하는 전환점이 된 것이다.

후세 사가들은 남북전쟁이 치열하긴 했지만 사실은 북부가 전력 투구를 다 하지 않고 이른바 '핸디 조절'을 했다는 분석도 내놓고 있다. 즉 링컨 대통령을 주축으로 한 북부의 지도부는 이 전쟁에서의 승리보다는 연방의 영구 존속에 더 큰 무게를 두고 있었다. 따라서 어떤 이유에서 든 미연방이 깨지는 불상사만은 절대로 되풀이돼서는 안 된다는 것에 방점을 뒀다. 이런 인식 하에 승자 북부는 패자 남부를 징벌하기보다는 화합의 손길을 내밀었다.

거의 반쪽으로 갈렸던 미합중국은 다시금 합쳐졌다. '반란(?)'에 가담했던 11개 주는 종전 후 3년에서 5년에 걸쳐 다시 연방에 재가입, 미합중국의 일원으로 복귀했다.

6.25의 동족상잔은 끝내 한반도를 남북으로 분단시켜 버렸지만 비슷한 전쟁을 치르고도 미국은 갈라지지 않았고 영토도 온전히 보존됐다.

제 2 장

남북전쟁의 주요 인물과 비화

> 인물 **링컨 대통령**

미합중국을 부활시킨 '제2의 건국자'

　남북전쟁은 무수한 인적, 물적 피해를 남겼지만, 단순한 내전을 넘어 미국의 영토 통합, 국가의 정체성 및 연방주의의 확립을 이룩해 내는 데 있어 중대한 전환점이 됐다.

　전쟁에서 많은 피를 흘렸지만 전쟁 전후 과정을 통해 미국이라는 국가가 정치적, 지리적으로 완성됐으며, 헌정 차원에서도 확고한 기틀이 마련됐다. 따라서 남북전쟁에 결정적인 기여를 한 인물들은 단순히 군 지휘관이나 정치인에 한정되지 않고 미국의 체계, 정신 및 '뼈대'를 설계하고 만들어 낸 전략가들을 포함하고 있다.

　에이브러햄 링컨 대통령은 남북전쟁의 발화(發火)와 소화(消火)의 주역이 된 인물이다. 그가 16대 대통령으로 당선되면서 남북전쟁의 방아쇠는 당겨졌지만 링컨은 남부의 연방 해체 시도를 용납치 않고 투쟁 끝에 미국을 단일 국가로 고정시킨 '미합중국 지킴이'가 됐다. 링컨은 또 노예 해방 선언 및 미국 헌법의 도덕적 정의를 구현시켜 '미국 정신'의 기초를 확립했다. 나아가 국가 개념을 재정리, 미국이 "국민의, 국민에 의한, 국민을 위한 정부"임을 확고히 했다.

　링컨은 남북전쟁을 통해, 말로만 국가이지 내부적으로는 흔들리고 갈라져 있던 '노예주-자유주 연합체'를 진정한 미합중국으로 부활시킨, 제2의 '미국 건국자' 역할을 해냈다.

　'찰스 섬너 (Charles Summer)' 연방 상원의원은 남북전쟁 종료 후 남부의 재통합을 추진하는 데 있어 남부 주들의 흑인 인권 보장 명문화를 조건부 승인

링컨 대통령이 북군 지도자들과 함께 남북전쟁 마무리 문제를 협의하고 있다

기준으로 마련하는 등 인종 평등과 시민권 보장을 위한 헌법 수정에 기여했다.

타데우스 스티븐스(Thaddeus Stevens) 연방 하원의원도 급진적 재건파 지도자로 남부의 토지 몰수 및 재분배 주장과 함께 흑인의 권리 보장을 재통합 조건으로 설정하는 등 섬너 상원의원과 같은 맥락에서 미국 국가 체제가 도덕적 정당성을 갖도록 하는 데 이바지했다.

윌리엄 셔먼(William T. Sherman) 장군은 남부에 대한 대대적인 '파괴 작전'을 통해 북군의 승리를 견인하는 역할을 했다. 그는 당시 전장에서는 익숙치 않았던 국가 총력전 개념을 도입해 여느 군 지휘관과는 다른 접근을 했다. 남군의 본영과 다름없었던 조지아 애틀란타 함락 후 셔먼은 군사적 목표뿐 아니라 사회 기반까지 초토화시키는 전략을 시행했다.

셔먼은 남군의 군사 관련 시설은 물론 농장, 공장, 보급창고, 철도, 도로 등 남부의 산업 인프라에 해당될 수 있는 시설들을 집중적으로 파괴했다. 셔먼의 이 같은 마구잡이 무력 행위는 단순한 물적 피해 외에 남군 지역의 병력, 주민 등 모두에게 심대한 충격을 줬다. 한 마디로 저항 의지를 약화시키는 심리전을 감행한 것이다. 셔먼의 이 작전은 징기스칸 정복군이 항복을 않고 버티는 성채나 병력, 마을, 주민들을 무자비하게 응징함으로써 항전 의지를 꺾어 버리는 행태와 유사한 점을 담고 있다고 할 수 있다.

비화 | 노예 해방 선언

도덕적 명분 외에 외교 전략적 의도도 담겨

링컨 대통령의 노예 해방 선언은 더할 나위 없는 인본(人本), 인권주의의 발현으로 평가되지만 그 이면에는 또 다른 전략적 요소가 담겨있다는 분석도 있다. 즉 링컨 대통령은 남북전쟁 초기에 전쟁 수행 목적을 두고 북부 내 강경파와 온건파 모두로부터 비판에 직면하자 "노예 해방"보다는 "연방체제 유지"를 목표로 내세웠다.

링컨 대통령이 남북전쟁에 임하면서 가장 우려했던 사안 중의 하나는 이 내전에 대한 유럽 열강들의 향배(向背)였다. 즉 유럽국들이 남부와 북부 어느 쪽을 지지하느냐에 따라 정부의 정통성 확보 및 전쟁의 승패에 영향을 받을 수 있기 때문이었다.

링컨 대통령은 행여 유럽 주요국들이 튕겨져 나간 남부연합을 승인할 것을 우려, 일찍부터 비공식 외교라인을 가동하고 유럽국들 지도부에 비밀 서한을 보내는 등 소통과 여론 조성에 주력했다. 이 같은 사전 포석은 효율적으로 작동, 남부연합의 외교적 고립으로 이어졌다.

노예 해방 선언도 도덕적 판단 외에 유럽의 개입, 특히 남부 지원을 방지하려는 전략적 결정이었다는 분석도 있다. 당시 유럽국들 대부분, 특히 영국은

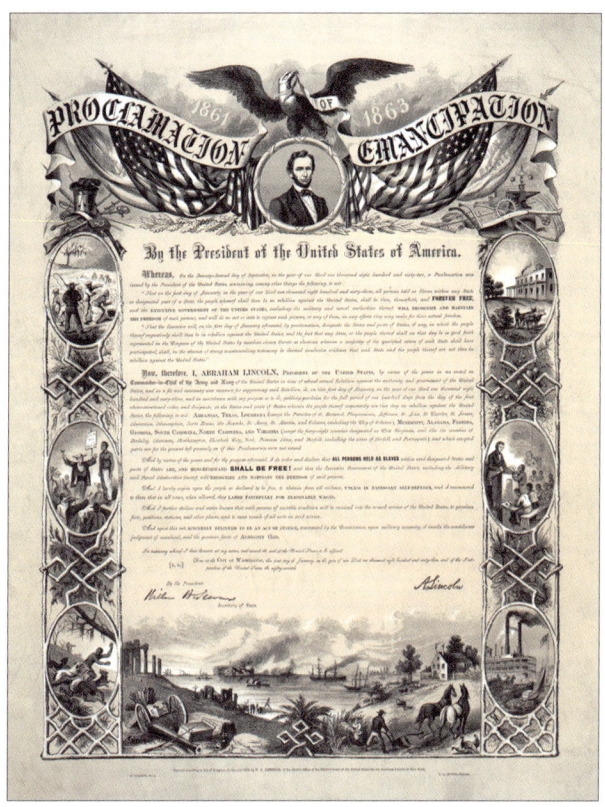

1864년 의회 도서관이 발간한 링컨 대통령의 노예 해방 선언문

노예제를 공식적으로 불용했기 때문에 대의명분상으로도 남부에 대한 지원에 나설 수 없었다.

링컨 대통령은 또 일찍이 남북 대결 사태를 예상, 취임 전부터 이에 대한 대비를 해온 것으로 전해지고 있다. 이 가운데 주목할 것이 북부의 강력한 철도 및 전신망을 군사 전략과 군 작전에 연계시킨 점이다.

즉 전국적인 철도망과 전신 체계를 통합 운영해 병력과 물자를 남부보다 훨씬 신속하게 이동, 배치시켰다. 또 백악관 집무실 곁에 전신실을 두고 일종의 '워룸(war room)'으로 활용했다.

이 같은 통신체계 구축을 통해 주요 전투들을 실시간 지휘하고 명령을 내리는, 당시로서는 상상도 못했던 혁명적 발상을 통해 전쟁의 주도권을 잡았다.

이와는 별개로 정보전도 가동했다. 링컨은 역시 철도 및 우체국 시스템을 활용, 남부 주요 인사들에 대한 통신, 도청과 검열을 통해 남부 지도부의 동향과 의중을 파악했다.

이와 관련 엘리자베스 빈 리우(Elizabeth Van Lew)라는 여성은 리치먼드의 부유한 백인 여성이자 친 남부 인사인 것처럼 행세하면서 각종 정보 수집 및 북군 포로들에 대한 지원 등 여성 첩보원 노릇을 수행했다.

이에 맞서 남부도 로즈 오닐 그린하우(Rose O'neal Greenhow)라는 스파이를 가동, 워싱턴 사교계에서 활동하며 군사 정보를 캐내게 했다. 로즈는 1차 불런 전투 직전 북군의 병력 배치 정보를 얻어내 남군의 예상 밖 불런 전투 승리에 기여했다.

남북전쟁은 미국의 내전(內戰)이었음에도 불구하고 열강들이 은연 중 개입, 견제와 압박 대결을 벌이기도 했다. 당시 영국 주재 미국 대사였던 찰스 A 아담스 대사는 영국이 전함 앨라배마호를 남부에 제공하려는 것에 강력히 항의하면서 이를 저지키 위해 남부가 노예제를 유지하고 있다는 사실을 외교적으로 부각시켜 영국 여론으로부터 북부 지지를 이끌어 냈다.

또 1863년 러시아의 해군 함대가 샌프란시스코와 뉴욕 등에 입항했는데 겉으로는 '친선 방문'이었지만 사실은 영국과 프랑스의 개입에 대한 견제를 목적으로 한 군사 시위로, 이는 유럽의 관여 가능성을 낮게 만든 북부의 외교적 승리로 평가됐다.

링컨은 이처럼 영국과 프랑스의 개입이나 남부 지원을 막기 위해 외교는 물론 군사력을 동원한 '외곽 때리기' 전략도 가동시키는 등 보기 드문 전략적 사고를 지닌 지도자였다.

남북전쟁 당시 북군의 남군 포위 전략을 형상화한 지도. 남군 지역의 해안과 미시시피강 등을 틀어막는 봉쇄선을 거대한 뱀 아나콘다로 비유해 그린 것으로 '아나콘다 플랜'이라는 이름이 붙여졌다

서문

　미국의 영토는 영국이나 프랑스, 스페인 및 멕시코 같은 나라들과의 전쟁이나 매입 등을 통해 획득한 것이 대부분이다. 그러나 이처럼 '얻어 낸' 것이 전부가 아니라 미국이 사실상 '뺏은' 것으로 볼 수밖에 없는 땅들도 적지 않다. 빼앗긴 당사자는 다름 아닌 인디언, 즉 아메리칸 원주민들이다.

　신생 미합중국은 건국 과정에서 영국, 프랑스, 스페인, 멕시코 등 각 국가들을 상대하며 영토를 확보해 왔다. 이렇게 국가와 국가가 당사자가 되면 조약이나 협정만 맺어지면 '깔끔하게' 소유권을 넘겨받을 수 있었다.

　그러나 그 상대가 국가가 아닐 경우 얘기는 달라진다. 나아가 그 상대가 일찍이부터 미 대륙에 뿌리를 내려왔던 '원주인(原住人)'이자 '터줏대감'으로서 원천적인 소유권을 주장하고 나서면 상황은 더욱 복잡해진다.

　신생 미합중국 입장에서 아메리칸 인디언들이 바로 그런 상대였다. 미국은 영국이나 스페인, 프랑스, 멕시코로부터 뺏거나 사들였기에 "내 땅"이라고 간주하지만, 인디언들 입장에서는 넘겨준 적도, 팔아버린 적도 없기에 여전히 '인디언 땅'이었다.

　이런 좁힐 수 없는 인식 차이 속에서 갈등과 충돌이 빚어지는 것은 너무나 당연한 귀결(歸結)이었다.

제 3 장

아메리카 원주민 인디언들의 저항

식민지 이전 미대륙 거주 인디언
수백만-천만 명 이상 추정

500여 종족, 대륙 곳곳에 부족별로 산재

아메리카 인디언들과 유럽인들의 만남을 묘사한 그림

아메리카 북미 대륙에 유럽의 식민지 제국들이 발을 들여 놓기 이전에 어느 정도 규모의 원주민 인디언들이 자리잡고 있었는 지에 대해서는 명확한 정설이 없다. 다만 학계 추정치는 남북 아메리카 전체로는 5천여만 명, 미국과 캐나다가 있는 북미의 경우 400만~1,800여만 명까지의 다양한 해석들을 내놓고 있다.

인디언 종족 수 역시 500개 이상의 부족, 그리고 이들이 사용하는 토착 언어도 500여 개 안팎일 것으로 추정하고 있을 뿐이다. 이들이 분포한 지역 또한 말 그대로 광범위하다. 태평양 해안에서부터 대서양 연안에 이르기까지 해안가, 내륙, 고원 및 평원 지대 등 곳곳에 부족별로 산재해 있었다.

주목할 것은 17세기 이래 토착 인디언들의 수가 급격히 줄어들었다는 점이다. 가장 주요한 원인으로는 유럽인들의 유입을 통해 페스트, 두창 등과 같은 '대역병'들이 묻어 들어와 번지면서 원주민들이 대거 사망한 것으로 추정되고 있다. 인디언들은 북미 대륙 전역에 걸쳐 퍼져 있었지만 전 대륙을 통합하는 인디언 국가, 혹은 단일 구심체 등은 존재치 않았다. 각 부족들은 각 지역의 자기 지역과 세력권을 갖고 있었고 각 집단은 고유의 언어와 문화 기반을 가진 독자적, 독립적인 주체로서 존재했다.

물론 유럽 식민지 제국이나 미국 정착민들과 교류하거나 충돌할 때 지역별, 언어, 문화권 간에 일시적인 연합이 구성돼 공동 대응을 하는 경우는 있었지만 항구적이고 전체를 아우르는 동맹이나 결사체 등은 없었다.

각 지역에서 독립 영주와 같은 형태로 존재한 인디언 각 부족들의 파워는 군사력과 경제력 등으로 구분해 볼 수 있다.

전투력의 경우 인디언 병력은 부족 내 청장년 중심의 전사들이 주축이 됐다. 이들은 상비군이 아니고 필요시 소집, 결성돼 전투에 임하는 기동 대응군(對應軍) 성격이었다. 무기는 전통적으로 사용해 왔던 활과 창이 중심이 됐으나 유럽인들이 유입된 이후에는 이들로부터 총기와 화약류 및 기타 금속 무기를 도입했다. 전투 방식도 대규모 정규전보다는 기습과 유격, 그리고 빠른 기동을 통한 게릴라식 전투가 주종이었다. 병력 규모는 부족 단위일 때는 수십, 수백 명이 보통이었으나 연맹 차원에서 대응할 때는 수천 명이 동원되기도 했다.

인디언들의 경제력은 인구 규모에 비해 열악한 편이었다. 대부분의 인디언들은 부족 단위로 수렵, 어로 및 채집을 병행했고 부족 공동체 단위로는 옥수수나 콩 같은 작물들을 길러 자급자족용으로 사용했다. 지역별로 모피, 구리, 및 옥수수 등 식량, 소금 등을 상품으로 삼아 대외 교역도 이루어졌으나 이 역시 인근 지역과의 교류 수준이지 전 지역을 대상으로 하는 광역화된 교역망은 찾기 어려웠다.

인디언 사회의 지배 체제는 촌락 단위로 원로와 전사 및 여성 대표들도 참여하는 일종의 평의회가 가동돼 토론과 합의를 거쳐 운영했으며 서북부 해안 지역의 경우 계급과 상속이 기반이 되는 일종의 족장제도가 가동됐다.

인디언 공동체들의 주요 사항 결정은 대체로 만장일치에 가까운 합의제 원칙이어서 현재 기준으로 보면 중앙집권적인 구조가 아닌 기초적인 민주 공동체 같은 형태를 띠었다.

지역별로 보면 뉴잉글랜드와 뉴욕을 포함한 동북부 권역은 모호크, 오논다가, 카유가 등 5~6개 부족이 '이로쿼이 연맹(Iroquois Confederacy)'이라는 체제를 결성, 운용했다. 이는 '대 평화법'이라는 협약을 느슨하게 적용하는 일종의 원로회의, 혹은 의회제로 북미 지역 인디언들 중 중앙집권식 운영에 가장 근접했던 체제로 평가되고 있다.

이로쿼이 연맹은 미국 독립전쟁 과정에서 미국 쪽을 편드는 부족과 영국 편에 가담하는 부족으로 나눠지는 내분을 겪었다. 이로쿼이 연맹 가운데 오네이다족은 실제로 전투에 참여하기도 하고 워싱턴 장군의 숙영지였던 밸리포지에 옥수수 같은 식량을 제공하는 등 궁지에 몰린 대륙군의 생존을 도왔다.

미국은 이로쿼이 연맹 다수가 영국 편에 선 것에 대해 대대적인 보복에 나서 해당 부족들의 마을과 식량 등을 파괴하기도 했다. 또 종전 후 뉴욕 서부와 오하이오 접경 일대에 자리잡았던 이로쿼이 연맹 땅을 미국 정착민들에게 개방시켜 뉴욕 및 펜실베니아 서부 쪽 확장을 가속화시켰다.

미시시피강 동부에서 버지니아 이남의 동남부 지역에서는 체로키, 촉토, 세미놀족 등이 자리잡고 있었다. 이들은 대체로 영국 쪽에 기우는 성향을 보였는데 특히 체로키, 크리크, 촉토족 등은 영국과 동맹 관계 하에 미시시피강 동부 일대에서 미국군 및 개척민들과 무력 충돌을 벌였다. 이렇게 미국에 엇나갔던 부족들은 결국 독립전쟁 후 미국과의 조약을 통해 조지아 및 테네시 일대에서 대규모 토지를 상실당하는 '후과(後果)'를 피할 수 없었다.

오하이오 및 오대호 일원 지역에는 쇼니, 오타와, 포타와토미 등 부족들이 장악하고 있었는데, 이들 역시 영국과 동맹을 맺고 미국의 서부 확장 저지에 나섰다. 이들은 독립전쟁 중에 개척민들 거주지를 습격하는 것은 물론 종전

미국 건국 과정에서 미군 및 미정착민들과 원주민 인디언들 사이에서는 무수한 무력 충돌이 빚어졌다

후에도 미군과 충돌, 1785년에서 10년간의 노스웨스트 인디언 전쟁을 벌이기도 했다.

이 무력 대결에서 초반에는 미국이 약세를 보였으나 1794년 웨인 장군이 폴른 팀버스 전투에서 승리를 거뒀고 종국에는 그린빌 조약(1795년)을 통해 오하이오 지역 대부분이 미국에 할양되는 결과를 가져왔다.

미시시피강 서부에서 록키산맥 이전의 중부 대평원 지대에는 코만치, 수, 샤이엔 등이 주요 부족으로 자리잡고 있었다. 이들은 독립전쟁 무렵에는 미국인 정착민들과 충돌이 적은 편이었으나, 1803년 루이지애나 매입을 통해 이 지역이 미국 영토로 편입되면서 본격적으로 미국과 무력 충돌을 빚었다. 이들 대평원 부족들은 강한 전투력과 기마병을 통한 활발한 기동전을 전개, 미국인들의 서부 확장에 적지 않은 제동을 걸었다.

또 텍사스, 아리조나, 뉴멕시코 등을 포함하는 서남부와 남서부 일대는 아파치, 나바호족 등의 근거지였는데 이들은 스페인과 멕시코 지배 하에 있었기 때문에 미국의 독립전쟁에는 관여치 않았다.

그러나 텍사스의 합병과 미국-멕시코 전쟁 이후 이 일대가 미국령으로 되는 과정에서 장기간에 걸쳐 미국에 대항했다. 특히 아파치나 코만치족들은 인구 규모가 크고 무기나 전력도 막강한 편이어서 미국의 확장 과정에서 상당한 위협이 되기도 했다.

워싱턴이나 오레곤 등 서북 해안 지역은 하이다, 치누크 등의 부족들 영역으로, 이들은 해양 교역과 상대적으로 계급 사회가 발달한 편이었다. 이 지역 인디언들 역시 미국의 독립 과정에서는 직접적인 충돌은 없었으나 이후 북태평양 연안 일대의 개척 과정에서 미국, 영국, 러시아 등과 갈등을 빚었다.

인디언과 미군, 혹은 미국인 개척민들 간의 분규는 식민지 초기 정착 과정에서부터 시작됐지만, 본격적으로 확대된 것은 독립 직후부터였다. 식민지에서 독립 국가로 변신, 국가 경영에 들어간 미 당국과 해당 지역을 선점하고 있던 인디언 부족들 간의 대대적인 충돌이 곳곳에서 전개된 것이다.

이 가운데 가장 규모가 큰 것은 1790년대 오하이오 밸리에서 연방군과 인디언이 격돌한 '노스웨스트 인디언 전쟁'을 필두로 1810년대 이후 플로리다 세미놀족과의 30여 년에 걸친 장기전, 그리고 일리노이와 아이오아 일대에 미국인 개척민과 인디언 부족과 충돌했던 '블랙 호크 전쟁' 등을 대표적인 예로 꼽을 수 있다. 이후에도 1862년 다코타 전쟁, 1864년 샌드 크리크 학살, 1876년 커스터 중령 부대가 수족(Sioux)과 샤이엔족에 의해 전멸된 리틀빅혼 전투 및 미국 기병대가 수족 여성, 노인, 아이들 3백여 명을 살해한 1890년의 운디드니 학살 등 비극이 이어졌다.

원주민 인디언들은 식민지 시대 이전 시대에는 당연히 미국, 미국인들과 아무런 관계가 없었다. 하지만 독립전쟁이 진행되는 과정에서부터 지역 별로 갈등과 무력 충돌이 본격화됐고 특히 일부 부족이 영국과 동맹 관계를 통해 미국에 저항하면서 대결이 심화됐다. 이 같은 악연(惡緣)은 독립 후 미국의 인디언 정책에 영향을 미쳤고 특히 서부 개척을 본격화하는 과정에서 미국의 강경 대응을 불러오는 요소로 작용했다.

오클라호마 지역에 '인디언 준 주' 설정해 강제 이주

 미국 정부의 대 인디언 정책은 시기별로 대별된다.
 우선 건국 초기에는 인디언 부족을 하나의 '주권 주체'로 인정, 영토 조약 체결 등을 통해 인디언 영토를 양도 받는 식으로 진행됐다. 그러나 이 과정에서 백인 정착민들의 확대로 조약이 제대로 이행되지 않는 사례가 빈번했다.
 1830년대 들어서는 더 거칠어진 강경책이 시행됐다. 1830년에 제정된 인디언 이주법(Indian removal Act)에 의거, 인디언들을 미시시피강 서쪽, 즉 현재 오클라호마 지역에 '인디언 준 주'를 설정해 이곳으로 강제 이주를 시켰다. 이 같은 강공책을 주도한 인물이 앤드루 잭슨 대통령이었다.
 그러나 이렇게 형성된 인디언 준 주에서도 인디언들은 결국 안주하지 못했다.
 제3기는 인디언 동화 정책이라 할 수 있는데 1887년 미 정부가 제정한 '도스법(The Dawes Act)'이 근거가 됐다. 도스법의 골자는 인디언들이 부족 차원에서 소유하고 있던 땅을 분할해 인디언 개인에게 할당한다는 것이었다. 또 할당된 토지의 소유자는 미국 시민이 될 수 있게 했다.
 이는 토지는 부족 전체의 것이라는 공동체식 전통적 소유 개념을 무너뜨리는 것으로, 이를 통해 '부족 인디언'이 '개인 인디언'으로 바뀌었다. 명분은 '인디언 시민'을 백인 사회에 동화시키겠다는 것을 내세웠지만 실제로는 인디언 공동체를 와해하고자 하는 의도도 담겨 있었다.
 이 법안으로 인해 인디언들이 소유하고 있던 토지는 1887년 56만㎢로 줄어든 데 이어 1934년에는 19만㎢로까지 감소했다. 이런 방식으로 사유화된 토지는 매매와 임대 등을 통해 상당수 토지의 실질적인 권리가 백인들에게 넘어갔다. 이렇게 해서 생긴 '빈 땅'에 백인 정착자들이 몰려들었다.
 그 과정에서 거의 황당하다고 할 수밖에 없는 일들도 빚어졌다. 이주민들

미기병대와 정착민들이 인디언들의 공격에 맞서 사격을 가하고 있다

에게 제공된 이른바 '랜드 런(Land Run)' 원칙으로, 먼저 뛰어가 깃발을 꽂으면 자기 땅으로 인정해주는 식이었다. 오클라호마의 또 다른 별칭이 'The Sooner State'인데 이는 "더 빠를수록 더 많은 땅을 차지할 수 있다"는 말에서 유래됐다는 것이다.

이 같은 다각적인(?) 고육지책들이 시행된 결과 인디언들의 세력은 크게 줄어 들었다. 19세기 중반 이후까지 인디언 인구는 90% 가까이 감소했다. 전통적인 유목이나 사냥 등에 의존하는 방식은 거의 불가능해졌다.

인디언의 종교, 의복 제한에 따라 그들의 문화는 퇴색됐고 언어 또한 소멸되는 양상을 보였다. 무엇보다 가장 큰 문제는 인디언들의 법적인 지위가 미약했다는 점이다. 투표권 등 참정권이 사실상 제한됨에 따라 정치적으로 소외됐다.

미국 내 '인디언 보호구역'은
동화 정책과 강제 이주의 현장

미 대륙의 주인이었던 인디언은 정부의 보호 대상으로 전락

이런 상황 하에서 미국 정부가 수립한 최종 방안이 '보호구역 정책(Reservation System)'이다. 전국에 흐트러져 있는 인디언들을 연방정부 관리 하의 '보호구역'으로 모아 강제 정착을 시키는 것이다.

어쨌든 인디언 강제 이주의 '허브'가 됐던 오클라호마에는 드넓은 인디언 보호구역들이 곳곳에 자리 잡게 됐다. 동부 및 중부 각지에서 떠밀려 이주해 온 인디언들은 '세코이아주'라는 독립 주를 추진하기도 했고 남북전쟁 때는 부족 별로 남군이나 북군에 속해 참전하기도 했지만 결국 독자적인 세력 구축에는 실패했다.

1924년 비로서 인디언 시민권법이 만들어지면서 모든 인디언에 미국 시민권이 부여됐다. 1934년에는 '인디언 재조직법(IRA)'을 통해 일정 수준에서의 인디언 자치가 허용됐다. 이와 함께 연방차원의 지원을 통해 기금과 식량, 병원 및 카지노 등 비즈니스 권리 등이 허용됐지만 '보호' 상태 하에서의 약간의 특혜 정도를 벗어나지 못하는 수준이었다.

1492년 콜럼부스가 미 대륙에 도착했을 때 미국 본토에 실고 있던 인디언은 500만 명 이상으로 추정됐다. 그러나 천연두나 홍역 등 유럽인들을 통해 전래된 질병으로 대거 사망해 식민지 초기에 접어들 무렵에는 그 숫자가 절반 가량으로 줄어들었다. 이어 1776년 미국 독립전쟁이 전개될 시점에는 약 60만~100만 명 정도로 더 감소됐다.

인디언 인구는 이후 무수한 무력 충돌과 강제 이주 등을 거치면서 더욱 줄어

1900년 무렵에는 최저인 약 23만 명까지로 급감했다.

　유럽 제국주의 국가들이 아메리카 대륙에서 식민지 경쟁을 벌이기 이전 인디언들은 사실상 북미 대륙 곳곳에 흩어져 살면서 미국 땅의 대부분을 점유하고 있었다. 식민지 시대에도 영국이나 프랑스 및 스페인 식민지들은 대부분 해안가나 강변의 일정 장소 정도만 통제를 하고 있었기에 이들의 실질 활동 영역에는 큰 차이가 없었다.

　그러나 이후 인디언들의 거주지나 소유 강역(疆域)은 외부 세력에 밀리고 밀려 급격히 줄어들었다. 식민지 시대 이전 인디언들이 활동하던 영역은 미국 본토의 90% 가까이로 추정됐으나 현재에는 미국 전체 면적의 2.6%에 불과한, 보호구역 약 24만km² 에 한정돼 있다.

　미국 영토가 되기 전 영국이나 프랑스, 스페인 등이 차지했었던 식민지나 영토들이 미국에 넘겨지는 과정에서 인디언들의 존재는 무시됐다.

　미국 역시 새로운 영토를 점령, 할양·양도 받거나 또는 매입하는 과정에서 인디언들의 '몫'이나 '원 소유권'을 인정치 않았다. 결국 북미 대륙의 '원 소유자'들이었던 인디언들은 미국 영토의 성립 과정에서 완전히 배제된 채 미국 정부의 보호 대상으로 전락했고 보호구역이라는 한 귀퉁이만 차지한 채 명맥을 이어가고 있다.

미국 본토 내에는 326개의 인디언 보호구역이 존재

　연방정부와 50개 주 정부로 통치되는 미국 영토 내에 미국법이 적용되지 않는 '치외법권' 지대가 있다. 다름 아닌 인디언 보호구역(Indian Reservation)이 그것이다. 이곳은 아메리카 원주민 부족들이 미 정부 인디언 보호국(BIA)의 허가 하에 주정부의 통치를 받지 않고 자치권을 누리는 반(半) 주권적 구역이다.

현재 미 본토 내에는 326개의 인디언 보호구역이 존재한다. 이곳에는 연방정부가 인정한 570여 인디언 부족들이 거주하고 있다. 규모가 큰 부족은 복수의 보호구역을 갖고 있기도 하고 작은 부족은 서로 공유하기도 한다. 인디언 보호구역은 유럽 식민 제국으로부터 땅을 뺏거나 얻어 낸 미합중국이 원주민 인디언들과 충돌, 강제 및 절충 등 우여곡절을 거친 끝에 만들어진 영역이다.

인디언 보호구역의 총 면적은 약 24만km^2로 한반도 크기와 맞먹는다. 이 가운데 가장 큰 것은 면적 기준으로 41번째 주인 웨스트버지니아와 거의 엇비슷할 정도다.

인디언 보호구역은 미국 내 35~38개 주에 걸쳐 분포돼 있으나 대부분이 미시시피강 서쪽에 많이 위치해 있다. 2024년 기준으로 미국 내에 살고 있는 인디언들은 단일 인종으로 약 330만 명, 혼혈까지 포함하면 710만 명 정도로 추산되고 있다. 이들 중 43만 명~96만 명 사이가 보호구역 내에서 거주하고 있다. 인디언 보호구역은 1826년 당시 앤드루 잭슨 대통령이 관련 법안에 서명함으로써 현실화됐다.

'보호구역'이라고 하면 누군가에 의해 '통제되는 공간'일 것으로 생각하기 쉽다. 하지만 인디언 보호구역에서 'Reservation'은 울타리라는 금은 그어져 있지만 그 안에서는 자치와 점유가 허용된 공간이라는 의미가 강하다.

보호구역 내에서는 법적인 문제에 있어 연방정부가 상대역이다. 주정부는 일부 형법상의 예외가 있지만 사실상 관할권이 없다. 이런 맥락에서 인디언 보호구역은 해당 지역의 주정부로부터 사법·행정적으로 일정 수준 독립된 주체라 할 수 있다.

예를 들어 보호구역 내 토지 사용 및 분할, 벌목, 채광(採鑛), 카지노 설립 및 운영 등과 같은 경제적 권리에 대한 자치적인 결정과 운용이 허용된다. 하지만 푸에르토리코니 괌 등과 마찬가지로 군사·외교·국방 등과 같은 것에 대한 권한은 없다.

사법권에 관해서는 제한이 가해져 보호구역 내에서 벌어지는 주요 범죄에 대한 수사권은 FBI 등과 같은 연방정부 수사기관이 갖고 있으며 기소와 재판 역시 연방검사와 연방법원 소관이다. 하지만 각 인디언 부족들은 독자적인 입법, 사법, 경찰력을 보유하고 있는데 각 인디언 '부족(部族) 법원'은 2010년 개정된 법에 의해 비 주요 범죄를 담당하며 3년 이하의 징역까지 선고할 수 있다.

경제적인 특권과 행정·사법적으로 일정 범위 내 자치를 허용받고 있음에도 불구하고 현재 보호구역에 거주하는 인디언들의 생활상에 대해서는 부정적인 평가가 지배적이다.

보호구역 거주민들의 빈곤율은 평균 25~40%에 달하며 실업율도 전국 평균보다 2~3배 높은 편이다. 인디언 보호구역 내에서 알코올 중독으로 인한 사망은 미국 전체 평균의 4배에 달하는 것으로 알려져 있다. 또 살인, 교통사고, 자살, 폭력 등과 같은 문제도 심각하다.

인디언들의 고교 졸업률과 대학 진학률도 낮은 편이다. 무엇보다 원주민 청년층들 사이에서 음주와 마약이 성행하고 있다. 파인 릿지 보호구역의 경우 2021년 기준으로 신고된 폭력 사건이 10만 건이 넘을 정도이며 폭력 범죄율이 1천명 당 29.7건으로 미국 평균 22.7건을 훨씬 웃돌고 있다.

인디언 보호구역은 외형적으로는 인디언들에 대한 자치권이 제공된 곳이지만, 다른 한편으로는 인디언 부족 사회 해체와 인디언들에 대한 강압적인 동화(同化) 정책, 그리고 강제 이주의 현장이라는 점에서 부정적인 평가를 면키 어렵다 할 수 있다.

In Depth Story **눈물의 길**

미국 개척 시대의 인디언 흑역사

미 당국에 의해 강제 이주당한 인디언들의 고난의 길인 '눈물의 길'을 묘사한 그림

신생 미합중국은 본격적으로 영토 확장-서부 개척의 기치를 드높이고 있었지만 내부적으로는 여전히 미완의 과제를 안고 있었다. 다름 아닌 관내(管內) 인디언들의 처리 문제였다. 이들 인디언들은 통일된 조직 형태는 갖추지 못했지만 지역마다 미정착민들과의 크고 작은 충돌을 통해 적잖은 부담을 주고 있었다.

골머리를 앓던 미국 연방정부는 마침내 1830년 '인디언 이주법'을 만들어 시행에 들어갔다. 플로리다에서 스페인을 꺾어낸 공적으로 영웅시 되면서 대권을 차지한 앤드루 잭슨 대통령은, 이 법을 통해 동남부 지역에 산재해 있는

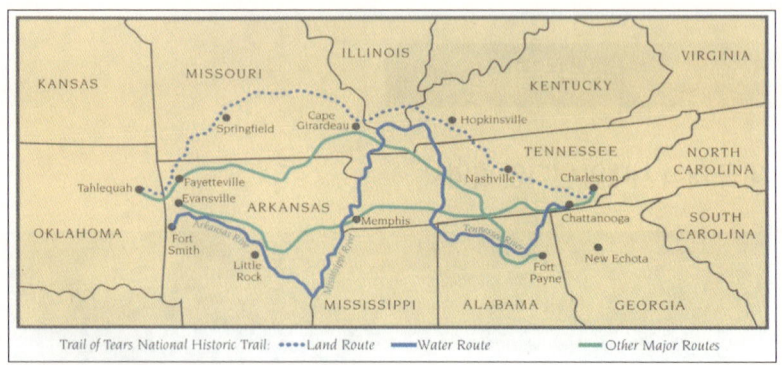
동남부 지역의 인디언들이 서부 쪽으로 강제 이주 당한 경로를 보여 주는 지도

인디언들을 모두 서부 쪽으로 이주토록 압박했다. 미국 정부가 정한 인디언 집단 거주지는 지금의 오클라호마 일원으로 당시에는 미국의 지배력이 제대로 미치지 못하는, 일종의 관외 지역이었다.

이 조치는 외형상으로는 강제가 아닌 자발적 이주였고 국가 차원에서 보상도 해준다는 것이었지만 인디언 주민들 대다수는 고향을 떠나기를 거부했다. 그러자 연방정부는 지역별로, 필요시 군대까지 동원해 가며 이들의 등을 떠밀었다.

1831년부터 1842년에 이르기까지 체로키족, 촉토족, 크릭족, 세미놀족 등 인디언 메이저 부족들 대다수가 저마다 본거지를 떠나 서쪽의 정착지를 향해 이동에 나섰다. 적게는 수백, 수천 명에서 2만 명 이상까지, 여러 종족의 인디언들이 저마다 도보로, 혹은 수레를 끌며 남부여대(男負女戴)해 먼 길을 떠났다.

그 여정은 멀고 험했다. 혹독한 추위, 피로, 콜레라나 장티프스 같은 질병, 굶주림 등으로 인해 많은 사람들이 죽어갔다. 촉토족의 경우 1만 2천여 명이 이주에 나섰지만 도중에 최대 4천 명 가량이 숨졌고, 1만 6천여 명 이상이 이동했던 체로키족은 4천여 명이 중간에 목숨을 잃은 것으로 전해지고 있다.

크릭족도 1만 9천여 명이 나섰다가 도착 때까지 역시 3천 5백여 명의 사망자를 냈다. 10여 년에 걸친 고난의 행군을 통해 10만 명 이상의 인디언이 강제 이주됐고 최소한 2만 명 이상의 희생자가 나왔던 것으로 집계되고 있다.

이렇게 각 지역의 여러 부족들이 여러 해에 걸쳐 여러 방향에서 정착지까지 걸어온 길들이 이른바 '눈물의 길(Trail of Tears)'이다. 이 '눈물의 길'은 9개 주에 걸쳐 있으며 각 부족들은 최소 1,000~1,900km, 총 여정은 무려 3,540km에 달한다.

'눈물의 길'을 통해 한 곳으로 모였지만 인디언들의 자치권은 사실상 소멸됐다. 인디언은 미국 시민도, 외국인도 아닌, 법적으로 투명 인간과 같은 존재로 전락했다.

보호구역 체계로 전환되면서 인디언 고유의 부족 공동체는 해체됐고 전통문화는 단절됐다. 대신 백인 정착민들은 인디언들이 떠난 땅을 확보했다. 특히 남부 지역의 경우 이런 땅을 흡수한 많은 대규모 농장이 확대됐다.

'눈물의 길'은 도전과 개척 정신으로 표방되는 미국 건국사의 이면에 감춰져 있는, 한편의 '흑역사(黑歷史)'다. 신생 미합중국이 내걸었던 자유와 인권은 인디언들에 대해서는 기능치 않았던 '이중 잣대'였다.

이 '눈물의 길'이 만들어지기 시작한 지 170여 년 만에 미국 정부는 자신의 과오를 공식적으로 표명했다. 2009년 4월 연방상원은 "인디언 부족에 대한 미국 정부의 잘못된 정책에 대해 원주민들에게 사과한다"는 내용의 결의안을 통과시켰고 오바마 대통령은 그해 12월에 이 결의안에 서명했다.

에필로그

트럼프의 재등장과 함께 세계가 요동치고 있다. 6개 대륙, 200여 국가들이 저마다 트럼프의 입, 눈길을 쫓느라 분주하다. 미국 대통령의 한마디, SNS 한 귀절에 따라 세계 경제, 무역, 환율, 전쟁, 국제 관계가 널뛰기 한다

트럼프는 금기시됐던 국가 영토 문제를 두고도 불을 지피고 있다. 그린랜드를 팔라고 압박하고 캐나다에 51번째 주가 되라고 하는가 하면, 파나마 운하 장악 가능성을 흘리고 있다. 현실성 여부를 떠나 미국의 속내와 막강한 파워를 엿보게 해주는 대목들이다.

지금 세계의 한다하는 국가치고 미국과 척지며 버텨 나갈 수 있는 나라는 드물다. 좋든 싫든, 동의하든 부정하든, 미국에 관한 연구가 필요한 이유다.

1776년 독립선언을 기점으로 태동된 미국은 2025년 지금, 세계 유일의 초강대국으로 군림하고 있다. 개국 200년이 미처 안 된 시점부터 구축된 독보적인 위상이다.

미국의 힘을 실감케 해주는 지표는 부지기수다.

2025년 기준 추정 GDP는 30조 5,100억 달러로 세계 195개국 전체 105~107조 달러의 28%를 넘는다. 미국을 제외한 유럽의 부국(富國)들이 주축이 된 유럽연합(EU) 27개국을 합친 총액은 19조 9,900억 달러, 54개국에

달하는 아프리카 대륙 전체의 GDP가 약 2조 8,000억 달러인 것을 감안하면, 미국 한나라의 GDP가 유럽과 아프리카의 81개국을 합친 것보다도 거의 1.5배 더 많다는 의미다.

2025년 국방비 추정액도 9,620억 달러로 전 세계 2조 4,600억 달러의 3분의 1 이상을 차지하고 있다. 상장된 미국 기업들의 시장 가치 또한 약 62조 달러로 세계 전체 상장 기업 126조 달러의 49%를 넘어서고 있다.

이같은 유형(有形)의 계수 외에 IT, 특허권, 지적재산권, 연구 논문, R&D 잠재력, 기축통화 지위, 금융 지배력, 대학 등과 같은 무형의 소프트웨어 역량까지 더할 경우 미국이 지니고 있는 경제력과 국력은 가늠이 쉽지 않을 정도다.

역사를 통해 볼 때 막강한 지배력을 과시하며 세계를 호령했던 강대국은 여럿 있었다. 로마제국, 몽골제국, 대영제국 등이 전형적인 예다.

로마제국의 강토는 500만km²를 넘었고 약 천 년이나 존속했다. 몽골제국도 100만의 몽골족이 30여 개국의 1억 명을 다스리며 약 2,400만km²에 걸쳐 역사상 세계 최대 규모의 제국을 완성시켰다. 대영제국 또한 한때나마 지구 육지 면적의 23%에 해당하는 3,550만km²를 영연방으로 묶어 두는 세계적인 패권국가로 군림했었다.

그러나 이들 제국들의 물리적인 영토는 더 컸을 지라도 현재의 미국만큼 막강한 국력을 지닌 유일, 초강대국 지위는 누리지 못했다.

'에이미 추아(Amy Chua)'는 그의 저서 '제국의 미래(Day of Empire)'에서 강대국의 성쇠는 영토와 군사력 등과 같은 '하드웨어' 외에 최종적으로 관용과 개방, 다양성의 수용 여부에서 결정지어진다고 설파했다. 단순히 경제력, 군사력만이 관건이 아니고 인류 모두에 복무(服務)할 수 있는 보편적이며 상생의 가치를 추구해 나갈 때에 비로소 지도국, 나아가 제국의 반열로 부상할 수 있었다는 의미다.

같은 맥락에서, 강한 군사력을 기반으로 정복은 달성했으나 폐쇄적이며 차별 정책을 편 나치 독일과 제국주의 일본은 결국 패권을 잡지 못했음을 지적했다. 자신만을, 자국만의 이익과 번영에 집착하며, 스스로 '가두리'를 쳐 나갈 때 결과는 어김없이 쇠퇴와 몰락으로 치달았음을 역사는 보여주고 있다.

'오늘의 미국'을 있게 한 가장 큰 동인(動因)은 영토도, 인구도, 자원도, 핵(核)도 아니었다. 바로 '아메리칸 드림'이었다. '그곳에 꿈과 희망이 있다'고 여겨질 때 사람들은 찾아 들었고, 사람들이 모여들 때 발전과 부흥은 뒤따랐다. 만리장성으로 '벽(壁)'을 쌓은 진(秦)은 멸망했지만 사방으로 '길'을 뚫은 로마는 천 년 제국이 됐다.

마찬가지로 한국이 추구해야 할 것은 영토나, GDP나, 무역고(貿易高)만이 전부가 아니다. 숫자와 계량을 뛰어 넘는 안목과 '스피릿' 확립이 우선돼야 한다.

강물이 바다로 가려면 강을 떠나야 하듯 '한반도 마인드'를 넘어야 세계가 보인다. 미국의 '아메리칸 드림'처럼, '코리안 드림'을 토대로 열려 있어야 세계를 끌어들일 수 있다.

제국주의 시대가 저물고 국가주권이 절대시 되는 요즈음에는 1~2세기 전 방식으로 영토 확장을 도모하기는 쉽지 않다. 미국과 더불어 군사 초강국인 러시아가 우크라이나 일부를 강점하기 위해 얼마나 값비싼 대가를 치르고 있는지가 이를 웅변적으로 증명해준다. 과거 미국이 커질 수 있었던 것 같은 '좋은 시절'은 이미 지나갔다는 의미다.

그러나 시야를 돌려 보면 양적 개념의 영토 확장 없이도 그 국가의 영향력과 위상을 증대시킬 방안, 방법은 얼마든지 있다. 영토의 질적(質的) 확대가 바로 그것이다. 기술력과 문화, 콘텐츠는 이 같은 영토의 질적 확장을 가능케 해 주는 최고의 무기다.

그런 맥락에서 지금 한국은 강역(疆域)을 확대시킬 수 있는 절호의 시기를 맞고 있다. K 팝, K 드라마, K 뷰티를 거쳐 이제 K 컬처, K 방산으로까지 뻗어 나가고 있는 'K 콘텐츠'는 제국주의시대 거함거포(巨艦巨砲) 이상의 파워와 영향력을 갖는 '신의 한 수'다. 인종, 국경, 종교, 이데올로기 등 어느 장벽도 뚫고 넘을 수 있으며, 총(銃)과 피(血)가 수반되는 침탈(侵奪) 없이도 정복(征服)을 가능케 해 주는 '백의(白衣)의 병기(兵器)'다.

이 시점, 한민족은 되물어야 할 때를 맞고 있는 듯하다.

장차 이 '천혜의 자산'을 극대화시킬 백년대계(百年大計)를 가지고 있는가, 세계를 품고, 더불어 미래를 함께 만들어 내고자 하는 비전과 플랜을 준비하고 있는가, 나아가 이를 이끌 '깨어 있는' 지도자와 '깨어 있는' 국민을 가지고 있는가 등이다.

이런 관점에서 미국 영토 획득의 족적(足跡)은 한민족에게 유용한 '징비록(懲毖錄)'이 될 수 있다. 100년 혹은 150년쯤 뒤 한반도의 후예(後裔)들은 '지금의 우리'가 이룩해 낸 것에 대해 묻고 평가하게 될 것이다.

그네 후손들로부터 어떤 평을 듣고 싶은가?

미 건국의 주역들처럼 헌사(獻詞)를 받게 될 것인지, 아니면 "그때 당신들은 무엇을 했는가"라고 힐문(詰問)을 당하게 될지는 바로 '지금의 우리' 자신에게 달려 있다.